Die *Sperrwirkung* im Strafrecht

Schriften zum Strafrecht und Strafprozeßrecht

Herausgegeben von Manfred Maiwald

Band 58

PETER LANG
Frankfurt am Main · Berlin · Bern · Bruxelles · New York · Oxford · Wien

Dirk Seiler

Die *Sperrwirkung* im Strafrecht

PETER LANG
Europäischer Verlag der Wissenschaften

Die Deutsche Bibliothek - CIP-Einheitsaufnahme

Seiler, Dirk:

Die *Sperrwirkung* im Strafrecht / Dirk Seiler. - Frankfurt am Main ; Berlin ; Bern ; Bruxelles ; New York ; Oxford ; Wien : Lang, 2002
(Schriften zum Strafrecht und Strafprozeßrecht ; Bd. 58)
Zugl.: Regensburg, Univ., Diss., 2001
ISBN 3-631-38107-7

D 355
ISSN 0938-6181
ISBN 3-631-38107-7

www.peterlang.de

Meinen Eltern

Vorwort

Die vorliegende Arbeit wurde im Wintersemester 2000/2001 von der Juristischen Fakultät der Universität Regensburg als Dissertation angenommen.
Herr Prof. Dr. Dr. h.c. Friedrich-Christian Schroeder hat diese Arbeit angeregt und begleitet. Hierfür danke ich ihm herzlich.

Zu Dank verpflichtet bin ich auch Herrn Prof. Dr. Andreas Hoyer, der die Mühen des Zweitgutachtens auf sich genommen hat.
Weiterhin bin ich Herrn Prof. Dr. Manfred Maiwald für die Aufnahme der Arbeit in die Reihe „Schriften zum Strafrecht und Strafprozeßrecht" verbunden.

Für die stetige Diskussionsbereitschaft und wertvolle Ratschläge danke ich Herrn Rechtsanwalt Dr. Jan Erbguth, Hannover und Herrn Rechtsanwalt Roman Rodloff, Stuttgart. Sie waren auch während des Studiums wertvolle Gefährten.

Besonderer Dank gilt meinen Eltern, ohne deren bedingungslose Unterstützung diese Arbeit nicht möglich gewesen wäre. Ihnen ist diese Arbeit gewidmet.

INHALTSVERZEICHNIS

A. Einleitung und Problemstellung

Seit Jahren erfreut sich der Begriff der „Sperrwirkung“ großer Beliebtheit, scheint dieser doch die Lösung für Probleme im Verhältnis von Tatbeständen zu sein, die sich nicht ohne weiteres in altbekannte Strukturen einordnen lassen. So stellte bereits Maurach für das Verhältnis des Mordes zu den §§213, 216 StGB bzw. §217 StGB a.F. fest: *„Diese unbefriedigenden Begründungen und Ergebnisse werden vermieden, wenn man (...) den Charakter des Mordes als einer unselbständigen Abwandlung des Totschlags und damit die Sperrwirkung des milderen Tatbestandes berücksichtigt (...)“*[1].

Der Begriff der „Sperrwirkung“ findet inzwischen im Bereich des Besonderen Teils des Strafgesetzbuchs ebenso Anwendung wie im Strafzumessungsrecht, in strafrechtlichen Nebengesetzen[2] und im Strafprozeßrecht[3]. Auch in anderen Rechtsgebieten außerhalb des Strafrechts hat der Begriff der „Sperrwirkung“ rege Verwendung gefunden[4].

Ziel der vorliegenden Arbeit ist es, unter Außerachtlassung der Verwendung der „Sperrwirkung“ im Strafprozeßrecht[5], die im materiellen Strafrecht bestehenden

---

[1] Maurach, Deutsches Strafrecht, Besonderer Teil, 1.A. 1953, §2 III A 2 S.24.

[2] Vgl. zum Jugendstrafrecht etwa Rosenkötter, Die Sperrwirkung des jugendrichterlichen Beschlusses nach §45 Abs.1 Satz 1 JGG, Freiburg 1970; OLG Düsseldorf NStZ 1994 S.198f.; zum Ordnungswidrigkeitenrecht: vgl. Berz, Rechtskraft und Sperrwirkung im Ordnungswidrigkeitenrecht, Bochum 1971; zur Abgabenordnung: vgl. etwa Westphahl, Die strafbefreiende Selbstanzeige im Steuerrecht. Zum persönlichen Umfang der Sperrwirkung des §371 Abs.2 Nr.1 AO beim Erscheinen im Betrieb, München 1987; Burhard wistra 1998 S.216ff.; BGH, Urteil v. 13.5.1987 – 3 StR 37/87; BGH, Urteil v. 19.4.1983 – 1 StR 859/82; zum Kriegswaffenkontrollgesetz: vgl. Oswald NStZ 1991 S.322f.

[3] Vgl. etwa Bertel, Die Identität der Tat. Der Umfang von Prozeßgegenstand und Sperrwirkung im Strafverfahren 1970; Loos, Probleme der beschränkten Sperrwirkung strafprozessualer Entscheidungen, JZ 1978 S.592ff.; Wendisch, Beendet die Aufhebung eines Freispruchs durch das Revisionsgericht die Sperrwirkung für einen Haftbefehl?, StV 1985 S.376f.; Löwe-Rosenberg StPO §331 Rn.13ff.; Pfeiffer StPO §211 Rn.1; Kleinknecht/Meyer-Goßner StPO Einl. Rn.171, 173; OLG Hamm StV 1993 S.462f; BayObLG wistra 1994 S.115f.; OLG Düsseldorf StV 1997 S.344.

[4] Vgl. etwa Stohlmeier, Die inhaltliche und zeitliche Reichweite der Sperrwirkung nach Art. 72 Abs.1 GG, Hamburg 1989; Furrer, Die Sperrwirkung des sekundären Gemeinschaftsrechts auf die nationalen Rechtsordnungen, Baden-Baden 1994; Kuhlen, Produkthaftung im internationalen Kaufrecht. Entstehungsgeschichte, Anwendungsbereich und Sperrwirkung des Art. 5 des Wiener UN-Kaufrechts (CISG), Augsburg 1997; Mummenhoff, Die Sperrwirkung des Tarifvertrags nach den §§56 und 59 Betriebsverfassungsgesetz, Köln 1968; Böhm, Sperrwirkung von Verordnungsermächtigungen, DÖV 1998 S.234ff.; Pauly, Sperrwirkungen des verfassungsrechtlichen Ehebegriffs, NJW 1997 S.1955ff.; Eiding/Hanich, Bürgerbegehren und Bürgerentscheid in Bayern nach dem Wegfall der gesetzlichen Sperrwirkung (Art. 18a Abs.8 GO/ Art. 25a Abs.8 LkrO), BayVBl. 1998 S.551ff.; Tetzner JZ 1980 S.479f.

[5] Dabei wird auch die Sperrwirkungsproblematik im Bereich des Jugendstrafrechts (Sperrwirkung des §45 Abs.1 Satz1 bzw. des §55 Abs.2 JGG) und des Ordnungswidrigkeitenrechts außer Acht gelassen, da es sich auch hier allein um prozessuale Problematiken handelt. Auch die

Fallgruppen herauszuarbeiten, in denen auf das Vorliegen einer „Sperrwirkung" zurückgegriffen wird. Zu Beginn der Untersuchung wird die Entwicklung des Begriffs der „Sperrwirkung" in der Strafrechtslehre aufgezeigt.

Ein besonderer Schwerpunkt der vorliegenden Arbeit ist es, die Richtigkeit des mit der „Sperrwirkung" verbundenen Lösungsansatzes zu hinterfragen und den genauen Grund für das Vorliegen einer „Sperrwirkung" zu ermitteln. Dabei wird im Rahmen der Untersuchung insbesondere auch der Frage nachgegangen, inwieweit die Berufung auf das Vorliegen einer „Sperrwirkung" allein eine Behauptung und keine Begründung eines bestimmten Verhältnisses der Tatbestände zueinander ist.

Darüber hinaus werden die Fallgruppen im Hinblick auf bestehende Unterschiede und Gemeinsamkeiten untersucht. Dabei wird auch der Versuch unternommen, die ermittelten Fallgruppen der „Sperrwirkung" einer dogmatischen Einordnung zu unterziehen. Nur so kann ermittelt werden, ob und inwieweit die „Sperrwirkung" ein einheitliches und brauchbares strafrechtliches Rechtsinstitut darstellt.

Sperrwirkung im Bereich der Abgabenordnung wird nicht näher erläutert, da der Begriff der Sperrwirkung hier allein den Inhalt des Tatbestandes beschreibt.

B. Die Entwicklung des Begriffs der „Sperrwirkung" in der Strafrechtslehre

In diesem Kapitel wird die Entwicklung und Verwendung des Begriffs der „Sperrwirkung" möglichst chronologisch aufgezeigt. Um den Zusammenhang zu erhalten, muß in Einzelfällen von der strikt chronologischen Reihenfolge abgewichen und eine Fallgruppe als Ganzes betrachtet werden.

Der Begriff der „Sperrwirkung" wurde zum ersten Mal im Jahre 1953 von Maurach[6] für den Fall des Zusammentreffens von §211 StGB mit §§216 StGB, 217 StGB a.F. und des Zusammentreffens von §211 StGB mit §213 StGB verwendet. Treffen die Tatbestände der §§216 StGB bzw. 217 StGB a.F. mit §211 StGB zusammen, stellt sich die Frage nach der Auflösung einer derartigen „Konkurrenzsituation". Dabei hat sich im Ergebnis eine erstaunliche Übereinstimmung in Rechtsprechung und Literatur gezeigt. So soll bei Vorliegen der Voraussetzungen des §211 StGB und der §§216 StGB bzw. 217 StGB a.F. eine Verurteilung aus §211 StGB ausgeschlossen sein[7]. Im Hinblick auf die systematische und konstruktive Herleitung dieses Ergebnisses finden sich aber konträre Lösungsversuche.

---

[6] Zu §§216 StGB, 217 StGB a.F.: Maurach, Deutsches Strafrecht, Besonderer Teil, 1.A. 1953, §2 III A 2 S.24f., §2 IV B 1 S.32, §2 IV C 1 S.34; Maurach, Deutsches Strafrecht, Allgemeiner Teil, 1.A. 1954, §55 I B 3 b S.610; Maurach, Materialien Bd.1, S.249(255); jetzt: Maurach/Schroeder/Maiwald BT/1 8.A. §2 III, IV Rn.28, 61, 65; Maurach/Gössel/Zipf AT/2 7.A. §55 II Rn.20.
Zu §213 StGB: Maurach, Deutsches Strafrecht, Besonderer Teil, 1. A. 1953, §2 III A 2 S.24f., §2 IV A 3 S.31, ohne Differenzierung zwischen §213 Alt.1 StGB und §213 Alt.2 StGB; seit der 3.A. zwischen §213 Alt.1 StGB und §213 Alt.2 StGB differenzierend (vgl. §2 III A 3 c, § 2 IV A 1, 3); jetzt Maurach/Schroeder/Maiwald BT/1 8.A. §2 III, IV Rn.28, 55.

[7] Zu §216 StGB: vgl. RGSt 28, 200(202); 45, 247(248); 53, 293(294); BGHSt 2, 258f.; Jähnke, in LK 10.A. §216 Rn.2; Lackner/Kühl Vor §211 Rn.24, §216 Rn.1; Eser, in S./S. §216 Rn.2; Horn, in SK §216 Rn.2; Maurach/Schroeder/Maiwald BT/1 §2 III, IV Rn.28, 61; Welzel, Strafrecht, §38 III; Mayer Strafrecht AT §11 S.69; Schmidhäuser BT 2/Rn.58; Arzt/Weber LH1 Rn.185; Mürbe BT I S.31; Geerds, Konkurrenz, S.202; Eser, Strafrecht Bd.III, S.21; Brunner S.138; Baumann/Weber/Mitsch AT 10.A. §8 Rn.83; Hassemer, Delictum sui generis, S.61ff.; Blei BT §7 IV; Bockelmann BT/2 §5 I; Haft BT S.83; Wessels/Beulke AT Rn.113; Frick S.58; so auch schon Thoma S.52; Hoff S.27; Klenner S.33.
Zu §217 StGB: BGHSt 1, 235(238); OLG Koblenz SJZ 1950 S.292; Jähnke, in LK 10.A. §217 Rn.2; Tröndle 48.A. §217 Rn.1; Eser, in S./S. §217 Rn.2; Horn, in SK §217 Rn.2; Maurach/Schroeder/Maiwald BT/1 §2 III, IV Rn.28, 65, 68; Arzt/Weber LH1 Rn.169f.; Brunner S.141; Blei BT §8II; Haft, Fallrepetitorium, S.175; Wessels/Beulke AT 28.A. Rn.113; ders. BT/1 21.A. Rn.160; Krey BT/1 10.A. Rn.110f.; Jescheck/Weigend AT §26 III 2; Baumann/Weber/Mitsch AT 10.A. §8 Rn.83; Eser, Strafrecht Bd.III, S.21; Schmidhäuser BT 2/Rn.58; Bockelmann BT/2 §5 I; Hauf AT S.14; Mürbe BT I S.31; Geerds, Konkurrenz, S.202; Haffke JuS 1973 S.402(403f.); Welzel, Strafrecht, §38 IV; Mayer Strafrecht AT §11 S.69; Streb S.83; Krauskopf S.37; Schmidt, Kindestötung, S.27; Blanke S.60.

Nach dem erstmals von Maurach[8] vertretenen Ansatz, der in der Literatur weite Verbreitung gefunden hat[9], kommt den §§216 StGB und 217 StGB a.F. eine „Sperrwirkung des milderen Tatbestandes" gegenüber §211 StGB zu.

Auch im Falle des Vorliegens von §211 StGB und §213 StGB hat der Begriff der „Sperrwirkung", ausgehend von Maurach[10], Anwendung gefunden. Dabei soll §213 StGB gegenüber §211 StGB in den Fällen des §213 Alt.1 StGB eine „Sperrwirkung des milderen Tatbestandes" ausüben.
Diese Ansicht hat in der Literatur z.T. Zustimmung erfahren[11]. Die herrschende Auffassung lehnt hingegen das Vorliegen einer „Sperrwirkung" von §213 StGB ab, da dessen Anwendbarkeit auf §212 StGB beschränkt bleibe[12].

Der Begriff der „Sperrwirkung" hat auch im Bereich der Rechtsfolgen der Gesetzeseinheit und im Bereich der ungleichartigen Idealkonkurrenz Anwendung gefunden[13].
Stehen tatbestandlich erfüllte Delikte im Verhältnis der Gesetzeseinheit zueinander, kann das verdrängte Gesetz grundsätzlich nicht mehr Grundlage strafrechtli-

---

[8] Maurach, Deutsches Strafrecht, Besonderer Teil, 1.A. 1953, §2 III A 2 S.24f., §2 IV B 1 S.32, §2 IV C 1 S.34; Maurach, Deutsches Strafrecht, Allgemeiner Teil, 1.A. 1954, §55 I B 3 b S.610; Maurach, Materialien Bd.1, S.249(255); jetzt: Maurach/Schroeder/Maiwald BT/1 8.A. §2 III, IV Rn.28, 61, 65; Maurach/Gössel/Zipf AT/2 7.A. §55 II Rn.20.

[9] Vgl. Krey BT/1 10.A. Rn.111; ders. JuS 1971 S.141(142); Wessels/Beulke AT Rn.113; Maurach/Gössel/Zipf AT/2 §55 II Rn.20; Maurach/Schroeder/Maiwald BT/1 §2 III, IV Rn.28, 61, 65; Haft BT S.83; ders., Fallrepetitorium, S.175; Rengier BT/2 §6 Rn.2; Bockelmann BT/2 §5 I; Brunner S.138; Baumann/Weber/Mitsch AT 10.A. §8 Rn.83; Haffke JuS 1973 S.402(403f.); Hauf AT S.14; Mürbe BT I S.31; Gössel BT/1 §1 Rn.6; Bockelmann BT/2 §5 I; Krauskopf S.37; Schmidt, Kindestötung, S.27.

[10] Maurach, in Deutsches Strafrecht, Besonderer Teil, 1.A. 1953, §2 III A 2 S.24f., §2 IV A 3 S.31, ohne Differenzierung zwischen §213 Alt.1 StGB und §213 Alt.2 StGB; seit der 3.A. zwischen §213 Alt.1 StGB und §213 Alt.2 StGB differenzierend (vgl. §2 III A 3 c, § 2 IV A 1, 3); jetzt Maurach/Schroeder/Maiwald BT/1 8.A. §2 III, IV Rn.28, 55.

[11] Bockelmann BT/2 §5 I; Horstkotte S.127ff.; vgl. auch Laber MDR 1989 S.861(869).

[12] BGHSt 1, 368(371); 4, 226(228); 11, 139(142); 21, 14; 27, 287(289); 30, 105(118); BGH MDR/H 1978 S.804; Jähnke, in LK 10.A. §213 Rn.2; Eser, in S./S. §211 Rn.9, 11, Vor §211 Rn.9a, §213 Rn.3; ders., Gutachten, S.58; Tröndle/Fischer §213 Rn.1; Lackner/Kühl §213 Rn.1; Wessels/Hettinger BT/1 Rn.171; Arzt/Weber LH1 Rn.158; Gössel BT/1 §1 Rn.6, 9; Blei BT §5 VIII; Arzt JR 1979 S.7(11); in diesem Sinne auch der Gesetzgeber im Rahmen des 6. StrRG, vgl. BT-Drucksache 13/8587 S.81.

[13] Diese Fallgruppe soll hier aus Gründen der Verständlichkeit unter Abweichung von der strikten chronologischen Reihenfolge als Ganzes dargestellt werden.

cher Sanktionen sein[14]. Unter dem erstmals 1959 von Kohlrausch-Lange[15] verwendeten Begriff der „Sperrwirkung des milderen bzw. verdrängten Gesetzes"[16] wird eine Ausnahme von den grundsätzlichen Rechtsfolgen der Gesetzeseinheit zugelassen. So darf die Mindeststrafe des aufgrund der Gesetzeseinheit verdrängten Tatbestandes nicht unterschritten werden[17]. Außerdem können Nebenstrafen, Nebenfolgen und Maßregeln Anwendung finden, die allein das verdrängte Delikt beinhaltet[18].

Stehen Tatbestände im Verhältnis der Tateinheit, so greift das in §52 StGB festgelegte Kombinationsprinzip. Die Strafe bei ungleichartiger Idealkonkurrenz ist dem schwersten Delikt zu entnehmen, der Strafrahmen ist jedoch durch die strengste Mindeststrafe begrenzt (§52 Abs. 2 Satz 2 StGB). Es kann bzw. muß auf Nebenstrafen, Nebenfolgen und Maßregeln erkannt werden, die einer der verletzten Tatbestände vorschreibt (§52 Abs. 4 StGB). In der Literatur wurde

---

[14] Vgl. etwa RGSt 70, 358(359f.); Seier Jura 1983 S.225(232); Abels S.26; Rissing-van Saan, in LK Vor §52 Rn.70; Stree, in S./S. Vor §52 Rn.134ff.; Jescheck/Weigend AT §69 III; Bruns, Recht der Strafzumessung, S.185; Geppert Jura 1982 S.418(426); Warda JuS 1964 S.81(92).

[15] Kohlrausch-Lange 42.A. Vor §73 III 4; umfassend bei Baumann AT ab 1. Auflage (1960) §38 II 3c.

[16] Vgl. Samson/Günther, in SK Vor §52 Rn.105; Stree, in S./S. Vor §52 Rn.141; Vogler, in LK 10.A. Vor. §52 Rn.107, 113, 128, 142; Rissing-van Saan, in LK Vor §52 Rn.70, 93, 111; Jakobs AT 31.Abschnitt Rn.39; Stratenwerth AT Rn.1200; Bringewat, Gesamtstrafe, S.78 Rn.90; Vogler FS-Bockelmann S.715(719,722); Seier Jura 1983 S.225(233); Geppert Jura 1982 S.418(426); Haft AT S.272; Kühl Strafrecht AT §21 III S.731; Baumann/Weber AT 9.A. §43 II 3 c S.665; Fuchs S.137 spricht von der *„Sperrwirkung des verdrängten Gesetzes"*, Mitsch JuS 1993 S.471(475) von der *„Sperrwirkung nach unten"*.

[17] Vgl. BGHSt 1, 152(155f.); 7, 307(312); 8, 46(52); 10, 312(315); 15, 345(346); 19, 189(190); 20, 235(238); 30, 166(167); 32, 95(97); Tröndle/Fischer Vor §52 Rn.23; Stree, in S./S. Vor §52 Rn.141; Samson/Günther, in SK Vor §52 Rn.105; Vogler, in LK 10.A. Vor. §52 Rn.107, 113, 128, 142; Rissing-van Saan, in LK Vor §52 Rn.70, 93, 111; Lackner/Kühl Vor §52 Rn.29; Jescheck/Weigend AT §69 III 2; Bruns, Strafzumessungsrecht, S.465ff.; ders., Recht der Strafzumessung, S.185f.; ders. JR 1982 S.166f.; Dünnebier GA 1954 S.271(273); Warda JuS 1964 S.81(92); Schmitt ZStW 75 (1963) S.43(53); Welzel, Strafrecht, §38 I 6; Wessels/Beulke AT Rn.792; Notheis S.39, 55, 58ff.; kritisch: OLG Köln NJW 1953 S.1762(1763); Paulusch S.134ff.; Rittmann S.94f.; Geerds, Konkurrenz, S.166f., 231; Puppe, Idealkonkurrenz, S.355ff.

[18] Vgl. etwa BGHSt 7, 307(312); 8, 46(52); 19, 188(189); Tröndle/Fischer Vor §52 Rn.23; Stree, in S./S. Vor §52 Rn.141; Samson/Günther, in SK Vor §52 Rn.105; Vogler, in LK 10.A. Vor §52 Rn.113, 128, 142; Rissing-van Saan, in LK Vor §52 Rn.70, 93, 111; Lackner/Kühl Vor §52 Rn.29; Jescheck/Weigend AT §69 III 3; Bruns, Strafzumessungsrecht, S.465; ders., Recht der Strafzumessung, S.185f.; ders. JR 1982 S.166f.; Dünnebier GA 1954 S.271(274); Wessels/Beulke AT Rn.792; Notheis S.39, 55, 58ff.; Baumann/Weber AT 9.A. §41 II 3 c; Haft AT S.272; Zipf S.139; Bringewat, Gesamtstrafe, Rn.90; Bockelmann JZ 1953 S.233(235); Vogler FS-Bockelmann S.715(722); Geppert Jura 1982 S.418(426); Seier Jura 1983 S.225(234); Haslinger S.149; kritisch: OLG Köln NJW 1953 S.1762(1763); Paulusch S.135; Rittmann S.95; Geerds, Konkurrenz, S.167, 232; Frank Anm.VII zu §73; von Hippel S.527.

dieses Verhältnis der Tatbestände erstmals von Stree[19] im Jahre 1970 als „Sperrwirkung des milderen Tatbestandes“ bezeichnet[20].

Probleme ergeben sich auch beim Zusammentreffen von privilegierter Tötung mit qualifizierten Körperverletzungsdelikten. Der Strafrahmen der qualifizierten Körperverletzungen liegt über dem für die Privilegierung des §216 StGB vorgegebenen Strafrahmen. Es besteht aber weitgehende Einigkeit darüber, daß der Privilegierung Vorrang vor den qualifizierten Körperverletzungen zukommen muß. Zur Begründung dieses Vorrangs wurde erstmals 1969 von Hirsch[21] auf das Vorliegen einer der Wertentscheidung des Gesetzgebers zu entnehmenden „Sperrwirkung“ des §216 StGB gegenüber den qualifizierten Körperverletzungsdelikten zurückgegriffen. Der Begriff der „Sperrwirkung“ im Hinblick auf diese Fallgruppe hat in der Literatur weitere Verbreitung gefunden[22]. Mit dem 6.StrRG hat sich diese Problematik weder erledigt, noch entspannt. Mit der Anhebung des Strafrahmens in §224 StGB, der nunmehr den früher in §229 StGB a.F. enthaltenen Vergiftungstatbestand beinhaltet, hat sich die früher zu §229 StGB a.F. diskutierte „Sperrwirkungsproblematik“ nur verlagert. Auch im Bereich der schweren Körperverletzung i.S. des §226 StGB bleibt die Problematik bestehen.

Auf das Vorliegen einer „Sperrwirkung“ wird seit 1969 aber auch in Fallkonstellationen zurückgegriffen, in denen es aus verschiedenartigen Gründen an der Strafbarkeit aus der an sich verdrängenden Norm fehlt[23].

Liegt eine mehrfache Gesetzesverletzung vor, die in die Fallgruppen der Gesetzeseinheit (Spezialität, Subsidiarität, Konsumtion) einzuordnen ist, so hat dies

---

[19] Stree, in S./S. 15.A. §73 Rn.34; jetzt Stree, in S./S. 25.A. §52 Rn.34.

[20] Vgl. auch Vogler, in LK 10.A. §52 Rn.40, 43; Rissing-van Saan, in LK §52 Rn.44; Seier Jura 1983 S.225(233); Werle S.40; Cramer JurA 1970 S.183(206); Jakobs AT 33.Abschnitt Rn.1; Maurach/Gössel/Zipf AT/2 §55 IV Rn.93 spricht vom *„sperrenden Strafbeitrag des milderen Gesetzes“*.

[21] Hirsch ZStW 81 (1969) S.917(931); ders. in LK 9.A. (1971) Vor §223 Rn.8.

[22] Seit der 19.Auflage (1978) findet der Begriff der „Sperrwirkung“ auch bei Eser, in S./S. (jetzt 25.A. §212 Rn.25) Verwendung. Ebenso haben etwa Krey (seit der 2.Auflage 1975, BT/1, 1.Abschnitt §3 IV), Haft BT S.89 und Abels S.50f. auf die „Sperrwirkung“ zurückgegriffen.

[23] Diese Fallgruppe soll hier aus Gründen der Verständlichkeit unter Abweichung von der strikten chronologischen Reihenfolge als Ganzes dargestellt werden.

zur Folge, daß der verdrängte Tatbestand nicht mehr im Tenor des Schuldspruchs erscheint und nicht Grundlage der strafrechtlichen Sanktion sein kann[24].
In diesem Zusammenhang wird in einigen Fällen fehlender Strafbarkeit aus der an sich verdrängenden Norm der Rückgriff auf die an sich verdrängte Norm unter Hinweis auf das Vorliegen einer „Sperrwirkung" der an sich verdrängenden Norm abgelehnt.
Probleme ergeben sich etwa bei fehlender Strafbarkeit aus dem an sich verdrängenden Tatbestand aufgrund des Vorliegens eines Strafaufhebungsgrundes. Wird im Fall des Rücktritts vom Versuch eines privilegierten Delikts ein allgemeines Delikt vollendet, bleibt fraglich, inwieweit eine Bestrafung aus dem vollendeten Tatbestand möglich ist. Der Sinn der Privilegierung soll hier der Anwendung des vollendeten Tatbestandes entgegenstehen. Ausgehend von Hirsch[25] im Jahre 1969 soll der privilegierte Tatbestand insoweit eine „Sperrwirkung" ausüben[26].

Auf das Vorliegen einer „Sperrwirkung" ist in dieser Fallgruppe auch für den Fall zurückgegriffen worden, daß der an sich verdrängende Tatbestand im Gegensatz zum an sich verdrängten Delikt keine Versuchsstrafbarkeit enthält.
So ergaben sich im Bereich der §§239, 237 StGB a.F. Probleme im Hinblick auf eine Anwendung von §240 Abs.3 StGB, da die §§239, 237 StGB a.F. keine Versuchsstrafbarkeit beinhalteten. Insoweit sollte hier nach Dreher[27] eine „Sperrwirkung" gegenüber §240 Abs.3 StGB bestehen.
Bleibt die Tat eines Widerstandes gegen Vollstreckungsbeamte im Versuchsstadium stecken, stellt sich aufgrund der Straflosigkeit des Versuchs in §113 StGB die Frage, ob nicht §240 Abs.3 StGB Anwendung finden kann. Der Rückgriff auf die an sich verdrängte Norm des §240 StGB scheidet nach herrschender Auffassung jedoch aus[28]. Ausgehend von Dreher/Tröndle[29] soll dem verdrängenden

[24] Vgl. etwa RGSt 70, 358(359f.); Seier Jura 1983 S.225(232); Abels S.26; Rissing-van Saan, in LK Vor §52 Rn.70; Stree, in S./S. Vor §52 Rn.134ff.; Jescheck/Weigend AT §69 III; Geppert Jura 1982 S.418(426).
[25] Hirsch ZStW 81 (1969) S.917(931); vgl. auch Hirsch, in LK 10.A. §224 Rn.32, Vor §223 Rn.16.
[26] Vgl. auch Lackner/Maassen seit der 6.A. (1970) §216 Anm.4; jetzt Lackner/Kühl 23. Aufl. §216 Rn.7; Eser, in S./S. §212 Rn.25; Krey BT/1 Rn.244f.; Wessel/Beulke AT Rn.653; Schmidt/Seidel BT/1 S.46; Abels S.27, 51.
[27] Dreher 33. Aufl. (1972) Vor §73 Anm. 2 B c; bis zur 48. Auflage (Tröndle) Vor §52 Rn.24.
[28] BGHSt 30, 235(236); Vogler, in LK 10.A. Vor §52 Rn.116; Rissing-van Saan, in LK Vor §52 Rn.94f.; v. Bubnoff, in LK §113 Rn.62a; Lackner/Kühl §113 Rn.26; Jakobs AT 31.Abschnitt Rn.45; Maurach/Gössel/Zipf AT/2 §55 Rn.44; Vogler FS-Bockelmann S.715(729); Mitsch JuS 1993 S.471(475); Fuchs S.142f.; Geerds, Konkurrenz, S.172; Herzberg JuS 1973 S.234(239);

Tatbestand des §113 StGB trotz seiner Nichtanwendbarkeit eine „Sperrwirkung" zukommen.

Im Zusammenhang mit den Verfahrenshindernissen der Verjährung und des Fehlens eines notwendigen Strafantrags hat der Begriff der „Sperrwirkung" erstmals bei v. Krog[30] im Jahre 1976 Anwendung gefunden[31]. Liegen diese Verfahrenshindernisse beim an sich verdrängenden Tatbestand vor, soll eine „Sperrwirkung" im Hinblick auf den Rückgriff auf das an sich verdrängte Delikt vorliegen, bei dem die Verfahrenshindernisse nicht bestehen.

Der Begriff der „Sperrwirkung" findet auch im Fall fehlender Strafbarkeit aus dem an sich verdrängenden Tatbestand aufgrund des Fehlens tatbestandlicher Voraussetzungen, der Rechtswidrigkeit bzw. der Schuld Anwendung.
So findet sich der Begriff der „Sperrwirkung" seit 1978 bei Eser[32], der einen Rückgriff auf die allgemeine Norm des §240 StGB bei Straflosigkeit aus §113 StGB aufgrund von §113 Abs.3 Satz 2 StGB wegen des Bestehens einer „Sperrwirkung" für ausgeschlossen hält.
Ein Problem besteht auch im Bereich der Nötigung von Verfassungsorganen gem. §105 StGB, wenn die Handlung des Täters aufgrund fehlender Intensität des Nötigungsmittels zwar nicht die Voraussetzungen des §105 StGB erfüllt, der Tatbestand des §240 StGB aber gegeben ist. Hier stellt sich die Frage, ob eine Anwendung von §240 StGB möglich oder diese aufgrund von §105 StGB ausgeschlossen ist. Arzt[33] spricht insoweit vom Vorliegen einer „Sperrwirkung" des §105 StGB gegenüber §240 StGB.
Darüber hinaus wurde auch den §§177, 178 StGB a.F. in zwei Fallkonstellationen eine „Sperrwirkung" gegenüber §240 StGB zugesprochen. Zum einen sollten

---

Geppert Jura 1982 S.418(426f.); Bringewat, Gesamtstrafe, S.81 Rn.93, S.84 Rn.97; Benfer AT S.169 Rn.632; Stree, in S./S. Vor §52 Rn.136; vgl. aber auch Eser, in S./S. §113 Rn.49: Nach Eser ist der Versuch des §113 StGB formell nicht strafbar, praktisch wird er jedoch weitgehend durch den Unternehmenscharakter des §113 StGB erfaßt.

[29] Dreher/Tröndle ab 41.A. (1983) Vor §52 Rn.24; jetzt Tröndle/Fischer Vor §52 Rn.24; vgl. auch Jakobs AT 31.Abschnitt Rn.45 (die fehlende Versuchsstrafbarkeit beim an sich verdrängenden Tatbestand „sperrt" die Versuchsstrafbarkeit aus dem generellen Delikt); Rissing-van Saan, in LK Vor §52 Rn.95.

[30] Vgl. v. Krog S.187.

[31] Vgl. auch Fuchs S.143; Jakobs AT 31.Abschnitt Rn.47; Huang S.89f.

[32] Eser, in S./S. 19.A. §113 Rn.54; jetzt ders., in S./S. 25.A. §113 Rn.54.

[33] Arzt JZ 1984 S.428(429).

die §§177, 178 StGB a.F. gegenüber §240 StGB eine „Sperrwirkung"[34] ausüben, falls die Tathandlung aufgrund fehlender Intensität nicht die Voraussetzungen der §§177, 178 StGB a.F. erfüllte, die Voraussetzungen des §240 StGB aber gegeben waren. Zum anderen deckte §177 StGB a.F. allein Vergewaltigungen im außerehelichen Bereich ab. Ausgehend von Hanisch[35] ist hier die Frage diskutiert worden, ob §177 StGB a.F. bei nicht von diesem erfaßten ehelichen Vergewaltigungen eine „Sperrwirkung" im Hinblick auf §240 StGB zukommt.
Weiterhin soll §113 StGB gegenüber §240 StGB eine „Sperrwirkung" ausüben, falls das vom Täter eingesetzte Mittel nicht das in §113 StGB vorausgesetzte Maß (Gewalt oder Drohung mit Gewalt) erreicht, es aber die Voraussetzungen von §240 StGB erfüllt[36].

Auch im Bereich pränataler Einwirkungen ist auf das Vorliegen einer „Sperrwirkung" zurückgegriffen worden[37].
Jahrzehntelang ist die Problematik eines pränatalen Einwirkens auf die Leibesfrucht mit postnatalen Folgen nicht aufgetreten. Die Frage nach dem Vorliegen von Körperverletzungsdelikten im Bereich eines über die Geburt hinaus fortbestehenden Schadenszustandes hat erstmals im Jahre 1967 bei Schönke/Schröder[38] Erwähnung gefunden. Besonders im Zusammenhang mit den durch das Medikament „Contergan" verursachten Einwirkungen auf die Leibesfrucht mit postnatal auftretenden Todesfolgen bzw. Schädigungen lebte die Diskussion um die strafrechtliche Sanktionierung auf. Im Rahmen der wissenschaftlichen Auseinandersetzung wurde erstmals 1970 von Blei[39] auf das Vorliegen einer aus der exklusiven Regelung des §218 StGB in Bezug auf Tötungs- und Körperverletzungsdelikte resultierenden „Sperrwirkung" hingewiesen. Der Begriff der „Sperrwir-

---

[34]Der Begriff findet sich erstmals bei Arzt JZ 1984 S.428(429); vgl. auch Horn, in SK (StGB II 25. Lfg. 4.A. Sept. 1989) §178 Rn.18; Mitsch JA 1989 S.484(485); vgl. auch Röthlein S.225.
[35]Hanisch S.48f.; vgl. auch Mitsch JA 1989 S.484ff.; Eser, in S./S. ab 24. A. §240 Rn.39.
[36]Soweit ersichtlich erstmals bei Küpper BT/1 S.127; so auch Rengier BT/2 §53 VI Rn.28; Schmidt/Seidel BT/1 S.122; Küper, Definitionen, S.428.
[37]Auch diese Fallgruppe wird aus Gründen der Verständlichkeit unter Abweichung von der strikten chronolgischen Reihenfolge als Ganzes dargestellt werden.
[38]Schröder, in S./S. 13.A. (1967) §223 Rn.1.
[39]Blei MMW 1970 S.741.

kung" wurde im Schrifttum von verschiedenen Autoren übernommen und so zum festen Bestandteil der Problemlösung[40].

Im Hinblick auf die Frage, ob die Leibesfrucht als taugliches Gefährdungsobjekt i.S. des §315c StGB anzuerkennen ist, wurde §218 StGB im Jahre 1977 eine „Sperrwirkung" entnommen[41].

Der Begriff der „Sperrwirkung" fand im Jahre 1985 bei Jung[42] und Hirsch[43] auch für die bereits im „Contergan-Prozeß" behandelte Frage[44] Verwendung, ob nicht die fahrlässige Abtötung oder Schädigung der Leibesfrucht als Körperverletzung der Schwangeren gewertet werden könne. Eine derartige Strafbarkeit aus Körperverletzungsdelikten wurde dabei mit der Begründung abgelehnt, den Vorschriften über den Schwangerschaftsabbruch sei eine „Sperrwirkung" zu entnehmen, die dem Rückgriff auf eine Strafbarkeit wegen Körperverletzung der Schwangeren entgegenstehe[45].

Verwendung hat der Begriff der „Sperrwirkung" auch in einer weiteren Fallgruppe, dem Verhältnis von §251 StGB a.F. zu den vorsätzlichen Tötungsdelikten gefunden.

Dabei wurde die Exklusivitätstheorie zugrundegelegt, nach der der Raub mit Todesfolge nur die leichtfertige Herbeiführung des qualifizierten Erfolges erfaßt und über Leichtfertigkeit hinausgehendes Handeln nicht vom Tatbestand des §251 StGB a.F. erfaßt wurde, sondern allein den vorsätzlichen Tötungsdelikten unterfiel. Hiervon ausgehend sollte eine „Sperrwirkung" in dem Sinne bestehen, daß die Strafandrohung des §251 StGB a.F. in den Fällen vorsätzlichen, kein Mordmerkmal verwirklichenden Handelns nicht unterschritten werden dürfe. Der

---

[40] Vgl. etwa Kaufmann JZ 1971 S.569(570); Lüttger JR 1971 S.133(139); ders. NStZ 1983 S.481(483); Saerbeck S.97; Bruns FS-Heinitz S.317(323); Sternberg-Lieben JuS 1986 S.673(675); Tröndle/Fischer Vor §211 Rn.2; Weiss GA 1995 S.373(375).

[41] Hillenkamp JuS 1977 S.166(167).

[42] Jung NStZ 1985 S.316f.

[43] Hirsch JR 1985 S.336(339).

[44] Vgl. LG Aachen JZ 1971 S.507.

[45] Rengier BT/2 §3 Rn.9; Jung NStZ 1985 S.316f.; vgl. auch Hirsch JR 1985 S.336(339).

Begriff der „Sperrwirkung“ wurde in diesem Zusammenhang seit 1976 von Tenckhoff[46] und Lackner[47] angewandt.

Weiterhin wurde auch im Zusammenhang mit §264 StGB auf das Vorliegen einer „Sperrwirkung“ zurückgegriffen. Für den Fall, daß es am Vorliegen der Voraussetzungen des Subventionsbetrugs fehlt bzw. eine Strafbarkeit aufgrund der fehlenden Versuchsstrafbarkeit in §264 StGB ausscheidet, wurde ausgehend von Tiedemann[48] ab 1979 diskutiert, inwieweit dem Rückgriff auf die tatbestandlich vorliegende, an sich verdrängte Vorschrift des §263 StGB eine „Sperrwirkung“ entgegenstehen kann[49].

Auch im Rahmen der Diskussion um die Notwendigkeit einer Haftungsprivilegierung für den Strafverteidiger stößt man auf den Begriff der „Sperrwirkung“. Aufgrund der zwiespältigen Funktion des Strafverteidigers im Strafrechtssystem besteht für diesen eine Gratwanderung zwischen Pflichterfüllung und Strafbarkeit. Dieses sogenannte „Verteidigerdilemma“ soll nach einem Teil der Literatur durch eine „Sperrwirkung“ des §258 StGB dergestalt gelöst werden, daß das Erfordernis des dolus directus im subjektiven Tatbestand des §258 StGB auf alle in Tateinheit mit §258 StGB vom Verteidiger in Zusammenhang mit der Verteidigung verwirklichten Tatbestände übertragen wird[50]. Dabei hat der Begriff der „Sperrwirkung“, soweit ersichtlich, erstmals bei Müller[51] im Jahre 1981 Verwendung gefunden.

Auch im Bereich von §339 StGB wurde in Rechtsprechung und Literatur auf das Vorliegen einer „Sperrwirkung“ zurückgegriffen. Nach herrschender Auffassung kommt eine Verurteilung nur dann in Betracht, wenn durch die richterliche Tä-

---

[46]Tenckhoff ZStW 88 (1976) S.897(914).
[47]Lackner 10.A. (1976) §251 Anm.4 (bis zur 22. Aufl. (Lackner/Kühl) §251 Rn.4).
[48]Tiedemann, in LK 10.A. (1979) §264 Rn.134; jetzt: ders., in LK 11.A. §264 Rn.162, der jedoch im Ergebnis das Vorliegen einer „Sperrwirkung“ ablehnt.
[49]Vgl. BGH NJW 1982 S.2453; Rissing-van Saan, in LK Vor §52 Rn.95; Ranft NJW 1986 S.3163(3164), die jedoch ebenfalls eine „Sperrwirkung“ ablehnen.
[50]Vgl. Müller StV 1981 S.90(100); Scheffler StV 1993 S.470(472); Hamm NJW 1993 S.289(294); v. Stetten StV 1995 S.606(610f.); Wünsch StV 1997 S.45(49f.).
[51]Müller StV 1981 S.90(100).

tigkeit tateinheitlich auch die Tatbestandsvoraussetzungen des §339 StGB erfüllt sind. Somit soll das Nichtvorliegen des §339 StGB die Strafbarkeit aus tateinheitlich mitverwirklichten Delikten ausschließen[52].
Für dieses Ausschlußverhältnis werden in Rechtsprechung und Literatur die unterschiedlichsten Begriffe verwendet. Ausgehend von Schroeder[53] im Jahre 1984 hat der Begriff der „Sperrwirkung" hierbei die größte Verbreitung erfahren[54].

Die „Sperrwirkung" findet nach Auffassung Webers aus dem Jahre 1986[55] einen weiteren Anwendungsbereich.
So soll §148 Abs.2 StGB gegenüber §263 StGB[56] ebenso wie die §§352, 353 StGB gegenüber §263 StGB[57] eine „Sperrwirkung" ausüben.

[52]Vgl. etwa BGH MDR 1952 S.693(695); BGHSt 10, 294(298); BGH NJW 1971 S.571(573); BGHSt 32, 357(364); 40, 125(136); 41, 247(255); BGH NJW 1996 S.857; OLG Bamberg SJZ 1949 S.491; OLG Düsseldorf NJW 1990 S.1374(1375); Maurach/Schroeder/Maiwald BT/2 §77 Rn.21; Schroeder GA 1993 S.389ff.; Tröndle/Fischer §339 Rn.11; Lackner/Kühl §339 Rn.11; Spendel, in LK §339 Rn.129; Rudolphi, in SK §339 Rn.22; Seemann S.99ff.; Krey BT/1 Rn.678; Hupe S.20; Weber GA 1993 S.195(215); Vormbaum, Schutz, S.371f.; ders. NJ 1993 S.212(215); Seebode S.123f.; Behrendt JuS 1989 S.945(950); Bemmann GS-Radbruch S.308ff.; ders., Der Richter in Strafsachen, S.163; Geppert Jura 1981 S.78(81); Welzel, Strafrecht, §78 B II 5; Letzgus FS-Helmrich S.73(85); Otto BT §98 I 5; Müller NJW 1980 S.2390(2393); v. Weber NJW 1950 S.272; Mohrbotter JZ 1969 S.491ff.; Scholderer S.340ff.; Hassemer JuS 1990 S.766f.; Müller KJ 1984 S.119(138); so in der Sache schon Binding BT/2 §227 IX S.563; a.A.: Bettermann, Unabhängigkeit, S.575ff.; Bauer GS-Radbruch S.302(306); Kohlrausch-Lange §336 Anm. VI; krit. auch Stumpf NStZ 1997 S.7(9f.); Begemann NJW 1968 S.1361ff.; ablehnend aufgrund des angeblich entfallenen Anwendungsbereichs Lenckner, in S./S. §336 Rn.7; Krause NJW 1977 S.285(286); Müller NJW 1980 S.2390(2391); siehe hierzu unten S.230f.

[53]Maurach/Schroeder BT/2 6.A. (1984) §74 II 6 S.195; vgl. auch Schroeder GA 1993 S.389ff.

[54]Vgl. etwa BGHSt 32, 357(364); BGH NJW 1984 S.2711(2712); BGHSt 40, 125(136); 41, 247(255); OLG Düsseldorf NJW 1990 S.1374; Tröndle/Fischer §339 Rn.11; Krey BT/1 Rn.678; Rudolphi, in SK §339 Rn.22; Scholderer S.340ff.; Wünsch StV 1997 S.45ff.; Hassemer JuS 1990 S.766f.; Behrendt JuS 1989 S.945(950); Neuheuser S.56; Otto JK 90 StGB §336/3; Weber GA 1993 S.195(215,227); Rengier BT/2 §61 Rn.21; Hupe S.119; Vormbaum, Schutz, S.353, 372; Wassermann FS-Spendel S.629(646); Bemmann, Der Richter in Strafsachen, S.157(163f.); Lüderssen S.149; Letzgus FS-Helmrich S.73(85); Vormbaum NJ 1993 S.212(215). Teilweise wird hierbei zwischen dem Nichtvorliegen von §339 StGB aufgrund des Fehlens objektiver Voraussetzungen und aufgrund fehlenden Rechtsbeugungsvorsatzes differenziert und insofern das Vorliegen von zwei Stufen der „Sperrwirkung" angenommen (vgl. Scholderer S.340ff.; Wünsch StV 1997 S.45(46f.)).

[55]Weber NStZ 1986 S.481(484).

[56]Weber NStZ 1986 S.481(484); vgl. auch Puppe (NK §148 Rn.37), die eine „Sperrwirkung" im Ergebnis jedoch ablehnt.

[57]Weber NStZ 1986 S.481(484).

Auf den Begriff der „Sperrwirkung" ist auch in verschiedenen Fallkonstellationen des Scheck- und Kreditkartenmißbrauchs zurückgegriffen worden.
Ausgehend von Weber[58] wird seit 1986 etwa der Frage nachgegangen, ob §266b StGB bei Einsatz der Scheck- oder Kreditkarte trotz fehlender Kontoabdeckung eine „Sperrwirkung" gegenüber §§263 bzw. 266 StGB zukommen kann[59].

Weiter wurde seit 1987 auch im Verhältnis von §246 StGB a.F. zu §263a StGB für den Fall der Verwendung von Codekarten zur Bargeldbeschaffung an Geldautomaten der Begriff der „Sperrwirkung" verwendet[60]. Bei Barabhebung mittels Codekarte durch einen Nichtberechtigten sollen hier §263a StGB und §246 StGB a.F. tatbestandlich vorliegen, so daß sich die Frage nach dem Verhältnis der Tatbestände stellt. Hier komme §246 StGB a.F. eine „Sperrwirkung" gegenüber §263a StGB zu.

Fraglich ist außerdem, ob ein Rückgriff auf die tatbestandlich vorliegende Vorschrift des §263 StGB für den Fall möglich ist, daß eine Bestrafung aus §266b StGB nicht eingreifen kann, weil es in §266b StGB an einer Versuchsstrafbarkeit fehlt. Nach Bernsau[61] soll hier §266b StGB insoweit auch gegenüber §263 StGB eine „Sperrwirkung" ausüben[62].

Der Begriff der „Sperrwirkung" hat seit 1988 auch im Bereich des Scheck- und Kreditkartenmißbrauchs mit betrügerisch erlangter Karte Anwendung gefunden. Hier stellt sich die Frage nach dem Verhältnis der Tatbestände von §266b StGB und §263 StGB, die eine Auffassung mit dem Vorliegen einer §266b StGB gegenüber §263 StGB zukommenden „Sperrwirkung" beantwortet[63].

---

[58] Weber NStZ 1986 S.481(484); ders. JZ 1987 S.215(216), der im Ergebnis mit der herrschenden Auffassung das Vorliegen von §263 StGB bzw. §266 StGB neben §266b StGB ablehnt.

[59] So auch Hohmann/Sander BT/1 §17 Rn.18; Geppert Jura 1987 S.162(165); Ranft JuS 1988 S.673(681), die einem Vorliegen der Tatbestände von §263 StGB bzw. §266 StGB neben §266b StGB jedoch ebenso wie Weber (vorige Fn.) ablehnend gegenüberstehen.

[60] Ranft wistra 1987 S.79(84); ders. JR 1989 S.165(166); ders. JuS 1993 S.856(859).

[61] Bernsau S.132.

[62] Der Begriff der „Sperrwirkung" findet sich bereits 1988 bei Küpper (NStZ 1988 S.60(61)), der jedoch, ebenso wie Rissing-van Saan (LK Vor §52 Rn.95), das Vorliegen einer „Sperrwirkung" im Ergebnis ablehnt.

[63] Mitsch JZ 1994 S.877(886); der Begriff der „Sperrwirkung" findet sich bereits früher bei Küpper (NStZ 1988 S.60f.), der jedoch das Vorliegen einer solchen „Sperrwirkung" ablehnt.

Weiter wurde 1988 von Ranft[64] die Möglichkeit des Bestehens einer „Sperrwirkung“ des §266b StGB gegenüber §263 StGB bei mißbräuchlicher Bargeldbeschaffung mittels Kreditkarte angedacht.

Für den Fall, daß der berechtigte Karteninhaber unbefugt den ihm eingeräumten Kreditrahmen durch Bargeldabhebung aus einem Bankautomaten überzieht, bleibt fraglich, wie sich das Verhältnis von §266b StGB zu §263a StGB darstellt. Hier soll §266b StGB, ausgehend von Bühler[65], eine privilegierende „Sperrwirkung“ ausüben und §263a StGB zugunsten des Täters verdrängen.

Nach der erstmals 1988 von Krey vertretenen Auffassung[66] sollte den §§237 bzw. 238 StGB a.F. eine „Sperrwirkung“ gegenüber den §§177, 178 StGB a.F. dahingehend zukommen, daß die Entführung als solche und das bloße Einsperren des Opfers als solches noch keine Gewalt i.S. der §§177, 178 StGB a.F. darstellten.

Weiterhin wird auch im Verhältnis von §248b StGB zu §242 StGB auf das Vorliegen einer „Sperrwirkung“ hingewiesen.
Die Gebrauchsanmaßung eines Kraftfahrzeugs durch einen Nichtberechtigten unterfällt dem Tatbestand des §248b StGB. Diese Gebrauchsanmaßung hat auch einen zwangsläufigen Verbrauch von Kraftstoff und Schmiermitteln zur Folge. Würde man in Bezug auf Kraftstoff und Schmiermittel jedoch die Strafbarkeit aus §242 StGB bejahen, so bliebe §248b StGB aufgrund der Subsidiaritätsklausel nahezu kein Anwendungsbereich. Daher besteht insoweit Übereinstimmung, als ein Rückgriff auf den Diebstahlstatbestand nicht sachgerecht ist. Im Schrifttum ist dieser Ausschluß vereinzelt auf das Vorliegen einer „Sperrwirkung“ zurückgeführt worden[67].

---

[64] Ranft JuS 1988 S.673(678).
[65] Bühler MDR 1989 S.22(24); so auch Hilgendorf JuS 1997 S.130(136).
[66] Krey, Gewalt, S.58ff.; vgl. auch Krey BT/1 7. bis 10. A. Rn.312a.
[67] Erstmals bei Seier JuS 1988 S.799(800); Baumann/Weber/Mitsch AT 10.A. §8 Rn.81.

Von einer „Sperrwirkung" im Bereich des Kriegswaffenkontrollgesetzes (KWKG) geht Oswald[68] im Jahre 1991 aus.

Probleme ergeben sich hier hinsichtlich der Vorschrift des §19 KWKG. Nach Auffassung Oswalds soll §19 Abs.5 Nr.1 KWKG eine „Sperrwirkung" der Privilegierung gegenüber dem Qualifikationstatbestand des §19 Abs.2 Nr.1 KWKG ausüben[69].

---

[68] Oswald NStZ 1991 S.322.
[69] Oswald NStZ 1991 S.322.

C. Die Fallgruppen der „Sperrwirkung":

Im nachfolgenden werden die Fallgruppen der „Sperrwirkung" einer genaueren Untersuchung unterzogen. Die Darstellung der Fallgruppen orientiert sich dabei an der chronologischen Reihenfolge der Verwendung des Begriffs der „Sperrwirkung". Aus Gründen der klaren und anschaulichen Darstellung wird jedoch innerhalb der Fallgruppen teilweise auf die Einhaltung der strikt chronologischen Reihenfolge verzichtet.

I. Fallgruppe 1: Das Zusammentreffen von qualifizierten und privilegierten Tatbestandsabwandlungen

Die Bildung und der Aufbau der Straftatbestände des Besonderen Teils des StGB unterliegen Gesetzmäßigkeiten, die für die Einordnung und den Anwendungsbereich der Tatbestände von Bedeutung sind. Grundlage und Ausgangspunkt der Bildung der Tatbestände ist dabei stets das in Rede stehende Rechtsgut. Innerhalb der Strafvorschriften, die das gleiche Rechtsgut schützen, bestehen innere Zusammenhänge[70]. So bestehen Grundtatbestände einer Deliktsgruppe und daran anknüpfende qualifizierende oder privilegierende Abwandlungen. Während die unselbständigen Abwandlungen dadurch gekennzeichnet sind, daß der Grundtatbestand um spezielle Merkmale erweitert wird, stellt das eigenständige Delikt („delictum sui generis") eine verselbständigte Abwandlung mit eigenem Unwert dar[71].

Die zusätzlichen Merkmale unselbständiger Abwandlungen können privilegierend oder qualifizierend wirken, je nachdem, ob im Vergleich zum Grunddelikt ein milderer oder erschwerter Schuld- und Unrechtsgehalt vorliegt.

Es lassen sich nicht selten Konstellationen finden, in denen sowohl privilegierende als auch qualifizierende Umstände durch die Tatverwirklichung gegeben sind. Dabei stellt sich die Frage, ob eine allgemeingültige, generalisierende Ant-

[70] Vgl. etwa Maurach, Materialien Bd.1, S.249ff.; Jakobs AT 6.Abschnitt Rn.95ff.; Roxin AT I §10 Rn.131ff.; Wessels/Beulke AT Rn.105ff.; Maurach/Zipf AT/1 §20 IV Rn.43ff.

[71] Vgl. Hassemer, Delictum sui generis, S.88 ff.; Roxin AT I §10 Rn.134ff.; Jescheck/Weigend AT §26 III; Maurach/Zipf AT/1 §20 IV Rn.46ff.

wort gefunden werden kann, welcher der gegensätzlich wirkenden Umstände Vorrang genießen soll.

1. Die „Sperrwirkung" bei Zusammentreffen qualifizierter und privilegierter Tatbestandsabwandlungen im Bereich der Tötungsdelikte

Treffen privilegierte und qualifizierte Abwandlungen im Einzelfall zusammen, so stellt sich die Frage, wie sich eine derartige Konfliktlage widerspruchsfrei auflösen läßt. Unrechts- bzw. Schuldgehalt können dabei in zweifacher Weise berührt werden. Zum einen verwirklicht der Täter Umstände, die nach der Wertung des Gesetzgebers sein Handeln als milder darstellen, zum anderen ist mit der Verwirklichung qualifizierender Umstände Raum für eine schärfere Beurteilung des Handlungsunwerts.
Dabei erscheint es problematisch, ob und inwieweit einer der Tatbestände dem anderen vorgehen kann oder sich die Tatbestände trotz der Erfüllung qualifizierender und privilegierender Umstände lediglich ergänzen. Für den Täter ist dies von entscheidender Bedeutung, weisen doch die Strafrahmen erhebliche Unterschiede auf. So droht dem Täter im Bereich des §211 StGB lebenslange Freiheitsstrafe, während im Bereich des §216 StGB der Strafrahmen von 6 Monaten bis 5 Jahren, bei §217 StGB a.F.[72] der Strafrahmen von 3 Jahren bis 15 Jahren (§38 Abs.2 StGB) reicht.

Entgegen dem ersten Eindruck besteht die Möglichkeit eines Zusammentreffens qualifizierender und privilegierender Umstände nicht selten. Man denke hier etwa an Fälle, in denen die Mutter ihr uneheliches Kind direkt nach der Geburt auf grausame Art und Weise tötet, oder die Tötung aus Gründen der Habgier erfolgt, um z.B. der Zahlung von Unterhalt zu entgehen. Hier steht ein Zusammentreffen

---

[72]Mit dem 6. StrRG ist zwar der Tatbestand des §217 StGB a.F. aufgehoben. Will man aber die Struktur und Berechtigung der „Sperrwirkung" erfassen, ist es notwendig, auf alle Tatbestände abzustellen, bei denen der Begriff der „Sperrwirkung" Anwendung gefunden hat. Es gilt dabei zu klären, ob und inwieweit sich die Berufung auf eine „Sperrwirkung" als berechtigt erweisen kann. In Bezug auf die Kindestötung wird später zu klären sein, ob die Problematik nach der Änderung der Gesetzeslage in gleicher Weise Bestand hat (vgl. unten Fn.385).
Im Hinblick auf zeitlich vor der Aufhebung von §217 StGB a.F. begangene Taten bleibt die „Sperrwirkungsproblematik" bestehen.

der Tatbestände des §217 StGB a.F. und §211 StGB in Frage, da sowohl Mordmerkmale als auch die Voraussetzungen des §217 StGB a.F. an sich erfüllt erscheinen.

Auch im Bereich der Tötung auf Verlangen kann neben den Voraussetzungen des §216 StGB auch ein Mordmerkmal erfüllt sein, wenn der Täter aufgrund des Todesverlangens des Opfers handelt, dabei aber etwa unter Anwendung gemeingefährlicher Mittel vorgeht.

Es sind zahlreiche Konstellationen im Bereich der Tötungsdelikte denkbar, die aufzeigen, daß es sich bei der Problematik der Auflösung des Spannungsfeldes von §211 StGB und §§216 StGB bzw. 217 StGB a.F. nicht nur um eine rein theoretische Frage, sondern um eine Problematik mit praktischen Auswirkungen handelt.

Das Phänomen der Tötung des eigenen Kindes durch die Mutter hat nicht nur die Rechtswissenschaft, sondern auch die Literatur beschäftigt. Ob allerdings die literarische Aufarbeitung der Thematik, die stets hin zur Einordnung als Kindesmörderin[73] erfolgte, den richtigen Ansatz darstellt, bleibt im folgenden zu klären.

Führt man sich das systematische Verhältnis der vorsätzlichen Tötungsdelikte vor Augen, so stehen sich die Auffassungen der Rechtsprechung und der Literatur seit jeher konträr gegenüber.

Das geltende Recht erfaßt die vorsätzlichen Tötungsdelikte im 16. Abschnitt des StGB in den §§211ff. StGB. Über diese Vorgaben des Gesetzgebers hinaus bestehen hinsichtlich der Systematik der Tatbestände und daraus folgender Auswirkungen erhebliche Differenzen.

Die Literatur erkennt in §212 StGB den Grundtatbestand und in den §§211 StGB bzw. 216 StGB, 217 StGB a.F. unselbständige Qualifizierungen bzw. Privilegierungen[74]. Insofern liegt der Betrachtung der Literatur eine Dreistufigkeit mit der Abstufung je nach Schweregrad der Tötungshandlung zugrunde.

---

[73] Z.B. Schiller, Die Kindesmörderin, 1782; Wagner, Die Kindermörderin, 1883; Bert Brecht, Die Kindesmörderin, 1913; ders., Von der Kindesmörderin Marie Farrar, 1922; vgl. auch Rammeckers, Der Kindesmord in der Literatur der Sturm- und Drangperiode, 1927.

[74] Vgl. etwa Jähnke, in LK 10.A. Vor §211 Rn. 39; Tröndle/Fischer §211 Rn.14; Horn, in SK §211 Rn.2; Eser, in S./S. Vor §211 Rn.5f.; Otto Jura 1994 S.141(142); Mitsch JuS 1996 S.26; Gössel BT/1 §1 Rn.5ff.

Dagegen sieht die Rechtsprechung in den §§211, 212 StGB zwei selbständige, sich gegenseitig ausschließende, artverschiedene, nebeneinanderstehende Tatbestände mit eigenem Unwertgehalt[75].
Keine Einigkeit besteht infolgedessen auch im Hinblick auf die systematische Stellung der §§216 StGB bzw. 217 StGB a.F. Ausgehend von der dargestellten Exklusivität der §§211 und 212 StGB behandelt die Rechtsprechung die §§216 StGB, 217 StGB a.F. als eigenständige Sonderdelikte[76].
Die herrschende Lehre sah in §217 StGB a.F. eine unselbständige Abwandlung des §212 StGB[77], da es sich hierbei lediglich um eine schuldbezogene Rücksichtnahme auf die Ausnahmesituation der nichtehelichen Mutter handelte. Auch §216 StGB wird von der überwiegenden Literatur als unselbständige Abwandlung begriffen[78].

Trotz der unterschiedlichen systematischen Ausgangssituation wird sich zumindest das Ergebnis des dargelegten Konflikts für den Fall des Zusammentreffens qualifizierender und privilegierender Umstände als relativ einstimmig erweisen.
Die Schwierigkeit, diese Konfliktlage jedoch dogmatisch in den Griff zu bekommen, zeigt sich schon an der Vielzahl der Ansätze, die sich hierzu in Rechtsprechung und Literatur finden.

---

[75] St. Rspr. seit BGHSt 1, 368(371f.); vgl. etwa BGHSt 2, 251(255); 6, 329(330); 22, 375(377); 24, 106(108).
[76] Vgl. etwa RGSt 28, 200(201f.); 45, 247f; 53, 293(294); 59, 8(9); BGHSt 1, 235(237); 2, 258f.; 13, 162(165).
[77] Lackner/Kühl 22.A. Vor §211 Rn.24; Eser, in S./S. §217 Rn.1, Vor §211 Rn.7; Jähnke, in LK 10.A. Vor §211 Rn.45, §217 Rn.2; Maurach/Schroeder/Maiwald BT/1 §2 IV Rn.65, 70; Blei BT §8 II; Wessels BT/1 21.A. Rn.61; Gössel BT/1 §6 Rn.1; Haft BT 6.A. S.82; Welzel, Strafrecht, §38 IV; Sauer, System, S.261; a.A.: Tröndle 48. A. §217 Rn.1.
[78] Vgl. etwa Jähnke, in LK 10.A. Vor §211 Rn.45, §216 Rn.2; Gössel BT/1 §5 Rn.1; Lackner/Kühl Vor §211 Rn.24, §216 Rn.1; Maurach/Schroeder/Maiwald BT/1 §2 IV Rn.61; Welzel, Strafrecht, §38 III; Sauer, System, S.261; Wessels/Hettinger BT/1 Rn.69; Blei BT §7 I; a.A: Eser, in S./S. §216 Rn.1, Vor §211 Rn.7; Tröndle/Fischer §216 Rn.1.

a) Idealkonkurrenz zwischen §211 StGB und §216 StGB bzw. §217 StGB a.F.

So wurde vereinzelt angenommen, §211 StGB und §216 StGB bzw. §217 StGB a.F. stünden im Verhältnis der Idealkonkurrenz zueinander[79].

Wenn die Verwirklichung eines Grundtatbestandes zugleich die Merkmale einer Privilegierung und einer Qualifikation erfülle, so müßten grundsätzlich die Regeln der Idealkonkurrenz Anwendung finden, da Gesetzeseinheit hier nicht vorliege[80].

Dieser Ansatz hätte aber zur Folge, daß sich aufgrund von §52 StGB stets der Qualifikationstatbestand (§211 StGB) durchsetzen würde. Somit käme im konkreten Fall nur die volle Mordstrafe in Betracht, und das Vorliegen privilegierender Umstände bliebe im Ergebnis unberücksichtigt[81].

Außerdem zeigt auch der inhaltliche Vergleich des Verhältnisses zwischen Qualifikation und Privilegierung mit dem Verhältnis, das sonst zwischen unrechtsverwandten Vorschriften besteht, daß eine Anwendung des §52 StGB nicht durchgreifen kann. Die Situation bei §52 StGB stellt sich so dar, daß mit der Er-

---

[79] So Höpfner S.116; v. Hippel S.253; Pfaum S.28; vgl. auch den Ansatz bei Puppe, Idealkonkurrenz, S.340, die eine völlig andere Konzeption der Konkurrenzen zugrundelegt (vgl. S.313ff.). Puppe nimmt Gesetzeskonkurrenz nur bei Vorliegen von Spezialität im streng logischen Sinne an. Hierunter fallen auch Fälle, die die h.M. dem spezialitätsähnlichen Bereich der Subsidiarität zuordnet. Alle übrigen Fälle der Susidiarität, wie auch alle Fälle von Konsumtion ordnet Puppe der Idealkonkurrenz zu. Die Ansicht Puppes beruht auf einem völlig von der h.M. abweichenden Verständnis der Tateinheit. Während die h.M. auf dem Vorliegen einer Handlungseinheit basiert, versteht Puppe unter Idealkonkurrenz das Vorliegen einer sachlichen Unrechtsverwandtschaft vorliegender Tatbestände. Eine solche Unrechtsverwandtschaft sei dann anzunehmen, wenn die Vorschriften mindestens in einem Merkmal übereinstimmen, jedoch nicht, falls die Voraussetzungen einer Norm vollständig in der anderen enthalten seien. Dann läge, so Puppe, Spezialität vor (S.319f.). Die Konzeption Puppes ist bislang zutreffenderweise überwiegend kritisch betrachtet worden (vgl. nur Fuchs S.29ff.; Stratenwerth AT Rn.1177, 1254; Werle, S.119ff; Samson/Günther, in SK Vor §52 Rn.19f.; Jakobs AT S.869; Maurach/Gössel/Zipf AT/2 §54 Rn.25ff.; Huang, S.38f., 88f.; Gössel GA 1981 S.134(136)). Gegen die Auffassung Puppes spricht neben der Intention des Gesetzes vor allem auch der eingeführte Begriff der Unrechtsverwandtschaft. Ein derart unbestimmter Rechtsbegriff führt verstärkt zu Rechtsunsicherheiten.

[80] Vgl. hierzu ausführlich unten Seite 24ff.

[81] Eine Anwendung des §49 Abs.1 Nr.1 StGB auf eine Strafbarkeit aus §211 StGB infolge der vom Großen Senat entwickelten sogenannten „Rechtsfolgenlösung“ (BGHSt 30, 105ff.) ist abzulehnen. Zutreffende Kritik zur Rechtsfolgenlösung etwa bei: Albrecht JZ 1982 S.697ff.; Arzt/Weber LH1 Rn.112a; Lackner/Kühl §211 Rn.17; Tröndle/Fischer §211 Rn.17; Bruns JR 1981 S.358(360ff.); ders. FS-Kleinknecht 1985 S.49ff.; Eser, in S./S. §211 Rn.106; ders. JR 1981 S.177ff.; ders. NStZ 1981 S.383ff.; Fünfsinn Jura 1986 S.136(139ff.); Günther NJW 1982 S.353(356f.); ders. JR 1985 S.268ff.; Hassemer JZ 1983 S.967ff.; Köhler JuS 1984 S.762ff.; Lackner NStZ 1981 S.348ff.; Paeffgen GA 1982 S.255ff.; Veh S.123ff.; Krey BT/1 Rn.67ff.; ders. ZStW 101 (1989) S.838(868f.); Schmidhäuser NStZ 1989 S.55(58); Spendel JR 1983 S.269(271); Hirsch FS-Tröndle S.19(28f.); Groth S.111ff. Zustimmend dagegen: Frommel StV 1982 S.533ff.; Kratzsch JA 1982 S.401ff.; Jähnke FS-Spendel S.537ff.; Rengier NStZ 1982 S.225ff.; ders. NStZ 1984 S.21ff.; Gössel BT/1 §4 Rn.13ff.

füllung des zurücktretenden Tatbestandes dem im Rahmen von §52 StGB vorgehenden Delikt weiteres Unrecht hinzugefügt wird. Anders stellt sich jedoch die Situation für den Fall des Zusammentreffen des §211 StGB mit §216 StGB bzw. §217 StGB a.F. dar, da hierbei in der Qualifikation bereits alle den Täter belastenden Merkmale der Privilegierung enthalten sind. Somit ist der Unrechtsgehalt der Privilegierung bereits voll in der Qualifikation enthalten.
Die Privilegierung fügt dem qualifizierenden Delikt vielmehr den Unrechts- und Schuldgehalt beeinflussende Milderungsgründe hinzu.
Aus dem Zusammentreffen von Qualifikation und Privilegierung folgt also vielmehr das Bedürfnis, den Täter besser zu stellen als bei der Idealkonkurrenz.

b) Weitere Ansätze in der Literatur

Binding[82], Beling[83] und auch Eckstein[84] haben Versuche unternommen, über die Verschiebung von Strafrahmen, wie etwa durch Bildung des arithmetischen Mittels der in den Tatbeständen vorgegeben Strafrahmen, eine gerechte Lösung zu finden. Eine Berechtigung zu einer derartigen Berechnung von Strafrahmen läßt sich dem StGB jedoch nicht entnehmen.

Auch wurde angenommen, daß §211 StGB und §§216 StGB bzw. 217 StGB a.F. im Verhältnis der Gesetzeseinheit stehen und §211 StGB sowohl §216 StGB als auch §217 StGB a.F. verdränge[85].

Einen anderen Ansatz sieht Maihofer[86], der aus seinem Verständnis der objektiven Schuldelemente heraus zu dem Schluß kommt, daß es im Bereich des §217 StGB a.F. für die Schuldprivilegierung der Mutter auf ihre tatsächliche persönliche Schuld nicht ankomme, sondern nur auf die sozialtypische Schuld der Mutter eines unehelichen Kindes, die ihr Kind in oder gleich nach der Geburt tötet[87]. Darüber hinaus komme der Mutter die Privilegierung des §217 StGB a.F. auch zugute, wenn sie das Kind etwa mit gemeingefährlichen Mitteln oder grausam getötet habe.

---

[82]Binding, Grundriß, §60 2c.
[83]Beling, S. 313.
[84]Eckstein GS 84 (1916) S.463(464).
[85]Vgl. Pfefferle S.56f.
[86]Maihofer, FS-H. Mayer S.185ff.

Eine Strafbarkeit allein aus §211 StGB will Schmidt[88] beim Zusammentreffen von §211 StGB mit §§216 StGB bzw. 217 StGB a.F. begründet wissen. Dabei geht er von einem abweichenden systematischen Verhältnis der Tötungsdelikte aus. Er sieht in §211 StGB den Grundtatbestand der Tötungsdelikte, während sich das Gesetz in bezug auf §212 StGB bis hin zu §§216 StGB, 217 StGB a.F. nach Unrecht und Schuldschwere abwärts bewege[89]. Wo aber ethisch verwerfliche Gesinnungs- und Zweckmomente die vorsätzliche Tötung zum Mord machen würden, habe es keinen Sinn, Tötungen bei denen neben den Voraussetzungen des §211 StGB auch die der §§216 StGB bzw. 217 StGB a.F. vorliegen, nicht als Mord zu bestrafen.

In seinem genannten Beispiel des zur Verzweiflung gebrachten KZ-Häftlings, der seinen sadistischen Peiniger anfleht, er möge ihn töten, hat Schmidt im übrigen Recht, wenn er bei einer daraufhin erfolgenden grausamen Tötung von einer Strafbarkeit aus §211 StGB ausgeht. Dies ist aber vielmehr darin begründet, daß es hier an einer für §216 StGB notwendigen freiverantwortlichen und ernstlichen Willensentschließung fehlt. Auch ist der Täter hier wohl kaum durch das Verlangen des Opfers i.S. des §216 StGB „bestimmt“ worden[90].

Ein Begründungsansatz für die Handhabung des Zusammentreffens von Privilegierung und Qualifizierung läßt sich hieraus jedoch nicht ableiten.

Ausgehend von diesen bislang dargelegten unterschiedlichen Ansätzen hat sich in Rechtsprechung und Literatur eine erstaunlich übereinstimmende Tendenz herausgebildet.

So wird bei Vorliegen qualifizierender und privilegierender Umstände i.S. von §216 StGB und §217 StGB a.F. eine Bestrafung aus §211 StGB nicht in Betracht gezogen[91].

---

[87] Maihofer, FS-H. Mayer S.185(197).
[88] Schmidt DRZ 1949 S.241ff.
[89] Schmidt DRZ 1949 S.241.
[90] Vgl. hierzu unten Seite 46ff.
[91] Zu §216 StGB: vgl. RGSt 28, 200(202); 45, 247(248); 53, 293(294); BGHSt 2, 258f.; Jähnke, in LK 10.A. §216 Rn.2; Lackner/Kühl Vor §211 Rn.24, §216 Rn.1; Eser, in S./S. §216 Rn.2; Horn, in SK §216 Rn.2; Maurach/Schroeder/Maiwald BT/1 §2 III, IV Rn.28, 61; Welzel, Strafrecht, §38 III; Mayer Strafrecht AT §11 S.69; Schmidhäuser BT 2/Rn.58; Arzt/Weber LH1 Rn.185; Mürbe BT I S.31; Geerds, Konkurrenz, S.202; Eser, Strafrecht Bd.III, S.21; Brunner

Unterschiede bestehen jedoch in der systematischen und konstruktiven Herleitung dieses Ergebnisses.

Ausgehend von Maurach[92] hat dieses Phänomen in der Literatur weitgehend als „Sperrwirkung des milderen Tatbestandes“ Eingang gefunden[93]. Der Anwendungsvorrang der §§216 StGB, 217 StGB a.F. vor §211 StGB wird dabei einer „Sperrwirkung“ zugeschrieben, die die §§216 StGB bzw. 217 StGB a.F. aufgrund ihrer Privilegierung gegenüber §211 StGB haben sollen. Die Rechtsprechung vermeidet den Ausdruck der „Sperrwirkung“ und bezeichnet die gleiche Erscheinung allgemein als Vorrang, der den §§216 StGB, 217 StGB a.F. aufgrund ihrer Sonderdeliktseigenschaft gegenüber §211 StGB zukomme[94].

Die Berufung auf eine „Sperrwirkung“ oder einen allgemeinen Vorrang ist jedoch zunächst nur eine Behauptung und keine Begründung für den angenommenen Vorrang der §§216 StGB bzw. 217 StGB a.F.

Die Tatsache, daß in den meisten Abhandlungen lediglich das Vorliegen einer „Sperrwirkung“ ohne eine Begründung dargetan wird, mag als Anzeichen dafür

---

S.138; Baumann/Weber/Mitsch AT 10.A. §8 Rn.83; Hassemer, Delictum sui generis, S.61ff.; Blei BT §7 IV; Bockelmann BT/2 §5 I; Haft BT S.83; Wessels/Beulke AT Rn.113; Frick S.58; so auch schon Thoma S.52; Hoff S.27; Klenner S.33.

Zu §217 StGB: BGHSt 1, 235(238); OLG Koblenz SJZ 1950 S.292; Jähnke, in LK 10.A. §217 Rn.2; Tröndle 48.A. §217 Rn.1; Eser, in S./S. §217 Rn.2; Horn, in SK §217 Rn.2; Maurach/Schroeder/Maiwald BT/1 §2 III, IV Rn.28, 65, 68; Arzt/Weber LH1 Rn.169f.; Brunner S.141; Blei BT §8II; Haft, Fallrepetitorium, S.175; Wessels AT 28.A. Rn.113; ders. BT/1 21.A. Rn.160; Krey BT/1 10.A. Rn.110f.; Jescheck/Weigend AT §26 III 2; Baumann/Weber/Mitsch AT 10.A. §8 Rn.83; Eser, Strafrecht Bd.III, S.21; Schmidhäuser BT 2/Rn.58; Bockelmann BT/2 §5 I; Hauf AT S.14; Mürbe BT I S.31; Geerds, Konkurrenz, S.202; Haffke JuS 1973 S.402(403f.); Welzel, Strafrecht, §38 IV; Mayer Strafrecht AT §11 S.69; Streb S.83; Krauskopf S.37; Schmidt, Kindestötung, S.27; Blanke S.60.

[92] Maurach, Deutsches Strafrecht, Besonderer Teil, 1.A. 1953, §2 III A 2 S.24f., §2 IV B 1 S.32, §2 IV C 1 S.34; Maurach, Deutsches Strafrecht, Allgemeiner Teil, 1.A. 1954, §55 I B 3 b S.610; Maurach, Materialien Bd.1, S.249(255); jetzt: Maurach/Schroeder/Maiwald BT/1 8.A. §2 III, IV Rn.28, 61, 65; Maurach/Gössel/Zipf AT/2 7.A. §55 II Rn.20.

[93] Vgl. Krey BT/1 10.A. Rn.111; ders. JuS 1971 S.141(142); Wessels/Beulke AT Rn.113; Maurach/Gössel/Zipf AT/2 §55 II Rn.20; Maurach/Schroeder/Maiwald BT/1 §2 III, IV Rn.28, 61, 65; Haft BT S.83; ders., Fallrepetitorium, S.175; Rengier BT/2 §6 Rn.2; Bockelmann BT/2 §5 I; Brunner S.138; Baumann/Weber/Mitsch AT 10.A. §8 Rn.83; Haffke JuS 1973 S.402(403f.); Hauf AT S.14; Mürbe BT I S.31; Gössel BT/1 §1 Rn.6; Bockelmann BT/2 §5 I; Krauskopf S.37; Schmidt, Kindestötung, S.27.

[94] Vgl. etwa RGSt 53, 293(294); 45, 247(248); BGHSt 1, 235(238); 2, 258f.

gewertet werden, daß eine eindeutige dogmatische Einordnung und Begründung einer „Sperrwirkung“ mit Schwierigkeiten verbunden ist[95].

c) Die „Sperrwirkung“ als begriffliche Abweichung auf dem Gebiet der Gesetzeseinheit?

Zunächst liegt der Gedanke nahe, das Phänomen der „Sperrwirkung“ dogmatisch in den Bereich der Gesetzeseinheit einzuordnen, um so Konstruktion und Begründung der Verdrängungswirkung der §§216 StGB, 217 StGB a.F. zu erklären.

aa) Spezialität

Eine Lösung der Problematik wäre gefunden, wenn sich das Verhältnis der §§216 StGB bzw. 217 StGB a.F. zu §211 StGB als Spezialitätsverhältnis i.S. der Gesetzeseinheit interpretieren ließe.

So finden sich in der Literatur vereinzelt Stimmen, die eine Spezialität der §§216 StGB bzw. 217 StGB a.F. annehmen wollen[96]. Die §§216 StGB, 217 StGB a.F. seien schon aufgrund des beschränkten Täterkreises zugleich ein Spezialgesetz zu §211 StGB.

Eine solche Annahme von Gesetzeseinheit in Form der Spezialität läßt sich jedoch angesichts der in Rechtsprechung und Literatur vertretenen systematischen Konstruktion der Gesetzeseinheit innerhalb der Lehre von den Konkurrenzen nicht rechtfertigen.

So differenziert die Gesetzeseinheit auch beurteilt worden ist, der Versuch eine dogmatische Einordnung des Zusammentreffens von Qualifikation und Privilegierung in die Gesetzeseinheit vorzunehmen, kann nicht gelingen. Hält man sich den Begriff der Konkurrenz vor Augen, so drückt dieser treffend aus, was in der Sache erreicht werden soll. Es geht um die Auflösung der Frage, welchen Einfluß mehrere von einem Täter verwirklichte Tatbestände auf die Bestimmung des anzuwendenden Strafrahmens und im engeren Sinne auf die Zumessung der konkreten Strafe haben. Dabei ist die Unterscheidung verschiedener Formen der

---

[95] Arzt/Weber LH1 Rn.170 und Jagusch, Anm. zu BGH, LM Nr.10 zu §48 a.F., merken an, daß es sich hier um eine Problematik handelt, die auch weiterhin einer klaren dogmatischen Einordnung bedürfe.

Konkurrenz darauf gerichtet, die Entscheidung zu ermöglichen, wann ein Tatbestand hinter einem anderen zurücktritt (Gesetzeseinheit), wann beide Tatbestände gemeinsam auf den gleichen Sachverhalt anzuwenden sind (Idealkonkurrenz) bzw. wann aus den einzelnen verwirklichten Tatbeständen unabhängig voneinander die jeweilige Einzelstrafe gebildet wird, die dann zu einer gemeinsamen Gesamtstrafe verrechnet wird (Realkonkurrenz).

Die Fälle mehrfacher Gesetzesverletzung werden vom Gesetz in den §§52ff. StGB geregelt, wobei eine Unterscheidung zwischen der Verletzung mehrerer Gesetze bzw. der mehrfachen Verletzung eines Tatbestandes durch eine Handlung (Idealkonkurrenz) und der mehrfachen Tatbestandsverwirklichung durch mehrere Handlungen (Realkonkurrenz) getroffen wird. Die Gesetzeseinheit oder Gesetzeskonkurrenz[97] erfaßt dagegen den Fall, daß bei der Tat mehrere Tatbestände nur scheinbar zusammentreffen, während in Wirklichkeit ein Tatbestand die anderen verdrängt. Es liegt hierbei der Gedanke zugrunde, daß der Unrechts- und Schuldgehalt einer Handlung bereits vollständig, im wesentlichen oder typischerweise in dem Unrechts- und Schuldgehalt des anderen Tatbestandes enthalten ist, so daß die Anwendung auch des anderen Tatbestandes zu einer doppelten Bewertung nur einmal vorhandenen Unrechts führen würde[98].

Die Frage, ob verschiedene Strafbestimmungen im Verhältnis der Gesetzeseinheit stehen, hat der Gesetzgeber nicht ausdrücklich geregelt. Das Vorliegen von Gesetzeseinheit kann nur durch Auslegung des Verhältnisses, in dem die Tatbestände zueinander stehen, ermittelt werden. Dieses Verhältnis der Tatbestände ist von der herrschenden Auffassung mit den Begriffen Spezialität, Subsidiarität und Konsumtion bezeichnet worden[99]. Ist auch im einzelnen vieles streitig, läßt sich

---

[96]Lackner/Kühl Vor §211 Rn.24; Lackner/Kühl 22.A. Vor §211 Rn.24 (zu §217 StGB a.F.); Jähnke, in LK 10.A. Vor §211 Rn.45; Streb S.83.

[97]Auf den Ausdruck der Gesetzeskonkurrenz wird im weiteren verzichtet und durch den Begriff der Gesetzeseinheit ersetzt, da nur der vorgehende Tatbestand angewendet wird und das verdrängte Gesetz nicht im Schuldspruch erscheint (so BGHSt 11, 15(17); 25, 373; 28, 11(15); 31, 380f.; 39, 100(108); vgl. weiter Geerds, Konkurrenz, S.156; Vogler, in LK 10.A. Vor §52 Rn.101; Rissing-van Saan, in LK Vor §52 Rn. 64; Stree, in S./S. Vor §52 Rn.102; Maurach/Gössel/Zipf AT/2 §55 II Rn.6; Jescheck/Weigend AT §69 I; Sauer AT S.231; Seier Jura 1983 S.225f.; Pflaum S.9. Hirschberg ZStW 53 (1934) S.37 versteht Gesetzeskonkurrenz i.S. einer „Konkurrenz um die Anwendung“, Kohlrausch-Lange Vorbem. III Vor §73 spricht hier von Ausschluß (Konsumtion).

[98]Vgl. BGHSt 11, 15(17); 25, 373; Schmitt ZStW 75 (1963) S.43(48); Baumann/Weber/Mitsch AT 10.A. §36 Rn.4; Seier Jura 1983 S.225(227); Samson/Günther, in SK Vor §52 Rn.79; Vogler, in LK 10.A. Vor §52 Rn.101; Rissing-van Saan, in LK Vor §52 Rn.64.

[99]Vgl. etwa Baumann/Weber/Mitsch AT 10.A. §36 Rn.6ff.; Blei AT §96; Tröndle/Fischer Vor §52 Rn.18ff.; Jakobs AT 31.Abschnitt Fn.19ff.; Vogler, in LK 10.A. Vor §52 Rn.105ff.; Ris-

doch der Versuch, die „Sperrwirkung“ der §§216 StGB, §217 StGB a.F. dogmatisch in den Bereich der Gesetzeseinheit einzuordnen, weitgehend ohne detaillierte Auseinandersetzung mit den zur Gesetzeseinheit vertretenen abweichenden Auffassungen unternehmen[100].

Die auftretende Problematik kann nur dann richtig eingeordnet werden, wenn man sich verdeutlicht, daß es hier bei den §§211 und 216 StGB bzw. 217 StGB a.F. um Tatbestände geht, die zu §212 StGB, also einem dritten Tatbestand, im Verhältnis der Spezialität stehen. Klärungsbedürftig bleibt das Verhältnis der speziellen Vorschriften zueinander. Dieser Ausgangspunkt zeigt, daß sich die Vorrangproblematik verkompliziert hat und nicht mehr mit bloßem Hinweis auf die speziellere Norm[101] gelöst werden kann.

Von Spezialität ist dann auszugehen, wenn ein Tatbestand alle Merkmale eines anderen und darüber hinaus noch ein weiteres Merkmal aufweist[102]. Dieses weitere Merkmal erfaßt den Sachverhalt unter einem anderen Gesichtspunkt, der Tatbestand wird enger begrenzt und spezieller ausgestaltet[103].

Bei der Spezialität ist das logische Abhängigkeitsverhältnis der Subordination gegeben, da jede Handlung, die den Tatbestand des spezielleren Delikts erfüllt, notwendigerweise zugleich auch den Tatbestand des allgemeinen Delikts verwirklicht. Das allgemeine Delikt tritt dann zurück.

Somit müßte sich zur Annahme des Verhältnisses der Spezialität der §§216 StGB bzw. 217 StGB a.F. zu §211 StGB feststellen lassen, daß sich §§216 StGB, 217 StGB a.F. aufgrund des Hinzufügens neuer Begriffsmerkmale oder durch Ausdifferenzierung eines Merkmals als Sonderregelungen zu §211 StGB darstellen. Dies würde aber bedingen, daß die Voraussetzungen des allgemeinen

---

sing-van Saan, in LK Vor §52 Rn.67ff.; Samson/Günther in SK Vor §52 Rn.79ff.; Lackner/Kühl Vor §52 Rn.25ff.; Welzel, Strafrecht, S.234f.; Wessels/Beulke AT Rn.787ff. Gegen einen selbständigen Begriff der Konsumtion Klug ZStW 68 (1956) S.399(406ff.); Stree, in S./S. Vor §52 Rn.131; Kohlrausch-Lange Vorbem. III Vor §73.

100 Eine ausführliche Auseinandersetzung mit abweichenden Auffassungen kann im Rahmen dieser Arbeit nicht erfolgen (vgl. dazu ausführlich die Nachweise bei Fn.99). Wo sich aber im Ergebnis Unterschiede ergeben, werden abweichende Ansichten Berücksichtigung finden.

101 So aber Jähnke, in LK 10.A. Vor §211 Rn.45 und Lackner/Kühl Vor §211 Rn.24.

102 Klug ZStW 68 (1956) S.399(400); Geerds, Konkurrenz, S.193; Schmitt ZStW 75 (1963) S.43(49); Jescheck/Weigend AT §69 II; Vogler, in LK 10.A. Vor §52 Rn.108ff.; Rissing-van Saan, in LK Vor §52 Rn.73; Stree, in S./S. Vor §52 Rn. 110.

103 Vgl. etwa Geerds, Konkurrenz, S.193; Stree, in S./S. Vor §52 Rn.110 m.w.N; Vogler, in LK 10.A. Vor §52 Rn.108; Rissing-van Saan, in LK Vor §52 Rn.75.

Gesetzes notwendigerweise auch bei Erfüllung der speziellen Tatbestände gegeben sein müssen[104].

Eine derartige Betrachtung verbietet sich jedoch. Die §§216 StGB, 217 StGB a.F. erfüllen gerade nicht die Voraussetzungen des §211 StGB, der zusätzliche Merkmale enthält, die den §§216 StGB, 217 StGB a.F. fehlen. Auch umgekehrt enthalten die §§ 216 StGB, 217 StGB a.F. Merkmale, die §211 StGB fremd sind. So ist §216 StGB ebensowenig wie §217 StGB a.F. ein Mord mit besonderen zusätzlichen Merkmalen. Auch ist der Mord keine Tötung auf Verlangen bzw. Kindestötung mit besonderen zusätzlichen Voraussetzungen.

Die Annahme von Spezialität im Verhältnis von §§216 StGB, 217 StGB a.F. und §211 StGB läßt sich folglich aus dem Verständnis der Gesetzeseinheit heraus nicht begründen[105]. Gehen die oben genannten Auffassungen von einer Spezialität aus, so kann dies nur als Versuch gesehen werden, den angenommenen Anwendungsvorrang der §§216 StGB, 217 StGB in ein dogmatisches Gefüge einzupassen. Die Gesetzeseinheit in Form der Spezialität erweist sich hierfür jedoch als unpassend.

bb) Subsidiarität

Die Problematik läßt sich konstruktiv auch nicht über die Annahme von Gesetzeseinheit in Form der Subsidiarität lösen.

Von Subsidiarität ist dann auszugehen, wenn von mehreren auf eine oder mehrere Handlungen zutreffenden Tatbeständen der eine nur hilfsweise für den Fall zur Anwendung kommt, daß nicht bereits der andere durchgreift[106]. Dabei kann sich Subsidiarität nicht nur aus den ausdrücklichen im Gesetz angesprochenen Subsidiaritätsklauseln, sondern auch aus dem Zweck und Zusammenhang der Vorschriften ergeben[107]. Die Auslegung des Gesetzeswillens muß zeigen, daß der subsidiäre Tatbestand als Auffangtatbestand nur dann Geltung haben soll, falls

---

[104] Baumann/Weber/Mitsch AT 10.A. §36 Rn.7f.; Bernsmann JZ 83 S.45(48); Jescheck/Weigend AT §69 II; Honig S.113; Geerds, Konkurrenz, S.193.

[105] Vgl. auch Hassemer, Delictum sui generis, S.63; Bernsmann JZ 1983 S.45(48); Welzel JZ 1952 S.72(74); Haffke JuS 1973 S.402(403f.); so im Ergebnis auch Arzt/Weber LH/1 Rn.170.

[106] Stree, in S./S. Vor §52 Rn.105; Jescheck/Weigend AT §69 II 2; Vogler, in LK 10.A. Vor §52 Rn.118; Rissing-van Saan, in LK Vor §52 Rn.99; Samson/Günther, in SK Vor §52 Rn.87ff.; Tröndle/Fischer Vor §52 Rn.19.

[107] Vgl. etwa Stratenwerth AT Rn.1190ff.; Vogler, in LK 10.A. Vor §52 Rn.118; Rissing-van Saan, in LK Vor §52 Rn.101; Samson/Günther, in SK Vor §52 Rn.87ff.; Jescheck/Weigend AT §69 II 2; Baumann/Weber/Mitsch AT 10.A. §36 Rn.10f.; Schmidhäuser AT S.732.

ein anderer Tatbestand nicht zur Anwendung kommt. Dies ist dann der Fall, wenn ein Tatbestand nach dem Gesetzeswillen die ausschließliche Qualifikation der Tat enthält. Materieller Grund für das Zurücktreten des subsidiären Gesetzes hinter das primär anzuwendende Gesetz ist es insbesondere, die verschiedenen Angriffsstadien oder verschieden intensive Arten des Angriffs auf dasselbe Rechtsgut zu erfassen[108]. Die logische Struktur ist dabei im Unterschied zur Spezialität nicht die der Subordination, sondern die der Interferenz[109].

Über die Annahme von Subsidiarität kann jedoch der Anwendungsvorrang der §§216 StGB bzw. 217 StGB a. F. gegenüber §211 StGB nicht begründet werden. In Betracht könnte hier allein die stillschweigende Subsidiarität kommen. Hier gilt es, sich jedoch den oben dargestellten Grundgedanken der Subsidiarität vor Augen zu führen. §211 StGB kann angesichts der Androhung einer lebenslangen Freiheitsstrafe nicht als Norm angesehen werden, die in einer Hilfs- und Ergänzungsfunktion zu anderen Delikten steht[110] und folglich nur dann Anwendung finden kann, falls ein anderes Delikt nicht eingreift.

Gegen die Zurückdrängung des schwereren Tatbestandes kann hier zwar nicht das sonst anzuwendende Argument vorgebracht werden, daß der Täter der schwereren Strafandrohung nicht allein deshalb entgehen könne, weil er noch zusätzlich weiteres Unrecht verwirklicht hat.
Der Täter verwirklicht hier nicht weiteres Unrecht, sondern es treten vielmehr privilegierende Umstände hinzu. Eine Begründung für die Annahme einer Verdrängung aufgrund von Subsidiarität läßt sich aber aus dieser Feststellung ebenfalls nicht entnehmen.
Es ist jedoch darauf abzustellen, daß §211 StGB im Verhältnis zu §§216 StGB, 217 StGB a.F. keine Hilfs- und Ergänzungsfunktion zukommt, sondern es sich zwischen den beiden Tatbeständen vielmehr um einen echten Konflikt handelt. Es geht hierbei nicht nur um die Vereinfachung des Tenors durch Verzicht auf an sich überflüssige Gesetzeszitierungen, sondern um eine materielle Entscheidung

---

108 Vgl. etwa Horn, in SK Vor §52 Rn.92ff.; Stree, in S./S. Vor.§52 Rn.107; Geerds, Konkurrenz, S.179; Warda JuS 1964 S.81(91); Geppert Jura 1982 S.418(423f.).

109 Vgl. Jescheck/Weigend AT §69 II 2; Klug ZStW 68 (1956) S.399(406); Stratenwerth AT Rn.1190.

110 Vgl. Puppe, Idealkonkurrenz, S.343.

zwischen zwei sehr unterschiedlichen Strafrahmen[111]. Für die Einordnung und Erklärung der „Sperrwirkung" läßt sich folglich auch aus der Gesetzeseinheit in Form der Subsidiarität nichts gewinnen.

cc) Konsumtion

Die Konsumtion, sofern man sie als eigenständigen Unterfall der Gesetzeseinheit anerkennt[112], bietet ebenfalls keine Möglichkeit der Einordnung der „Sperrwirkung", stellt sie doch darauf ab, ob das primär anwendbare Gesetz den Unrechtsgehalt der Verletzung eines anderen Tatbestandes deshalb mitberücksichtigt, weil dieses nach der Lebenserfahrung regelmäßig und typischerweise mitverletzt wird[113]. Eine derartige Annahme liegt jedoch beim Zusammentreffen von §211 StGB und §§216 StGB, 217 StGB a.F. fern.

Es hat sich folglich gezeigt, daß eine Einordnung und Begründung der im Ergebnis überwiegend anerkannten „Sperrwirkung" der §§216 StGB, 217 StGB a.F. gegenüber §211 StGB nicht im Bereich der Gesetzeseinheit gefunden werden kann. Die anerkannten Formen der Gesetzeseinheit vermögen den Begriff nicht zu erfassen.

d) Vorrang der Privilegierung aufgrund der Sonderdeliktseigenschaft der §§216 StGB bzw. 217 StGB a.F.

Wie bereits dargestellt, hält auch die Rechtsprechung beim Zusammentreffen von §211 StGB mit §§216 StGB bzw. 217 StGB a.F. einen Anwendungsvorrang der §§216 StGB, 217 StGB a.F. für gegeben. Insofern zeigen sich im Ergebnis keine Unterschiede zur überwiegenden Auffassung in der Literatur, wenn auch der Be-

---

111 Vgl. Puppe, Idealkonkurrenz, S.343.

112 Zum Begriff der Konsumtion Baumann/Weber/Mitsch AT 10.A. §36 Rn.12f.; Samson/Günther, in SK Vor §52 Rn.97ff.; Tröndle/Fischer Vor §52 Rn.20; Jescheck/Weigend AT §69 II 3; Geppert Jura 1983 S.418(425f.); Rissing-van Saan, in LK Vor §52 Rn.116ff.; Geerds, Konkurrenz, S.222; Kühl AT §21 Rn.60ff; Rittmann S.40ff. Für überflüssig halten den Begriff etwa: Klug ZStW 68 (1956) S.399(415); Stree, in S./S. Vor §52 Rn.131; Schmitt ZStW 75 (1963) S.43(55).

113 Vgl. etwa Samson/Günther, in SK Vor §52 Rn. 97; Baumann/Weber/Mitsch AT 10.A. §36 Rn.12; Tröndle/Fischer Vor §52 Rn.20; Stratenwerth AT Rn.1187ff.; Rissing-van Saan, in LK Vor §52 Rn.117; Küpper NStZ 1988 S.60(61).

Begriff der „Sperrwirkung“ in diesem Zusammenhang seitens der Obergerichte keine Verwendung findet.

Klärungsbedürftig bleibt auch hier, inwieweit dieser Vorrang aus Sicht der Rechtsprechung gerechtfertigt erscheint.

Die Rechtsprechung zieht dabei die Einordnung der §§216 StGB bzw. 217 StGB a.F. im System der Tötungsdelikte als Begründung heran. So habe die Verdrängungswirkung der §§216 StGB, 217 StGB a.F. ihren Grund in der systematischen Einordnung dieser Tatbestände als eigenständige Sonderdelikte[114]. Aufgrund des persönlich beschränkten Täterkreises meint die Rechtsprechung damit unechte Sonderdelikte[115], in den praktischen Auswirkungen also privilegierte Tatbestände zu den §§211, 212 StGB[116]. Danach sind die §§216 StGB bzw. 217 StGB a.F. als tatbestandliche Abwandlungen sowohl gegenüber §211 StGB als auch gegenüber §212 StGB anzusehen, so daß §§216 StGB, 217 StGB a.F. je zwei Grundtatbestände aufweisen. Die Ableitung aus beiden Tatbeständen ergibt sich aus der von der Rechtsprechung vertretenen Exklusivität von §211 StGB und §212 StGB.

Mit der dogmatischen Einordnung als Sonderdelikte ist nach Auffassung der Rechtsprechung klargestellt, daß die §§216 StGB bzw. 217 StGB a.F. im Hinblick auf §211 StGB Verdrängungswirkung entfalten, auch wenn die Voraussetzungen des §211 StGB a.F. an sich vorliegen.

Eine solche Schlußfolgerung bleibt aber kritisch zu hinterfragen. So gilt es zu klären, ob sich die Argumentation der Rechtsprechung im Hinblick auf die Sonderdeliktseigenschaft der §§216 StGB bzw. 217 StGB a.F. überhaupt als berechtigt darstellt[117] und ob sich aus dieser Argumentation die Begründung des Anwendungsvorranges der §§216 StGB bzw. 217 StGB a.F. entnehmen läßt.

---

[114] Vgl. etwa RGSt 28, 200(201f.); 45, 247f; 53, 293(294); 59, 8(9); BGHSt 1, 235(237); 2, 258f.; 13, 162(165).

[115] Vgl. BGHSt 1, 235(240).

[116] Jähnke, in LK 10.A. Vor §211 Rn.42.

[117] Die herrschende Ansicht in der Literatur steht der Annahme einer Sonderdeliktseigenschaft ablehnend gegenüber: vgl. zu §217 StGB a.F. etwa Lackner/Kühl 22.A. Vor §211 Rn.24; Eser, in S./S. §217 Rn.1, Vor §211 Rn.7; Jähnke, in LK 10.A. Vor §211 Rn.45, §217 Rn.2; Maurach/Schroeder/Maiwald BT/1 §2 IV Rn.65, 70; Blei BT §8 II; Wessels BT/1 21.A. Rn.61; Gössel BT/1 §6 Rn.1; Haft BT 6.A. S.81; Welzel, Strafrecht, §38 IV; Sauer, System, S.261; a.A.: Tröndle 48.A. §217 Rn.1; vgl. zu §216 StGB: Jähnke, in LK 10.A. Vor §211 Rn.45, §216 Rn.2; Gössel BT/1 §5 Rn.1; Lackner/Kühl Vor §211 Rn.24, §216 Rn.1; Maurach/Schroeder/Maiwald BT/1 §2 IV Rn.61; Welzel, Strafrecht, §38 III; Sauer, System, S.261; Wessels/Hettinger BT/1 Rn.69; Blei BT §7 I; a.A: Eser, in S./S. §216 Rn.1, Vor §211 Rn.7; Tröndle/Fischer §216 Rn.1.

Bezeichnung und Konstruktion des delictum sui generis finden ihre Grundlage in der Tatsache, daß das StGB zahlreiche miteinander verwandte Tatbestände enthält. Von der Qualifizierung bzw. der Privilegierung unterscheidet sich das delictum sui generis darin, daß es zwar sämtliche Merkmale eines anderen Delikts enthält, jedoch keinen erschwerten oder geminderten Fall des anderen Delikts darstellt, sondern ein selbständiger Tatbestand mit eigenem Unrechtstyp ist[118]. Die Figur des delictum sui generis ist in der Literatur stark kritisiert worden, da sie keinen eigenen Erkenntniswert bringe, keine einheitlichen Wertungskriterien aufweise und auch nicht geklärt sei, in welcher Beziehung das eine Delikt gegenüber dem anderen Selbständigkeit aufweisen soll[119]. Darüber hinaus sei das delictum sui generis eine Konstruktion, die im Gesetz keinerlei Stütze erfahre und die klare Gesetzestechnik zugunsten unklarer Vorstellungen von einem Unrechtstyp opfere[120].

Wendet man sich der Systematik der Tötungsdelikte zu, wird man bald feststellen, daß sich hier die Auffassungen geradezu unversöhnlich gegenüberstehen. Ist die sachliche Abgrenzung zwischen §211 StGB und §212 StGB umstritten, so gilt dies nicht minder für das systematische Verhältnis dieser Vorschriften zu §§216 StGB bzw. 217 StGB a.F.

Die Rechtsprechung führte zur Selbständigkeit des §217 StGB a.F. seit jeher aus, diese ergebe sich aus dem Wortlaut des §217 StGB a.F., aus der Stellung des §217 StGB a.F. im Gesetz und aus der Existenz des §217 Abs.2 StGB a.F. So hat bereits das Reichsgericht diese Argumente vorgebracht, auf die der BGH zurückgegriffen hat: „*Wie der Wortlaut des §217 StGB und die Stellung ergeben, die er im Gesetz nach den §§211, 212 und dem Tatbestand eines selbständigen Vergehens aufstellenden §216 StGB gefunden hat, ist in §217 StGB aus dem Gebiete der vorsätzlichen Tötung (§§211,212 StGB) ein eigener engerer Tatbestand herausgenommen und beim Vorliegen der dort in Abs. 1 aufgestellten, eine mildere*

---

[118] Vgl. Roxin AT I §10 VIII Rn.134; Puppe, in NK Vor §52 Rn.18.

[119] Auf die Diskussion über die Zulässigkeit und die dogmatische Bedeutung des delictum sui generis kann im Rahmen der vorliegenden Arbeit nicht ausführlich eingegangen werden. Die für diese Arbeit bedeutsamen Fragen werden jedoch Berücksichtigung finden. Ausführlich zur Kritik vgl. etwa: Haffke JuS 1973 S.402ff.; Hassemer, Delictum sui generis, S.88ff; Blei AT §23 V; Roxin AT I §10 VIII Rn.135; Jakobs AT 6.Abschnitt Rn.98; Jescheck/Weigend AT §26 III 1, 3.

Beurteilung zulassenden Merkmale, zu einem besonderen selbständigen, mit ermäßigter Mindeststrafe bedrohten Verbrechen gestempelt worden. (...) Diese Auffassung findet ihre Bestätigung darin, daß der Abs.2 des §217 eine weitere Strafermäßigung für den Fall des Vorhandenseins milderer Umstände vorsieht"[121].

Für die Selbständigkeit des §216 StGB wurde neben der Berufung auf die Geschichte, den Wortlaut und die Stellung im System der Tötungsdelikte vorgebracht, daß dieser angesichts des tatbestandlich vorausgesetzten Sachverhalts gleichsam eine Selbsttötung von fremder Hand normiere, die sich vom Normalfall der vorsätzlichen Fremdtötung derart tiefgreifend abhebe, daß §216 StGB als selbständiger Tatbestand zu betrachten sei[122].

Soll aber die Einordnung der §§216 StGB, 217 StGB a.F. einer dogmatisch widerspruchslosen Lösung zugeführt werden, so ist eine nähere Betrachtung der Begriffe Grunddelikt, Abwandlung (Qualifikation, Privilegierung) und Sonderdelikt notwendig. Der Grundtatbestand bildet die Grundform des Deliktstyps und enthält die Mindestvoraussetzungen der Strafbarkeit, die dem Deliktstyp sein charakteristisches Gepräge geben und seinen Unrechtsgehalt bestimmen[123]. Der Grundtatbestand enthält also keinerlei Modifikationen. Wenn der Gesetzgeber den Grundtatbestand um spezielle Merkmale erweitert, entstehen qualifizierende bzw. privilegierende Abwandlungen, deren Wesensmerkmal darin besteht, daß alle Fälle, die Abwandlungen erfüllen, auch unter das Grunddelikt subsumiert und nach diesem bestraft werden können, falls es an der speziellen Vorschrift fehlt. Folglich können §§216 StGB, 217 StGB nicht als unselbständige Privilegierungen des Totschlags angesehen werden, wenn man §§211, 212 StGB mit der Rechtsprechung als sich gegenseitig ausschließende selbständige Tatbestände mit eigenem Unrechtsgehalt sieht. Denn dann würden sämtliche Fälle der Tötung auf Verlangen bzw. der Kindestötung weder dem §211 StGB, noch allein dem §212 StGB unterfallen[124]. Folglich hat einer Lösung des Problems auch eine zu-

---

120 Jakobs AT 6.Abschnitt Rn.98.

121 RGSt 59, 8(9); diese Argumentation ist etwa von BGHSt 1, 235ff. und OLG Frankfurt NJW 1950 S.157(158) übernommen worden.

122 Vgl. Eser, in S./S. Vor. §211 Rn.7; Bringewat ZStW 87 (1975) S.623(645).

123 Vgl. etwa Baumann/Weber/Mitsch AT 10.A. §8 Rn.60ff; Maurach/Gössel/Zipf AT/1 §20 III Rn.43; Wessels/Beulke AT Rn.108.

124 Vgl. Blanke S.55.

mindest kurze Auseinandersetzung mit der Frage des Verhältnisses von §211 StGB zu §212 StGB einherzugehen.

Die Rechtsprechung sieht die §§211, 212 StGB seit jeher als selbständige Delikte[125], denn wer in einer in §211 StGB beschriebenen Weise töte, werde nach dem Gesetz als „Mörder", wer vorsätzlich töte, als „Totschläger" bestraft. Damit soll unzweideutig zum Ausdruck kommen, daß der Gesetzgeber die §§211, 212 StGB als zwei selbständige Tatbestände von verschiedenem Unrechtsgehalt ansieht[126]. Auch spreche nicht gegen die Selbständigkeit der §§211, 212 StGB, daß die vorsätzliche Tötung Merkmal beider Tatbestände ist, da auch die Tatbestände des Raubes und des Diebstahls unstreitig selbständige Delikte seien, obwohl §242 StGB in §249 StGB enthalten ist.

Mit der Literatur ist §211 StGB dagegen als Qualifikation des Grundtatbestandes des §212 StGB anzusehen[127]. Der Rückgriff des BGH auf das Verhältnis der §§242 und 249 StGB hat für das Verhältnis der §§211ff. StGB keine Bedeutung, da §249 StGB nicht ein durch Hinzufügen von Merkmalen geänderter Diebstahl, sondern ein durch die Verschmelzung von §242 StGB und §240 StGB gebildeter Tatbestand ist[128].

Da der Mord die Tötung eines Menschen unter Verwirklichung bestimmter Modalitäten, der Totschlag die Tötung eines Menschen ohne Vorliegen dieser Modalitäten darstellt, sind diese Tatbestände so aufeinander bezogen, daß die Annahme ihrer Selbständigkeit nicht mehr begründbar ist.

Die Rechtsprechung führt darüber hinaus zu widersprüchlichen Ergebnissen. So versagt sie etwa dem Teilnehmer bei Vorliegen gekreuzter Mordmerkmale die Strafmilderung des §28 Abs.1 StGB. Damit wird sie aber ihrer These von der Selbständigkeit untreu, denn dieses Ergebnis wäre nur bei Rückgriff auf §28 Abs.2 StGB erreichbar[129].

Auch wäre auf den ohne eigenes Mordmerkmal zu einem Mord mit täterbezogenem Merkmal Anstiftenden (aus §§211, 26, 28 Abs.1, 49 Abs.1 StGB folgt der

---

125 St. Rspr. seit BGHSt 1, 368(370ff.); vgl. etwa BGHSt 2, 251(255); 6, 329(330); 22, 375(377); 23, 40.

126 BGHSt 1, 368(371).

127 Vgl. etwa Tröndle/Fischer §211 Rn. 14; Eser, in S./S. Vor §211 Rn.5; Horn, in SK §211 Rn.2; Jähnke, in LK 10.A. §211 Rn.39ff.; Maurach/Schroeder/Maiwald BT/1 §2 I Rn.5; Gössel BT/1 §1 Rn.5ff.; Arzt/Weber LH1 Rn.81ff.; Arzt JZ 1973 S.681(686); Otto Jura 1994 S.141(142); Mitsch JuS 1996 S.26; Bringewat ZStW 87 (1975) S.623(644); Krey BT/1 Rn.19ff.; Schmidhäuser JR 1978 S.265(271).

128 Blanke S.57; Streb S.66.

Strafrahmen einer Freiheitsstrafe nicht unter drei Jahren) ein milderer Strafrahmen als auf den Anstifter zu einem Totschlag (aus §§212, 26 StGB folgt Freiheitsstrafe nicht unter fünf Jahren) anzuwenden.
Die Auffassung der Rechtsprechung zur Selbständigkeit der §§211 und 212 StGB kann somit argumentativ nicht gehalten werden[130].
Da folglich der Mord als qualifizierter Fall des Totschlags anzusehen ist, scheitert die Einordnung der Tötung auf Verlangen bzw. der Kindestötung als privilegierte vorsätzliche Tötung nicht schon daran, daß nicht alle denkbaren Fälle der §§ 216 StGB bzw. 217 StGB a.F. auch unter §212 subsumiert werden können[131].

Die oben dargestellte Argumentation der Rechtsprechung gegen die Annahme der unselbständigen Privilegierung im Fall des §217 StGB a.F. kann nicht überzeugen.
Dem Hinweis, die Deliktseigenschaft als Sonderdelikt ergebe sich aus dem Wortlaut des §217 StGB a.F., läßt sich keine Begründung entnehmen, da ein Sonderdelikt nicht bereits dann entstehen kann, wenn der Wortlaut des Ausgangsdelikts verändert wird. Sonst könnte es überhaupt keine unselbständigen Qualifikationen oder Privilegierungen mehr geben[132].
Auch die Stellung im Gesetz ist kein Argument für die Annahme eines Sonderdelikts. Da die Deliktsnatur des §216 StGB ebenso umstritten ist wie die des §217 StGB a.F., läßt sich aus der Stellung des §217 StGB a.F. hinter §216 StGB keinesfalls der Schluß auf die Sonderdeliktseigenschaft ziehen. Weiterhin kann die Berufung auf §217 Abs.2 StGB a.F. die Sonderstellung nicht begründen. Würde §217 StGB a.F. eine unselbständige Abwandlung des §212 StGB darstellen, so würde für sie doch §213 StGB gelten und einer Sonderregelung in §217 Abs.2 StGB hätte es gar nicht bedurft. §217 Abs. 2 StGB a.F. ist jedoch nicht bedeutungslos, da §213 StGB, wie es unten noch zu zeigen gilt, nur für den Totschlag gilt und nicht für Fälle, in denen an sich Mordqualifikationen gegeben sind. Die beiden Bestimmungen überschneiden sich daher in den Fällen, in denen die Kindestötung an sich einen Totschlag darstellt[133]. Damit erscheint die Fassung des §217 Abs.2 StGB a.F. als

---

[129] Vgl. etwa Jähnke, in LK 10.A. Vor §211 Rn.43 m.w.N.
[130] Vgl. auch die ausführliche Analyse von Küper JZ 1991 S.761ff., 862ff., 910ff.
[131] Blanke S.57.
[132] Blanke S.58.
[133] Blanke S.59.

sung des §217 Abs.2 StGB a.F. als unglücklich, jedoch nicht als widersprüchlich. Hier bleibt Raum für §217 Abs.2 StGB a.F., der beide Fallgruppen erfaßt[134].
Ein selbständiges Delikt kann im übrigen nur dann vorliegen, wenn die Modifikationen dem Delikt einen spezifischen Gehalt verliehen und es so in den Rang eines delictum sui generis gehoben haben. Dies ist jedoch bei der Kindestötung nicht der Fall. §217 StGB a.F. beinhaltet zwar Modifikationen hinsichtlich des Subjekts, des Objekts und der Handlungszeit. Da die Grundhandlung, das geschützte Rechtsgut und die Art des Angriffs jedoch keine Veränderung erfahren haben, ist das Wesen des Grundtatbestandes nicht angetastet worden[135].

Die zur Begründung der Selbständigkeit des §216 StGB vorgebrachte Deutung als „Selbsttötung durch fremde Hand“ kann nicht überzeugen, erschwert sie doch die Abgrenzung zwischen Selbstmordbeihilfe und der Tötung auf Verlangen und stellt eine nicht gerechtfertigte Verdrehung der Täterstellung dar[136]. Deshalb erscheint der Schluß, §216 StGB nicht als spezielles Tötungsunrecht, sondern lediglich als gemindertes Totschlagunrecht zu verstehen, als eindeutig.
Auch läßt sich aus der systematischen Stellung des §216 StGB nichts als Beweis für die Selbständigkeit entnehmen[137]. Die Stellung hinter §215 StGB a.F., der einen Unterfall des Totschlags darstellte, spricht vielmehr für die Annahme einer unselbständigen Abwandlung.
Weder Geschichte, noch Wortlaut des §216 StGB enthalten Ansätze, die sich für oder gegen die Ansicht eines delictum sui generis anführen lassen[138]. Daher kann ein derartiger Rückgriff hier nicht weiterhelfen.

---

134 Vgl. auch Schmidt, Kindestötung, S.27.
135 Streb S.66; Blanke S.58.
136 Jähnke, in LK 10.A. Vor §211 Rn.45. Weiterhin vertritt Bernsmann (JZ 1983 S.45(49)) die Auffassung, die These von der Suizidnähe verkenne die Breite der von §216 StGB erfaßten Sachverhaltskonstellationen. So könne von Suizidnähe nur dann ernsthaft gesprochen werden, wenn das Opfer physisch nicht mehr in der Lage sei, Hand an sich zu legen. Soweit das Opfer hingegen psychisch nicht zur Selbsttötung in der Lage sei, ggf. lediglich aus einem relativ unbedeutenden Anlaß heraus den Tod wünsche und der Täter nicht nur aus altruistischen Motiven heraus handele, so sei die Affinität der Tötung zum Selbstmord schon nicht mehr derart eindeutig. Im übrigen könne angesichts der Straflosigkeit der Selbstmordbeihilfe die These von der Suizidnähe die relativ hohe Strafandrohung des §216 StGB nicht erklären. Im Gegenteil werde der Grund für die recht hohe Strafandrohung in §216 StGB gerade darin zu finden sein, daß der Täter dem Sterbewilligen die Möglichkeit des Todes erst eröffnet habe und der Täter letztlich über Leben und Tod eines anderen Menschen entscheide.
137 Holdheim S.23f.; Mettgenberg ZStW 27 (1907) S.564(567f.); Klenner S.38; Horn, Tötung auf Verlangen, S.17; Hoff S.20f.

Von Sonderdelikt wird im übrigen dann gesprochen, wenn ein Tatbestand bestimmte Sonderpflichten enthält[139]. Dies trifft aber weder auf §216 StGB noch auf 217 StGB a.F. zu, da beide Vorschriften keine besonders herausgehobene Pflicht des Täters beinhalten, sondern lediglich eine pflichtmindernde, interpersonale Beziehung von Täter und Opfer hervorheben[140]. Dabei wird die Fragwürdigkeit der Annahme eines Sonderdelikts in Bezug auf §217 StGB a.F. zusätzlich dadurch deutlich, daß §217 StGB a.F. allein die Schuld der Täterin betrifft und damit keine eigenständige Deliktsnatur aufweisen kann[141].

Solange als Voraussetzung für §211 StGB allein Überlegung notwendig war, konnte für die Annahme der Sonderdeliktseigenschaft der §§216 StGB bzw. 217 StGB a.F. angeführt werden, daß diese notwendig war, um den privilegierenden Normen überhaupt einen Anwendungsbereich zu erhalten[142]. Dieses Bedürfnis ist jedoch mit dem Wegfall dieses Merkmals und einem gewandelten, unrechts- und schuldsteigernde Merkmale in differenzierender Weise enthaltenden Mordtatbestand entfallen[143].

Die §§216 StGB bzw. 217 StGB a.F. sind somit als unselbständige Tatbestandsabwandlungen des Grundtatbestands §212 StGB anzusehen. Damit hat sich aber zugleich gezeigt, daß die Berufung auf den Sonderdeliktscharakter der §§216 StGB, 217 StGB a.F. keinen Lösungsansatz zur Begründung des Anwendungsvorrangs der §§216 StGB bzw. 217 StGB a.F. gegenüber §211 StGB darstellen kann.

Eine weitere Diskrepanz in der Argumentation der Rechtsprechung zeigt, daß sich eine Begründung des Anwendungsvorrangs der §§216 StGB, 217 StGB a.F. nicht dogmatisch widerspruchsfrei über die Berufung auf das Vorliegen eines delictum sui generis erklären läßt.

---

138 Dazu ausführlich Klenner S.36f. m.w.N. und Hoff S.19ff. m.w.N.
139 Vgl. etwa BGHSt 1, 139(141); Stratenwerth AT Rn.202; Lackner/Kühl Vor §13 Rn.33.
140 Jähnke, in LK 10.A. Vor §211 Rn.45; Stratenwerth AT Rn.202; Bernsmann JZ 1983 S.45(49); Hardwig GA 1954 S.256(260); Langer, Sonderverbrechen, S.387.
141 Vgl. Bernsmann JZ 1983 S.45(49) m.w.N.
142 RGSt 53, 293ff.; BGHSt 2, 258f.
143 Bernsmann JZ 1983 S.45(49).

Ist schon in der Frage des Anwendungsvorrangs der genannten Delikte zumindest im Ergebnis weitgehende Übereinstimmung vorhanden, so ist es einhellige Meinung, daß ein Dritter als Teilnehmer an §217 StGB nach §211 StGB oder §212 StGB zu beurteilen ist[144]. Diesem soll also die Privilegierung des §217 StGB a.F. nicht zugutekommen.

Ebenso besteht Einigkeit, daß die Mutter als Teilnehmerin an der an sich als Mord oder Totschlag zu beurteilenden Tötung lediglich nach §§217 StGB a.F., 26 oder 27 StGB zu bestrafen ist[145].

Sieht man aber mit der Rechtsprechung §217 StGB a.F. als Sonderdelikt an, so stellt sich die Frage, ob sich ein solches Ergebnis vom Ausgangspunkt der Rechtsprechung aus überhaupt begründen läßt. Herrscht also Einigkeit, daß eine Anwendung von §§217 StGB a.F., 26 bzw. 27 StGB beim Teilnehmer eine nicht zu rechtfertigende Begünstigung darstellt, die klar dem Sinn und Zweck des §217 StGB a.F. widerspricht und kann eine teilnehmende Mutter nur nach §§217 StGB a.F., 26 bzw. 27 StGB beurteilt werden, so ist damit folgendes klar geworden. Falls sich diese Ergebnisse vom Ausgangspunkt der Rechtsprechung nicht widerspruchsfrei erklären lassen, hat sich die Annahme eines Sonderdelikts auch unter diesem Gesichtspunkt als unhaltbar erwiesen.

Das dargestellte Ergebnis hinsichtlich der Teilnehmer läßt sich aber allein über die Anwendung des §28 Abs.2 StGB erreichen. Dazu müßten aber besondere Merkmale strafmodifizierender Art vorliegen; Merkmale strafbegründender Art unterfallen dagegen §28 Abs.1 StGB.

Die Literatur, die in §217 StGB a.F. eine unselbständige Privilegierung sieht, kommt so zu dem Ergebnis, daß bei Fehlen des besonderen persönlichen Merkmals der Muttereigenschaft der Teilnehmer nach §211 StGB oder §212f. StGB zu bestrafen ist[146].

Der Rechtsprechung ist entgegenzuhalten, daß sie bei Annahme der Sonderdeliktseigenschaft folgerichtig und konsequent nur §28 Abs.1 StGB anwenden kann, da es sich bei Vorliegen eines Sonderdelikts, das ein eigenständiges Delikt

---

[144] RGSt 72, 373ff.; 74, 84ff.; BGHSt 1, 235(240); Maurach/Schroeder/Maiwald BT/1 §2 Rn.70; Eser, in S./S. §217 Rn.13; Jähnke, in LK 10.A. §217 Rn.2; Herzberg ZStW 88 (1976) S.68(70); Konow NJW 1961 S.861; Blanke S.90; Frick S.71ff.; Streb S.61; Krauskopf S.32f., 37f.

[145] Vgl. Frick S.71; Blanke S.90; Baumann/Weber/Mitsch AT 10.A. §32 Rn.37.

[146] Vgl. Arzt/Weber LH1 Rn.170, 173ff.; Maurach/Schroeder/Maiwald BT/1 §2 Rn.70; Jähnke, in LK 10.A. §217 Rn.2.

mit eigenem Unrechtsgehalt darstellt, bei der Eigenschaft als Mutter um ein strafbegründendes Merkmal handeln muß. So kann die Rechtsprechung bei Annahme der Sonderdeliktseigenschaft bei Einhaltung der Akzessorietätsregeln eigentlich nur zu einer Strafbarkeit des Teilnehmers aus §§217 StGB a.F., 26 bzw. 27 StGB kommen, die überdies noch gem. §28 Abs.1 StGB zu mildern wäre, da die Mutter-Kind-Beziehung zwischen Täter und Opfer beim Teilnehmer nicht vorliegt[147].

Eine dogmatische Erklärung wäre aber gefunden, wenn §28 Abs.2 StGB auch auf delicta sui generis Anwendung finden würde[148].
Unselbständige Abwandlungen eines Grunddelikts enthalten eindeutig strafmodifizierende Merkmale i.S. §28 Abs.2 StGB. Für eigenständige Delikte ist diese Frage umstritten.
So wird eine Differenzierung zwischen delicta sui generis und unselbständigen Abwandlungen dann für überflüssig gehalten, wenn Merkmale des einen Tatbestandes vollständig in dem anderen enthalten sind[149]. Dann wäre allein bei einem eigenständigen Delikt, das nicht auf einem Grundtatbestand aufbaut, eine Anwendung von §28 Abs. 2 StGB unmöglich.
Die Anwendung von §28 Abs.2 StGB auf eigenständige Delikte ist jedoch als grds. unzulässig anzusehen. Die Verselbständigung gegenüber dem ursprünglichen Ausgangstatbestand verbietet ein Hinzu- oder Hinwegdenken qualifizierender oder privilegierender Umstände. Mit der Einordnung des Delikts als delictum sui generis wird gerade die Bedingtheit der neuen Verbrechensfigur von tat- und nicht täterschaftlichen Merkmalen betont[150].

Die angesprochenen Ergebnisse im Bereich der Teilnehmerhaftung wurden z.T. auch mit einer Zweiteilung des Begriffs des delictum sui generis zu erklären versucht. Einerseits sei der Tatbestand gegenüber dem Grunddelikt verselbständigt, andererseits liege die Sondernatur des Tatbestands auch darin, daß sich dieser auf einen persönlich beschränkten Täterkreis beziehe[151]. Daraus folge, daß der Täter

---

[147] Blanke S.92; Frick S.72ff.; Heinitz FS zum 41. DJT S.93(112); Konow NJW 1961, S.861.
[148] Vgl. etwa RGSt 72, 373ff.; 74, 84ff.; BGHSt 1, 235(240).
[149] So Cramer, in S./S. §28 Rn.23; Samson, in SK §28 Rn.23; Krauskopf S.33.
[150] Arzt/Weber LH1 Rn.170; Blanke S.92; Hassemer, Delictum sui generis, S.57ff; Heinitz FS zum 41. DJT S.93(112); Baumann/Weber AT 9.A. §37 III 2; Langer FS-Wolf S.335(343).
[151] BGHSt 1, 235(240); Schröder SJZ 1950 S.561(568).

(„Intraneus") nach dem Sonderdelikt beurteilt werden müsse und ein Rückgriff auf den allgemeinen Tatbestand nicht möglich sei, während der Teilnehmer („Extraneus") nach dem Grunddelikt zu beurteilen sei[152].
Mit der Zweiteilung des Begriffs des delictum sui generis, wird dieser Begriff, der aufgrund seiner fehlenden allgemeingültigen Abgrenzungskriterien starker Kritik ausgesetzt ist[153], noch weiter aufgeweicht. Die Zweiteilung des Begriffs des delictum sui generis stellt sich dabei nur als Versuch dar, die bei Annahme der Sonderdeliktseigenschaft nicht erklärbaren Ergebnisse doch noch zu erreichen. Die Begründung einer solchen Zweiteilung läßt sich dabei ebensowenig finden wie eine Erklärung der daraus für die Teilnahme gezogenen Schlüsse.

Die Anwendung des §28 Abs.2 StGB auf eigenständige Delikte kann auch angesichts der Tatsache, daß sich der BGH bei der Beurteilung, ob für den Teilnehmer §212 StGB oder §211 StGB anzuwenden ist, nicht an den in seiner Person verwirklichten Merkmale des Mordes oder Totschlags, sondern streng nach Akzessorietätsgrundsätzen, am entsprechenden Charakter der Haupttat (§28 Abs.1 StGB) orientiert, nicht überzeugen[154]. Der BGH entscheidet danach, ob die Tat der Kindesmutter „an sich", d.h. wenn es den Tatbestand des §217 StGB a.F. nicht gäbe, §211 StGB oder §212 StGB erfüllen würde und verurteilt wegen Teilnahme an der so ermittelten Tat[155].
Die Feststellung einer „an sich" begangenen Tat ist stets unbefriedigend. So käme dem Teilnehmer, der Mordmerkmale verwirklicht, unverdientermaßen die Not der nichtehelichen Mutter zugute, weil für diese selten die Voraussetzungen des §211 StGB feststellbar sein werden[156].
Auch würde die Mutter, die Mordmerkmale erfüllt hat, entgegen der gesetzlichen Privilegierung mit der Verurteilung des Teilnehmers aus §§211, 26, 27 (wegen Beteiligung an der Haupttat, die an sich einen Mord darstellt) gebrandmarkt[157].

---

[152] BGHSt 1, 235(240); Schröder SJZ 1950 S.561(568).
[153] Vgl. oben Fn. 119.
[154] Zur Kritik an dieser Rspr. vgl. nur Jähnke, in LK 10.A. §217 Rn.2; auch die Vertreter der Auffassung, daß §28 Abs.2 StGB auch auf eigenständige Delikte anwendbar ist, sehen hierin eine Widersprüchlichkeit seitens des BGH. Es sei weder kriminalpolitisch befriedigend noch konstruktiv notwendig, auf die Haupttat abzustellen (vgl. Eser, in S./S. §217 Rn.13).
[155] BGH NJW 1953 S.1440.
[156] Vgl. etwa Jähnke, in LK 10.A. §217 Rn.2.
[157] Jähnke, in LK 10.A. §217 Rn.2.

Es ergeben sich Zweifel an der Anwendbarkeit von §28 Abs.2 StGB auf eigenständige Delikte, wenn der BGH bei §211 StGB, den er als selbständiges Delikt ansieht, §28 Abs.1 StGB anwendet, während er bei §§216 StGB, 217 StGB a.F., die nach Auffassung des BGH ebenfalls selbständige Delikte darstellen, §28Abs.2 StGB für einschlägig erachtet[158].

Die gleichen Schlüsse lassen sich auch für die Teilnahmeproblematik im Bereich des §216 StGB ziehen. Auch das Handeln auf ausdrückliches und ernstliches Verlangen des Getöteten stellt eine persönliche Eigenschaft i.S. des §28 Abs.2 StGB nur dann dar, wenn man §216 StGB als unselbständige Privilegierung ansieht. Bei Annahme einer Sonderdeliktseigenschaft kann nur §28 Abs.1 StGB Anwendung finden, da dann nur ein strafbegründendes Merkmal vorliegt. Insofern kann auf die dargelegte Argumentation verwiesen werden.

Es hat sich somit auch in der Teilnahmefrage gezeigt, daß es nicht möglich ist, eine Sonderdeliktseigenschaft der §§216 StGB, 217 StGB a.F. widerspruchsfrei zu erklären.

Auch geht die Rechtsprechung, wenn sie den Anwendungsvorrang der §§216 StGB bzw. 217 StGB a.F. mit dem bloßen Hinweis auf das Vorliegen eines Sonderdelikts erklären will, von einem falschen Ausgangspunkt aus. Soweit mit der Berufung auf das Vorliegen eines Sonderdelikts der Deliktstypus des delictum sui generis gemeint ist, hat dieser Begriff ohnehin nur rein deskriptive Bedeutung. Verwendung kann er allein finden, um auszudrücken, daß die Auslegung die Exklusivität eines bestimmten Tatbestandes für den jeweils vorliegenden Sachverhalt gebietet[159]. Aus der begriffslogischen Struktur kann nichts für die tatsächliche Gesetzesanwendung gefolgert werden. So stellt Klug[160] zutreffend klar, daß das Zuordnungsverhältnis der Begriffe als solches teleologisch neutral ist. So kann also mit der Bezeichnung einer Vorschrift als unselbständige Ab-

---

158 So auch Roxin, in LK §28 Rn.81.

159 Vgl. Haffke JuS 1973 S.402(403); Bernsmann JZ 1983 S.45(48); Roxin AT I §10 VIII Rn.135.

160 Klug ZStW 68 (1956) S.399(413).

wandlung oder als eigenständiges Delikt ein begründeter Schluß auf den Anwendungsvorrang der §§216 StGB bzw. 217 StGB a.F. nicht gewonnen werden.

Nicht die Natur einer Norm als Sonderdelikt hat also Folgen für die Beurteilung der Konkurrenz, sondern aus einer bestimmten interpretatorischen Beurteilung des Zusammenhangs einzelner Delikte kann, weil einer Norm der Vorrang gebührt, die Qualifikation als Sonderdelikt erfolgen[161].

Dabei kann es sich aber nur um eine Wertungsfrage handeln, die auf die ratio der §§216 StGB bzw. 217 StGB a.F. abzustellen hat[162]. Die Rechtsprechung hat jedoch eine an der Gesetzesauslegung, insbesondere an Sinn und Zweck von §§216 StGB bzw. 217 StGB a.F. orientierte Begründung bisher vermissen lassen.

So stellt sich die bloße Berufung auf das Vorliegen eines delictum sui generis als Erklärung des Anwendungsvorrangs als bloße Behauptung und nicht als Begründung dar.

Die Tatsache, daß sich der Begriff des delictum sui generis nicht als hilfreiches Kriterium bei Zusammentreffen von §211 StGB und §§216 StGB bzw. 217 StGB a.F. erweisen kann, zeigt sich auch in der Manipulierbarkeit dieses Arguments[163].

So hat der BGH etwa den Anwendungsvorrang des §211 StGB vor §213 StGB damit begründet, daß der Mordtatbestand im Verhältnis zum Totschlagstatbestand ein delictum sui generis sei, auf das dessen Privilegierung, d.h. §213 StGB, nicht anwendbar sei[164]. Beim Zusammentreffen der Privilegierungen der §§216 StGB, 217 StGB a.F. mit §211 hat der BGH dagegen einen Vorrang der §§216 StGB, 217 StGB a.F. mit der Begründung angenommen, daß diese im Verhältnis zum Grundtatbestand delicta sui generis seien[165].

Es bleibt folglich die Erkenntnis, daß der Berufung auf das Vorliegen eines delictum sui generis keine Aussagekraft in Bezug auf das Zusammentreffen privilegierender und qualifizierender Umstände entnommen werden kann. Vielmehr hat die Analyse der Argumentation gezeigt, daß der bloßen Berufung auf das

---

[161] Selbständigkeit bzw. Unselbständigkeit sind demnach keine taugliche Prämisse für deduktive Schlüsse, sondern umgekehrt nichts anderes als eine Induktion aus dem durch Einzelauslegung gewonnenen Befund (vgl. Blei AT §23 V 2; so auch Haffke JuS 1973 S.402(403)).

[162] Vgl. etwa Haffke JuS 1973 S.402(403), Welzel JZ 1952 S.72(74); Hassemer, Delictum sui generis, S.65ff.

[163] Vgl. Puppe, in NK Vor §52 Rn.21.

[164] BGHSt 11, 139ff.

[165] RGSt 53, 293(294); 45, 247(248); BGHSt 1, 235(238); 2, 258f.

Vorliegen eines delictum sui generis eine Verkürzung methodengerechter Auslegung zugrundeliegt.

e) Die „Sperrwirkung" als Ausdruck negativer Typenkorrektur?

Fraglich ist, ob nicht über die Lehre von der negativen Typenkorrektur eine Begründung und rechtliche Einordnung der Verdrängungswirkung der §§216 StGB bzw. 217 StGB a.F. beim Zusammentreffen mit §211 StGB erreicht werden könnte. Würde man beim Vorliegen von Mordmerkmalen noch eine Gesamtwürdigung vornehmen, so könnte bei gleichzeitigem Vorliegen privilegierender und qualifizierender Umstände die Möglichkeit bestehen, von der Strafandrohung des Mordes absehen zu können.

Eine dogmatische Einordnung der Problematik der „Sperrwirkung" in diese von einem Teil der Literatur vertretenen Lehre wird von Rechtsprechung und Literatur nicht in Erwägung gezogen.

Während die Rechtsprechung die Möglichkeit einer Typenkontrolle gänzlich verneint, ist in der Literatur eine Einordnung wohl deshalb nicht vorgenommen worden, da wie bereits dargestellt, andere Ansätze in Bezug auf die Verdrängungswirkung für einschlägig erachtet werden oder allgemein ohne Begründung vom Vorliegen einer „Sperrwirkung" ausgegangen wird[166].

Da sich aber gezeigt hat, daß weder Rechtsprechung noch Literatur widerspruchsfreie Ansätze liefern können, soll auch die Reduktionsmethode der Typenkontrolle im Hinblick auf eine Lösungsmöglichkeit der Problematik untersucht werden.

Nach der Entscheidung des Bundesverfassungsgerichts zur Verfassungsmäßigkeit der lebenslangen Freiheitsstrafe ist eine verfassungskonforme, restriktive Auslegung[167] des Mordtatbestandes geboten, die gewährleistet, daß keine Fälle

---

[166] Vgl. hierzu Eser, in S./S. §211 Rn.11.

[167] BVerfGE 45, 187(261): „*Die Androhung einer so schweren Strafe ist nur dann verfassungsrechtlich unbedenklich, wenn dem Richter von Gesetzes wegen die Möglichkeit offenbleibt, bei der Subsumtion konkreter Fälle unter die abstrakte Norm zu einer Strafe zu kommen, die mit dem verfassungsrechtlichen Grundsatz der Verhältnismäßigkeit vereinbar ist*".

erfaßt werden, denen nicht das besondere Merkmal der besonderen Verwerflichkeit anhaftet[168].

Als eine Möglichkeit einer solchen Auslegung sieht das Bundesverfassungsgericht die negative Typenkorrektur, ohne die Strafgerichte jedoch darauf festzulegen[169].

Nach der Lehre von der negativen Typenkorrektur[170] ist Mörder nur, wer eine Tatmodalität des §211 Abs.2 StGB verwirklicht und die Tötung unter Berücksichtigung der Persönlichkeit des Täters und aller Tatumstände als besonders verwerflich erscheint[171]. Den Fällen des §211 Abs.2 StGB wird somit nur eine symptomatisch-indizielle Bedeutung beigemessen[172]. Das Vorliegen von Mordmerkmalen begründet folglich nicht zwingend den Mordtatbestand.

Auch wenn das Anliegen der Lehre von der negativen Typenkorrektur als berechtigt erscheint, ist die Einbeziehung eines allgemeinen Verwerflichkeitsmerkmals dennoch abzulehnen[173].

Eine derartige Einschränkung des Geltungsbereichs des §211 StGB überschreitet den Rahmen zulässiger Rechtsfortbildung, da die negative Typenkorrektur der Sache nach den Tatbestand des §211 StGB durch eine ungeschriebene Auslegungsregel ergänzt, die einen Ausschluß des §211 StGB beinhaltet, wenn die Tat sich nicht als besonders verwerflich darstellt.

Aus der Entstehungsgeschichte des §211 StGB und aus der Gegenüberstellung der §§ 211/ 212, 213 StGB ergibt sich, daß das StGB in §211 Abs.2 StGB keine bloßen Regelfälle normiert, sondern abschließend umschrieben hat, welche Fälle

---

[168] BVerfGE 45,187(259ff.).

[169] BVerfGE 45, 187(267).

[170] Abzulehnen ist die Lehre von der positiven Typenkorrektur (vgl. Lange, in LK 9.A. §211 Rn.3; ders. GS-Schröder S.217ff.; Bertram S.157(175)). Die positive Typenkorrektur verlangt die besondere Verwerflichkeit der Tat als zusätzliches ungeschriebenes und positiv festzustellendes Merkmal. Die Verwerflichkeit wird nicht als tatbestandsimmanenter Prüfungsgegenstand, sondern als über den Tatbestand hinausgehendes Erfordernis verstanden. Zu den zutreffenden Bedenken gegen diese Auffassung: vgl. ausführlich Veh S.19ff.; zusammenfassend: Groth S.103ff.; Horstkotte S.1ff.

[171] Vgl. Horn, in SK §211 Rn.6; Jescheck S.131f.; Eser, in S./S. §211 Rn.10; Welzel, Strafrecht, S.284; Geilen JR 1980 S.309f.; Rieß NJW 1968 S.628ff.

[172] Eser, in S./S. §211 Rn.10.

[173] Vgl. etwa BGHSt 9, 385(389); 11, 139(142f.); BGH NJW 1978 S.709f.; BGHSt 30, 105(114f.); Albrecht JZ 1982 S.697ff.; Maurach/Schroeder/Maiwald BT/1 § 2 III Rn.25; Jähnke, in LK 10.A. Vor §211 Rn.37f.; Krey BT/1 Rn.43ff; Woesner NJW 1978 S.1025(1026); Arzt/Weber LH1 Rn.85ff.; Gössel BT/1 §4 Rn.6ff.; Köhler GA 1980 S.121(122); Möhrenschlager NStZ 1981 S.57(58f.); Groth S.106ff.

es als besonders verwerflich ansieht und deshalb als Mord beurteilt[174]. Da die rechtspolitische Entscheidung des Gesetzgebers dahin geht, daß bei Vorliegen des Tatbestandes des §211 StGB kein Raum mehr für eine ergänzende Verwerflichkeitsprüfung besteht, stellt sich die Lehre von der negativen Typenkorrektur als Rechtsfindung contra legem dar[175].

Darüber hinaus besteht ein Widerspruch zum allgemeinen Gebot der Rechtssicherheit, will man einen derart einschneidenden Tatbestand von einer in der Beurteilung des Richters liegenden Generalklausel der Verwerflichkeit abhängig machen[176]. Die Mordstrafbarkeit hinge dann nicht von der Erfüllung klar abgrenzbarer Tatbestandsmerkmale ab, sondern von einer Wertung des Richters, die letztlich von Strafzumessungserwägungen nicht zu unterscheiden ist[177]. Die begriffliche Unschärfe und das Fehlen allgemeinverbindlicher sittlicher Maßstäbe würden die Rechtsprechung auf einer solchen Basis mit schwer erträglicher Unsicherheit belasten.
Probleme würden jedenfalls dann entstehen, wenn ein an sich achtbares Motiv nicht alleiniger Beweggrund des Täters ist, sondern etwa mit anderen, nicht achtenswerten Motiven wie Haß oder Rachsucht zusammentrifft. Dann ist dieses Motivbündel insgesamt nicht als sittlich hochstehend anzusehen. Eine Abwägung nach dem vorherrschenden Motiv und die Einordnung unter den Begriff der Verwerflichkeit bleibt äußerst unsicher.
Die negative Typenkorrektur muß sich darüber hinaus den Vorwurf der Aufopferung rechtsstaatlicher Substanz und mangelnder Praktikabilität gefallen lassen, wobei es insbesondere auch auf die Gefahr hinzuweisen gilt, daß der Richter seine eigene sittliche Überzeugung zum allgemeinen moralischen Leitsatz erhebt[178]. Auch enthält der allgemeine Ansatz der besonderen Verwerflichkeit nichts anderes, als die bisherige moralische Wertung der niedrigen Beweggründe. So muß die Tat nach der allgemeinen sittlichen Anschauung auf tiefster Stufe

---

[174] BGHSt 9, 385(387ff.); 11, 139(143); Gössel BT/1 §4 Rn.6ff.; Jähnke, in LK 10.A. Vor §211 Rn.37f.; Krey BT/1 Rn.54.
[175] BGHSt 9, 385(389); Arzt/Weber LH1 Rn.85ff; Krey BT/1 Rn.54; grundsätzlich Krey JZ 1978 S.361ff., 428ff., 465ff.
[176] BGHSt 11, 139(143); Maurach/Schroeder/Maiwald BT/1 §2 III Rn.25.
[177] BGHSt 3, 330(332); 9, 385(389); 11, 139(143); BGH MDR/H 1978 S.804f.; Gössel BT/1 §4 Rn.12.
[178] Vgl. Woesner NJW 1978 S.1025(1026); Arzt, in Göppinger/Bresser, Tötungsdelikte, S.49(52).

stehen, womit aber lediglich ein allgemeiner Begriff durch einen anderen ersetzt würde[179].

Damit hat sich zum einen gezeigt, daß insoweit der Auffassung des BGH, der in §211 Abs.2 StGB zwar einen der Auslegung bedürftigen, aber im Grundsatz geschlossenen Tatbestand erblickt, zuzustimmen ist. Dabei wird hier die Auffassung vertreten, daß allein eine restriktive Auslegung der Mordmerkmale widerspruchsfrei angemessene Ergebnisse liefern kann. Der Rechtsfolgenlösung des BGH[180] kann somit nicht gefolgt werden[181].
Gleichzeitig ist mit der Ablehnung der Theorie von der negativen Typenkorrektur auch die Möglichkeit entfallen, auf diesem Weg eine Begründung und rechtliche Einordnung der Verdrängungswirkung der §§216 StGB bzw. 217 StGB a.F. gegenüber §211 StGB zu erreichen.

f) Eigener Ansatz:

aa) Teillösung der „Konkurrenzproblematik" auf interpretatorischem Weg: Das Bestehen tatbestandlicher Ausschlußverhältnisse

Ausgehend von der Prämisse, daß eine negative Typenkorrektur Einwänden ausgesetzt und eine einschränkende Auslegung der Mordmerkmale vorzugswürdig ist, erscheint es notwendig zu prüfen, ob sich nicht zumindest ein Teil der Problematik bereits auf tatbestandlicher Ebene lösen läßt[182]. Denn falls sich auslegungstechnisch begründen ließe, daß der gleiche Sachverhalt nicht stets unter §211 StGB und unter §§216 StGB bzw. 217 StGB a.F. subsumierbar ist, wäre die „Konkurrenzproblematik" zumindest teilweise einer Lösung zugeführt. Beinhalten Tatbestände einander widerstreitende Merkmale, die ein Zusammentreffen der Tatbestände unmöglich machen, so wird in der Literatur unter scharfer Tren-

179 Woesner NJW 1978 S.1025(1026).
180 Vgl. BGHSt 30, 105ff.
181 Vgl. Fn.81.
182 Vgl. auch die Ansätze bei Welzel JZ 1952 S.72(74); Bernsmann JZ 1981 S.45(51ff.).

nung von der Gesetzeseinheit z.T. von der Exklusivität[183] von Tatbeständen, aber auch von Alternativität[184] gesprochen[185].

aaa) Tatbestandliche Exklusivität im Anwendungsbereich des §216 StGB

Von entscheidender Bedeutung wird dabei die Frage sein, ob ein durch ein Tötungsverlangen bestimmter Täter tatbestandlich überhaupt gleichzeitig Mordmerkmale erfüllen kann bzw. ob ein Täter, bei dem Mordmerkmale vorliegen, überhaupt gleichzeitig durch das Tötungsverlangen des Opfers zu seiner Tat *bestimmt* sein kann. Dabei stellen sich Probleme vor allem dann, wenn auf Seiten des Täters mehrere Motive für die Tat vorliegen.

(1) „Bestimmtsein" i.S. von §216 StGB als Grundlage der Interpretation

Zunächst bedarf es der Klärung, wie das Merkmal des „Bestimmtseins" i.S. des §216 StGB auszulegen ist. Es gilt, hierbei zwei Problemkreise auseinanderzuhalten.

Am „Bestimmtsein" des Täters durch das Verlangen des Opfers fehlt es, wenn dieser mit seiner Aufforderung bereits auf einen omnimodo facturus getroffen ist. Ist der Täter bereits zur Tötung entschlossen, so kann unabhängig von der Frage, wie eng oder weit man den Begriff des Bestimmtseins auslegt, keinerlei Beeinflussung des Täters durch das Tötungsverlangen mehr vorliegen[186].
Auch der Blick auf die Auslegung des Begriffs des Bestimmtseins in §26 StGB bestätigt, daß eine Bestimmung zumindest dann nicht mehr gegeben ist, wenn der Täter bereits zur Tat entschlossen ist, d.h. die Einwirkung in keiner Weise mehr ursächlich ist[187].

---

[183] Vgl. etwa Baumann/Weber AT 9.A. §41 II 3; Mitsch JuS 1993 S.471(472); Seier Jura 1983 S.225(227); Rissing-van Saan, in LK Vor §52 Rn.69; Jakobs AT 31.Abschnitt Rn.12.
[184] Vgl. etwa Jescheck/Weigend AT §69 II 1; Maurach/Gössel/Zipf AT/2 §55 Rn.12; Klug ZStW 68 (1956) S.399(409).
[185] Auf den Begriff der Alternativität sollte in diesem Zusammenhang verzichtet werden, um die mehrfache Verwendung (vgl. etwa Jakobs AT 31.Abschnitt Rn.12; Klug ZStW 68 (1956) S.399(409ff.)) des Begriffs zu vermeiden.
[186] Horn, in SK §216 Rn.5; Eser, in S./S. §216 Rn.9; Jähnke, in LK 10.A. §216 Rn.8.
[187] Vgl. hierzu etwa BGH MDR/D 1970 S.730; BGH MDR/D 1972 S.569; Cramer, in S./S. §26 Rn.4, 7; Roxin, in LK §26 Rn.17; Maurach/Gössel/Zipf AT/2 §51 II Rn.7ff.

Die Voraussetzungen des Bestimmtseins liegen noch vor, wenn der Täter die Tat zwar erwogen hat, deren Durchführung aber von dem ausdrücklichen und ernsthaften Verlangen des Opfers abhängig gemacht hat[188]. Auch wenn die Initiative vom Täter ausgeht, das Opfer danach aber das ernstliche Verlangen äußert, ist ein Bestimmtsein i.S. des §216 StGB anzunehmen[189]. Insoweit besteht in Rechtsprechung und Literatur noch Einigkeit.

Meinungsverschiedenheiten treten aber dann auf, wenn es um die Frage geht, wie bei Vorliegen eines Motivbündels zu verfahren ist.

Eine enge Auffassung will dem Täter nur dann die Vergünstigung des §216 StGB zukommen lassen, wenn das Verlangen des Opfers beim Täter entweder ausschließlich und alleinbestimmend gewirkt hat oder solche Motive zusätzlich mitgewirkt haben, die nicht als verwerflich i.S. des §211 Abs.2 StGB anzusehen sind[190].

Gegen ein Abstellen auf die Notwendigkeit eines allein bestimmenden Verlangens spricht, daß der Wortlaut des §216 StGB für Einschränkung nach Zahl und Bewertung der Tatmotive zunächst nichts hergibt[191]. Darüber hinaus ist auch ansonsten anerkannt, daß jedes Motiv „bestimmt", das faktisch wirksam geworden ist[192].

Die ausschließliche Beeinflussung zur Voraussetzung des „Bestimmens" i.S. des §216 StGB zu machen, widerspricht der Natur des Menschen, seinem Handeln eine Vielzahl von Motiven zugrundezulegen. Aufgrund der Vielschichtigkeit des menschlichen Motivationsprozesses wird sich ein ausschließlich auf ein Motiv gestütztes Handeln kaum finden lassen[193]. Dies wird gerade im Fall der Tötung auf Verlangen der Fall sein, in dem der Täter über den an ihn herangetragenen Wunsch i.d.R. besonders intensiv reflektieren wird. Es wäre folglich zu kurz gedacht, wenn man annehmen würde, allein das Verlangen könnte den Täter zur Handlung bestimmen. So wird der Entschluß des Täters nicht als Ergebnis eines

---

188 Jähnke, in LK 10.A. §216 Rn.8; Horn, in SK §216 Rn.5.

189 Horn, in SK §216 Rn.5; Maurach/Schroeder/Maiwald BT/1 §2 IV Rn.62; Krey BT/1 Rn.108; Eser, Strafrecht Bd.III, S.46; Gössel BT/1 § 5 Rn.13.

190 Kohlrausch-Lange §216 Anm.1; Schmidt DRZ 1949, 241ff.

191 Bernsmann Jura 1982 S.261(263).

192 Vgl. etwa BGHSt 13, 13ff.; BGH MDR/D 1958 S.139(140); Bernsmann Jura 1982 S.261(264); Engisch FS-v. Weber S.247ff.

193 Vgl. hierzu ausführlich Heine S.40 ff. m.w.N.; Alwart GA 1983 S.433ff.

einzigen bedingenden Faktors, sondern einer Reihe von Faktoren zu beurteilen sein, von denen dann einer durch sein Übergewicht den Erfolg veranlaßt hat[194].

Nach anderer Ansicht soll im Gegensatz zur engen Auffassung für das Bestimmtsein des Täters ausreichend sein, daß das Verlangen ein Grund von mehreren ist[195]. In aller Regel spiele das Verlangen nicht die Hauptrolle, sondern die verzweifelte Situation des Verlangenden, so daß auch und gerade ein so motivierter Täter die Strafmilderung des §216 StGB verdiene.
Die verzweifelte Lage ist zwar Grundlage der Motivation des Verlangenden, doch kann aus der Motivation des Verlangenden nicht darauf geschlossen werden, welchen Maßstab §216 StGB für das Bestimmtsein des Täters anlegt. §216 StGB gibt auch keinen Anhaltspunkt dafür, zwischen der Situation des Sterbewilligen und seinem Verlangen nach Vornahme der Tötungshandlung zu differenzieren. Für §216 StGB kommt es auf die Motivation des Täters an.
Handelt der Täter hauptsächlich aufgrund anderer Motive, steht für ihn nicht die verzweifelte Situation des Verlangenden im Vordergrund. Er handelt gerade aufgrund überwiegend egoistischem Antrieb. Was also aus dem Abstellen auf die verzweifelte Situation des Verlangenden bei Vorliegen einer überwiegend egoistischen Motivation gewonnen werden soll, wird ebensowenig klar wie die Frage, warum einem solchen Täter die Vergünstigung des §216 StGB zugute kommen soll. Rechtsgrund für die Privilegierung in §216 StGB ist die aufgrund des Mitleidkonflikts des Täters geminderte Schuld. Ein Mitleidskonflikt kann aber für den Täter nur dann auftreten, wenn das Verlangen der bestimmende Tatantrieb war[196]. Ist der Täter überwiegend durch andere Motive bestimmt, ist keine der Privilegierung zugrundeliegende Konfliktlage gegeben.

Zustimmung verdient insofern die vermittelnde herrschende Auffassung. Die Formulierung „bestimmt worden“ in §216 StGB legt es nahe, das Tötungsverlangen als Anstiftungsmittel i.S. §26 StGB aufzufassen[197]. Die Beschränkung auf

---

[194] So schon Thoma S.50f. m.w.N.
[195] Arzt/Weber LH1 Rn.188.
[196] So auch Muschke S.27.
[197] Vgl. Gössel BT/1 §5 Rn.12; Horn, in SK §216 Rn.5.

ein einziges Anstiftungsmittel macht indessen deutlich, daß einzig der bestimmenden Wirkung des Tötungsverlangens privilegierende Kraft zugestanden wird, daß also das Verlangen zum Beweggrund der Tötung geworden sein und damit bei Vorliegen eines Motivbündels der Tat das Gepräge gegeben haben muß[198].
Diese Auslegung entspricht auch der Systematik der Tötungsdelikte. Wie bestimmte psychische Sachverhalte nur als Beweggründe zu qualifizierenden Mordmerkmalen werden, so erkennt §216 StGB einem bestimmenden Tötungsbeweggrund privilegierende Wirkung zu[199].
Mit der überwiegenden Auffassung ist folglich davon auszugehen, daß das Verlangen des Opfers nicht das einzige Tatmotiv gewesen sein muß, sofern es sich als das hauptsächlich bestimmende, dominierende Motiv darstellt[200].

(2) Möglichkeit tatbestandlichen Aufeinandertreffens: Die einzelnen Mordmerkmale

Damit ist die sich stellende Problematik bereits angedeutet. Es ist fraglich, ob ein Täter hauptsächlich durch das Täterverlangen des Opfers bestimmt sein kann (nur dann ist §216 StGB erfüllt) und zugleich Mordmerkmale erfüllen kann, die seine Tat als besonders verwerflich erscheinen lassen (nur dann liegt §211 StGB tatbestandlich vor).
Es wird hierbei darum gehen, durch Auslegung der Mordmerkmale zu klären, ob bei Vorliegen eines überwiegend durch altruistische Motive bestimmten Handelns überhaupt noch Handeln aus verwerflichen Beweggründen (subjektive Mordmerkmale der 1. Gruppe) oder besonderer deliktischer Zielsetzung (subjektives Mordmerkmal der 3. Gruppe) möglich ist.
Auf den ersten Blick scheint sich die Problematik des Auftretens verschiedener Motivationen nur im Bereich der subjektiven Mordmerkmale zu stellen, da es hier auf Beweggründe bzw. Zielsetzungen des Täters ankommt.
Aber auch die objektiven Mordmerkmale (2. Gruppe) müssen in die Betrachtung mit einbezogen werden. Die Trennung nach subjektiven und objektiven Mord-

---

[198] Gössel BT/1 §5 Rn.12; Jähnke, in LK 10.A. §216 Rn.8; Eser, in S./S. §216 Rn.9; Horn, in SK §216 Rn.5; Welzel JZ 1952 S.72(74); Bernsmann Jura 1982 S.261(263); ähnlich bereits v. Olshausen §216 Anm.3.
[199] Ebenda.

merkmalen bedeutet nicht, daß bei letztgenannter Gruppe innere Vorgänge keine Rolle mehr spielen[201]. Der BGH hat zwar dargetan, daß die Täterpersönlichkeit bei den Merkmalen der 1. und 3. Gruppe stärker herauszustellen ist als bei den Merkmalen der Grausamkeit und Heimtücke. Diese Merkmale sind jedoch insbesondere seit der Entscheidung des Bundesverfassungsgerichts[202] immer mehr mit subjektiven Elementen angereichert worden[203]. Insofern ist auch der Blick auf die Motive des Täters von entscheidender Bedeutung.
Auch für die hier in Frage stehende Problematik wird sich die Bedeutung des Vorliegens subjektiver Elemente in den objektiven Mordmerkmalen zeigen.

(a) Die subjektiven Mordmerkmale der ersten und dritten Gruppe

Neben dem allgemeinen Mordmerkmal des niederen Beweggrundes hat der Gesetzgeber mit Mordlust, Befriedigung des Geschlechtstriebes, Habgier und nach herrschender Auffassung[204] auch mit dem Ermöglichen oder Verdecken einer Straftat spezielle niedrige Beweggründe zu Mordmerkmalen erhoben.
Die speziellen Tötungsbeweggründe sind nach überwiegender Auffassung lediglich gesetzliche Beispiele für niedrige Beweggründe[205].

Beweggründe sind Vorstellungen, Zielsetzungen oder Emotionen, durch die der zur Tötung führende Wille des Täters entscheidend beeinflußt wurde[206]. Unter einem Beweggrund i.S. des §211 StGB ist die vom dolus directus und Absicht zu unterscheidende seelische Bestrebung zu verstehen, die den Täter entscheidend zu seiner Tötung veranlaßt hat[207].

---

200 Vgl. etwa Horn, in SK §216 Rn.5; Jähnke, in LK 10.A. §216 Rn.8; Eser, in S./S. §216 Rn.9; Eser, Strafrecht Bd.III, S.47; Bernsmann Jura 1982 S.261(264); so auch schon Thoma S.31, Sack S.8 und Hafner S.48.

201 Vgl. etwa Jähnke, in LK 10.A. §211 Rn.4.

202 BVerfGE 45, 187ff.; vgl. ausführlich auch Veh, Mordtatbestand und verfassungskonforme Rechtsanwendung, 1986.

203 Kritisch zum Fortbestand des Charakters der 2. Gruppe als objektive Merkmale: vgl. etwa Maurach JuS 1969 S.249ff.; Schmidhäuser, Gesinnungsmerkmale, S.232ff.

204 Vgl. etwa BGHSt 11, 226(228); 23, 39(40); Arzt/Weber LH1 Rn.141; Maurach JuS 1969 S.249(255); Maurach/Schroeder/Maiwald BT/1 §2 III Rn.30.

205 BGHSt 3, 132(133); 29, 317(318); BGH NJW 1981 S.932(933); Eser, in S./S. §211 Rn.14; vgl. auch Paeffgen GA 1982 S.255(265).

206 Heine S.161; OGH NJW 1950 S.357(358); BGH GA 1980 S.23; Eser, in S./S. §211 Rn.14; Hardwig ZStW 68 (1956) S.14(15); Lampe S.236.

207 Vgl. etwa Gössel BT/1 §4 Rn.27; Gehrig S.27f.

Die herrschende Auffassung will alle täterbezogenen Mordmerkmale im Sinne des Hauptmotivs interpretieren[208].

(aa) Allgemeiner niedriger Beweggrund

Niedrig ist der Beweggrund, der nach allgemeiner sittlicher Wertung auf tiefster Stufe steht, durch hemmungslose, triebhafte Eigensucht bestimmt und deshalb besonders verwerflich ist[209].

Bei der Beurteilung kommt es auf die Gesamtumstände der Tat an[210]. Dabei müssen das Verhältnis von Tatanlaß und Erfolg[211], Art und Dauer der Tatausführung[212], die Person des Täters und seine Lebensverhältnisse[213] und die Beziehung des Täters zum Opfer[214] Beachtung finden.

Bei Vorliegen eines Motivbündels[215], d.h., wenn der Täter aus mehreren vorliegenden Motiven heraus handelt, ist nach Rechtsprechung und Literatur §211 StGB nur dann anzunehmen, wenn der niedere Beweggrund das „*leitende Hauptmotiv*" war, das den Täter „*entscheidend bestimmt*" hat und „*der Tat das Gepräge*" gegeben hat[216].

---

208 Anders jedoch Arzt/Weber LH1 Rn.128ff., der bei den Mordmerkmalen Mordlust und Sexualmord auf den Hauptgrund abstellen will, bei Habgier und Verdeckungsabsicht jedoch das Vorliegen eines Mordmerkmals als ein Motiv eines Motivbündels als ausreichend ansieht.

209 BGHSt 3, 132ff.; 2, 60(63); BGH StV 1994 S.182; BGH MDR/H 1988 S.1001; BGH NStZ 1993 S.341(342); BGHR StGB §211 II niedrige Beweggründe 11, 25; BGH NStZ 1997 S.81; BGH NStZ 1998 S.352; Jähnke, in LK 10.A. §211 Rn.26; Lackner/Kühl §211 Rn.5; Maurach/Schroeder/Maiwald BT/1 §2 Rn.37; Eser, in S./S. §211 Rn.18ff.; Tröndle/Fischer §211 Rn.5a; kritisch: Arzt/Weber LH1 Rn.142: „*Bezugnahme auf die allgemeinen sittlichen Anschauungen ist nichtssagend*"; Mitsch JuS 1996 S.121(125): „*Ausfüllungsbedürftigkeit und Maßstablosigkeit*"; Otto Jura 1994 S.141(145); ders. BT §4 Rn.13: „*Pathetisch überladen*".

210 Vgl. etwa BGH NJW 1967 S.1140(1141); BGH NJW 1969 S.2292(2293); BGH GA 1974 S.370; BGH NJW 1981 S.1382; BGH StV 1981 S.399(400); BGH MDR 1991 S.509(510); BGH NJW 1991 S.1189; BGH NStZ 1984 S.261; BGH StV 1983 S.503(504); Eser, Gutachten, D44; ders. NStZ 1981 S.385; ders. NStZ 1983 S.433(435).

211 BGH MDR/D 1975 S.725; BGH - 3 StR 428/79 v. 12.12.1979; BGH - 3 StR 130/8 v. 2.4.1980; BGH - 1 StR 96/81 v. 9.4.1981; BGH - 1StR 145/81 v. 5.5.1981; BGH StV 1981 S.399(400); BGH StV 1983 S.503(504); Schroeder JuS 1984 S.275(277).

212 BGH - 2 StR 318/81 v. 6.11.1981; BGH - 5 StR 573/81 v. 9.2.1981.

213 BGH NJW 1954 S.565; BGH NJW 1967 S.1140(1143); BGH - 2 StR 318/81 v. 6.11.1981; BGH - 5 StR 573/81 v. 9.2.1981; BGH - 3 StR 112/83 v. 25.5.1983.

214 BGH - 5 StR 573/81 v. 9.2.1981; BGH - 5 StR 687/82 v. 5.10.1982.

215 Vgl. hierzu insbes. Alwart GA 1983 S.433(451) und Heine S.167ff.

216 Vgl. BGH MDR/H 1977 S.809f.; BGH MDR/H 1980 S.985; BGH NJW 1981 S.1382; BGH StV 1983 S.503(504); BGH NStZ 1993 S.341(342); BGH NStZ 1997 S.81; BGH - 4 StR 293/98; Tröndle/Fischer §211 Rn.5b; Jähnke, in LK 10.A. §211 Rn.25; Horn, in SK §211 Rn.18 („*vorherrschendes Motiv*"); Maurach/Schroeder/Maiwald BT/1 §2 III Rn.37, 41; Heine S.173ff.; Paeffgen GA 1982 S.255ff.; Krey JuS 1971 S.192(193); Welzel, Strafrecht, S.283; Alwart GA 1983 S.433(451). Nach BGH - 4 StR 212/213/53 v. 3.12.1953 und BGH GA 1974 S.370 muß der Tötungsentschluß durch den niedrigen Beweggrund seine Kennzeichnung erfahren haben; a.A.: Bockelmann BT/2 §3 I 1 (Es genügt, daß von mehreren Motiven eines ein

Damit wird aber deutlich, daß ein Zusammentreffen von §216 StGB mit dem Mordmerkmal aus „sonstigen niedrigen Beweggründen" schon aufgrund tatbestandlicher Überlegungen nicht möglich ist. §216 StGB und §211 StGB schließen sich hier aus.

Der Täter, der überwiegend durch das Verlangen des Opfers zur Tötung bestimmt wurde und damit §216 StGB erfüllt, kann gleichzeitig nicht auch überwiegend durch seine hemmungslose, verwerfliche Eigensucht motiviert sein. Liegt das Hauptmotiv dagegen im täterbezogenen Mordmerkmal der sonstigen niedrigen Beweggründe, so ist damit ausgeschlossen, daß der Täter gleichzeitig durch das Verlangen des Opfers i.S. §216 StGB überwiegend bestimmt worden ist. Die Strafbarkeit richtet sich dann nach §211 StGB.

Eine derartige Ausschlußwirkung ergibt sich jedoch nicht durch eine engere Auslegung des Merkmals des „Bestimmtseins" in §216 StGB[217], sondern allein aufgrund der Unvereinbarkeit der bewußtseinsdominanten Motive bei §216 StGB und §211 StGB.

Beruht menschliches Handeln auf mehreren Motiven, ist damit aber auch klar, daß die Tat nur aufgrund eines dominierenden bzw. hauptsächlich bestimmenden Tatantriebs begangen werden kann.

So hat der Tatrichter zu entscheiden, welche Motivation des Täters im Einzelfall überwiegt. Entsprechend dieser Würdigung richtet sich die Strafbarkeit nach §211 StGB oder §216 StGB. Ausgehend von der dargestellten Auslegung des Tatbestandsmerkmals „bestimmt sein" in §216 StGB und des Merkmals der „sonstigen niedrigen Beweggründe" zeigt sich auch, was gelten muß, wenn sich die Motive gleichwertig gegenüberstehen. Hat der Tatrichter weder ein dominierendes „Bestimmtsein" des Täters durch das Tötungsverlangen, noch ein „die Tat prägendes Hauptmotiv" i.S. eines niedrigen Beweggrundes festgestellt, so kommt eine Bestrafung nach §211 StGB bzw. §216 StGB nicht in Betracht. Die Strafbarkeit des Täters richtet sich dann nach §212 StGB.

Mit dem festgestellten tatbestandlichen Ausschluß ist die Problematik zumindest im Bereich des Mordmerkmals „aus sonstigen niedrigen Beweggründen" einer Lösung zugeführt. Ein „Konkurrenzverhältnis" zwischen §211 StGB und §216

---

niedriges ist); ders. Strafrecht des Arztes 1968 S.9; Arzt/Weber LH1 Rn.129; differenzierend: Eser, in S./S. §211 Rn.18ff.

StGB kann zumindest beim subjektiven Merkmal der sonstigen niedrigen Beweggründe aufgrund des tatbestandlichen Ausschlußverhältnisses nicht bestehen.

(bb) Habgier

Unter Habgier ist das rücksichtslose Streben des Täters nach Vermögensmehrung zu verstehen, so daß der Täter nicht einmal davor zurückschreckt, ein Menschenleben diesem Beweggrund zu opfern[218].
Somit ergibt sich die besondere Verwerflichkeit aus dem krassen Mißverhältnis zwischen Mittel und Zweck[219]. Zur Feststellung, inwieweit habgieriges Verhalten vorliegt, ist wie im Bereich der sonstigen niedrigen Beweggründen auf eine Gesamtwürdigung abzustellen[220].
Das Gewinnstreben um jeden Preis braucht nicht das einzige Motiv des Täters zu sein, wohl aber muß es *„tatbeherrschend"*[221] und *„bewußtseinsdominant"*[222] gewesen sein.
Wird der Täter also von mehreren gleichzeitig wirksamen Motiven bestimmt und liegt somit ein Motivbündel vor, so kommt es auch hier darauf an, ob die Vorstellung des erstrebten Gewinns den Täter überwiegend bestimmt und der Tat ihr Gepräge gegeben hat[223].
Wenn neben dem Streben nach einem Vermögensvorteil auch Mitgefühl oder Mitleid den Täter mitveranlaßt haben, ist eine Gewichtung der Motive vorzunehmen[224]. So ist letztlich auch beim Mordmerkmal der Habgier auf eine Gesamtwürdigung abzustellen. Insbesondere sind die den Täter beherrschenden Vorstellungen und Erwägungen, so wie sie wirklich bestimmend geworden sind, entscheidend, um festzustellen, was der bestimmende Beweggrund war[225].

---

217 So aber Bernsmann JZ 1981 S.45(52).
218 Vgl. etwa BGHSt 10, 399; BGH GA 1971 S.155; BGH NJW 1981 S.932f.; BGH StV 1991 S.207(208).
219 Vgl. BGHSt 29, 317(318); Mitsch JuS 1996 S.121(124); Horn, in SK §211 Rn.12.
220 BGH NJW 1981 S.932(933); BGH NJW 1991 S.1189; BGH StV 1986 S.47.
221 BGHSt 29, 317(319).
222 St. Rspr.: Vgl. etwa BGH NJW 1981 S.932(933); BGH MDR/H 1986 S.97; BGH StV 1986 S.47; BGH NStZ 1989 S.19f.; BGH StV 1993 S.360; BGH NJW 1995 S.2365(2366); BGHSt 42, 301(304) und h.M. in der Literatur: vgl. etwa Krey JuS 1971 S.192(193); Welzel, Strafrecht, §38II; Lackner/Kühl §211 Rn.4; Tröndle/Fischer §211Rn.5; Horn, in SK §211 Rn.18.
223 Vgl. etwa BGH NJW 1981 S.932(933); BGH MDR/H 1986 S.97; BGH NStZ 1993 S.341(342); vgl. auch: Paeffgen GA 1982 S.255ff.; Alwart GA 1983 S.433ff.
224 BGH NJW 1981 S.932(933).
225 Vgl. BGH NJW 1981 S.932(933); BGH NStZ 1989 S.19f.

Abweichend vertreten Arzt/Weber[226], Bockelmann[227] und Jakobs[228] die Auffassung, daß Habgier auch anzunehmen sei, wenn eine Dominanz des ökonomischen Motivs nicht feststellbar ist. Nimmt man aber Habgier bereits unter dieser Definition an, so dehnt man den Anwendungsbereich der Mordmerkmale, die eine Tat als besonders verwerflich erscheinen lassen, zu weit aus. Eine solche Auslegung erscheint weder rechtspolitisch wünschenswert, noch entspricht sie der vom Bundesverfassungsgericht[229] vorgegebenen Tendenz, die Mordtatbestände angesichts der drohenden lebenslangen Freiheitsstrafe einschränkend auszulegen. Es müßten auch Fälle mit absolut dominanter, nicht als niedrig zu bewertender Motivation als Mord behandelt werden. So würde etwa die Mutter, die das für eine lebenswichtige Operation ihres Kindes erforderliche und nicht auf legalem Wege zu beschaffende Geld durch Tötung zu erlangen suchte, nach §211 StGB bestraft werden, obwohl das Hauptmotiv hier ohne Zweifel die Rettung ihres Kindes ist[230].

Auch die Einordnung des Merkmals Habgier als gesetzlich geregelter Einzelfall eines niedrigen Beweggrundes spricht dagegen, hier anders zu verfahren als dies bei sonstigen niedrigen Beweggründen der Fall ist.

Einen anderen Ansatz sieht auch Franke[231], der unter Rückgriff auf die normative Grundlage des täterbezogenen Merkmals der Habgier eine Wertung der Qualität bei Vorliegen mehrerer Motive vornehmen will. Wenn es im Bereich des Merkmals der Heimtücke anerkannt sei, daß das Vorliegen positiv zu bewertender Motive die Annahme einer feindseligen Willensrichtung ausschließe, so müsse dies angesichts der Rechtsprechung des Bundesverfassungsgerichts zur lebenslangen Freiheitsstrafe auch im Bereich der Habgier Berücksichtigung finden. Daher müsse die Feststellung, *„daß ein nicht als niedrig und auch nicht als wertneutral einzustufendes Motiv den Täter mitbestimmt hat"*, generell dazu führen, den Täter nicht als Mörder anzusehen[232].

Jedes Mordmerkmal ist jedoch im Hinblick auf seinen eigenen unwert- bzw. schuldsteigernden Gehalt auszulegen, um feststellen zu können, welche Voraus-

---

226 Arzt/Weber LH1 Rn.128.
227 Bockelmann BT/2 §3 I 1.
228 Jakobs NJW 1969 S.489(490).
229 BVerfGE 45, 187ff.
230 Vgl. auch Franke JZ 1981 S.525(527).
231 Franke JZ 1981 S.525(528).
232 Franke JZ 1981 S.525(527).

setzungen vorliegen müssen, damit die Tötung als verwerflich i.S §211 StGB anzusehen ist. So ist eine Übertragung einschränkender Auslegung in Bezug auf ein Mordmerkmal nicht ohne weiteres auf ein anderes Mordmerkmal möglich. Die Notwendigkeit der „feindlichen Willensrichtung" im Bereich der Heimtücke beruht allein darauf, in dieser Konstellation auftretende notwendige Korrekturen zu erreichen[233].

Im Zusammenhang mit dem Mordmerkmal der Habgier hat sich also gezeigt, daß die Grundsätze, die der BGH beim Tatbestand der sonstigen niedrigen Beweggründe angewandt hat, auch im Bereich der Habgier gelten. Es kommt ebenfalls auf das bewußtseinsdominante Motiv an, das der Tat ihr Gepräge gegeben hat. Dies ist auch damit zu begründen, daß das Gesetz den Qualifikationsgrund der Habgier dem Begriff der niedrigen Beweggründe zuordnet[234]. Die Habgier ist nur ein gesetzliches Beispiel für einen niedrigen Beweggrund.
Es läßt sich insofern festhalten, daß hier eine mit der bei den sonstigen niedrigen Beweggründen vergleichbare Situation vorliegt. Durch die tatbestandliche Unvereinbarkeit kann es auch im Bereich des Mordmerkmals Habgier kein Zusammentreffen von §216 StGB und §211 StGB geben[235]. Die Bestimmung des Täters durch das Verlangen und das Vorliegen einer Tötung unter Verwirklichung des Mordmerkmals der Habgier schließen sich bereits tatbestandlich aus.

(cc) <u>Mordlust</u>

Aus Mordlust soll nach ursprünglicher Auffassung des BGH handeln, wer aus einer unnatürlichen Freude an der Vernichtung heraus ein Menschenleben tötet[236]. Nach der Kritik aus der Literatur[237] hat der BGH nunmehr für Annahme von Mordlust darauf abgestellt, daß *„weder ein in der Person des Opfers oder in der besonderen Tatsituation liegender Anlaß noch ein über den Tötungsakt hinausgehender Zweck die Tat bestimmt"*[238]. Das Merkmal der Mordlust ist als

[233] Siehe ausführlich zum Merkmal der Heimtücke unten S.60ff.
[234] Vgl. BGHSt 3, 132(133); 29, 317; BGH NJW 1981 S.932(933); Eser, in S./S. §211 Rn.14.
[235] Dies ist i.ü. insbesondere auch dann der Fall, wenn man dem Ansatz Frankes (s.o.) folgt.
[236] BGH NJW 1953 S.1440.
[237] Vgl. Schroeder JuS 1984 S.275(277); Otto ZStW 83 (1971) S.39(58ff.); Arzt/Weber LH1 Rn.123; Jähnke, in LK 10.A. §211 Rn.6.
[238] Vgl. etwa BGHSt 34, 59(60f.); BGH NStZ 1994 S.239.

Beschreibung eines Tötungsantriebs, der auf den Tötungsvorgang als solchen gerichtet ist, zu verstehen.

Da hier verlangt wird, daß der Tod des Opfers *„als solcher der einzige Zweck der Tat ist“*[239], ist auch hier ein Zusammentreffen mit einer Tötung auf Verlangen, deren Zweck es überwiegend war, dem Verlangen des Opfers nachzukommen, nicht möglich. Bei einer Tötung, deren einziges Ziel der Tod des Opfers war, kann §216 StGB nie verwirklicht sein.

Damit ist auch im Bereich des Mordmerkmals Mordlust kein tatbestandliches Zusammentreffen von §211 StGB und §216 StGB möglich.

(dd) Tötung zur Befriedigung des Geschlechtstriebs

Ähnlich wie bei den übrigen Mordmerkmalen der ersten Gruppe ist auch beim Mordmerkmal *„zur Befriedigung des Geschlechtstriebs“* ein Zusammentreffen mit §216 StGB ausgeschlossen.

Das Mordmerkmal ist dann erfüllt, wenn der Täter sich durch den Tötungsakt als solchen sexuelle Befriedigung verschaffen will[240].

Auch sind die Fälle erfaßt, in denen der Täter tötet, um nekrophile Akte vorzunehmen[241] oder in denen der Täter den Tod des Opfers als Folge eines auf Befriedigung gerichteten Verhaltens billigend in Kauf genommen hat[242].

Die Befriedigung des Geschlechtstriebs muß dabei das Hauptmotiv der Tötung sein. Bei mehreren Motiven ist auch hier auf das dominierende, hauptsächlich bestimmende Motiv abzustellen[243]. Dies folgt zum einen aus der Einordnung des Merkmals als niedrigen Beweggrund.[244]

---

[239] Vgl. etwa BGHSt 34, 59(61); BGH StV 1995 S.636 m. Anm. Fabricius StV 1995 S.637; Gössel (BT/1 §4 Rn.30) verlangt zusätzlich, daß der Täter den Tötungsakt in seiner Vorstellung lustvoll erlebt und daß dieses subjektive Geschehen zum Motiv der Tötung wird.

[240] Vgl. etwa BGH MDR 1982 S.946(947); BGH NJW 1982 S.2565; Maurach/Schroeder/Maiwald BT/1 §2III Rn.32; Eser, in S./S. §211 Rn.16; Gössel BT/1 §4 Rn.33; Rengier BT/2 §4 Rn.12; Otto Jura 1994 S.141(144).

[241] BGHSt 7, 353f.; BGH StV 1982 S.15; BGHSt 19, 102(105); Maurach/Schroeder/Maiwald BT/1 §2 III Rn.32; Eser, in S./S. §211 Rn.16; Horn, in SK §211 Rn.10.

[242] BGHSt 19, 102(105); BGH NJW 1982 S.2565; BGH NStE §211 Nr.16; Maurach/SchroederMaiwald BT/1 §2 III Rn.32; Horn, in SK §211 Rn.10; Gössel BT/1 §4 Rn.33; Eser NStZ 1981 S.383(384); ders. NStZ 1983 S.433(434); Otto Jura 1994 S.141(144).

[243] Vgl. etwa Arzt/Weber LH1 Rn.124 unter Hinweis auf OGHSt 1, 321(328); Gössel BT/1 §4 Rn.35.

[244] Vgl. dazu oben S.51.

Sieht man das Merkmal nicht als Hauptmotiv an, so müßte zum anderen in Fällen, in denen der Täter einer Vergewaltigung nicht die Frau, sondern einen zu Hilfe eilenden Dritten tötet, auch das Merkmal der Befriedigung des Geschlechtstriebs erfüllt sein[245].

Damit wären aber auch Fälle problematisch, in denen der einem Liebesverhältnis im Wege stehende Ehegatte beseitigt wird, um sich dem neuen Partner zuwenden zu können[246]. In derartigen Fällen zeigt sich aber, daß es eine zu weite Auslegung des Mordmerkmals zu verhindern gilt. Es müßte hier ansonsten zu einer Strafbarkeit aus §211 StGB wegen Tötung zur Befriedigung des Geschlechtstriebs kommen, obwohl das sexuelle Motiv nur einen Teilaspekt des veränderten Lebens darstellt, das der Täter nach dem Tod des Ehepartners führen will. Derartige Fälle können aber nicht vom Merkmal der Befriedigung des Geschlechtstriebs i.S. obiger Definition erfaßt sein.

Insoweit ist auch bei diesem Mordmerkmal das Abstellen auf das Hauptmotiv notwendig. Hat sich also gezeigt, daß die Befriedigung des Geschlechtstriebs dominierendes Motiv der Tötung sein muß, kann auch hier eine „Konkurrenz" von §211 StGB und §216 StGB nicht vorliegen.

(ee) Ermöglichen oder Verdecken einer Straftat als spezielles Tötungsmotiv

Durch dieses täterbezogene Merkmal der dritten Gruppe ist Mörder, wer die Tötung durchführt, um eine andere Straftat zu ermöglichen oder zu verdecken. Dieses Merkmal beruht auf der Erwägung, daß der Täter besonders verwerfliche Zwecke verfolgt.

Der erhöhte Unwert der Ermöglichungsabsicht ist darin zu sehen, daß in der Bereitschaft zur Durchsetzung krimineller Ziele „notfalls über Leichen zu gehen",

---

245 Dagegen etwa BGH GA 1963 S.84; Blei BT §6 II 1b; Eser, in S./S. §211 Rn.16; Horn, in SK §211 Rn.11; Mitsch JuS 1996 S.121(123); Otto Jura 1994 S.141(144); Brunner S.116; Geilen FS-Lackner S.571(580), die voraussetzen, daß das getötete Opfer zugleich Opfer des Sexualverbrechens sein muß; anders: nach Maurach/Schroeder/Maiwald BT/1 §2 III Rn.32 ist es nicht Voraussetzung, daß die Befriedigung des Geschlechtstriebs an dem Opfer der Tötung erfolgt.

246 Arzt/Weber LH1 Rn.124; hier fehlt es jedoch schon am erforderlichen Zusammenhang mit der Tötung, so daß die Tötung des Nebenbuhlers nicht vom Merkmal der Befriedigung des Geschlechtstriebs umfaßt ist (vgl. auch Maurach/Schroeder/Maiwald BT/1 §2 III Rn.32; Gössel BT/1 §4 Rn.34; Welzel, Strafrecht, §38 II1).

nicht nur eine verachtenswerte Gesinnung, sondern auch eine besonders hohe Gefährlichkeit des Täters zum Ausdruck kommt[247].

Die Verdeckungsabsicht ist besonders verwerflich, da ein Menschenleben vernichtet wird, um die eigene oder auch fremde Bestrafung zu vereiteln[248].

Für die hier anstehende Problemlösung sind allein die subjektiven Erfordernisse dieses Mordmerkmals von Bedeutung. Dabei ist für die auf Ermöglichung oder Verdeckung der anderen Tat gerichtete Absicht lediglich zielgerichtetes Handeln erforderlich[249].

Für die Annahme des Merkmals der Verdeckungs- bzw. Ermöglichungsabsicht muß die Verdeckung bzw. Ermöglichung der anderen Tat zwar nicht den einzigen, wohl aber den überwiegenden, hauptsächlich ausschlaggebenden Beweggrund der Tötung darstellen[250].

Mit dieser einschränkenden Auslegung wird zum einen den Anforderungen des Bundesverfassungsgerichts[251] Rechnung getragen. Auch ist das Mordmerkmal der Ermöglichungs- bzw. Verdeckungsabsicht nach herrschender Auffassung, ausgehend vom Prinzip der Gleichwertigkeit der mordqualifizierenden Merkmale, als gesetzlich benanntes Regelbeispiel der niedrigen Beweggründe anzusehen[252]. Damit ist zugleich der Blick auf die Gesamtheit der Handlungsmotive des Täters eröffnet. Bei Vorliegen von Motivbündeln ist auch hier auf die bereits dargelegten Kriterien abzustellen[253]. Es wird also auch beim Merkmal der Verdeckungs- bzw. Ermöglichungsabsicht darauf ankommen, inwieweit sich das Motiv des Täters als die dominierende, hauptsächlich bestimmende Triebfeder des Geschehensablaufs darstellt. Es muß sich auch hier um das leitende Hauptmotiv handeln, das den Täter hauptsächlich bestimmt und der Tat das Gepräge

---

247 Vgl. etwa Horn, in SK §211 Rn.63; BVerfGE 45, 187(265); Eser, in S./S. §211 Rn.31; Rengier BT/2 Rn.49; Wessels/Hettinger BT/1 Rn.123; Brunner S.122; Stratenwerth JZ 1958 S.545; zur Entwicklung des Merkmals in der Rspr.: vgl. Laber MDR 1989 S.861ff.

248 BGHSt 7, 287(290); Horn, in SK §211 Rn.63; Rengier BT/2 §4 Rn.52; Eser, in S./S. §211 Rn.31.

249 Vgl. etwa BGH StV 1988 S.62; BGH NStZ 1996 S.81; Horn, in SK §211 Rn.56, 65; Gössel BT/1 §4 Rn.60f.; Eser, in S./S. §211 Rn.33; Jähnke, in LK 10.A. §211 Rn.24 m.w.N.

250 BGHSt 15, 291(295); BGH NJW 1968 S.660(661); BGH NStZ 1996 S.81; Fuhrmann JuS 1963 S.19(20); ders., Referat, Bd. II M 7ff.; Gössel BT/1 §4 Rn.60f.; Wessels/Hettinger BT/1 Rn.125 („*Triebfeder des Handelns*"); Arzt/Weber LH1 Rn.129.

251 BVerfGE 45, 187(264ff.).

252 BGHSt 11, 226(228); 23, 39(40); 35, 117(121); BGH NStZ 1992 S.127; BGH StV 1988,104ff; Gössel BT/1 §4 Rn.60; Horn, in SK §211 Rn.63; Bockelmann BT/2 1977 §3 I 3; Wessels/Hettinger BT/1 Rn.123; Arzt JR 1979 S.7(10f.); a.A: Mitsch JuS 1996 S.213(216); Otto Jura 1994 S.141(151).

253 Vgl. zu den niedrigen Beweggründen oben S.51ff.

gegeben hat. Damit ist aber klargestellt, daß es nicht zu einem tatbestandlichen Zusammentreffen von §211 StGB und §216 StGB im Bereich dieser Mordmerkmale kommen wird.

Als Ergebnis läßt sich somit festhalten, daß im Bereich der Mordmerkmale der ersten und dritten Gruppe ein tatbestandliches Aufeinandertreffen nicht möglich ist. Insoweit ist hier bereits eine Teillösung der „Konkurrenzproblematik" gefunden.

(b) Die objektiven Mordmerkmale

Hat sich bislang gezeigt, daß die subjektiven Mordmerkmale nicht mit §216 StGB zusammentreffen können, gilt es nunmehr, die objektiven Mordmerkmale, die an die besonders gefährliche oder unmenschliche Art der Tatausführung anknüpfen, hinsichtlich der Möglichkeit des tatbestandlichen Zusammentreffens mit §216 StGB zu untersuchen.

(aa) Heimtücke

Nach herrschender Auffassung handelt heimtückisch, wer in feindlicher Willensrichtung[254] die Arg- und Wehrlosigkeit des Opfers bewußt ausnutzt[255]. Auf einen verwerflichen Vertrauensbruch kommt es dabei nicht an[256].

---

[254] Vgl. etwa BGHSt 9, 385(390); 30, 105(116); 32, 382(383f.); Tröndle/Fischer §211 Rn.6c; Jähnke, in LK 10.A. §211 Rn.48, 50; Eser, in S./S. §211 Rn.23; Lackner/Kühl §211 Rn.6; Maurach/Schroeder/Maiwald BT/1 §2 III Rn.43, 45; Gössel BT/1 §4 Rn.97.

[255] BGHSt 2, 60(61); 3, 183(185f.); 3, 330(332); 6, 120(121); 7, 218(221); 9, 385(389); 11, 139(143); 19, 321(322); 20, 301f.; 23, 119(120); 30, 105(117f.); 32, 382(383f.); 39, 353(369); BGH NStZ 1993 S.341(342); BGH NStZ 1997 S.490(491); Eser, in S./S. §211 Rn.25; Jähnke, in LK 10.A. §211 Rn.47.

[256] Einen Vertrauensbruch verlangen etwa: Schmidhäuser, Gesinnungsmerkmale, S.232ff.; ders. JR 1978 S.265(270); Hassemer JuS 1971 S.626(630); Schaffstein FS-H. Mayer S.419(428ff.); Jakobs JZ 1984 S.996(997); Eser, in S./S. §211 Rn.26; Otto ZStW 83(1971) S.39(63). Diese Auffassung ist jedoch abzulehnen, da der Begriff des Vertrauens keine festen Konturen aufweist und die Frage nach dem Vertrauensbruch in den Grenzfällen keinen Fortschritt bringt, sondern ihrerseits zu ungereimten und untragbaren Ergebnissen führt; vgl. die zutreffende Kritik etwa bei: BGHSt 30, 105(116); Arzt JR 1979 S.7(11); Rengier MDR 1980 S.1(4); Tröndle/Fischer §211 Rn.6c m.w.N.; Jähnke, in LK 10.A. §211 Rn.49ff. m.w.N.; Maurach/Schroeder/Maiwald BT/1 §2 Rn.43; Gössel BT/1 §4 Rn.92f.; Woessner NJW 1978

Im Rahmen der Heimtücke wird es hinsichtlich der hier zu klärenden Problematik zum einen darum gehen, ob das Opfer überhaupt noch arglos sein kann, wenn es den Täter durch sein Verlangen zur Tötung bestimmt hat. Zum anderen gilt es zu klären, ob ein durch das Verlangen des Opfers bestimmter Täter überhaupt noch eine feindliche Willensrichtung gegenüber dem Opfer haben kann.

(aaa) Arglosigkeit

Arglos ist, wer sich im Zeitpunkt der Tat keines tätlichen Angriffs auf seine körperliche Unversehrtheit oder seines Lebens versieht[257]. Hierzu ist das positive Bewußtsein notwendig, vor einem Angriff sicher zu sein.
Arglos kann nur sein, wer auch Argwohn hegen kann[258]. Dies fehlt etwa bei Kleinkindern, Besinnungslosen, schwer Geisteskranken oder anderen Personen, die konstitutionell weder in der Lage sind, die böse Absicht des Täters zu erkennen, noch sich dagegen zur Wehr setzen können[259]. Schlafende sind hingegen arglos, da sie ihre Arglosigkeit mit in den Schlaf nehmen[260].

(bbb) Wehrlosigkeit

Wehrlos ist das Opfer, wenn es infolge seiner Arglosigkeit nicht zur Verteidigung in der Lage ist, oder in seiner Verteidigung stark eingeschränkt ist[261].

(ccc) Ausnutzen der Arg- und Wehrlosigkeit

Wie bereits oben dargetan, muß der Täter die Arg- und Wehrlosigkeit bewußt ausgenutzt haben. Dabei muß er die Arg- und Wehrlosigkeit seines Opfers wahrgenommen und die Bedeutung dieser Arg- und Wehrlosigkeit für sein Vorgehen

---

S.1025(1026); Mitsch JuS 1996 S.213(214); Wessels/Hettinger BT/1 Rn.108; Geilen GS-Schröder S.235(253ff.); Spendel JR 1983 S.269(270); Schmoller ZStW 99 (1987) S.389(405).

257 Vgl. etwa BGHSt 7, 218(221); 20, 301(302); 27, 322(324); 28, 218; 39, 353(368); 41, 72(79); Jähnke, in LK 10.A. §211 Rn.44; Lackner/Kühl §211 Rn.7; Eser, in S./S. §211 Rn.4.

258 Vgl. etwa Gössel BT/1 §4 Rn.84ff; Jähnke, in LK 10.A. §211 Rn.44; Lackner/Kühl §211 Rn.7; Tröndle/Fischer §211 Rn. 6c.

259 BGHSt 4, 11(12f.); 23, 119(120); BGH NJW 1966 S.1823(1824); BGH JZ 1974 S.511(512); BGH MDR/H 1977 S.282; Jähnke, in LK 10.A. §211 Rn.44.

260 BGHSt 23, 119(120); 28, 211; 32, 382(385f.); BGH NStZ 1983 S.553; Eser, in S./S. §211 Rn.25b; kritisch zur Differenzierung etwa Otto Jura 1994 S.141(149); Gössel BT/1 §4 Rn.84ff.; Dreher MDR 1970 S.248ff.; Krey BT/1 Rn.44.

261 Vgl. etwa BGHSt 19, 321 (322); 32, 382(388); BGH GA 1971 S.113(114); BGH NStZ 1997 S.490(491); Tröndle/Fischer §211 Rn.6a; Lackner/Kühl §211 Rn.8; Eser, in S./S. §211 Rn.24a; Jähnke, in LK 10.A. §211 Rn.46.

erkannt haben[262]. Es ist das Bewußtsein notwendig, daß die Durchführung der Tat durch die Arglosigkeit des Opfers erleichtert wird.

(ddd) Fehlende Ausnutzung der Arg- und Wehrlosigkeit in den Fällen der Tötung auf Verlangen

Ausgehend von diesem Hintergrund ist festzustellen, daß ein Zusammentreffen von §211 StGB und §216 StGB auch im Bereich des Mordmerkmals Heimtücke nicht möglich ist.

Geht man davon aus, daß ein durch das Tötungsverlangen bestimmter Täter das Opfer tötet, kann dieses i.d.R. nicht mehr arglos sein.

- Kommen etwa beide darin überein, die Tötung sofort oder zu einem festgelegten Zeitpunkt durchzuführen, so fehlt es an der Arglosigkeit, da sich das Opfer hier keines überraschenden Angriffs ausgesetzt sieht.

In dieser Konstellation, die den Regelfall im Bereich der Tötung auf Verlangen bildet, ist schon aufgrund fehlender Arglosigkeit infolge des Tötungsverlangens kein Zusammentreffen von §211 StGB und §216 StGB möglich.

- Vereinbaren der durch das Verlangen zur Tötung bestimmte Täter und das Opfer, daß die Tötung ohne Wissen des Opfers zu einen unbestimmten Zeitpunkt stattfinden soll, so ist auch hier keine Heimtücke gegeben.

Die Frage, ob sich das Opfer im Zeitpunkt der Tat eines Angriffs versah, wird zwar zu verneinen sein. Damit ist das Opfer in diesem Zeitpunkt wohl als arglos anzusehen und auch die auf der Arglosigkeit beruhende Wehrlosigkeit wird i.d.R. vorliegen. Doch scheitert eine Annahme von Heimtücke am Fehlen der bewußten Ausnutzung der Arg- und Wehrlosigkeit. Der Täter hat hier nicht unter Ausnutzung der Arg- und Wehrlosigkeit des Opfers gehandelt, da sich das Opfer gerade nicht wehren wollte und die gewünschte Ahnungslosigkeit des Opfers das Mittel war, um jedes vermeidbare Leid auszuschließen.

- Denkbar wäre auch der Fall, daß der durch das Tötungsverlangen bestimmte Täter bereits vor dem vereinbarten Zeitpunkt die Tötungshandlung vornimmt. Aber auch hier werden §211 StGB und §216 StGB nicht aufeinandertreffen.

---

[262] Vgl. auch Jähnke, in LK 10.A. §211 Rn.47; Eser, in S./S. §211 Rn.25; Lackner/Kühl §211 Rn.9.

Aufgrund der Abweichung von der Einwilligung des Opfers erfüllt der Täter nicht mehr den Tatbestand des §216 StGB.
Geht man aber im Einzelfall davon aus, daß die Einwilligung auch ein zu frühes Handeln des Täters erfaßt, fehlt es ebenso wie in der zweiten beschriebenen Konstellation an der bewußten Ausnutzung der Arg- und Wehrlosigkeit des Opfers.

(eee) Fehlen der „feindlichen Willensrichtung" in den Fällen der Tötung auf Verlangen

Eine heimtückische Tötung kann es folglich nicht geben, wenn der Täter durch das Opfer zur Tötung i.S. des §216 StGB bestimmt wurde[263]. Obwohl sich also gezeigt hat, daß das Merkmal der Heimtücke nicht erfüllt ist, soll hier weiterhin darauf eingegangen werden, ob die Heimtücke nicht darüber hinaus auch aufgrund des Fehlens der feindlichen Willensrichtung des Täters gegenüber dem Opfer ausscheiden muß.

Seit BGHSt 9, 385(390) wird zur Annahme von Heimtücke zutreffend ein Handeln in feindlicher Willensrichtung verlangt[264]. Begründet wurde dies damit, daß *„die Gesinnung des Täters (...) dem Vorstellungsbilde entsprechen muß, das dem Begriff der Heimtücke selbst zugrundeliegt. Die feindselige Haltung des Täters gegenüber dem Opfer zeigt sich darin, daß er dessen Arg- und Wehrlosigkeit zum Töten ausnutzt"*[265].
Damit gibt die feindliche Willensrichtung dem Gesamtbild der Tat das Gepräge. Mit dem allgemeinen Sprachgebrauch ist es vereinbar, nur solches Verhalten als heimtückisch anzusehen, das von einer feindlichen Willensrichtung des Täters getragen ist. Ob diese Auslegung zwingend ist, mag angesichts der verfassungsrechtlich notwendigen Restriktion[266] dahinstehen[267].

---

[263] So auch Blei PdW BT/1 S.33.
[264] Strittig, hier im Ergebnis aber ohne Bedeutung, ist die Frage, ob die feindliche Willensrichtung ein Bestandteil des Merkmals „ausnutzen" ist (so etwa BGHSt 9, 385(390); 11, 139(143); BGH MDR/H 1979 S.455), oder ein besonderes selbständiges Merkmal der Heimtücke (vgl. etwa Gössel BT/1 §4 Rn.97; Eser, in S./S. §211 Rn.25a).
[265] BGHSt 9, 385(390).
[266] Vgl. BVerfGE 45, 187(263f.).
[267] Eine ausführliche Auseinandersetzung kann im Rahmen dieser Arbeit nicht erfolgen; für die Notwendigkeit dieses Kriteriums: vgl. etwa BGHSt 9, 385(390); 30, 105(116); 32, 382(383f.); Tröndle/Fischer §211 Rn.6c; Jähnke, in LK 10.A. §211 Rn.48, 50; Eser, in S./S.

Das Merkmal der feindlichen Willensrichtung hat die Rechtsprechung dabei zur Ablehnung von Heimtücke in den Fällen verwendet, in denen der Täter mit der Tötung zum Besten des Opfers handeln wollte[268]. Dabei sind hier insbesondere die Fälle des sog. Mitnahmesuizids und der Sterbehilfe aus Mitleid mit dem Patienten von Bedeutung. Darüber hinaus hat die Rechtsprechung jedoch keine rechtliche Bedeutung der Beweggründe des Täters anerkannt[269]. Es kommt grundsätzlich nicht darauf an, ob der Täter aus nicht besonders verwerflichen, menschlich sogar begreiflichen Beweggründen handelt, ob er einer raschen Eingebung folgt oder aus einer entschuldbaren heftigen Gemütserregung heraus tätig wurde. Allein bei vermeintlichem Handeln des Täters zum Besten des Opfers sind hier Korrekturen vorzunehmen.

So hat der BGH die Heimtücke ausgeschlossen, falls der Täter handelte, um dem Opfer Not oder Schande zu ersparen. In BGH StV 1989 S.390 etwa wollte die Täterin ihren Kindern eine ungewisse Zukunft nach ihrem Selbstmord ersparen und deshalb die Kinder, die von ihrem Vater keine ausreichende Zuneigung erhalten würden, mit sich in den Tod nehmen. Der BGH hat hier die Annahme einer feindlichen Willensrichtung abgelehnt. An einer feindlichen Willensrichtung *„fehlt es, wenn der zur Selbsttötung entschlossene Täter Angehörige seiner Familie, die er sehr liebt, mit sich in den Tod nehmen will und ihnen damit das Schicksal bereiten will, das er sich selbst zugedacht hat, weil er - möglicherweise in krankhafter Verblendung- meint, zum Besten der Familie zu handeln“*[270].

Das Verständnis des Fehlens der feindlichen Willensrichtung beim Handeln zum vermeintlich Besten des Opfers hat der BGH bei Mitleidstötungen im Kranken-

§211 Rn.23; Lackner/Kühl §211 Rn.6; Maurach/Schroeder/Maiwald BT/1 §2 III Rn.43, 45; Gössel BT/1 §4 Rn.97.

268 BGHSt 9, 385(390); 11, 139(143); 30, 105(119); 37, 376(377); BGH NJW 1978 S.709; BGH MDR/H 1981 S.267; BGH StV 1989 S.390; BGH NStZ 1995 S.230(231); vgl. auch: Gössel BT/1 §4 Rn.97; Tröndle/Fischer §211 Rn.6c; Maurach/Schroeder/Maiwald BT/1 §2 III Rn.45; Rengier MDR 1979 S.969(972); Busch FS-Rittler S.287(295); Schwalm MDR 1957 S.260(261); ders. MDR 1958 S.396(397): Vorhandensein eines achtenswerten Grundes schließt die feindliche Willensrichtung aus; Hassemer JuS 1971 S.626(629): *„feindliche Willensrichtung mit Fehlen achtenswerter Motive umschreiben“*; Franke JZ 1981 S.525(528): Es ist anerkannt, *„daß das Vorliegen positiv zu bewertender Motive die Annahme feindlicher Willensrichtung beim Täter und damit die Bewertung als Mord ausschließen kann“*.

269 Vgl. etwa Jähnke, in LK 10.A. §211 Rn.48.

270 BGH StV 1989 S.390.

haus bestätigt[271]. Auch hier stand das Vorliegen einer feindlichen Willensrichtung in Frage.

Der BGH hat hier die Annahme von Heimtücke bei der Täterin abgelehnt[272], da sie *„nicht aus Feindseligkeit oder eigensüchtigen Motiven, sondern wegen der jeweils für aussichtslos angesehenen Lage der Todkranken aus spontanem Mitleid mit ihnen gehandelt hat"*[273].

Zwar wird Arg- und Wehrlosigkeit des Opfers bei der heimlichen Sterbehilfe aus Mitleid i.d.R. vorliegen, Heimtücke war hier aber abzulehnen, da die Täterin zum Besten des Opfers handeln wollte. Die Täterin war der Auffassung, der schnelle und schmerzlose Tod liege im wohlverstandenen Interesse der Patienten, denen sie sinnlose Operationen und unnötige Schmerzen ersparen wollte.

Der BGH hat hier aber auch dargetan, daß eine nur oberflächlich vorhandene Mitleidsmotivation nicht dazu ausreichen kann, die Annahme des Heimtückemerkmals auszuschließen[274].

Auch reicht nicht bei jeder Tötung die Mitleidsmotivation aus, um die die Heimtücke prägende feindliche Willensrichtung auszuschließen. Bei der Überprüfung des Fehlens einer feindlichen Willensrichtung sind normative Gesichtspunkte mit einzubeziehen. Deshalb kann Mitleid die Mordstrafbarkeit nur dann ausschließen, *„wenn es sich aus einer objektiv nachvollziehbaren Wertung des Täters ableitet, die der Vermeidung schwerster Leiden den Vorrang gibt"*[275]. Heimtücke liegt aber dann vor, *„wenn der Täter seine Opfer (...) nach eigenen Wertmaßstäben selektiert und von sich aus selbstherrlich das Leben der (...) Patienten gezielt verkürzt, indem allein er bestimmt, wen er wann durch eine von niemandem erbetene Tötung „erlösen" will"*[276].

Es hat sich gezeigt, daß mit dem Merkmal der feindlichen Willensrichtung Tötungen aus Barmherzigkeit zum vermeintlich Besten des Opfers oder sonstige

---

271 BGHSt 37, 376ff.

272 Zum gleichen Ergebnis müßten auch die Vertreter in der Literatur gelangen, die einen verwerflichen Vertrauensbruch verlangen, da Mitleid als Tötungsmotiv den Vertrauensbruch weniger verwerflich erscheinen läßt (vgl. etwa Geilen FS-Spendel S.519ff.; v. Dellinghausen S.356; Möllerring S.49f.).

273 BGHSt 37, 376(377).

274 BGHSt 37, 376(377).

275 BGHSt 37, 376(377).

276 BGHSt 37, 376(377f.).

altruistisch motivierte Tötungen aus dem Bereich der Heimtücke ausgeschieden werden.

Ausgehend von diesen Feststellungen ist nun aber fraglich geworden, ob eine aufgrund des Verlangens des Opfers durchgeführte Tötung überhaupt noch eine feindliche Willensrichtung in sich tragen kann.

Die unter normativen Gesichtspunkten bei der Sterbehilfe gebotene einschränkende Auslegung ist im Bereich der Tötung auf Verlangen nicht problematisch und kann der Ablehnung des Vorliegens einer feindlichen Willensrichtung nicht entgegenstehen. Hier ist der Täter gerade durch das Verlangen des Opfers bestimmt, eine willkürliche Selektion seitens des Täters liegt folglich nicht vor.

Der Tötung auf Verlangen liegt auch eine die feindliche Willensrichtung ausschließende Motivation des Täters zugrunde. Nach zutreffender Auffassung ist die Strafmilderung, die bei der Tötung auf Verlangen auf die Aufklärungszeit zurückgeht[277], mit der durch das Tötungsverlangen ausgelösten Mitleidskonfliktsituation des Täters zu erklären[278].

Der Tötung auf Verlangen liegt eine auf altruistischen Motiven beruhende Konfliktsituation zugrunde. Stellt der BGH zur Erfassung des Begriffs der Heimtücke auf den allgemeinen Sprachgebrauch ab, wird schon deutlich, daß eine feindliche

---

[277] Maurach/Schroeder/Maiwald BT/1 §2 IV Rn.60; Klenner S.11ff.; Hafner S.13ff.; Thoma S.9ff.

[278] Vgl. etwa Tröndle/Fischer §216 Rn.1; Jähnke, in LK 10.A. §216 Rn.1; Wessels BT/1 21.A. Rn.144; Mitsch JuS 1996 S.309(314); Brunner S.138; Muschke S.23, 28; Bringewat ZStW 87 (1975) S.623(645); Hall JW 1933 S.961; Braun S.22; so auch schon Hälscher S.35:„*Nicht die Einwilligung, das Verlangen des Getöteten an sich ist es, wodurch die bedeutend ermäßigte Strafe gerechtfertigt erscheint, sondern das in diesen Fällen anders geartete Motiv, dem Wohle anderer zu dienen und der durch dasselbe anderen Fällen gegenüber veränderte Charakter des Widerspruchs gegen die rechtliche Norm*".

Eine andere Auffassung stellt das mit der unrechtsausschließenden Wirkung der Einwilligung verwandte Verlangen des Opfers als Rechtsgutsverzicht in den Vordergrund und nimmt so gemindertes Unrecht an (Arzt/Weber LH1 Rn.178; Gössel BT/1 §5 Rn.1; Schmitt FS-Maurach S.113(117f.)).

Zum Teil wird auch die Auffassung vertreten, nicht allein die schuldmindernde Mitleidskonfliktsituation, sondern auch die Unrechtsminderung sei zu berücksichtigen (Detering JuS 1983 S.418; Ebert JZ 1983 S.633(637); Eser, in S./S. §216 Rn.1; Hirsch FS-Welzel S.775(795ff.); §101 AE (=Alternativentwurf eines Strafgesetzbuchs) Begr.21; Hillenkamp S.243; Hoff S.62f.).

Die an die Unrechtsminderung anknüpfende Auffassung vermag jedoch nicht zu erklären, weshalb allein derjenige privilegiert sein soll, der das Tötungsverlangen gekannt hat und dadurch bestimmt worden ist. Zudem stützt sich diese Auffassung auf fragwürdige Wertabwägungen, die dem Grundsatz des absoluten Lebensschutzes nicht gerecht werden (vgl. etwa Wessels BT/1 21.A. Rn.145).

Willensrichtung und eine auf altruistischen Motiven beruhende Konfliktsituation nicht miteinander zu vereinbarende Begrifflichkeiten darstellen.
Es bedarf aber auch der Klärung, wie stark eine altruistische Motivation sein muß, um die Heimtücke auszuschließen. Der BGH hat den Ausschluß von Heimtücke dann abgelehnt, wenn es sich um ein oberflächliches Mitleidsmotiv handelt[279]. Damit ist aber im Fall des ausschließlichen Bestimmtseins des Täters durch das Verlangen eine Strafbarkeit aus §211 StGB nicht möglich. Der dann vorliegende Mitleidskonflikt und die Hilfsmotivation lassen das Vorliegen einer feindlichen Willensrichtung entfallen.
Falls das Verlangen des Opfers dominantes Motiv des Täters war, ist das Merkmal der Heimtücke ebenfalls nicht gegeben, da hier nicht ein nur oberfächlich altruistisches Motiv vorliegt. Ein Zusammentreffen von §211 StGB und §216 StGB ist also in diesen Fallkonstellationen nicht möglich.
Aber auch für den Fall, daß eine nur oberflächliche altruistische Motivation des Täters gegeben ist, kann keine Konfliktlage zwischen §211 StGB und §216 StGB bestehen, da es dann an einem „Bestimmtsein" des Täters i.S. §216 StGB fehlt.

Insoweit hat sich gezeigt, daß auch im Bereich des Mordmerkmals der Heimtücke eine Teillösung der Problematik durch tatbestandliche Auslegung gefunden werden konnte.

(bb) Die grausame Tötung

In objektiver Hinsicht ist es erforderlich, daß dem Opfer Schmerzen oder Qualen körperlicher oder seelischer Art zugefügt werden, die nach Stärke oder Dauer über das für die Tötung erforderliche Maß hinausgehen[280].

---

279 BGHSt 37, 376(377); der BGH spricht hier von der Möglichkeit des Vorliegens einer feindlichen Willensrichtung bei oberflächlichem Mitleid („*kann*"). Damit hat er sich eine noch engere Auslegung des Merkmals der Heimtücke vorbehalten.

280 St. Rspr. und h.M: vgl. etwa RGSt 77, 246(248); BGHSt 3, 180(181); 3, 264; Jähnke, in LK 10.A. §211 Rn.55f.; Eser, in S./S. §211 Rn.27; Tröndle/Fischer §211 Rn.7; Lackner/Kühl §211 Rn.10.

(aaa) Fehlende Möglichkeit des Zusammentreffens von §211 StGB und §216 StGB aus objektiven Gründen

An einem Zusammentreffen mit §216 StGB kann es bereits dann fehlen, wenn der durch das Verlangen bestimmte Täter das Opfer im Zustand der Bewußtlosigkeit tötet oder dieses aufgrund von Lähmungserscheinungen die Schmerzempfindlichkeit verloren hat. Da es sich objektiv um die Zufügung von körperlichen oder seelischen Leiden handelt, muß Grausamkeit dann abgelehnt werden, wenn dem Opfer die Empfindsamkeit fehlt[281].

Weiterhin ist das Zusammentreffen von §216 StGB und §211 StGB auch unter einem anderen Gesichtspunkt problematisch.
Tötet der durch das Verlangen des Opfers bestimmte Täter objektiv grausam, ohne daß das Verlangen diese Begehungsweise abdeckt, so kann hier §216 StGB schon nicht mehr einschlägig sein. Die Durchführung der Tat ist dann nicht mehr von der „Einwilligung" des Opfers gedeckt, da es in der Macht des Opfers liegt, die näheren Umstände der Tat festzulegen. Eine Tötungsart, die erheblich von der geforderten abweicht, ist deshalb von §216 StGB nicht erfaßt[282]. Folglich ist in dem Fall, daß der Täter von näher festgelegten Umständen der Tötung abweicht und zu einem grausamen Mittel greift, §216 StGB objektiv ebenso nicht gegeben wie im Fall fehlender Festlegung der näheren Umstände der Tat durch das Opfer, denn auch in letzterem Fall kann nicht von einer „Einwilligung" des Opfers in eine grausame Tötung ausgegangen werden.

(bbb) Fehlen von Grausamkeit in Fällen der Tötung auf Verlangen aus subjektiven Gründen

In subjektiver Hinsicht muß der Täter das Geschehen aus einer gefühllosen und unbarmherzigen Gesinnung heraus begangen haben[283]. Dies ergibt sich aus dem Wortsinn, Sprachgebrauch und Verwendungszweck des Begriffs der Grausamkeit[284].

---

281 BGHSt 3, 180(181); Horn, in SK §211 Rn.41; Eser, in S./S. §211 Rn.27; Jähnke, in LK 10.A. §211 Rn.56; a.A.:Gössel BT/1 §1 Rn.101.
282 Vgl. etwa Jähnke, in LK 10.A. §216 Rn.5; so auch schon Klenner S.33.
283 St. Rspr.: vgl. BGHSt 3, 180(181); 3, 264f.; BGH MDR/D 1974 S.14; vgl. auch Tröndle/Fischer §211 Rn.7; Jähnke, in LK 10.A. §211 Rn.57; Lackner/Kühl §211 Rn.10; Blei BT §6II2b; Maurach/Schroeder/Maiwald BT/1 §2 III Rn.47; Witt S.76ff.
284 Vgl. BGHSt 3, 180(181).

Eine gefühllose und unbarmherzige Gesinnung kann sich dabei bereits aus einem vom Vorsatz getragenen grausamen Verhalten ergeben[285]. Dies gilt aber nicht grundsätzlich und in jedem Fall. Vielmehr ist die besondere seelische Situation sowie die Eigenart der Persönlichkeit des Täters zu berücksichtigen und die innere Tatseite unter Beachtung dieser Umstände besonders sorgfältig zu erörtern[286]. Ob die Gesinnung bei der Tat gefühllos und unbarmherzig war, läßt sich nur aufgrund einer umfassenden Würdigung der Persönlichkeit des Täters, Tatsituation und auch des Anlasses und Beweggrundes der Tat sowie der Vorgeschichte beurteilen[287]. Eine derartige Betrachtungsweise erfaßt treffend das qualifizierende Gesinnungsmoment.

Wie sich bereits oben gezeigt hat, ist ein Zusammentreffen von §211 StGB und §216 StGB häufig schon aus objektiven Gründen ausgeschlossen. Auf die Problematik, ob beim aufgrund des Tötungsverlangens handelnden Täters überhaupt das subjektive Merkmal der gefühllosen und unbarmherzigen Gesinnung vorliegen kann, wird es nur in Ausnahmefällen ankommen. Fraglich können insoweit allein Fälle sein, in denen das Opfer die näheren Umstände der Tat festgelegt hat und das Verlangen die grausame Begehungsweise ausdrücklich abdeckt.
Fordert der Verlangende eine Tötung, die zumindest auch die grausame Begehung umfaßt, so ist nach einer Auffassung an der Ernsthaftigkeit des Tötungsverlangens zu zweifeln[288].
Diesen Ansatz gilt es jedoch zu hinterfragen. Man denke etwa an den Fall, in dem dem Täter ausschließlich ein qualvoll wirkendes Gift zur Verfügung steht, der Verlangende den Täter aber angesichts langfristiger Schmerzen und eines unwürdigen Daseins ausdrücklich um den Einsatz dieses Mittels bittet.
Ernstlich ist ein Verlangen i.S des §216 StGB, wenn es auf einer freiverantwortlichen Willensbildung beruht und zielbewußt auf die Tötung ausgerichtet ist[289].

---

285 BGHSt 3, 180(181); BGH NStZ 1982 S.379; Jähnke, in LK 10.A. §211 Rn.57; Eser, in S./S. §211 Rn.27.

286 BGH NStZ 1982 S.379.

287 BGHSt 3, 180(181); BGH NStZ 1982 S.379 m. zust. Anm. Eser NStZ 1983 S.433(439); BGH MDR/H 1974 S.14; Otto ZStW 83 (1971) S.39(65); anders: Maurach/Schroeder/Maiwald BT/1 § 2 III Rn.47.

288 Bernsmann JZ 1983 S.45(52).

289 Vgl. etwa BGH NJW 1981 S.932; BGH NStZ 1987 S.365f.; Krey BT/1 Rn.108; Eser, in S./S. §216 Rn.8; Horn, in SK §216 Rn.8; Lackner/Kühl §216 Rn.2; Jähnke, in LK 10.A. §216 Rn.7; Tröndle/Fischer §216 Rn.3; Gössel BT/1 §5 Rn.7ff.; Rengier BT/2 §6 Rn.3; Mitsch JuS 1996 S.309(313).

Da hier eine der Selbsttötung ähnliche Situation vorliegt, müssen für die Bewertung des Willensentschlusses die gleichen Grundsätze angewendet werden wie für die Selbsttötung[290]. Folglich sind die Maßstäbe für die Wirksamkeit einer Einwilligung entscheidend[291], d.h. das Opfer muß die natürliche Einsichts- und Urteilsfähigkeit besitzen und frei von Willensmängeln sein.
Betrachtet man obigen Beispielsfall, so zeigt sich, daß ein pauschaler Ausschluß der Ernsthaftigkeit des Verlangens beim Verlangen (auch) grausamer Mittel nicht möglich erscheint. Hier wird es vielmehr auf eine Prüfung des Einzelfalls ankommen. Sollte sich im Einzelfall das Tötungsverlangen als ernsthaft erweisen, wird es auf Seiten des durch das Verlangen bestimmten Täters, dessen Motivation bei sozialethischer Wertung achtenswert erscheint, an einer gefühllosen und unbarmherzigen Gesinnung fehlen. Denn nur, wenn die Gesamtwürdigung des Sachverhalts nicht auch die Zufügung besonderer Schmerzen verständlich erscheinen läßt, kommt die sozialfeindliche Einstellung des Täters zum Ausdruck und läßt die Gesinnung als gefühllos und unbarmherzig erscheinen[292].
So stellt sich die Situation im Bereich des Mordmerkmals Grausamkeit ähnlich wie bei der Heimtücke dar. Ebenso wie der durch das Verlangen i.S. §216 StGB bestimmte Täter keine feindliche Willensrichtung haben kann, fehlt es bei einer Tötung, die durch die altruistische Motivation dominiert wird, auch an der gefühllosen und unbarmherzigen Gesinnung.

Im Ergebnis hat sich gezeigt, daß ein Zusammentreffen von §211 StGB und §216 StGB auch im Bereich des Mordmerkmals Grausamkeit in aller Regel nicht möglich ist, sondern vielmehr ein tatbestandliches Ausschlußverhältnis vorliegt.

---

[290] Vgl. etwa Jähnke, in LK 10.A. §216 Rn.7; Eser, in S./S. §216 Rn.8; Mitsch JuS 1996 S.309(314).

[291] So die zutreffende Auffassung: vgl. etwa Jähnke, in LK 10.A. Vor §211 Rn.25f.; Herzberg JA 1985 S.336ff.; Geilen JZ 1974 S.145ff.; Neumann JuS 1985 S.677ff.; Krey BT/1 Rn.83ff.; Wessels/Hettinger BT/1 Rn.48ff.; Eser, in S./S. Vor §211 Rn.36; Lackner/Kühl Vor §211 Rn.13a; Otto BT §6 I 2 b; Rengier BT/2 § 6 Rn.3.

[292] Vgl. etwa Otto ZStW 83 (1971), S.39(65).

(cc) Die Tötung mit gemeingefährlichen Mitteln

Gemeingefährlich sind solche Mittel, deren Wirkungsweise der Täter im Einzelfall nicht sicher zu beherrschen vermag und deren Einsatz geeignet ist, eine größere Zahl von Menschen an Leib oder Leben zu gefährden[293].

Im Hinblick auf ein Zusammentreffen des §211 StGB mit §216 StGB stellt sich die Situation hier anders dar als bei den bislang dargestellten Mordmerkmalen. Das Merkmal der gemeingefährlichen Begehungsweise ist allein objektiver Natur. Damit erscheint hier ein Zusammentreffen der Tatbestände des §211 StGB und §216 StGB möglich. Führt der durch das Tötungsverlangen bestimmte Täter die Tötung mittels eines gemeingefährlichen Mittels aus, so sind die Voraussetzungen beider Tatbestände erfüllt[294].

Dabei kann nicht eingewandt werden, aufgrund fehlender Einwilligungsfähigkeit sei §216 StGB nicht erfüllt. Nach einer Ansicht führt die beschränkte Dispositionsbefugnis des Opfers in Bezug auf die Gefährdung Dritter und das somit gesteigerte Unrecht dazu, die gemeingefährlich begangene Tötung auf Verlangen nicht als Fall des §216 StGB aufzufassen[295].

Einer derartigen Auffassung kann jedoch nicht gefolgt werden. Die fehlende Einwilligungsfähigkeit des Opfers in die Gefährdung Dritter ist für die Erfüllung des Tatbestandes des §216 StGB ohne Bedeutung.

Die „Einwilligung" des Opfers umfaßt in jedem Fall die eigene Tötung, so daß der Unwertgehalt insoweit gemindert ist und §216 StGB zur Anwendung kommt. Die Tatsache, daß der Getötete nicht in die Gefährdung Dritter einwilligen kann, betrifft nicht die Tatbestandsmäßigkeit des §216 StGB. Die fehlende Möglichkeit einer „Einwilligung" ist nur insoweit von Bedeutung, als auch §211 StGB aufgrund des Einsatzes eines gemeingefährlichen Mittels tatbestandlich gegeben ist. Hat der Täter die Tötung unter Anwendung gemeingefährlicher Mittel durchgeführt, sind daher neben §211 StGB auch die Voraussetzungen des §216 StGB erfüllt.

---

293 So die h.M.: vgl. etwa BGH NJW 1985 S.1477(1478); BGH MDR/H 1993 S.720; BGHSt 38, 353(354f.); Jähnke, in LK 10.A. §211 Rn.59; Eser, in S./S. §211 Rn.29; Lackner/Kühl §211 Rn.11; Tröndle/Fischer §211 Rn.8; Maurach/Schroeder/Maiwald BT/1 §2 III Rn.48; Gössel BT/1 §4 Rn.106; Otto Jura 1994 S.141(150); Krey BT/1 Rn.61.

294 So auch das gewählte Fallbeispiel bei Geilen Jura 1979 S.201ff.; vgl. auch Maurach/Schroeder/Maiwald BT/1 §2 III, IV Rn.28, 61; Eser, Strafrecht Bd.III, S.21; Geerds, Konkurrenz, S.202.

Zwischenergebnis:

Insgesamt bleibt festzustellen, daß eine Teillösung der „Sperrwirkungsproblematik“ auf interpretatorischem Wege über die Feststellung tatbestandlicher Ausschlußverhältnisse erfolgen konnte.

Es hat sich gezeigt, daß ein Zusammentreffen einer qualifizierten Tötung i.S. von §211 StGB und einer privilegierten Tötung auf Verlangen gem. §216 StGB zumeist nicht möglich ist. Zwischen den Tatbeständen des §211 StGB und §216 StGB besteht i.d.R. ein tatbestandliches Ausschlußverhältnis. Die Tatbestände enthalten widerstreitende Merkmale, die ein Zusammentreffen der Delikte zumeist unmöglich machen. Insoweit besteht eine tatbestandliche Exklusivität zwischen §211 StGB und §216 StGB.

Fraglich ist aber, was hieraus für die Untersuchung der „Sperrwirkung“ folgt. Der in der Literatur verwendete Begriff der „Sperrwirkung“ bezeichnet einen Anwendungsvorrang, den der privilegierte Tatbestand des §216 StGB gegenüber dem qualifizierten Tatbestand des §211 StGB bei Zusammentreffen der beiden Tatbestände haben soll. Wie dargestellt, hat sich aber gezeigt, daß die Tatbestände des §211 StGB und des §216 StGB sich zumeist tatbestandlich ausschließen. Daher kann es in diesen Fällen nicht zur Anwendung einer „Sperrwirkung“ komen. Der in der Literatur verwandte Begriff der „Sperrwirkung“ des §216 StGB baut auf dem Vorliegen beider Tatbestände auf und bezeichnet ein stets gegebenes Vorrangverhältnis zugunsten des §216 StGB. Bei dem festgestellten Vorliegen einer Exklusivität der Tatbestände kommt es je nach Fallkonstellation jedoch nur zur Erfüllung eines Tatbestandes, entweder des §211 StGB oder des §216 StGB.

Eine „Sperrwirkung“ im Sinne eines damit bezeichneten Vorrangs von §216 StGB vor §211 StGB kann es insoweit nicht geben.

Darüber hinaus hat sich aber auch gezeigt, daß die Möglichkeit des Zusammentreffens der Tatbestände von §211 StGB und §216 StGB in einigen Fällen weiterhin gegeben ist, so daß die Problematik insoweit fortbesteht.

---

[295] So Bernsmann JZ 1983 S.45(52).

bbb) Tatbestandliche Exklusivität im Anwendungsbereich von §217 StGB a.F.

Bei §217 StGB a.F. stellte sich die Problematik des tatbestandlichen Ausschlusses nicht mit der gleichen Schärfe wie im Bereich des §216 StGB.

Es lag jedoch auch hier im Bereich des Mordmerkmals „Heimtücke" teilweise ein tatbestandlicher Ausschluß vor. Tötete die Mutter ihr neugeborenes Kind in oder gleich nach der Geburt konnte es schon am Merkmal der Arg- und Wehrlosigkeit des Kleinkindes fehlen[296], da diese einem Kleinkind erst ab etwa 3 Jahren[297] zugesprochen wird. Insoweit konnten Kindestötung und das Mordmerkmal „Heimtücke" schon tatbestandlich nicht zusammentreffen.

Die Kindestötung konnte aber dann heimtückisch begangen werden, wenn der „natürliche Abwehrinstinkt des Kindes" ausgeschaltet[298] oder die Arg- und Wehrlosigkeit schutzbereiter Dritter ausgenutzt wurde[299].

Das Mordmerkmal „grausam" wird durch die Begehungsweise der Tat und eine spezifische innere Haltung des Täters gekennzeichnet. Die innere Tatseite muß sich auf alle Umstände erstrecken, die die Grausamkeit der Tat begründen. Mit Rücksicht auf die dargelegte psychische Ausnahmesituation der Täterin, die ihr Kind in oder gleich nach der Geburt tötet, lag diese Voraussetzung in aller Regel nicht vor[300]. Insoweit kam es auf die Situation im Einzelfall an.

Es zeigt sich aber, daß im Bereich des §217 StGB a.F. kein der Situation bei §216 StGB entsprechendes weitreichendes tatbestandliches Ausschlußverhältnis bestand.

bb) Die „Sperrwirkung" als Ausdruck der durch Auslegung zu ermittelnden gesetzgeberischen Wertentscheidung

Während durch Feststellung tatbestandlicher Ausschlußverhältnisse zumindest eine Teillösung erreicht werden konnte, bleibt für die verbliebenen Fälle die Problematik der Begründung und Einordnung einer „Sperrwirkung" bestehen. Läßt

---

296 BGHSt 3, 330(332); 4, 12(13); 8, 216(218); Horn, in SK §211 Rn.30; Tröndle/Fischer §211 Rn.6c; Eser, in S./S. §211 Rn.25b.

297 Vgl. etwa BGH NJW 1978 S.709; BGH NStZ 1995 S.230(231); BGH LM §211 StGB Nr.22 (für Kinder von vier und fünf Jahren); Tröndle/Fischer §211 Rn.6c.

298 BGHSt 8, 216(218f.); BGH MDR/D 1973 S.901; Tröndle/Fischer §211 Rn.6c; Eser, in S./S. §211 Rn.25b; Blei BT §6 II 2 a; kritisch: BVerfGE 45, 187(266f.); Jähnke, in LK 10.A. §211 Rn.44; Krey BT/1 Rn.37.

299 BGHSt 3, 330(332); 8, 216(218f.); 18, 37(38); 32, 382(387); BGH NJW 1978 S.709; Jähnke, in LK 10.A. §211 Rn.44; Eser, in S./S. §211 Rn.25b; Lackner/Kühl §211 Rn.9.

Läßt sich eine „Sperrwirkung" der Privilegierung gegenüber §211 StGB, wie festgestellt, dogmatisch nicht in gewohnte Strukturen einordnen, so ist damit jedoch nicht gesagt, daß es eine derartige „Sperrwirkung" nicht geben kann.

Die Privilegierungen in §216 StGB und §217 StGB a.F. stehen zu der Qualifikation in §211 StGB in Widerspruch. Dabei sind für die Klärung einer solchen Problematik insbesondere die Rechtsfolgen der gegenüberstehenden Vorschriften zu beachten. Gerade diese stehen sich aber beim Zusammentreffen von §§216 StGB, 217 StGB a.F. und §211 StGB unvereinbar gegenüber. Ausgehend vom Grundtatbestand des §212 StGB sieht die Qualifikation eine Strafschärfung mit zwingender lebenslanger Freiheitsstrafe vor, während die Privilegierungstatbestände die Strafe mildern. Anders als im Falle des Zusammentreffens von §243 StGB bzw. §244 StGB und §247 StGB[301] besteht hier aufgrund der Rechtsfolgenseite der Vorschriften kein Ergänzungsverhältnis[302].
Bei Begehung eines Familiendiebstahls (§247 StGB) unter den Voraussetzungen der §§243 StGB bzw. 244 StGB, ergänzt §247 StGB die §§243, 244 StGB in der Weise, daß eine Strafbarkeit aus diesen Vorschriften nur bei Vorliegen eines Strafantrags gegeben ist. Die Rechtsfolgen sind hier nicht unvereinbar, sondern können gemeinsam i.S. eines Ergänzungsverhältnisses zur Anwendung kommen. Im Gegensatz dazu kann der Täter bei Zusammentreffen von §216 StGB bzw. §217 StGB a.F. mit §211 StGB ausgehend vom Grundtatbestand nicht gleichzeitig milder und strenger bestraft werden. Diese Rechtsfolgen sind nun einmal nicht miteinander vereinbar[303].
Die Widersprüchlichkeit und Unvereinbarkeit der §§216 StGB, 217 StGB a.F. und §211 StGB kann nicht anders als durch die Festsetzung von Vorrangregeln für die jeweils zusammentreffenden Tatbestände behoben werden. Das Verhältnis der Tatbestände ist im Gesetz nicht ausdrücklich geregelt, sondern kann nur

300 Vgl. auch BT-Drucksache 13/8587 S.82.
301 Anders war dies vor der Beseitigung der Privilegierung in §247 Abs.2 StGB a.F. durch das EGStGB mit Wirkung vom 1.1.1975; §247 Abs.2 StGB a.F. (Straflosigkeit des Diebstahls unter Ehegatten) enfaltete eine „Sperrwirkung" gegenüber §§243, 244 StGB, da Strafbarkeit auf der einen und Straflosigkeit auf der anderen Seite sich ausschlossen.
302 Vgl. Wessels/Beulke AT Rn.113; Jescheck/Weigend AT §26 III 2; Maurach/Zipf AT/1 §20 IV Rn.45; Baumann/Weber/Mitsch AT 10.A §8 Rn.62, 83; vgl. zum Ergänzungsverhältnis auch unten S.82f.
303 Vgl. auch schon BGHSt 2, 258(259).

durch Auslegung der betroffenen Tatbestände ermittelt werden[304]. Als Kriterien sind insbesondere die ratio legis und das relative Gewicht, das man den Privilegierungsgründen im Vergleich zu den Gründen einer Qualifikation zumißt, von Bedeutung. Es gilt folglich, ein Vorrangverhältnis der in Frage stehenden Vorschriften außerhalb des „Konkurrenzgefüges“ unter Beachtung von Sinn und Zweck der Tatbestände zu ermitteln. Maßgeblich sind hier die im Gesetz zum Ausdruck kommenden und die hinter dem Gesetz stehenden Leitgedanken. Insofern spricht Haffke[305] zutreffend von einer Wertungsfrage.

Sinn und Zweck des §216 StGB liegen wie bereits dargestellt darin, dem Täter aufgrund der „notstandsähnlichen Konfliktsituation“ bzw. „Mitleidskonfliktsituation“, die aus dem Verlangen des Getöteten resultiert, eine mildere Bestrafung zukommen zu lassen. Unwert- und Schuldgehalt sind hier gegenüber dem Grunddelikt so weit herabgesetzt, daß eine Privilegierung des Täters gerechtfertigt erscheint.

§217 StGB a.F. StGB sah für die Mutter, die ihr uneheliches Kind in oder gleich nach der Geburt tötete, einen gegenüber §§211, 212 StGB gemilderten Strafrahmen vor.
Sinn und Zweck des Kindestötungstatbestandes war es, die Milderungsgründe zu berücksichtigen, die sich aus der Situation der Gebärenden heraus ergeben[306].
Wie der Blick auf die rechtsgeschichtliche Entwicklung zeigt ändert sich die Beurteilung der Kindestötung in gleichem Maße, wie sich gesellschaftliche, sittliche und soziale Strukturen verändern[307]. So wurde die Kindestötung bis zur Aufklärung mit verschärfter Strafe geahndet.
Die Privilegierung des §217 StGB a.F. beruhte nach herrschender Auffassung in Rechtsprechung und Literatur auf der seelischen Verzweiflungslage, oft auch auf der wirtschaftlichen oder gesellschaftlichen Notlage der außerehelich Gebärenden in Verbindung mit dem durch die Geburt als solche ausgelösten Erregungs-

[304] Puppe (NK Vor §52 Rn.21) sieht dies als Frage richterlicher Rechtsfortbildung.
[305] Haffke JuS 1973 S.402(403f.).
[306] Vgl. etwa Streb S.163; Blanke S.43.
[307] Ausführlich zur rechtsgeschichtlichen Entwicklung: Peters, Der Schutz des neugeborenen, insbesondere mißgebildeten Kindes, 1988; Schwarz, Die Kindestötung in ihrem Wandel vom qualifizierten zum privilegierten Delikt, 1935; Streb S.37ff.; Blanke S.12ff.; Kastner NJW 1991 S.1443ff.

zustand[308]. Die Situation der Täterin erschien dabei in noch höherem Maß *„notstandsähnlich"*, als dies bei §216 StGB der Fall ist[309]. Insoweit lag ein den geringeren Strafrahmen rechtfertigender verminderter Schuldgehalt vor[310].

Die privilegierende Ausnahmesituation der unehelichen Mutter wurde unwiderlegbar vermutet. Weder die Not- bzw. Verzweiflungslage, noch der durch den Geburtsakt entstehende Erregungszustand stellten selbständige Tatbestandsmerkmale des §217 StGB a.F. dar. Deshalb fand §217 StGB a.F. auch dann Anwendung, wenn Notlage oder Erregungszustand im Einzelfall gefehlt haben[311].

Es kann offenbleiben, ob die seelische Notlage der Frau, etwa aufgrund der Furcht vor gesellschaftlicher Benachteiligung der eigenen Person oder des Kindes, des Zorns der Eltern, oder des Gefühls der Verlassenheit und des wirtschaftlichen Notstands der Frau bis zur Abschaffung von §217 StGB im 6. StrRG noch stark genug ausgeprägt war, um die Privilegierung des §217 StGB a.F. zu tragen. Denn diese Motive allein waren nicht als ausreichende Grundlage für §217 StGB a.F. anzusehen[312]. Stellten diese Gesichtspunkte nicht den alleinigen Grund für die Privilegierung in §217 StGB dar, waren sie aber in Kombination mit dem Geburtsaffekt zu berücksichtigen. Bei Betrachtung der medizinischen Aspekte

---

308 Vgl. RGSt 77, 243(245); 77, 246(247); Wahle FamRZ 1967 S.542ff.; Schmidt, Kindestötung, S.28ff.; Simson/Geerds S.36; Krauskopf S.121; Maurach/Schroeder/Maiwald BT/1 §2 IV Rn.66; Jähnke, in LK 10.A. §217 Rn.1; Eser, in S./S. §217 Rn.1; Lackner/Kühl 22.A. §217 Rn.1; Tröndle 48.A. §217 Rn.1. Neben den die herrschende Auffassung tragenden Ansatzpunkten sind immer wieder auch andere Gesichtspunkte als Grundlage der Privilegierung vorgebracht worden. So bestehe ein Bedürfnis, einen Übergang von der wesentlich leichteren Strafe der Abtreibung in §218 StGB zu der Strafandrohung in §§211, 212 StGB zu schaffen. Es widerspreche dem Rechtsempfinden, die Verletzung der menschlichen Frucht als Abtreibung zu bestrafen, die gleiche Tat eine logische Sekunde später aber der vollen Strafe der §§211, 212 StGB zu unterwerfen (so etwa Schmitz, S.41; Wachenfeld S.312; Blanke S.221; Wallach S.63).
Weiter wurde die Privilegierung darauf gestützt, daß die Mutter sich i.d.R. vorstelle, einen Teil von sich selbst, nicht aber ein eigenständiges Wesen zu töten (vgl. Meyer/Allfeld S.384; Meier ArchKrim 37 (1910) S.313(374); Streb S.58; v. Liszt, Tötung, S.141). Darüber hinaus fehle der Mutter bei der Kindestötung überhaupt das Gefühl, einen Menschen zu töten (Blanke S.223).
Auch sei die Leichtigkeit der Tatausführung Grund der Privilegierung. Aufgrund der Hilflosigkeit des Neugeborenen seien die äußeren Widerstände zu gering, um eine Gegenwehr gegen die inneren für die Tat sprechenden Gründe zu bilden (vgl. Wallach S.61; v. Gleispach ArchKrim 27 (1907) S.224(239); Blanke S.222f.).

309 Maurach/Schroeder/Maiwald BT/1 §2 IV Rn.66.

310 So die h.M.: vgl. etwa Lackner/Kühl 22.A. §217 Rn.1; Eser, in S./S. §217 Rn.1; Maurach/Schroeder/Maiwald BT/1 §2 IV Rn.66 (notstandsähnliche Situation); Wessels BT/1 21.A. Rn.158; Brunner S.140; Mitsch JuS 1996 S.407; Maihofer FS-H. Mayer S.185(194f.); a.A.: Gössel BT/1 §6 Rn.1 (Minderung des Unwertgehalts).

311 Vgl. RGSt 77, 243(245); 77, 246(247); Maihofer FS-H. Mayer S.185(197); Wahle FamRZ 1967 S.542; Horn, in SK §217 Rn.8; Eser, in S./S. §217 Rn.8; Jähnke, in LK 10.A. §217 Rn.6, 11.

hatten etwa die Furcht vor Schande und Not, Angst, Verlassenheit und gesellschaftliche Konventionen als psychologisch bedeutsame und motivatorisch wirksame Faktoren Beachtung zu finden.

Rechtfertigender Grund war weiterhin auch der von der spezifischen Geburtssituation herrührende Geburtsaffekt[313]. Dieser Affekt stellt sich in erheblichem Ausmaß als Kulmination eines Notstandes dar, der schon in der vorhergegangenen Schwangerschaft seine Ursache haben kann[314].

Die Geburt bedeutet zwar eine starke psychische und physische Belastung, die zu einer gewissen Störung des seelischen Gleichgewichts führen kann[315]. Die Gebärsituation reichte jedoch nicht allein aus, um die Privilegierung zu begründen[316]. Es war deshalb zum einen notwendig, Geburt und Schwangerschaft als einen psychologisch und biologisch einheitlichen Vorgang zu bewerten[317]. Der die natürliche Tötungshemmung herabsetzende Geburtsaffekt tritt nicht erst im Zeitpunkt der Wehen ein, sondern beginnt sich bereits in der Schwangerschaft zu entwickeln. Auch ist die Motivlage der Täterin während der Geburt bereits durch die während der Schwangerschaft eintretende Verdrängungssituation gekennzeichnet, die zu einer seelischen Überbelastung führt. Zum anderen war die Affektsituation in Kombination mit der seelischen Notlage als Grundlage der Privilegierung anzusehen.

Als Privilegierungsgrund des §217 StGB a.F. waren somit die seelische Verzweiflungslage und der Geburtsaffekt anzuerkennen. Dadurch war eine notstandsähnliche Situation für die Kindesmutter gegeben.

Sowohl bei §216 StGB als auch bei §217 StGB a.F. ist somit eine notstandsähnliche Situation gegeben, die eine Strafmilderung zur Folge haben muß.

Die ratio legis dieser Tatbestände würde sinnentleert, wollte man bei Zusammentreffen dieser Vorschriften mit §211 StGB den Vorrang der Qualifikation an-

---

[312] Vgl. hierzu Wahle FamRZ 1967 S.542(543); Streb S.163ff. m.w.N.; Blanke S.224f.; kritisch zu diesen Merkmalen Frick S.79f.; Sieg ZStW 102 (1990) S.292(312).

[313] Einen Überblick über das medizinische Schrifttum liefert Streb S.165ff.; kritisch zum Geburtsaffekt etwa Sieg ZStW 102 (1990) S.313ff.; Vossen S.81ff.; Frick S.80.

[314] Vgl. hierzu insbesondere die ausführliche Darstellungen von Gerchow zu Schwangerschaft und Geburt unter medizinisch-forensischen Aspekten.

[315] Vgl. Wahle FamRZ 1967 S.542(543) m.w.N.

[316] Vgl. nur Gerchow MschrKrim 47 (1964) S.233(235); ders., Kindesmörderinnen, S.92.

nehmen. Dem dargelegten Sinn dieser Vorschriften entspricht es, daß im Verhältnis zum Grundtatbestand die Privilegierung die Strafratio des allgemeinen und strengeren Tatbestandes aufhebt[318]. Der Gesetzgeber hat hier aufgrund des Vorliegens der dargestellten Umstände eine geringere Strafe für angemessen und ausreichend angesehen. Die Qualifizierung in §211 StGB, die auf der Verwirklichung besonderer äußerer bzw. persönlicher, vom Gesetzgeber als erschwerend gewerteter Umstände beruht, bringt eine Abweichung des Tatbildes mit sich. Die hier im Gegensatz zum Grundtatbestand variierte Strafratio des §211 StGB ist aber ebenfalls durch die dargestellten privilegierenden Umstände überlagert, da sie nicht derart different gewichtet ist, daß eine Verdrängung durch die mildere Strafratio ausscheiden muß. Durch die Mordmerkmale hat sich §211 StGB nicht derart vom Grundtatbestand des §212 StGB entfernt, daß die den Grundtatbestand erfassenden Privilegierungen nicht mehr zur Anwendung kommen.
Der wesentliche Unrechtsgehalt liegt auch bei §211 StGB in der Tötung eines Menschen. Die qualifizierenden Merkmale in §211 StGB führen zwar zu einer Verschärfung des Unrechts, sie konstituieren aber keinen neuen Deliktstypus[319]. Bleibt aber die Tötung das Wesentliche, begründet §211 StGB keine neue Deliktsfamilie, sondern gehört weiter der Tötung an. Ausgehend von dieser Prämisse kommt den Privilegierungen in §216 StGB bzw. §217 StGB a.F. auch Ausstrahlungswirkung im Hinblick auf §211 StGB zu. Da die Tötung auf Verlangen und die Kindestötung als Strafermäßigung gegenüber anderen Tötungen normiert wurden und §211 StGB trotz seiner Modifizierungen eine solche Tötung darstellt, liegt ein Anwendungsvorrang der §216 StGB bzw. §217 StGB a.F. vor.

Bei der Betrachtung von Sinn und Zweck der Privilegierungen der §§216 StGB, 217 StGB a.F. wurde dargestellt, daß beiden Vorschriften eine „notstandsähnliche Situation" gemeinsam ist.
Verwirklicht der Täter Umstände, die die Mordmerkmale in §211 StGB erfüllen, so ändert sich an dieser Tatsache nichts. Die notstandsähnliche Situation bleibt für den Täter auch weiter bestehen und muß nach der gesetzgeberischen Wertung

---

317 Gerchow MschrKrim 47 (1964) S.233(235); Wahle FamRZ 1967 S.542(544ff.) m.w.N.; Streb S.168f. m.w.N.
318 Vgl. Hassemer, Delictum sui generis, S.65.
319 Vgl. Hassemer, Delictum sui generis, S.66.

weiterhin Beachtung finden. Dies kann aber angemessen nur im Wege des Rückgriffs auf die Privilegierungen erfolgen.

Im Rahmen des §217 StGB a.F. brauchte sich der Vorsatz der Täterin weder auf die Nichtehelichkeit, noch darauf zu beziehen, daß die Tötung in oder gleich nach der Geburt geschehen ist[320]. Hinsichtlich des Vorliegens einer Notlage und des Geburtsaffekts war ebenfalls kein subjektives Element notwendig. Das Vorliegen dieser Umstände wurde schon gesetzlich vermutet[321]. Neben der Notwendigkeit des Tötungsvorsatzes hat der Gesetzgeber §217 StGB a.F. von subjektiven Elementen freigehalten. Hierin kommt die gesetzgeberische Wertung zum Ausdruck, die Privilegierung des §217 StGB a.F. auch ohne Berücksichtigung weiterer subjektiver Merkmale eingreifen zu lassen. Insoweit war dies auch für die Frage des Anwendungsvorrangs im Hinblick auf die Mordmerkmale von Bedeutung, die mit Ausnahme der Gemeingefährlichkeit zumindest ein subjektives Element aufweisen.

Der Grund für den Vorrang der Privilegierung zeigt sich auch im inhaltlichen Vergleich des Verhältnisses zwischen Privilegierung und Qualifikation mit dem Verhältnis, das normalerweise zwischen unrechtsverwandten Tatbeständen besteht. Ein unrechtsverwandter Tatbestand ergänzt normalerweise den anderen auch oder sogar nur um unrechts- oder schulderhöhende Merkmale. Eine Betrachtung der qualifizierenden und privilegierenden Tatbestände zeigt aber, daß in der Qualifikation bereits alle den Täter belastenden Merkmale der Privilegierung enthalten sind. Der Unrechtsgehalt der Privilegierung ist somit bereits voll in der Qualifikation enthalten. Was nun aber die Privilegierung der Qualifikation als Unrechts- und Schuldbestimmung hinzufügt sind ausschließlich Milderungsgründe. Hieraus folgt das Bedürfnis, den Täter, der eine Qualifikation und eine Privilegierung verwirklicht, nicht i.S. der Qualifikation, sondern nach dem Privilegierungstatbestand zu bestrafen. Gegen diesen Vorrang kann auch nicht der Einwand geltend gemacht werden, der Täter würde nun so gestellt werden, als habe er den qualifizierten Tatbestand überhaupt nicht verwirklicht. Die Erfüllung der Qualifikation findet aber im Rahmen der Strafzumessung durchaus Beach-

---

[320] Vgl. hierzu etwa Gössel BT/1 §6 Rn.11, 14.

tung[322]. Insoweit stellt sich der Vorrang der Privilegierung als eine den Schuld- und Unwertgehalt der konkreten Tat berücksichtigende Lösung dar.

Als Begründungsansatz ist zutreffend auch vorgebracht worden, daß zwischen Qualifikation und Privilegierung nun einmal ein spezifischer Widerspruch besteht, der sich aus der Existenz eines gemeinsamen Grundtatbestandes ergebe und darin bestehe, daß ein und dieselbe Verwirklichung des Grundtatbestandes nicht gleichzeitig strenger und milder beurteilt werden könne[323]. Die Folge des Vorliegens eines derartigen Widerspruchs könne aber nur sein, den Täter nach dem günstigeren Tatbestand zu bestrafen.

Auch läßt sich hier gegen die Verdrängungswirkung der Privilegierung nicht das sonst gegen die Zurückdrängung des milderen Tatbestandes sprechende Argument vorbringen, daß der Täter der schwereren Strafandrohung nicht deshalb entgehen könne, weil er zusätzlich weiteres Unrecht begangen habe. Wie bereits dargestellt, ist der Unrechtsgehalt der Tat aber durch die Verwirklichung auch privilegierender Umstände gemindert, während ansonsten beim Aufeinandertreffen zweier unterschiedlich strenger Tatbestände auch mit der Verwirklichung des Tatbestandes mit niedrigerer Strafandrohung zusätzliches Unrecht verwirklicht wird.

Die Beurteilung des Aufeinandertreffens von Privilegierung und Qualifikation im Bereich der Tötungsdelikte bleibt bis zu einer Ausgestaltung des Verhältnisses durch den Gesetzgeber in der beschriebenen Weise bestehen. Der Gesetzgeber könnte das Zusammentreffen im Strafrahmen der Privilegierung oder der Qualifikation berücksichtigen, aber auch eine allgemeine Regelung für das Zusammentreffen aufstellen.
In §100 Abs.4 AE[324] kommt bereits der Gedanke des Gesetzgebers zum Ausdruck, beim Zusammentreffen von Qualifikation und Privilegierung der Privile-

---

[321] Vgl. etwa Horn, in SK §217 Rn.8; Eser, in S./S. §217 Rn.8, Jähnke, in LK 10.A. §217 Rn.6, 11.
[322] Neben der Berücksichtigung in der Strafzumessung wird der erhöhte Unwertgehalt oftmals auch durch das Eingreifen von Gefährdungsdelikten aufgefangen. So greifen etwa im Fall einer Tötung durch Inbrandsetzen die §§306ff. ein.
[323] Geerds, Konkurrenz, S.201.
[324] Vgl. Alternativentwurf (AE) 1966 S.16f.

gierung höheren Stellenwert einzuräumen. Für das Zusammentreffen sah dieser Entwurf einen gegenüber dem Grunddelikt gemilderten Strafrahmen vor.

Die Untersuchung hat also ergeben, daß die Berufung auf eine „Sperrwirkung des milderen Tatbestandes“ beim Zusammentreffen qualifizierter und privilegierter Abwandlungen im Bereich der Tötungsdelikte zwar selbst keine Begründung, sondern nur eine Behauptung des Vorrangs der Privilegierungen darstellt, sich die Lösung der Problematik im Wege der Verdrängung des qualifizierten Delikts aber als begründet darstellt. Der Anwendungsvorrang der privilegierten Tatbestände der §§216 StGB, 217 StGB a.F. beruht auf der durch Auslegung zu ermittelnden gesetzgeberischen Wertentscheidung.
Es hat sich gezeigt, daß eine Berechtigung des Vorrangs der §§216 StGB bzw. 217 StGB a.F. im Verhältnis zu §211 StGB besteht. Ob es sich bei der „Sperrwirkung des milderen Tatbestandes“ um einen brauchbares, einheitlich verwendetes Rechtsinsitut handelt, muß sich aus der Untersuchung aller anderen Fallgruppen erweisen, in denen die „Sperrwirkung“ ebenfalls Verwendung gefunden hat.

2. Ergänzungsverhältnis anstelle einer „Sperrwirkung“

Wie bereits oben dargestellt, besteht im Rahmen des Aufeinandertreffens von Privilegierung und Qualifikation auch die Möglichkeit, daß die Auslegung der Tatbestände keinen Vorrang der Privilegierung, sondern eine Ergänzung der Tatbestände ergibt.
So ist im Bereich des Aufeinandertreffens der Privilegierung des §247 StGB mit den qualifizierten Abwandlungen der §§243 bzw. 244 StGB kein Ausschlußverhältnis gegeben. Vielmehr ist bei Vorliegen der Tatbestandsvoraussetzungen beider Normen eine Strafbarkeit aus §§243 bzw. 244 StGB nur dann gegeben, falls der für §247 StGB notwendige Strafantrag gestellt wurde[325].

---

[325] Vgl. etwa Jescheck/Weigend AT §26 III 2; Wessels/Beulke AT Rn.113; Baumann/Weber/Mitsch AT 10.A. §8 Rn.62, 83; Maurach/Zipf AT/1 §20 IV Rn.45; Eser, in S./S.

Wie der Blick auf die Tatbestände der §§243 bzw. 244 und §247 StGB zeigt, sind hier keine Rechtsfolgen angeordnet, die zueinander in Widerspruch stehen. Die prozessuale Privilegierung des §247 StGB und die Qualifizierung der §§243, 244 StGB schließen sich nicht aus, sondern ergänzen sich.

Auch zeigt sich in der ratio des §247 StGB, daß hier eine andere Situation als in den Fällen des Aufeinandertreffens von §211 StGB mit §§216 StGB, 217 StGB a.F. vorliegt. Der Grund für die Privilegierung in §247 StGB ist nicht in der Annahme eines geringeren Schuld- oder Unwertgehalts zu sehen. Nach Unrecht und Schuld ist der Diebstahl gegenüber einem Angehörigen sogar als schwerwiegender als ein Diebstahl gegenüber einer fremden Person anzusehen[326]. Das Gesetz wollte nicht einer besonderen Motivationslage des Täters gerecht werden; aus der Motivationslage heraus besteht hier kein Grund zur Privilegierung.
Die Privilegierung folgt vielmehr aus den persönlichen Beziehungen und Bindungen des Betroffenen[327]. Diesen will der Staat bei Vorliegen der in §247 StGB festgelegten Voraussetzungen den strafgerichtlichen Eingriff nicht aufzwingen[328].
Das Strafantragserfordernis beruht dabei zum einen auf dem Interesse des Verletzten, dem eine höhere Bedeutung zukommt, als dem Strafverfolgungsinteresse der Allgemeinheit[329]. Das öffentliche Interesse an einer Bestrafung soll hinter dem Interesse des Verletzten am Ruhenlassen familiärer Vorgänge zurücktreten. Die persönlichen Beziehungen zwischen dem Täter und dem Opfer sollen durch die Strafverfolgung nicht noch weiter beeinträchtigt werden, als dies bereits durch den Diebstahl geschehen ist[330]. Um dieses Friedens willens und aufgrund der Rücksichtnahme soll auf ein Verfahren gegen den Willen des Betroffenen

---

§247 Rn.2; Tröndle/Fischer §247 Rn.1; Ruß, in LK §247 Rn.1; vgl. bereits Binding BT/1 S.305f.

326 BGHSt 18, 123(126).

327 BGHSt 10, 400(403); 18, 123(126); 29, 54(56); OLG Celle JR 1986 S.385(386); Ruß, in LK §247 Rn.1; Stree FamRZ 1962 S.55(56); Tröndle/Fischer §247 Rn.1; Lackner/Kühl §247 Rn.1; Eser, in S./S. §247 Rn.1.

328 Anders ist dies im Bereich des Raubes und der räuberischen Erpressung. Hier verbietet das in diesen Tatbeständen liegende Nötigungselement, die Verfolgung und Bestrafung der häuslich-familiären Disposition zu überlassen.

329 BGHSt 10, 400(403); 18, 123(126); 29, 54(56); OLG Celle JR 1986 S.385(386); Ruß, in LK §247 Rn.1; Stree FamRZ 1962 S.55(56); BT-Drucks. 7/550 S.247 zu §247 idF des EGStGB; Pfenninger ZStR 31 S.61(109ff.).

330 Stree FamRZ 1962 S.55(56); ders. Anm. zu OLG Celle in JR 1986 S.386(387).

verzichtet werden. Den Betroffenen würde die öffentliche Bloßstellung des Angehörigen oftmals härter treffen als der Diebstahl selbst.

Zum anderen ist aber auch das verminderte Strafverfolgungsbedürfnis der Allgemeinheit zusätzlicher Grund für das Erfordernis eines Strafantrags[331]. Die enge Verbundenheit des Täters mit dem Opfer macht die Tat mehr zu einer internen als zu einer öffentlichen Angelegenheit. Der Diebstahl ist weniger eine Auflehnung gegen die allgemeine Rechtsordnung, als vielmehr ein Verstoß gegen die interne Familienordnung. Wird ein Haus- und Familiendiebstahl nicht geahndet, ist der Bestand der Rechtsordnung und das soziale Zusammenleben keineswegs gefährdet.

Das Verhältnis der §§243 bzw. 244 StGB zu §247StGB erweist sich folglich im Gegensatz zum Verhältnis der §§216 StGB, 217 StGB a.F. zu §211 StGB als Ergänzungsverhältnis.

[331] Vgl. etwa OLG Celle JR 1986 S.385(386); Stree FamRZ 1962 S.55(56).

II. Fallgruppe 2: Die "Sperrwirkung" bei Zusammentreffen der Qualifikation des §211 StGB mit dem Strafmilderungsgrund des §213 StGB: Bestehen eines tatbestandlichen Ausschlußverhältnisses

Zu kontroversen Auseinandersetzungen hat stets auch die Fallkonstellation eines Zusammentreffens von §211 StGB mit §213 StGB geführt. Dabei steht der von Maurach entwickelte Ansatz[332] der „Sperrwirkung des milderen Tatbestandes" des §213 Alt.1 StGB im Mittelpunkt der Untersuchung. Die Frage des Vorliegens einer derartigen „Sperrwirkung" ist für den Täter überaus bedeutend, stehen sich hier doch der Strafrahmen des §213 StGB mit einer Freiheitsstrafe von einem Jahr bis zu zehn Jahren und die lebenslange Freiheitsstrafe des §211 StGB gegenüber. Die Berufung auf das Vorliegen einer „Sperrwirkung" des §213 Alt.1 StGB gegenüber §211 StGB kann aber auch hier nur Behauptung und nicht Begründung für einen Anwendungsvorrang des §213 Alt.1 StGB sein. Es wird sich im Verlauf der Untersuchung zeigen müssen, ob es eine derartige „Sperrwirkung" des §213 StGB überhaupt geben kann.
Die Lösungsansätze hinsichtlich des Zusammentreffens der Voraussetzungen von §211 StGB und §213 StGB sind hierbei insbesondere von den unterschiedlichen Auffassungen zur Systematik der Tötungsdelikte und der Einordnung der Norm des §213 StGB geprägt.

Bevor sich die Frage nach dem Anwendungsvorrang zwischen den Tatbeständen stellt, bleibt zu klären, ob nicht bereits ein tatbestandlicher Ausschluß der Tatbestände von §211 StGB und §213 StGB gegeben ist, durch den eine Klärung des Vorrangverhältnisses obsolet werden würde[333]. Dabei wird die Frage des tatbestandlichen Ausschlusses unter zwei Gesichtspunkten zu klären sein.

---

[332] Erstmals in der ersten Auflage (Deutsches Strafrecht, Besonderer Teil, §2 III A 2 S.24f.), ohne Differenzierung zwischen §213 Alt.1 StGB und §213 Alt.2 StGB; seit der 3.A. zwischen §213 Alt.1 StGB und §213 Alt.2 StGB differenzierend (vgl. §2 III A 3 c, § 2 IV A 1, 3; jetzt Maurach/Schroeder/Maiwald BT/1 8.A. §2 Rn.28, 55.

[333] Vgl. Bernsmann JZ 1983 S.45(50ff).; Otto BT §5II Rn.15; vgl. hierzu auch Maurach/Schroeder/Maiwald BT/1 §2 IV Rn.59.

1. Die Möglichkeit der Erfüllung von Mordmerkmalen durch einen aufgrund der Provokation i.S. von §213 Alt.1 StGB zur Tat hingerissenen Täter

Zum einen wird ähnlich der Argumentation im Bereich der Problematik eines möglichen Zusammentreffens von §211 StGB mit privilegierten Tötungsdelikten im Hinblick auf ein Zusammentreffen von §211 StGB mit §213 Alt.1 StGB fraglich sein, ob ein Täter durch die Provokation i.S. der ersten Alternative des §213 StGB zur Tat hingerissen sein kann und zugleich auch Mordmerkmale erfüllen kann. Dabei stellen sich Probleme insbesondere im Hinblick auf die subjektiven Mordmerkmale. Wie beim Zusammentreffen von §216 StGB und §211 StGB liegt ein tatbestandlicher Ausschluß vor, wenn für §213 StGB die Provokation dominierendes, hauptsächlich bestimmendes Motiv sein muß und auch im Rahmen des §211 StGB das jeweilige Gesinnungsmerkmal dominant sein muß. Dann ist ein tatbestandliches Zusammentreffen nicht möglich.

Zu einem Zusammentreffen von §213 Alt.1 StGB und §211 StGB könnte es kommen, wenn der Täter nicht nur aufgrund der Provokation handelt, sondern zusätzlich Mordmerkmale vorliegen. Insoweit erlangt hier die Frage nach der Behandlung von Motivbündeln Bedeutung.

Eine strenge Auffassung[334] nimmt dabei an, der im Rahmen des §213 Alt.1 StGB vorliegende Affekt habe mehr zu sein als der Auslöser der Handlung oder gar als bloße conditio sine qua non. Vielmehr müsse der Affekt von solcher Durchschlagskraft sein, daß er nicht nur die Tötungshemmung beseitigt, sondern alle übrigen als verwerflich i.S. des §211 StGB anzusehenden Motive aus dem Bewußtsein des Handelnden verdrängt. Diese Auffassung geht dabei noch deutlich über die im Rahmen der Tötung auf Verlangen notwendigen Dominanz des Verlangens i.S. des §216 StGB hinaus. Die Folge einer derartigen Ansicht wäre ein insoweit bestehendes Ausschlußverhältnis zwischen §213 Alt.1 StGB und §211 StGB in bezug auf die subjektiven Mordmerkmale und die objektiven Mordmerkmale der Heimtücke und Grausamkeit.

Dieses Verständnis des §213 Alt.1 StGB soll dabei aus dem Vergleich mit §21 StGB folgen, der das Vorliegen von Motivbündeln nicht berücksichtigt. Die ein-

---

[334] Bernsmann JZ 1983 S.45(50); vgl. auch Maatz FS-Salger S.91(99); Blau FS-Tröndle S.109(115).

geschränkte Steuerungsfähigkeit müsse zentral auf den in den Eingangsvoraussetzungen genannten defizitären psychischen Strukturen beruhen[335]. Ein derartiger Ansatz ist jedoch abzulehnen.

Nach zutreffender Ansicht der Rechtsprechung und der herrschenden Auffassung im Schrifttum setzt §213 Alt.1 StGB voraus, daß der Täter durch die ihm widerfahrene Provokation zum Zorn gereizt und hierdurch auf der Stelle zur Tat hingerissen worden ist. Aus §213 Alt.1 StGB läßt sich jedoch nicht ableiten, daß der Zorn den Täter vollständig beherrscht haben muß. Ausreichend ist eine ursächliche Verknüpfung. Liegt wie etwa im Fall des Zusammentreffens von subjektiven Mordmerkmalen mit einem Affekt i.S. des §213 Alt.1 StGB ein Motivbündel vor, so ist das Mitwirken anderer Motive unschädlich, solange der Zorn seine nicht ganz untergeordnete Bedeutung beibehält[336]. Die strenge Auffassung berücksichtigt die Tatsache nicht ausreichend, daß menschliches Verhalten sich i.d.R. nicht auf einen einzigen Beweggrund zurückführen läßt, sondern vielmehr eine Mehrzahl von Beweggründen wirksam werden[337].

In Einschränkung dieser zutreffenden Auffassung fordert eine vermittelnde Ansicht, daß der provokationsbedingte Affekt bei der Tatauslösung zwar nicht das dominierende Motiv sein muß, dem Affekt aber eine (zumindest) kumulativ mitentscheidende Schlüsselstellung zukommt[338].

Die Abgrenzungsformel von der *„nicht ganz unerheblichen Rolle des Zorns“* bei der Tatauslösung i.S. des §213 Alt.1 StGB bzw. von der *„nicht ganz untergeordneten Bedeutung“* der Provokation sei zu subtil, um eine forensisch brauchbare Orientierung zu ermöglichen[339].

Außerdem entferne sich eine derart großzügige Auslegung der Rechtsprechung vom Gesetzeswortlaut. Die im Rahmen des §213 Alt.1 StGB betonte Dynamik der Ausdrücke (*„Reizung zum Zorn“*, dadurch bedingtes *„Sichhinreißenlassen“* zur Tat) lege eine andere Gewichtung nahe. Dabei sei nicht daran zu zweifeln,

---

335 Vgl. Bernsmann JZ 1983 S.45(50); Blau FS-Tröndle S.109(115).

336 BGH JR 1978 S.341; BGH MDR/H 1979 S.107; BGH StV 1983 S.60(61); BGH - 3 StR 329/80 v. 24.09.1980; BGH - 4 StR 430/80 v. 03.12.1980; BGH NStZ 1998 S.84; Tröndle/Fischer §213 Rn.6; Maurach/Schroeder/Maiwald BT/1 §2 IV Rn.56; Lackner/Kühl §213 Rn.6; Eser NStZ 1981 S.429(431).

337 Vgl. hierzu BGH JR 1978 S.341; Jähnke, in LK 10.A. §213 Rn.11; Tröndle/Fischer §213 Rn.6; Eser, in Schönke/Schröder §213 Rn.10; Geilen JR 1978 S.341; Eser NStZ 1981 S.429(431).

338 Geilen JR 1978 S.341f.; Eser, in S./S. §213 Rn.10.

daß die Motivbündelung als psychologische Selbstverständlichkeit aufzufassen ist und deshalb §213 Alt.1 StGB nicht bereits an der bloßen Komplexität der Motivation scheitern kann. Jedoch erscheine es schon angesichts der Gesetzesfassung im Rahmen eines Motivbündels notwendig, nicht jedes Affektmotiv bis zur Grenze völliger Bedeutungslosigkeit zu berücksichtigen.
In bezug auf das hier in Frage stehende Zusammentreffen mit Mordmerkmalen des §211 StGB ergeben sich aber auch aus Sicht der vermittelnden Auffassung keine Unterschiede zur herrschenden Auffassung. Anders als im Bereich der Tötung auf Verlangen besteht insoweit nach beiden Auffassungen kein tatbestandliches Ausschlußverhältnis.

Es bleibt aber zu beachten, daß die Rechtsprechung und die herrschende Auffassung in der Literatur dem Vorliegen eines hochgradigen Affekts bzw. Erregungszustandes beim Täter Wirkung im Hinblick auf die innere Tatseite der Merkmale der Grausamkeit[340], der Heimtücke[341] und auch der sonstigen niederen Beweggründe[342] zuerkannt haben.
So ist für Heimtücke i.S. des §211 StGB auch das bewußte Ausnutzen der Arg- und Wehrlosigkeit erforderlich. Nimmt aber der Täter infolge eines Affekts oder hochgradiger Erregung die Lage des Opfers nicht mehr in einer in das Bewußtsein dringenden Weise wahr, so fehlt es am notwendigen Bewußtsein[343]. Bei Vorliegen einer Provokation i.S. des §213 Alt.1 StGB ist aber von einem derartigen Affekt nicht ohne weiteres auszugehen. Ob auch ein Affekt bzw. ein hochgradiger Erregungszustand vorliegt, ist vielmehr eine Frage des Einzelfalls. Ein genereller tatbestandlicher Ausschluß ist hier aber nicht gegeben.
Gleiches gilt auch bezüglich der niedrigen Beweggründe und der grausamen Tatbegehung. Im Hinblick auf die grausame Tatbegehung erscheint ein tatbestandli-

339 Geilen JR 1978 S.341(342).
340 Vgl. BGH MDR/D 1970 S.382(383); BGH MDR/H 1987 S.623; BGH NStE §211 Nr.10; Jähnke, in LK 10.A. §211 Rn.57; Eser, in S./S. §211 Rn.27; Horn, in SK §211 Rn.43; Lackner/Kühl §211 Rn.10; Gössel BT/1 §4 Rn.103.
341 Vgl. BGHSt 6, 120ff.; 6, 329(331f.); BGH MDR/H 1978 S.805; BGH MDR/H 1979 S.455f.; BGH NStZ 1987 S.554(555); BGH MDR/H 1990 S.1066; Lackner/Kühl §211 Rn.9; Jähnke, in LK 10.A. §211 Rn.47; Horn, in SK §211 Rn.31; Gössel BT/1 §4 Rn.96.
342 BGHSt 6, 329(331f.); BGH MDR/H 1977 S.638; BGH MDR/H 1977 S.460; Jähnke, in LK 10.A. §211 Rn.37 m.w.N.; Eser, in S./S. §211 Rn.17; Gössel BT/1 §4 Rn.29.

ches Ausschlußverhältnis auch nicht befriedigend, denn gerade die bei entgleisenden Affekttötungen zugrundeliegenden Sachverhalte zeichnen sich durch besondere Grausamkeit des Tatgeschehens aus[344]. Die gefühllose und unbarmherzige Gesinnung des Täters ist aber gerade auch darin zu sehen, daß er sich blindwütiger Aggression überläßt.

Es läßt sich somit festhalten, daß sich unter diesem Gesichtspunkt, anders als dies teilweise im Bereich der §§211 bzw. 216 StGB, 217 StGB a.F. der Fall war, kein tatbestandliches Ausschlußverhältnis hat feststellen lassen.

2. Tatbestandliche Exklusivität: Beschränkte Anwendbarkeit des §213 Alt.1 StGB auf Fälle des Totschlags (§212 StGB)

Weiterhin wird man aber auch prüfen müssen, ob nicht unter einem anderen Gesichtspunkt ein Ausschlußverhältnis zwischen §211 StGB und §213 Alt.1 StGB besteht. Mit der nach dem Gesetzeswortlaut bestehenden Beschränkung in §213 StGB auf das Vorliegen eines Totschlags könnte ein tatbestandliches Vorliegen von §211 StGB und §213 Alt.1 StGB unmöglich geworden sein und insoweit ein beschränkter Anwendungsbereich des §213 Alt.1 StGB vorliegen.

Nach zutreffender Auffassung der Rechtsprechung und der herrschenden Ansicht in der Literatur ist die Anwendbarkeit des §213 StGB auf §212 StGB beschränkt. Daher ist in Fällen des Zusammentreffens mit mordqualifizierenden Umständen der Rückgriff auf §213 StGB verschlossen[345]. Da §213 StGB nur eine unselb-

---

343 Vgl. etwa BGHSt 6, 120ff.; 6, 329(331f.); BGH NStZ 1981 S.140; BGH NStZ 1983 S.34(35); BGH StV 1981 S.400; BGH StV 1981 S.523(524); Horn, in SK §211 Rn.31; Jähnke, in LK 10.A. §211 Rn.47; Eser, in S./S. §211 Rn.25; Lackner/Kühl §211 Rn.9.

344 Vgl. hierzu etwa Jähnke, LK 10.A. §211 Rn.57.

345 St. Rspr.: vgl. etwa RGSt 59, 23(24); BGHSt 4, 226(228); 27, 287(289); 30, 105(118); OLG Hamm NJW 1982 S.2786; vgl. auch Jähnke, in LK 10.A. §213 Rn.2; Eser, in S./S. Vor §211 Rn.9a, §211 Rn.9, 11, §213 Rn.3; ders., Gutachten, S.58; Tröndle/Fischer §213 Rn.1; Lackner/Kühl Vor §211 Rn.23, §213 Rn.1; Wessels/Hettinger BT/1 Rn.171; Arzt/Weber LH/1 Rn.158; Gössel BT §1 Rn.6, 9; Blei BT §5 VIII; Rengier BT/2 §3 Rn.14; Mitsch JuS 1996 S.121; Arzt JR 1979 S.7(11); in diesem Sinne auch der Gesetzgeber im Rahmen des 6. StrRG (vgl. BT-Drucksache 13/8587 S.81f.).

ständige Strafmilderungsklausel darstellt, setzt seine Anwendbarkeit das Nichtvorliegen eines Mordmerkmals voraus[346]. Dies hat auch der Gesetzgeber[347] im Rahmen des 6. StrRG klargestellt[348].

Abweichend von der herrschenden Ansicht differenziert eine Auffassung und sieht eine „Sperrwirkung des milderen Tatbestandes“ des §213 StGB gegenüber §211 StGB in den Fällen des §213 Alt.1 StGB für gegeben an[349]. Insoweit wird hier vom Vorliegen der Tatbestände der §§211 bzw. §213 Alt.1 StGB ausgegangen.

Dabei ist auch innerhalb dieser Meinungsgruppe zu differenzieren.

Maurach/Schroeder/Maiwald vertreten die Auffassung, der benannte Strafmilderungsgrund des §213 Alt.1 StGB entfalte anders als §213 Alt.2 StGB, der eine reine Strafzumessungsvorschrift darstelle[350], eine „Sperrwirkung des milderen Tatbestandes“[351]. §213 StGB könne nicht schlechthin als Strafzumessungsnorm angesehen werden. Der Affekttotschlag des §213 Alt.1 StGB behalte im Falle des Zusammentreffens mit Mordmerkmalen seine selbständige Bedeutung[352] und übe in diesem Fall eine „Sperrwirkung“ gegenüber §211 StGB aus. Im Bereich des §213 Alt.2 StGB versage dagegen die „Sperrwirkung des milderen Tatbestan-

[346] Vgl. etwa Eser, Gutachten, S.58 m.w.N.; so auch schon Sauer, System, S.255f. m.w.N.

[347] Vgl. BT-Drucksache 13/8587 S.81.

[348] Auch für die Vertreter der bereits oben angelehnten Lehre von der negativen Typenkorrektur (vgl. hierzu Seite 42ff.) ist die Problematik bereits auf tatbestandlicher Ebene zu lösen. In den Fällen des Vorliegens von Umständen, wie sie in §213 Alt.1 StGB enthalten sind, wird die nach dieser Aufassung notwendige Gesamtabwägung i.d.R. zum Ausschluß der Mordstrafbarkeit führen. Eine generalisierende Antwort i.S. einer dann stets bestehenden Anwendung von §213 Alt.1 StGB läßt sich aber auch aus Sicht der Lehre von der negativen Typenkorrektur nicht finden. Es bleibt stets eine Frage des Einzelfalls, ob die Gesamtabwägung tatsächlich zum Ausschluß von §211 StGB führt. Vgl. hierzu auch Geilen FS-Dreher S.357(383ff.); ders. JR 1980 S.309(314); Eser, in S./S. § 211 Rn.9f., §213 Rn.3; ähnlich Rengier (MDR 1979 S.969(972) und MDR 1980 S.1 und S. 6), der beide Alternativen des §213 StGB als *„absolute Gegenindikationen“* zu den Mordmerkmalen sieht, zumal die Gemütslage des Täters das Unrecht der Tat entscheidend präge (MDR 1980 S.1). Wenngleich Rengier auch von einem *„Ausschluß der Mordtatbestände“* spricht, begreift er es als Ergebnis sachgerechter Interpretation den Strafrahmen des §211 StGB um eine Stufe zu senken und damit auf §212 StGB zurückzugreifen. Als Begründung führt Rengier an, daß §213 StGB auf §212 StGB zugeschnitten und der Durchgriff auf §211 StGB nur gegen die zwingend angedrohte Feiheitsstrafe gerichtet sei.

[349] Maurach/Schroeder/Maiwald BT/1 §2 Rn.28f., 55; Bockelmann BT/2 §5 I; Horstkotte S.127ff.; vgl. hierzu auch Laber MDR 1989 S.861(869).

[350] Maurach/Schroeder/Maiwald BT/1 §2 Rn.29.

[351] Maurach/Schroeder/Maiwald BT/1 §2 Rn.28f., 55.

[352] Maurach/Schroeder/Maiwald BT/1 §2 Rn.55.

des", da §213 Alt.2 StGB mit der herrschenden Auffassung als Strafzumessungsregel anzusehen sei[353].

Demgegenüber sieht eine andere Auffassung in §213 Alt.1 StGB einen selbständigen privilegierenden Tatbestand[354] und gelangt so ebenfalls zu einer „Sperrwirkung" des §213 Alt.1 StGB gegenüber §211 StGB[355].

Die Rechtsprechung und die in der Literatur herrschende Ansicht sehen §213 StGB jedoch zutreffend als sich ausschließlich auf §212 StGB beziehende Norm an[356]. Dies ergibt sich bereits aus dem eindeutigen Wortlaut und der Überschrift des §213 StGB[357]. §213 StGB spricht allein vom „*Totschläger*" und in der Überschrift vom „*minder schweren Fall des Totschlags*". So ist von einem Exklusivitätsverhältnis der Tatbestände von §211 StGB und §213 StGB auszugehen.

Gegen das Wortlautargument wurde eingewandt, die eingeschränkte Bezugnahme nur auf §212 StGB hänge mit der alten Fassung des §211 StGB zusammen[358]. Im Zeitpunkt der Einführung des §213 StGB war Kennzeichen des Mordes das Überlegungsmerkmal. Damit mußte die in §213 StGB vorausgesetzte sthenische Affektsituation und die dementsprechende Impulsivität außerhalb des Mordtatbestandes liegen[359]. Mit der Wandlung des §211 StGB im Jahre 1941 sei aber das ursprünglich klare Verhältnis zwischen §211 StGB und §213 StGB durcheinandergeraten. Dem Wortlaut könne insoweit keine ausreichende Begründung für

---

353 In der ersten und zweiten Auflage hatte sich Maurach in der Frage, ob §211 StGB oder §213 Alt.2 StGB zur Anwendung kommt, noch für den Vorrang auch des §213 Alt.2 StGB entschieden (vgl. Maurach Besonderer Teil 1.A. 1953 S.25, 31; 2.A. 1956 S.27, 35). Seit der dritten Auflage vertritt er die dargestellte Anwendung der „Sperrwirkung" allein beschränkt auf §213 Alt.1 StGB (vgl. §2 III A 3 c, §2 IV A 1, 3).

354 Bockelmann BT/2 §2 III, 4 I; zustimmend insoweit Otto BT §2 Rn.15.

355 Bockelmann BT/2 §5 I.

356 St. Rspr.: vgl. etwa BGHSt 30, 105(118); OLG Hamm NJW 1982 S.2786; Jähnke, in LK 10.A. §213 Rn.2; Eser, in S./S. Vor §211 Rn.9a, §211 Rn.9, 11, §213 Rn.3; ders., Gutachten, S.58; Tröndle/Fischer §213 Rn.1; Lackner/Kühl §213 Rn.1; Wessels/Hettinger BT/1 Rn.171; Arzt/Weber LH1 Rn.158; Gössel BT/1 §1 Rn.6 ,9; Blei BT §5 VIII; Kratzsch JA 1982 S.401(405); Arzt JR 1979 S.7(11); Mitsch JuS 1996 S.121; in diesem Sinne auch der Gesetzgeber im Rahmen des 6. StrRG (vgl. BT-Drucksache 13/8587 S.81).

357 Vgl. etwa Jähnke, in LK 10.A. §213 Rn.2; Eser, in S./S. §213 Rn.3; Lackner/Kühl Vor §211 Rn.23; Gössel BT/1 §1 Rn.9; Krey BT/1 Rn.50.

358 Geilen FS-Dreher S.357(383f.); Bernsmann JZ 1983 S.45(47).

359 Geilen FS-Dreher S.357(383).

einen Ausschluß der Anwendbarkeit des §213 StGB auf §211 StGB zukommen[360].

Allerdings muß selbst Geilen eingestehen, daß dieser Ansatz keine Allgemeingültigkeit in Anspruch nehmen kann und vielmehr nur denktheoretisch ein reibungsloses Zusammentreffen des verschärften und verminderten Verwerflichkeitsfalls bestanden hat[361].

Der historischen Betrachtung kann in keinem Fall entnommen werden, daß aufgrund des Merkmals der Überlegung in §211 StGB a.F. die Anknüpfung an den Totschlag in §212 StGB rein deklaratorische Bedeutung hatte. Geht man davon aus, daß die klare Abgrenzung zwischen §211 StGB und §213 StGB nach dem Willen des Gesetzgebers aufgrund des Tatbestandsmerkmals der Überlegung bestand, so ist auch davon auszugehen, daß der Gesetzgeber bei Streichung dieses Merkmals in §211 StGB auch die Vorschrift des §213 StGB entsprechend angepaßt hätte, wenn er am bisherigen Ausschlußverhältnis von §211 StGB und §213 StGB etwas hätte ändern wollen.

Die Kritik am Wortlautargument knüpft auch an der Einordnung des Verhältnisses von §211 StGB und §212 StGB an. So sei das Wortlautargument allein aus Sicht der Rechtsprechung, die in §211 StGB und §212 StGB zwei selbständige Tatbestände sieht, überhaupt tragfähig[362]. Eine derartige Interpretation des Verhältnisses der Delikte sei jedoch abzulehnen. Sehe man mit der herrschenden Auffassung in §211 StGB einen qualifizierten Fall des §212 StGB, so komme dem Wortlautargument nur noch beschränkte Überzeugungskraft zu, da in jedem Mord stets auch ein Totschlag enthalten sei[363].

Zwar besteht im Verhältnis der Tatbestände von §211 und §212 zutreffend ein Qualifikationsverhältnis, doch folgt aus der Tatsache, daß in jedem Mord auch ein Totschlag enthalten ist keinesfalls, daß die Norm des §213 StGB auch auf den Mordtatbestand Anwendung findet. Die Frage der Anwendbarkeit des §213 StGB auf §211 StGB obliegt allein dem Gesetzgeber. Dieser hat aber die Vorschrift des §213 StGB ausdrücklich auf den Totschlag begrenzt.

Systematisch ist §213 StGB als Absatz 3 des §212 StGB zu verstehen[364].

---

360 Geilen FS-Dreher S.357(384); Bernsmann JZ 1983 S.45(47).
361 Vgl. Geilen FS-Dreher S.357(383f.).
362 Vgl. Bernsmann JZ 1983 S.45(46); Rengier MDR 1980 S.1(2).
363 Bernsmann JZ 1983 S.45(46); Rengier MDR 1980 S.1(2).
364 Arzt/Weber LH/1 Rn.158; Wessels/Hettinger BT/1 Rn.171; Eser, in S./S. §213 Rn.2.

§213 StGB ist somit nach zutreffender herrschender Auffassung als Strafzumessungsregel zu §212 StGB anzusehen[365].

Allgemein anerkannt ist, daß §213 Alt.2 StGB als Strafzumessungsvorschrift zu begreifen ist[366]. Anderes kann aber auch nicht für §213 Alt.1 StGB gelten, denn §213 Alt.1 StGB stellt nur ein gesetzliches Beispiel eines sonstigen minder schweren Falles i.S. von §213 Alt.2 StGB dar. Damit ist aber die Natur des Affekttotschlags als tatbestandliche Abwandlung aufgehoben. Der Strafmilderungsgrund des §213 Alt.1 StGB geht in dem weiter gezogenen Strafmilderungsgrund des §213 Alt.2 StGB auf.

Aus der Einordnung des §213 Alt.1 StGB als Strafzumessungsnorm zu §212 StGB folgt aber zugleich, daß eine „Sperrwirkung des milderen Tatbestandes" i.S. eines Anwendungsvorrangs nicht besteht. Zum einen kann eine Strafzumessungsnorm keinen Einfluß auf den Anwendungsvorrang eines Tatbestandes haben. Stellt nun aber §213 Alt.1 StGB eine Strafzumessungsnorm dar, so kann dieser einzig Bedeutung im Hinblick auf die Bildung des Strafrahmens in der Strafzumessung haben.

Zum anderen bezieht sich §213 Alt.1 StGB allein auf den Tatbestand des §212 StGB. Es hat sich gezeigt, daß sich §211 StGB und §213 Alt.1 StGB bereits tatbestandlich ausschließen. Eine Anwendung von §213 Alt.1 StGB in Fällen des Vorliegens von Mordmerkmalen scheidet aus.

Nach einer Auffassung stehe auch die Einordnung der Norm als Strafzumessungsregel einer „Sperrwirkung des milderen Tatbestandes" grds. nicht entgegen[367]. Auch die im Bereich der §§216 StGB, 217 StGB a.F. in bezug auf die „Sperrwirkung" genannte Vorschrift des §247 StGB stelle keinen eigenen Tatbe-

---

365 Vgl. etwa RGSt 59, 23(24); BGHSt 4, 226(228); 27, 287(289); 30, 105(118); OLG Hamm NJW 1982 S.2786; Eser, Gutachten, S.58; Jähnke, in LK 10.A. §213 Rn.2; Eser, in S./S. §213 Rn.2; Tröndle/Fischer §213 Rn.1; Krey BT/1 Rn.50; Rengier BT/2 §3 Rn.14; Puppe, in NK Vor §52 Rn.21; Gössel BT/1 §1 Rn.6, 9; Geilen FS-Dreher S.357f.; Goydke FS-Odersky S.371(374); Horn, in SK §213 Rn.2; Lackner/Kühl Vor §211 Rn.23, §213 Rn.1; Blei BT §5 VIII; Mitsch JuS 1996 S.121; Wessels/Hettinger BT/1 Rn.171; abweichend Bockelmann BT/2 §2 III, 4 I; Otto BT §2 Rn.15; differenzierend Maurach/Schroeder/Maiwald BT/1 §2 IV Rn.55.

366 Abweichend allein Bockelmann BT/2 §2III, 4 I; Otto BT §2 Rn.15.

367 Bernsmann JZ 1983 S.45(47).

stand dar, könne aber eine „Sperrwirkung“ etwa gegenüber §244 StGB entfalten[368].

Ein derartiger Ansatz geht jedoch fehl. Es hat sich bereits gezeigt, daß §247 StGB, entgegen der Auffassung Bernsmanns, keine „Sperrwirkung“ gegenüber §244 entwickelt, sondern beide Vorschriften vielmehr in einem Ergänzungsverhältnis stehen[369].

Die Annahme einer möglichen „Sperrwirkung“ scheidet auch unter anderen Gesichtspunkten aus. §211 StGB stellt nach der hier vertretenen Auffassung einen gesetzlich vertypten, d.h. zwingend und ohne Gesamtabwägung eingreifenden Tatbestand dar.

Wenn man §213 Alt.1 StGB, anders als §211 StGB, als nicht zwingend ansieht, d.h. wenn auch bei Vorliegen der Voraussetzungen des §213 Alt.1 StGB eine Abwägung notwendig ist, erscheint eine „Sperrwirkung“ des §213 Alt.1 StGB ausgeschlossen. Die Frage, ob §213 Alt.1 StGB bei Vorliegen der Voraussetzungen zwingende Wirkung hat, ist in Rechtsprechung und Literatur unterschiedlich behandelt worden. Wohl die Mehrzahl der Entscheidungen der Rechtsprechung und ein Teil der Literatur sehen in §213 Alt.1 StGB eine obligatorische Strafmilderung[370].

Demgegenüber hat aber auch der BGH schon entschieden, daß die Entscheidung über den minder schweren Fall der Provokation nicht „das Gesamtbild von Täter und Tat“ außer Betracht lassen dürfe[371].

Die zwingende Wirkung des §213 Alt.1 StGB ist auch in der Literatur immer wieder angezweifelt worden[372].

In den Fällen des §213 Alt.2 StGB ergibt sich die Notwendigkeit einer Abwägung, allgemein anerkannt, bereits aus deren offener Fassung. Aufgrund der allgemeinen Gleichstellung muß aber entsprechendes auch für die erste Alternative gelten[373].

---

368 Bernsmann JZ 1983 S.45(47).

369 Vgl. dazu Seite 82f.

370 BGHSt 25, 222(224); BGH MDR/H 1979 S.987; Tröndle/Fischer §213 Rn.8; Jähnke, in LK 10.A. §213 Rn.2; Geilen FS-Dreher S.357(358).

371 BGH - 2 StR 581/79 v. 07.11.1979.

372 Vgl. etwa Maatz FS-Salger S.91(98ff.); Horn, in SK §213 Rn.10; Eser, in S./S. §213 Rn.12a.

373 Eser, in S./S. §213 Rn.12a.

Auch aus dem Wortlaut des §213 Alt.1 StGB folgt keinesfalls die zwingende Begrenzung des Strafmaßes. Es läßt sich vielmehr einwenden, daß der Wortlaut des Gesetzes, das die Tötung aufgrund einer Provokation dem sonst minder schweren Fall unterordnet, gerade für die gegenteilige Ansicht spricht[374].

Auch gesetzeshistorische Gründe können eine zwingende Zubilligung mildernder Umstände nicht begründen. Die einen privilegierten Tatbestand enthaltende Entwurfsfassung, die noch nicht die „sonst mildernden Umstände" i.S. des §213 Alt.2 StGB beinhaltete, ist so nicht Gesetz geworden. Es lassen sich auch keine Anhaltspunkte dafür gewinnen, daß der Gesetzgeber mit der Neufassung des §213 StGB die generalklauselartige zweite Alternative als unbenannten Strafmilderungsgrund und innerhalb desselben normativen Zusammenhangs die erste Alternative als zwingenden privilegierten Tatbestand verstanden wissen wollte[375].

Die auch von der Rechtsprechung[376] vertretene Intention, einer Auslegung, die dazu führt, den Anwendungsbereich der ersten Alternative des §213 StGB auszuweiten, im Interesse eines umfassenden Lebensschutzes entgegenzuwirken, wird bei zwingender Anwendung des §213 Alt.1 StGB verfehlt.

Die Rechtsprechung begibt sich auch in Widersprüche, soweit sie der ersten Alternative des §213 StGB zwingende Wirkung zuschreibt. So führt die Anwendung des Grundsatzes „in dubio pro reo" auch auf §213 Alt.1 StGB[377] dazu, daß der Strafrahmen des §213 zwingend angewendet werden muß, wenn das Vorliegen einer Provokation nicht auszuschließen ist. In Irrtumsfällen, in denen der Täter irrig an das Vorliegen der Voraussetzungen des §213 StGB glaubte, ist die Anwendung der Strafmilderung des §213 Alt.1 StGB ausgeschlossen[378]. Es erscheint nun aber inkonsequent, dem in Wirklichkeit irrenden Täter die Milderung des §213 Alt.1 StGB zu versagen, dagegen dem Täter, bei dem das Vorliegen der Voraussetzungen nicht auszuschließen ist, den milderen Strafrahmen des §213

---

[374] Horn, in SK §213 Rn.10; Maatz FS-Salger S.91(98).

[375] Maatz FS-Salger S.91(98).

[376] Vgl. BGHSt 34, 37(39).

[377] BGH StV 1985 S.146; BGH NStE §213 Nr.22; BGH - 3 StR 290/91 v.16.08.1991; Tröndle/Fischer §213 Rn.4; Lackner/Kühl §213 Rn.8; Detter NStZ 1992 S.169(170).

[378] Vgl. BGHSt 1, 203ff.; 34, 37(39); BGH NStZ 1988 S.216; Tröndle/Fischer §213 Rn.7; Gössel BT/1 §3 Rn.29; Jähnke, in LK 10.A. §213 Rn.9.

Alt.1 StGB zwingend zuzubilligen[379]. Hier würde vielmehr eine Gesamtwürdigung der Umstände zu einem angemessenen Ergebnis führen.

Die erste Alternative des §213 StGB sollte deshalb als das verstanden werden, was sie in Wirklichkeit ist. Mit der Provokation ist nur ein Regelbeispiel des in §213 Alt.2 StGB angeführten minderer schweren Falles beschrieben[380]. Insofern kommt der ersten Alternative nur Indizwirkung zu. Der Tatrichter muß feststellen, daß es sich in concreto tatsächlich um einen minder schweren Fall gehandelt hat.

Folgt man dieser Einordnung des §213 Alt. 1 StGB, ist einer „Sperrwirkung des milderen Tatbestandes" des §213 Alt.1 StGB gegenüber §211 StGB auch aus diesem Grund nicht zuzustimmen.

Eine „Sperrwirkung" von §213 Alt.1 StGB gegenüber §211 StGB ist auch darüber hinaus bedenklich. Bei den hier einschlägigen Fallkonstellationen handelt es sich um Fälle, die als minder schwer im Verhältnis zu einem Mord, nicht aber als minder schwer im Verhältnis zu einem Totschlag angesehen werden können[381]. Außerdem ist das in §213 normierte Strafniveau allein im Verhältnis zum Grundtatbestand des §212 StGB angemessen. Im Verhältnis zu §211 StGB wäre es auch weiterhin unvertretbar milde[382].

Wurde bereits festgestellt, daß §213 StGB als Strafzumessungsnorm anzusehen ist, ergibt sich hieraus ein weiteres gegen die Annahme einer „Sperrwirkung" sprechendes Argument. §211 StGB droht als Strafe die absolut lebenslange Freiheitsstrafe an. Nach der hier vertretenen Auffassung ist die „Rechtsfolgenlösung" des Großen Senats[383] abzulehnen. Es bleibt damit bei Vorliegen der Mordmerkmale zwingend bei der lebenslangen Freiheitsstrafe. Im Rahmen des §211 StGB ist eine Strafmilderung allein bei Vorliegen besonderer gesetzlicher Milderungsgründe i.S. des §49 Abs.1 StGB möglich. §213 StGB stellt aber keinen besonderen gesetzlichen Milderungsgrund i.S. §49 Abs.1 StGB dar. So ist bei Vorliegen

---

379 Vgl. hierzu etwa Maatz S.91(101f.).
380 Maatz S.91(102); Horn, in SK §213 Rn.10.
381 Horn, in SK §211 Rn.5.
382 So auch Mitsch JuS 1996 S.121.
383 BGHSt 30, 105ff.

der Voraussetzungen des §21 StGB eine Strafmilderung auf eine Freiheitsstrafe von drei Jahren bis zu fünfzehn Jahren möglich (§49 Abs.1 Nr.1 StGB). Hier zeigt sich aber bereits der einen Vorrang des §213 StGB ausschließende Widerspruch. Die Voraussetzungen des §213 Alt.1 StGB liegen bereits unterhalb der für die verminderte Schuldfähigkeit i.S. §21 StGB erforderlichen Affektintensivität vor[384]. Somit wäre bei Annahme einer „Sperrwirkung" der niedrigere Strafrahmen von einem bis zu zehn Jahren bei Vorliegen geringerer Voraussetzungen als der des §21 StGB gegeben. Dieser Widerspruch würde noch verstärkt, wenn man wie ein Teil der Rechtsprechung und der Literatur §213 Alt.1 StGB zwingende Wirkung zuschreibt. Denn die Milderung des §49 Abs.1 Nr.1 StGB ist nur fakultativ und erfordert eine Gesamtabwägung.

Als Ergebnis läßt sich somit festhalten, daß der Annahme einer „Sperrwirkung des milderen Tatbestandes" des §213 Alt.1 StGB gegenüber §211 StGB nicht zu folgen ist. Nach dem klaren Gesetzeswortlaut und der Systematik der Tötungsdelikte kommt §213 StGB keine Bedeutung im Hinblick auf §211 StGB zu. Ein Anwendungsvorrang des §213 Alt.1 StGB würde eine Rechtsfindung contra legem darstellen[385]. Auch eine Ausstrahlungswirkung des §213 StGB auf §211 StGB besteht nicht. Eine Korrektur des Mordtatbestandes unter Rückgriff auf eine „Sperrwirkung" des §213 Alt.1 ist de lege lata nicht möglich[386].

Es hat sich gezeigt, daß §213 allein in Fällen des Nichtvorliegens von Mordmerkmale Anwendung finden kann. §211 StGB und §213 Alt.1 StGB schließen

---

[384] BGH NJW 1981 S.2310f.; BGH StV 1991 S.106; Lackner/Kühl §213 Rn.10; Tröndle/Fischer §213 Rn.6; Eser, in S./S. §213 Rn.8; ders., FS-Middendorf S.65(74); Maatz FS-Salger S.91(94); Glatzel S.94; vgl. auch Geilen FS-Dreher S.357(380ff.).

[385] Probleme können sich insoweit ergeben, als die Abschaffung des §217 StGB a.F. eine Ausweitung der Strafbarkeit zur Folge haben kann: Die Tötung des Kindes in oder direkt nach der Geburt kann nach Auffassung des Gesetzgebers angemessen bei der Prüfung berücksichtigt werden, ob ein minder schwerer Fall i.S. des §213 StGB vorliegt. Dem Einwand der fehlenden „Sperrwirkung" des §213 StGB (Sander/Hohmann NStZ 1998 S.273(275); vgl. auch Freund ZStW 109 S.455(487)) in Fällen, in denen zusätzlich Mordmerkmale verwirklicht sind, hat der Gesetzgeber entgegengehalten, daß in den Fallkonstellationen der Kindestötung regelmäßig keines der Mordmerkmale erfüllt sei (BT-Drucksache 13/8587 S.81; Schlüchter, Erläuterungen, S.28). In den Fällen, in denen aber doch Mordmerkmale verwirklicht seien, komme aufgrund der psychischen Ausnahmesituation die Strafmilderung der §§21, 49 Abs.1 Nr.1 StGB in Betracht. Soweit Mordmerkmale erfüllt sind verschließt sich der Gesetzgeber ausdrücklich einer Anwendung von §213 StGB (BT-Drucksache 13/8587 S.81f.).

[386] Vgl. Krey BT/1 Rn.50; Mitsch JuS 1996 S.121.

sich tatbestandlich aus. Eine „Sperrwirkung" i.S. des damit bezeichneten Vorrangs von §213 Alt.1 StGB vor §211 StGB kann es insofern nicht geben.

III. Fallgruppe 3: Die „Sperrwirkung des milderen Gesetzes" als Rechtsfolge der Gesetzeseinheit und im Bereich der ungleichartigen Idealkonkurrenz

Von den erörterten Fallgruppen, in denen die „Sperrwirkung" Bedeutung erlangt hat, gilt es die „Sperrwirkung des milderen Gesetzes" zu unterscheiden, die bei Vorliegen von Gesetzeseinheit im Rahmen der Strafzumessung verwendet wird. Daneben findet sich der Begriff der „Sperrwirkung des milderen Gesetzes" auch im Bereich ungleichartiger Idealkonkurrenz.

Stehen tatbestandlich erfüllte Delikte im Verhältnis der Gesetzeseinheit zueinander, kann das verdrängte Gesetz grundsätzlich nicht mehr Grundlage strafrechtlicher Sanktionen sein[387]. Im Rahmen der Rechtsfolgen der Gesetzeseinheit wird unter dem Begriff „Sperrwirkung des milderen Gesetzes"[388] eine Ausnahme von den grundsätzlichen Rechtsfolgen der Gesetzeseinheit gemacht. So darf auch bei Gesetzeseinheit die Mindeststrafe des verdrängten Tatbestandes nicht unterschritten werden[389], und es kann auf Nebenstrafen, Nebenfolgen und Maßregeln erkannt werden, die allein das verdrängte Gesetz androht[390]. Dieser Form der „Sperrwirkung" kommt somit allein im Rahmen der Strafzumessung

[387] Vgl. etwa RGSt 70, 358(359f.); Seier Jura 1983 S.225(232); Abels S.26; Rissing-van Saan, in LK Vor §52 Rn.70; Stree, in S./S. Vor §52 Rn.134ff.; Jescheck/Weigend AT §69 III; Bruns, Recht der Strafzumessung, S.185; Geppert Jura 1982 S.418(426); Warda JuS 1964 S.81(92).

[388] Vgl. Samson/Günther, in SK Vor §52 Rn.105; Stree, in S./S. Vor §52 Rn.141; Vogler, in LK 10.A. Vor §52 Rn.107, 113, 128, 142; Rissing-van Saan, in LK Vor §52 Rn.70, 93, 111; Jakobs AT 31.Abschnitt Rn.39; Stratenwerth AT Rn.1200; Bringewat, Gesamtstrafe, S.78 Rn.90; Vogler FS-Bockelmann S.715(719,722); Seier Jura 1983 S.225(233); Geppert Jura 1982 S.418(426); Haft AT S.272; Kühl Strafrecht AT §21 III S.731; Baumann/Weber AT 9.A. §43 II 3 c S.665; Fuchs S.137 spricht von der *„Sperrwirkung des verdrängten Gesetzes"*, Mitsch JuS 1993 S.471(475) von der *„Sperrwirkung nach unten"*.

[389] Vgl. BGHSt 1, 152(155f.); 7, 307(312); 8, 46(52); 10, 312(315); 15, 345(346); 19, 189(190); 20, 235(238); 30, 166(167); 32, 95(97); Tröndle/Fischer Vor §52 Rn.23; Stree, in S./S. Vor §52 Rn.141; Samson/Günther, in SK Vor §52 Rn.105; Vogler, in LK 10.A. Vor §52 Rn.107, 113, 128, 142; Rissing-van Saan, in LK Vor §52 Rn.70, 93, 111; Lackner/Kühl Vor §52 Rn.29; Jescheck/Weigend AT §69 III 2; Bruns, Strafzumessungsrecht, S.465ff.; ders., Recht der Strafzumessung, S.185f.; ders. JR 1982 S.166f.; Dünnebier GA 1954 S.271(273); Warda JuS 1964 S.81(92); Schmitt ZStW 75 (1963) S.43(53); Welzel, Strafrecht, §38 I 6; Wessels/Beulke AT Rn.792; Notheis S.39, 55, 58ff.; kritisch: OLG Köln NJW 1953 S.1762(1763); Paulusch S.134ff.; Rittmann S.94f.; Geerds, Konkurrenz, S.166f., 231; Puppe, Idealkonkurrenz, S.355ff.

[390] Vgl. etwa BGHSt 7, 307(312); 8, 46(52); 19, 188(189); Tröndle/Fischer Vor §52 Rn.23; Stree, in S./S. Vor §52 Rn.141; Samson/Günther, in SK Vor §52 Rn.105; Vogler, in LK 10.A. Vor §52 Rn.113, 128, 142; Rissing-van Saan, in LK Vor §52 Rn.70, 93, 111; Lackner/Kühl Vor §52 Rn.29; Jescheck/Weigend AT §69 III 3; Bruns, Strafzumessungsrecht, S.465; ders., Recht der Strafzumessung, S.185f.; ders. JR 1982 S.166f.; Dünnebier GA 1954 S.271(274); Wessels/Beulke AT Rn.792; Notheis S.39, 55, 58ff.; Baumann/Weber AT 9.A. §41 II 3 c; Haft AT S.272; Zipf S.139; Bringewat, Gesamtstrafe, Rn.90; Bockelmann JZ 1953

„Sperrwirkung" kommt somit allein im Rahmen der Strafzumessung Bedeutung zu.

Es entspricht dem Grundgedanken der Gesetzeseinheit, daß nur der vorrangige Tatbestand, nicht aber der verdrängte Tatbestand im Tenor der Entscheidung zu erwähnen ist. Auch besteht Einigkeit darüber, daß die Strafe allein dem vorrangigen Tatbestand zu entnehmen und dieser Strafrahmen grundsätzlich zugrundezulegen ist.
Probleme treten aber dann auf, wenn die gesetzeskonkurrierenden Tatbestände Disharmonien auf der Rechtsfolgenseite aufweisen. Dies ist etwa der Fall, wenn der verdrängte Tatbestand Rechtsfolgen aufweist, die nach dem vorrangigen Tatbestand nicht bestehen. Hier stellt sich die Frage, ob die im verdrängten Tatbestand vorhandenen Rechtsfolgen herangezogen werden können.
Die früher allgemein geltende Auffassung ging dahin, allein auf die Rechtsfolgen des vorrangigen Tatbestandes abzustellen. Es sollte eine totale Absorption des verdrängten Tatbestandes vorliegen und die Exklusivität eines Tatbestandes in voller Strenge Geltung finden[391]. Rechtsfolgen, die allein das verdrängte Delikt beinhaltete, konnten so keine Berücksichtigung finden.

Gleiches galt aber auch im Hinblick auf das Vorliegen von Idealkonkurrenz. Bis zur Einführung des Kombinationsprinzips in §52 Abs.2 bis Abs.4 StGB wurde auch hier das in §73 StGB a.F. enthaltene Absorptionsprinzip konsequent durchgeführt. Eine Mischung der Strafrahmen etwa im Hinblick auf Mindest- oder Nebenstrafen war nicht gestattet[392].
Diese Exklusivität hat die Rechtsprechung in RGSt 73 S.148ff. aufgegeben und eine begrenzte und ergänzende Absorption angenommen[393]. Diese Rechtsprechung fand ihre Bestätigung in der Einführung des das Kombinationsprinzip ent-

---

S.233(235); Vogler FS-Bockelmann S.715(722); Geppert Jura 1982 S.418(426); Seier Jura 1983 S.225(234); Haslinger S.149; kritisch: OLG Köln NJW 1953 S.1762(1763); Paulusch S.135; Rittmann S.95; Geerds, Konkurrenz, S.167, 232; Frank Anm.VII zu §73; von Hippel S.527.

391 RGSt 59, 321(325); von Hippel S.527; Mezger AT S.253; Frank Anm. VII 3 zu §73; Bär S.22.

392 Vgl. etwa RGSt 4, 218ff.; 5, 240ff.; 6, 180(183f.); 8, 84ff.; 18, 174(177); 58, 240ff.; 71, 101ff.; 72, 113ff; Frank §73 Anm.VII 3.

393 RGSt 73, 148ff.; 75, 19(20); 75, 190ff.

haltenden §52 Abs.2 bis Abs.4 StGB. Dem schwersten Gesetz ist bei Vorliegen ungleichartiger Idealkonkurrenz grundsätzlich die Strafe zu entnehmen, allerdings mit der Maßgabe, daß der Strafrahmen nach unten durch die strengste Mindeststrafe bestimmt wird (§52 Abs.2 Satz 2 StGB) und auf Nebenstrafen erkannt werden kann oder muß, wenn sie einer der verletzten Tatbestände vorschreibt (§52 Abs.4 StGB). Auch hier findet in der Literatur der Begriff der „Sperrwirkung des milderen Gesetzes" Anwendung[394].
Diese „Sperrwirkung" beruht auf der Überlegung, daß der Täter nicht deshalb bessergestellt werden darf, weil er nicht nur einen, sondern mehrere Tatbestände erfüllt hat[395].

Dem Meinungsumschwung hinsichtlich der Idealkonkurrenz ist auch ein Umdenkprozeß im Bereich der Gesetzeseinheit gefolgt. Der Grundsatz der Deliktsabsorption wurde Einschränkungen unterworfen und auch bei Vorliegen von Gesetzeseinheit das Vorliegen einer „Sperrwirkung des milderen Gesetzes" im Rahmen der Strafzumessung anerkannt[396]. Enthält der verdrängte Tatbestand einen Strafrahmen mit höherer Untergrenze als die verdrängende Norm oder enthält er die Möglichkeit, auf Nebenstrafen, Nebenfolgen oder Maßnahmen der Besserung und Sicherung zu erkennen[397], so ist der Strafrahmen der primären Vorschrift insoweit zu modifizieren[398].

---

[394] Vgl. etwa Stree, in S./S. §52 Rn.34; Vogler, in LK 10.A. §52 Rn.40, 43; Rissing-van Saan, in LK §52 Rn.44; Seier Jura 1983 S.225(233); Werle S.40; Jakobs AT 33.Abschnitt Rn.1; Maurach/Gössel/Zipf AT/2 §55 IV Rn.93 spricht *vom „sperrenden Strafbeitrag des milderen Gesetzes"*.

[395] Stree, in S./S. §52 Rn.34; Vogler, in LK 10.A. §52 Rn.43; Rissing-van Saan, in LK §52 Rn.44.

[396] Vgl. dazu Fn.388 bis 390.

[397] Zur Entschärfung dieser Problematik durch die weitgehende Zusammenfassung der ehemals weitverstreuten Nebenfolgen und Maßnahmen im Allgemeinen Teil des StGB vgl. Seier Jura 1983 S.225(235f.); Fuchs S.139.

[398] Als weitere Durchbrechung der Exklusivität kann das verdrängte Gesetz auch in den Strafzumessungserwägungen, die innerhalb des Strafrahmens der Primärnorm anzustellen sind, als straferhöhende Strafzumessungstatsache berücksichtigt werden (st. Rspr.: vgl. RGSt 26, 198(199); 26, 312(314); 33, 401(402); 59, 147(148); 62, 61(63); 63, 423(424); BGHSt 1, 152(155); 6, 25(27); 19, 188(189); 21, 183(185); 22, 248(249); 33, 142(147); Tröndle/Fischer Vor §52 Rn.23; Vogler, in LK 10.A. Vor §52 Rn.117; Rissing-van Saan, in LK Vor §52 Rn.70, 93, 111; Stree, in S./S. Vor §52 Rn.141; Jescheck/Weigend AT §69 III 3; Welzel, Strafrecht, §38 I 6; Bruns, Strafzumessungsrecht, S.465ff.; ders. Strafzumessung, S.185; Fuchs S.126; Schmitt ZStW 75 (1963) S.43(53); Dünnebier GA 1954 S.271(274); Warda JuS 1964 S.81(92); Rittmann S.92; Zipf S.138; Haslinger S.148; kritisch: Geerds, Konkurrenz, S.167, 231f.; Maurach/Gössel/Zipf AT/2 §55 Rn.25; Paulusch S.136ff.

Die Begründung für die Annahme der „Sperrwirkung des milderen Tatbestandes" entspricht der zur Tateinheit vorgebrachten und durch den Gesetzgeber in §52 Abs.2 Satz 2 StGB umgesetzten Überlegung, daß der Täter nicht bessergestellt werden darf, wenn er nicht nur einen, sondern mehrere Tatbestände verwirklicht hat[399]. Die Verletzung des verdrängten Tatbestandes ist zwar nicht selbständig in Ansatz zu bringen, darf aber den Täter in der Sache nicht sachwidrig privilegieren.

Das Eingreifen der „Sperrwirkung des milderen Gesetzes" gilt aber nicht grundsätzlich und ausnahmslos, sondern nur dann, wenn sich aus dem Zweckzusammenhang der verwirklichten Tatbestände nichts anderes ergibt[400]. Enthält etwa das primäre Gesetz eine Privilegierung, so darf diese nicht mittels des verdrängten Tatbestandes ausgeschlossen werden, denn dies liefe gerade dem Sinn der Privilegierung zuwider[401]. Insoweit besteht hier eine Ausnahme von der dargestellten „Sperrwirkung des milderen Tatbestandes".

Keine „Sperrwirkung" besteht aber im Hinblick auf die Höchststrafe des verdrängten Gesetzes[402]. Weist das verdrängte Delikt eine höhere Strafe als das verdrängende auf, so ist keine Bindung an die Höchststrafe des verdrängten Gesetzes gegeben.

Von der Berücksichtigung ist aber abzusehen, falls die strafschärfend gewerteten Umstände schon zu den Merkmalen des primären Tatbestandes gehören oder das verdrängende Gesetz den Täter privilegiert (vgl. Vogler, in LK 10.A. Vor §52 Rn.107,117; Rissing-van Saan, in LK 11.A. Vor §52 Rn.93; Stree, in S./S. Vor §52 Rn.141; Fuchs S.128, 130; Jescheck/Weigend AT §69 III 3; Haslinger S.148; Notheis S.63f.; Zipf S.138.

399 Grundlegend BGHSt 1, 152(156); vgl. auch Vogler FS-Bockelmann S.715(722); Seier Jura 1983 S.225(234).

400 Lackner/Kühl Vor §52 Rn.29; Stree, in S./S. Vor §52 Rn.141; Mitsch JuS 1993 S.471(475); Warda JuS 1964 S.81(92f.); Bruns, Strafzumessungsrecht, S.467.

401 Vgl. hierzu Cramer JurA 1970 S.183(207); Samson/Günther, in SK Vor §52 Rn.105; Stree, in S./S. Vor §52 Rn.141; Tröndle/Fischer Vor §52 Rn.23; Fuchs S.137; Mitsch JuS 1993 S.471(475); Warda JuS 1964 S.81(92f.); Notheis S.41.
Dies kommt auch im Verhältnis von privilegierten Tötungsdelikten zu qualifizierten Körperverletzungsdelikten zum Tragen (vgl. unten S.101ff.). Besteht etwa im Verhältnis von §216 StGB zu den qualifizierten Körperverletzungsdelikten der §§224, 226 StGB Gesetzeseinheit, könnte die Mindeststrafe der qualifizierten Körperverletzungen nicht unterschritten werden. Dies gilt aber nicht bei §216 StGB, da andernfalls die Privilegierungswirkung des §216 StGB mißachtet würde.

402 BGHSt 30, 166(167f.) mit zustimmender Anmerkung Bruns JR 1982 S.166f.; BGHSt 32, 95(97); Tröndle/Fischer Vor §52 Rn.23; Stree, in S./S. Vor §52 Rn.141; Jescheck/Weigend AT §69 III 2; Bruns, Strafzumessung, S.185; Fuchs S.138; Bringewat, Gesamtstrafe, S.78 Rn.908.

Dies verdient auch Zustimmung, da ansonsten Widersprüchlichkeiten im Tenor auftreten. Würde die Höchststrafe des im Tenor zum Ausdruck kommenden Gesetzes überschritten, so wäre im Strafausspruch eine Strafe enthalten, die in dem im Tenor enthaltenen Tatbestand gar nicht vorgesehen ist. Der Tenor wäre dann widersprüchlich; Schuld- und Strafausspruch passen dann nicht zusammen[403].

Die in dieser Fallgruppe zum Ausdruck kommende „Sperrwirkung“ unterscheidet sich aber von den bislang verwandten Begriff der „Sperrwirkung“ in den anderen Fallgruppen. Die „Sperrwirkung“ kommt hier auf einer anderen Ebene zum Tragen, da sich die „Sperrwirkung des milderen bzw. verdrängten Gesetzes“ als Bestandteil der Strafzumessung erwiesen hat.

[403] Fuchs S.138.

IV. Fallgruppe 4: Die „Sperrwirkung" bei Zusammentreffen der privilegierten Tötung auf Verlangen (§216 StGB) mit qualifizierten Körperverletzungstatbeständen

Geht es um die rechtliche Problematik des Zusammentreffens der Tötung auf Verlangen (§216 StGB) mit qualifizierten Körperverletzungsdelikten, so wird eines schnell deutlich.

Man wird auch hier mit dem Begriff der „Sperrwirkung" konfrontiert[404]. Dieser wird i.d.R. ohne weitere Begründung ausreichende Aussagekraft beigemessen, um einen Vorrang der privilegierten Tötung vor den qualifizierten Körperverletzungsdelikten zu rechtfertigen.

Die besondere Problematik des Aufeinandertreffens zeigt sich bei der Betrachtung der Strafrahmen, die die betroffenen Tatbestände bereithalten. So umfassen die qualifizierten Körperverletzungsdelikte der §§224, 226 StGB höhere Strafen als die privilegierte Tötung auf Verlangen. Sollen aber die privilegierten Tötungsdelikte Vorrang genießen, muß dieser Vorrang begründet werden.

Dabei kann die Bezeichnung als „Sperrwirkung" auch hier eines sicher nicht leisten. Die Begründung des von den Vertretern einer solchen „Sperrwirkung" angenommenen Vorrangs der Tötungsdelikte zu ersetzen. Eine Berufung auf die „Sperrwirkung" eines Delikts gegenüber anderen Tatbeständen ist vielmehr nur Behauptung denn Begründung.

Somit muß es im folgenden darum gehen, Begründung und dogmatische Einordnung des nicht unbestrittenen Vorrangs des privilegierten Tötungsdelikts zu untersuchen.

Beantworten kann man diese Frage jedoch nur, wenn man sich grundsätzliche Klarheit über das Verhältnis der vorsätzlichen Tötung zu vorsätzlichen Körperverletzungstatbeständen verschafft.

Das Verhältnis der Tötungs- zu den Körperverletzungsdelikten ist seit jeher eines der umstrittensten Probleme des Besonderen Teils des StGB gewesen. Grundlage

---

[404] Vgl. Hirsch, LK 10.A. Vor §223 Rn.16f.; ders. ZStW 81 (1969) S.917(931); Eser, in S./S. §212 Rn.25; Haft BT S.89; Krey BT/1 Rn.243; Küpper JuS 1985 S.395(398).

bilden die unterschiedlichen Ansätze, die sich einerseits in der „Gegensatztheorie“[405] und andererseits in der „Einheitstheorie“[406] widerspiegeln.
Die Rechtsprechung hat hier nicht weniger als dreimal den Standpunkt gewechselt[407], folgt nunmehr aber seit BGHSt 16, 122ff. in ständiger Rechtsprechung der Einheitstheorie.
Da sich die Einheitstheorie als absolut herrschende Auffassung durchgesetzt hat, genügt hier ein knapper Überblick über die zu unterschiedlichen Ergebnissen führenden Auffassungen[408].
Nach der Gegensatztheorie soll der Tötungsvorsatz schon begrifflich das gleichzeitige Vorliegen eines Körperverletzungsvorsatzes ausschließen.
Teilweise wird die Gegensatztheorie auch in der Fassung vertreten, daß Tötungs- und Körperverletzungsvorsatz in der Form von direktem und bedingtem Vorsatz miteinander konkurrieren können[409].
Im Gegensatz dazu sieht die Einheitstheorie im Tötungsvorsatz stets einen eingeschlossenen Körperverletzungsvorsatz als gegeben an[410].

Das Verhältnis der Tötungsdelikte zu den Körperverletzungstatbeständen wurde dabei zumeist als reines Vorsatzproblem diskutiert. Ausschlaggebend ist jedoch die Frage, ob das Durchgangsstadium der Tötung den objektiven Tatbestand der

---

405 RGSt 61, 375f.; Welzel FS-v. Weber S.242ff.; ders., Strafrecht, §38 I 6; Schneider GA 1956 S.257f.; Arzt/Weber LH1 Rn. 228ff.

406 St. Rspr. seit BGHSt 16, 122ff.; vgl. auch Doehring JuS 1969 S.87(88); Jakobs, Konkurrenz, S.119ff.; Hirsch, in LK 10.A. Vor §223 Rn.14ff.; Horn, in SK §212 Rn.30ff.; Eser, in S./S. §212 Rn.17; Gössel BT/1 §13 Rn.123ff.; Lackner/Kühl §212 Rn.7; Schmitt JZ 1962 S.389ff.; Schröder JZ 1967 S.709; ders. JR 1969 S.265; Maurach/Schroeder/Maiwald BT/1 §8 V; Krey BT/1 Rn.230; ders. JuS 1971 S.141(143).

407 Vgl. hierzu Welzel FS v. Weber S.242f.

408 Vgl. ausführlich etwa Schmitt JZ 1962 S.389ff.; Jakobs, Konkurrenz, insbes. S.96ff.

409 Vgl. RGSt 25, 321ff.; 62, 8ff.; OLG Kiel MDR 1947 S.69(70); Frank Vor §211 Anm. V; v. Liszt, Lehrbuch, S.477.

410 Die Tatsache, daß jede Tötung ein Stadium durchläuft, das den Begriff der Körperverletzung erfüllt ist ein bei den Rücktrittsfällen besonders hervortretendes Faktum (Hirsch, in LK 10.A. Vor §223 Rn. 15). Die Körperverletzung ist physiologisch gesehen zumindest für eine logische Sekunde notwendiges Durchgangsstadium vor Todeseintritt (Krey BT/1 Rn.230 m.w.N.). Auch würde ein objektiver Ausschluß von Körperverletzung und Tötung bedeuten, daß die Körperverletzung mit Todesfolge (§227 StGB) nicht möglich wäre. Die Tat könnte dann aber nur noch als versuchte Körperverletzung mit Todesfolge konstruiert werden (vgl. Jakobs, Konkurrenz, S.99). Die Gegensatztheorie führt vor allem auch beim Rücktritt vom Versuch zu unbefriedigenden Ergebnissen. So könnte nach dieser Auffassung beim Rücktritt vom Tötungsversuch eine bereits verwirklichte Körperverletzung wegen Fehlen des Vorsatzes nicht bestraft werden. Auch die Variante der Gegensatztheorie kann nicht befriedigen. Zwar wäre derjenige, der bzgl. des Eintretens einer Körperverletzung bedingten Vorsatz hat beim Rücktritt vom Versuch der Tötung wegen Körperverletzung strafbar, dagegen bliebe der Täter, der

Körperverletzung erfüllt. Wird der objektive Tatbestand als erfüllt angesehen, so ist das Vorliegen des Körperverletzungsvorsatzes zwingende Konsequenz, da die Verwirklichung der Durchgangsverletzung willentlich erfolgt und die Kongruenz von objektivem und subjektivem Tatbestand die Anerkennung des Stufenverhältnisses auch im subjektiven Bereich verlangt[411].

1. Die „Konkurrenz" der vollendeten Tötung auf Verlangen mit §§223ff. StGB

a) Das Verhältnis von §216 StGB zu §223 StGB

Als Einstieg in die Betrachtung mag ein kurzer Überblick genügen, der einerseits zeigt, daß sich die Problematik der „Sperrwirkung" im Bereich des Verhältnisses des §216 StGB zu §223 StGB noch nicht stellt, anderseits aber dieses Verhältnis als Ausgangspunkt für die Lösung des Verhältnisses bei der qualifizierten Körperverletzung von Bedeutung ist.

Die vollendeten Tötungsdelikte stehen zu der Durchgangskörperverletzung des §223 StGB im Verhältnis der Gesetzeseinheit. Zutreffend gehen Rechtsprechung und herrschende Auffassung in der Literatur von einem Fall der Subsidiarität aus[412].

Gleiches gilt auch für den privilegierten Tatbestand des §216 StGB[413]. Der Unwertgehalt der Körperverletzung ist in der Tötung mitenthalten.

---

mit der Möglichkeit des Ausbleibens des Tötungserfolges überhaupt nicht gerechnet hat straffrei.

411 Jakobs, Konkurrenz, S.119ff.; Hirsch, in LK 10.A. Vor §223 Rn.14; Eser, in S./S. §212 Rn.17.

412 St. Rspr. vgl. etwa BGHSt 16, 122(123); 21, 265(266); 22, 248ff.; BGH NStZ 1995 S.79(80); vgl. auch Horn, in SK §212 Rn.31; Lackner/Kühl §212 Rn.9; Hirsch, in LK 10.A. Vor §223 Rn.17; Eser, in S./S. §212 Rn.18; Maurach/Schroeder/Maiwald BT/1 § 8 V Rn.47ff.; Gössel BT/1 §14 Rn.30; Wessels/Hettinger BT/1 Rn.320; a.A.: für Konsumtion Welzel, Strafrecht, S.282; Otto BT §25 Rn.17; Jakobs, Konkurrenz, S.122. Für Spezialität: Schmitt JZ 1962 S.389(391).

413 Vgl. etwa Horn, in SK §216 Rn.16; Eser, in S./S. §212 Rn.19; Hirsch, in LK 10.A. Vor §223 Rn.16, 18; für Spezialität Schmitt JZ 1962 389(393); für Konsumtion Jakobs, Konkurrenz, S.122.

b) Das Verhältnis der Tötung auf Verlangen zu den qualifizierten Körperverletzungsdelikten

Probleme finden sich jedoch im Bereich des Zusammentreffens der Tötung auf Verlangen mit qualifizierten Körperverletzungsdelikten. Hierbei wird zunächst das Verhältnis von §216 StGB zu §226 StGB im Mittelpunkt der Untersuchung stehen.

aa) Das Verhältnis von §216StGB zu §226 StGB

aaa) Teillösung der „Konkurrenzproblematik" auf interpretatorischem Weg: Bestehen eines tatbestandlichen Ausschlußverhältnisses

Im Verhältnis der privilegierten Tötung auf Verlangen zur qualifizierten Körperverletzung des §226 StGB gilt es zunächst zu klären, ob sich nicht ein Teil der Problematik bereits auf tatbestandlicher Ebene klären läßt. Dann wäre die „Konkurrenzproblematik" zumindest teilweise einer Lösung zugeführt.

(1) Tatbestandlicher Ausschluß von §226 StGB bei vollendeter Tötung?

Das Verhältnis der vollendeten Tötungsdelikte zu §226 StGB ist von der Problematik geprägt, ob ein tatbestandliches Aufeinandertreffen dieser Delikte überhaupt möglich ist.

Die schweren Körperverletzungen scheiden bei Zusammentreffen mit vollendeten Tötungsdelikten i.d.R. aus, da die Qualifikationen des §226 StGB ein Fortleben des Opfers voraussetzen[414]. §226 StGB ist nicht nur durch das Gewicht des Eingriffs, sondern auch durch eine zu Lebzeiten bestehende Dauer der Folgen gekennzeichnet. Das Opfer muß die in §226 StGB genannten Funktionen „verloren" haben, muß „dauernd" entstellt sein oder in einen bestimmten Zustand „verfallen" sein. Die den Zustand bedeutende Beeinträchtigung muß erhebliche Zeit andauern. Die Erschwerung der Körperverletzung kann sich nur so lange vollziehen, wie der Verletzte lebendig ist. Wenn bei Todeseintritt sofort nach Eintritt der schweren Folge eine schwere Körperverletzung i.S. §226 StGB angenommen würde, erhielte die Strafe für die eingetretene Verletzung den Charakter einer Gefährdungsstrafe, d.h. der Täter würde dafür bestraft, daß sich der ganze Um-

[414] Schmitt JZ 1962 S.389(392); Jakobs, Konkurrenz, S.107ff., 128ff.; Jakobs NJW 1969 S.437(438); Welzel, Strafrecht, §38 I 6; Eser, in S./S. §212 Rn.19f.; Hirsch, in LK 10.A. Vor §223 Rn.16; Hirsch ZStW 81 (1969) S.917(928); Gössel BT/1 §14 Rn.42.

fang der schweren Folge hätte entfalten können[415]. §226 StGB ist jedoch kein Gefährdungs-, sondern ein Verletzungsdelikt.
Deshalb ist §226 StGB dann schon tatbestandlich ausgeschlossen, wenn die schwere Folge sich nur als kurzfristiges Durchgangsstadium darstellt.
Entgegen Schmitt[416], Geerds[417] und Welzel[418] ist damit allerdings das Zusammentreffen mit §226 StGB nicht völlig unmöglich geworden. Eine Exklusivität der Tatbestände besteht hier insoweit nicht. Es kann vielmehr zu einem Aufeinandertreffen auch mit einer vollendeten Tötung in den Fällen kommen, in denen der Täter eine langwierig verzögerliche Tötung vorgenommen hat. Dies ist dann gegeben, wenn sich der Todeserfolg langwierig verzögert und deshalb auch ein Dauerschaden i.S. des §226 StGB eintreten kann.
Hier ist ein Zusammentreffen der vollendeten Tötung mit einer qualifizierten Körperverletzung möglich, da dann die schwere Folge ihr besonderes Gewicht auch entfaltet hat[419].

Es hat sich somit gezeigt, daß ein Zusammentreffen der vollendeten Tötung auf Verlangen mit §226 StGB i.d.R. nicht möglich ist. Eine „Sperrwirkung" im Sinne eines damit bezeichneten Vorrangs des §216 StGB gegenüber §226 StGB kann es insoweit in den Fällen des Vorliegens eines tatbestandlichen Ausschlußverhältnisses nicht geben.

(2) Tatbestandlicher Ausschluß im Verhältnis von §216 StGB und §226 Abs.2 StGB

Darüber hinaus zeigt sich im Verhältnis von §216 StGB zu §226 StGB eine weitere Begrenzung der Problematik. §216 StGB und §226 Abs.2 StGB können tatbestandlich nicht nebeneinander erfüllt sein.

§226 Abs.2 StGB setzt voraus, daß der Täter absichtlich oder wissentlich handelt. Damit sind im Bereich von §226 Abs.2 StGB die direkten Vorsatzarten er-

415 Vgl. Jakobs, Konkurrenz, S.108.
416 Schmidt JZ 1962 S.389(392).
417 Geerds, Konkurrenz, S.197.
418 Welzel, Strafrecht, §38 I 6.
419 Hirsch ZStW 81 (1969) S.917(928); Eser, in S./S. §212 Rn. 19f.; Jakobs, Konkurrenz, S.128ff.; Hirsch, in LK 10.A. Vor 223 Rn.16.

forderlich. Handelt der Täter aufgrund direkten Vorsatzes, fehlt es aber noch nicht am Tatbestandsmerkmal des „Bestimmtseins" i.S. von §216 StGB. Zwar ist es Voraussetzung des Bestimmtseins in §216 StGB, daß das Verlangen des Opfers Hauptmotiv des Täters war, doch setzt der für §226 Abs.2 erforderliche direkte Vorsatz zumindest in Form der Wissentlichkeit nicht voraus, daß es dem Täter auf den Eintritt der schweren Folge ankommt, er den Erfolg anstrebt oder er den Erfolg für wünschenswert hält. Er muß die Folge nur als sicheres Resultat seiner Handlung ansehen[420], damit muß aber der Eintritt der Folge nicht Hauptmotiv für §226 Abs.2 StGB sein. Folglich läßt sich ein tatbestandliches Ausschlußverhältnis insoweit nicht begründen.

Dagegen folgt aus der bereits oben[421] dargelegten Problematik des Ausschlusses der schweren Körperverletzung für den Fall des Eintritts des Todes ohne dauerhaften Eintritt der schweren Folge, daß ein Zusammentreffen des §226 Abs.2 StGB mit §216 StGB nicht möglich ist[422].

§226 Abs.2 StGB setzt insoweit das Vorliegen eines auf den Eintritt eines Dauerschadens bei Fortleben des Opfers gerichteten direkten Vorsatzes des Täters voraus. Liegt aber ein solcher direkter, auf eine langwierig verzögerliche Tötung gerichteter Vorsatz vor, so ist dies mit der notwendigen subjektiven Haltung des Täters bei der Tötung auf Verlangen nicht vereinbar.

Dem Täter einer Tötung auf Verlangen ist zwar bewußt, daß er nicht umhinkommt, den Verlangenden zu verletzen, dessen Leiden will er aber in keinem Fall vermehren. Einen direkten Vorsatz bzgl. einer langwierig verzögerlichen Tötung kann ein durch das Tötungsverlangen bestimmter, aufgrund der Mitleidsmotivation und bestehender notstandsähnlicher Lage handelnder Täter nicht haben[423].

Insoweit liegt zwischen §216 StGB und §226 Abs.2 StGB ein Exklusivitätsverhältnis vor. Ist somit ein Zusammentreffen von §216 StGB und §226 Abs.2 StGB

---

[420] Tröndle/Fischer §15 Rn.7, §226 Rn.19; Cramer, in S./S. §15 Rn.68; Stree, in S./S. §225 Rn.2; Maurach/Zipf AT/1 §22 III 2 m.w.N.

[421] Vgl. Seite 105f.

[422] Vgl. Eser, in S./S. §212 Rn.26; Hirsch, in LK 10.A. Vor §223 Rn.16, 18; Schmitt JZ 1962 S.389(394).

[423] Ebenda.

nicht möglich, hat sich auch hier, ähnlich wie in Fallgruppe 1[424], gezeigt, daß es eine „Sperrwirkung“ im Sinne eines damit bezeichneten Vorrangs von §216 StGB vor §226 Abs.2 StGB insoweit nicht geben kann.

(3) Tatbestandlicher Ausschluß des §226 StGB aufgrund des Vorliegens eines Rechtfertigungsgrundes?

Eine weitere Klärung der Problematik wäre auch erreicht, wenn mit dem Tötungsverlangen des Opfers i.S. von §216 StGB gleichzeitig auch die Einwilligung in damit einhergehende Körperverletzungen verbunden ist. Bei Vorliegen eines derartigen Rechtfertigungsgrundes wäre eine Strafbarkeit aus Körperverletzungsdelikten bereits tatbestandlich ausgeschlossen.

Die Frage, ob und inwieweit in dem Tötungsverlangen des Opfers i.S. des §216 StGB eine Einwilligung auch in die Körperverletzungsdelikte liegt, hat in der Literatur seit der Durchsetzung der Einheitstheorie kaum noch Bedeutung[425].
Die Vertreter der Einheitstheorie beschränken sich i.d.R. auf den Hinweis, daß eine Einwilligung seit der Einführung des §226a StGB a.F.[426] (jetzt §228 StGB) sittenwidrig sei[427].
Wendet man die Einheitstheorie konsequent an, so willigt derjenige, der eine Tötung verlangt, auch in die Körperverletzung, die Durchgangsstadium zur Tötung ist, ein[428].
Die Einwendung von Vertretern der Einheitstheorie, die Einwilligung gehe zwar auf die Tötung, nicht aber auf Körperverletzung[429], ist als inkonsequent abzulehnen[430]. Wenn angenommen wird, daß jede Tötung eine Körperverletzung enthält, dann verlangt der Lebensmüde aber mit der Tötung auch die Körperverletzung. Da das Verlangen i.S. des §216 StGB mehr als eine bloße Einwilligung darstellt, ist auch eine Einwilligung in die Körperverletzung grundsätzlich gegeben.

---

[424] Vgl. S.72f.
[425] Hierzu nur Schmitt JZ 1962 S.389(394); Horn, in SK §216 Rn.18; Jakobs, Konkurrenz, S.124f.
[426] §226 a StGB a.F. wurde eingeführt mit Gesetz vom 26.05.1933, RGBl. I S.295.
[427] Horn, in SK §216 Rn.18; Schmitt JZ 1962 S.389(394).
[428] A.A., die Vertreter der Gegensatztheorie: vgl. etwa Gehl S.87; Hauptmann S.54; Weinrich S.92; Wilhelmi S.32.
[429] Vgl. etwa RGSt 28, 200(213); Selckmann S.70; Holtzendorff S.442.

Problematisch ist nur, ob hier nicht Sittenwidrigkeit gegeben ist, da die Einwilligung zum Zwecke der Tötung auf Verlangen erteilt wurde[431].

Nach §228 StGB ist eine Körperverletzung sittenwidrig, wenn die Tat trotz der Einwilligung gegen die guten Sitten verstößt.

Zutreffenderweise kommt es dabei aufgrund der absoluten Rechtsgutsbezogenheit des Rechtfertigungsgrundes auf die Sittenwidrigkeit der Einwilligung nicht an[432].

Entscheidend ist, ob Bewertungsgrundlage für die Sittenwidrigkeit allein Art und Umfang der Körperverletzung sind oder ob auch dem mit der Körperverletzung verfolgten Zweck entscheidende Bedeutung zukommt.

Nach der abzulehnenden Mindermeinung ist die Sittenwidrigkeit der Tat ausschließlich nach dem Gewicht des tatbestandlichen Rechtsgutseingriffs zu beurteilen[433]. Ansonsten wäre nicht mehr die Verletzung des vom Tatbestand erfaßten Rechtsguts, sondern die Verwerflichkeit des verfolgten Zwecks Grund der Bestrafung[434]. Nur ausnahmsweise komme auch dem Zweck der Tat Bedeutung zu, wenn die Körperverletzung für sich betrachtet als sittenwidrig anzusehen sei, der vorliegende positive Zweck aber aufgrund seines Gewichts diese negative Bewertung zu kompensieren vermöge[435].

Die herrschende Auffassung gebe mit ihrem Bezug auf den Zweckgedanken das im Gesetz statuierte Abstellen auf die Tat auf, da hiermit Gesichtspunkte einbezogen würden, die nur die Sittenwidrigkeit der Einwilligung beträfen. So komme §228 StGB nicht mehr die Funktion einer Einwilligungsvorschrift zu[436].

Zustimmung verdient jedoch die herrschende Auffassung, die nicht allein auf Art und Umfang der Körperverletzung abstellt, sondern auch dem Tatzweck Bedeu-

---

430 Vgl. etwa Schmitt JZ 1962 S.389(394); Jakobs, Konkurrenz, S.72f., 127.

431 Insoweit sind die vor Einführung des §226 a StGB a.F. vertretenen Aufassungen überholt: vgl. etwa: Wiebeck S.30ff.; Kahle S.28ff.; Hauptmann S.53ff.; Binding, Handbuch, S.727ff.; Frank S.141ff.; v. Liszt, Lehrbuch, S.204; Zimmermann GA Bd.29 (1881) S.435ff.; Ortmann GA Bd.25 S.104ff.

432 RGSt 74; 91(95); BGHSt 4, 88(91); Berz GA 1969 S.145; Bockelmann, Strafrecht des Arztes, S.73; Tröndle/Fischer §228 Rn.10; Maurach/Zipf AT/1 §17 III Rn.67; Maurach/Schroeder/Maiwald BT/1 §8 III Rn.14; Hirsch, in LK 10.A. §226a Rn.7; Arzt/Weber LH1 Rn.276; Welzel, Strafrecht, §14 VII 2 c; Wessels/Beulke AT Rn.377; Stree, in S./S. §226a Rn.9; a.A.: Geerds GA 1954 S.262(268); Amelung S.56f.

433 So Arzt, Einwilligung, S.39; Hirsch, in LK 10.A. §226a Rn.9; ders. ZStW 83 (1971) S.140(166f.); ders. FS-Welzel S.775(798f.); Rudolphi ZStW 86 (1974) S.68(86); Weigend ZStW 98 (1986) S.44(64).

434 Hirsch, in LK 10.A. §226a Rn.9.

435 Arzt, Einwilligung, S.39.

436 Hirsch ZStW 83 (1971) S.140(166f.); ders., in LK 10.A. §226a Rn.9.

tung beimißt[437]. Die Feststellung, ob eine Verletzung der körperlichen Integrität sittenwidrig ist, läßt sich ohne Berücksichtigung des dahinterstehenden Zwecks nicht sachgerecht erfassen[438].

Mißt aber auch die Mindermeinung positiven Zwecken teilweise Bedeutung für die Beurteilung der Tat zu, so ist es nicht nachvollziehbar, warum umgekehrt einem negativen Tatzweck jegliche Bedeutung abgesprochen werden soll[439]. Erst die Einbeziehung auch solcher Zwecke kann vielfach zu dem Ergebnis führen, daß der Eingriff trotz vorliegender Einwilligung sozialethischen Wertvorstellungen widerspricht.

Auch folgt aus der Tatbezogenheit der Einwilligung nicht, daß man „Tat“ und „Körperverletzungserfolg“ synonym verstehen müßte. Wie auch die Verwendung des prozessualen Tatbegriffs zeigt ist das Verständnis, was als Tat i.S. des §228 StGB anzusehen ist, kontextabhängig. Insoweit ist die Berücksichtigung des zugrundeliegenden Zwecks geboten[440].

Die Einordnung einer Körperverletzung unter den Begriff der Sittenwidrigkeit setzt auch nach den Regeln der Sprachverwendung voraus, das erfolgsverursachende Verhalten und damit die durch das Verhalten verfolgten Zwecke gleichfalls zu bewerten[441].

Der Einwand, mit der Einbeziehung des zugrundeliegenden Zwecks werde entgegen dem Gesetzeswortlaut die Sittenwidrigkeit der Einwilligung in die Bewertung aufgenommen, ist nicht haltbar. Nicht die Sittenwidrigkeit der Einwilligung, sondern der mit der Tat verfolgte Zweck ist von Bedeutung. Stellt sich die Einwilligung als sittenwidrig dar, nicht aber der zugrundeliegende Zweck, so ist die Körperverletzung gerechtfertigt.

Damit ist bei der Tötung auf Verlangen kein Rückgriff auf §228 StGB als Rechtfertigungsgrund für die Körperverletzung möglich. Der zugrundeliegende Zweck der Beeinträchtigung ist hier die Herbeiführung des auf dem Verlangen des Op-

---

437 RGSt 74, 91(94); Tröndle/Fischer §228 Rn.9; Horn, in SK §228 Rn.9 §226a Rn.7f.; Roxin JuS 1964 S.373(379); Welzel, Strafrecht, §14VII 2 c; Geerds GA 1954 S.262(268); Noll, Rechtfertigungsgründe, S.85ff.; Schmidt JZ 1954 S.369(374); Berz GA 1969 S.145(152).

438 So wird die Organentnahme zu Transplantationszwecken bei einem Angehörigen, im Gegensatz zur Organentnahme zum Verkauf des Organs, kaum als sittenwidrig angesehen werden können, obwohl der körperliche Eingriff der gleiche ist.

439 Stree, in S./S. §226a Rn.7.

440 Paeffgen, in NK §226a Rn.21.

441 Paeffgen, in NK §226a Rn.21.

fers beruhenden Todes. Die Körperverletzung stellt ein hierzu notwendiges Durchgangsstadium dar. Der der Körperverletzung zugrundeliegende Zweck der Tötung eines Menschen ist als sittenwidrig anzusehen. Obwohl es sich hier um eine auf dem Verlangen des Opfers beruhende Tötung handelt, folgt aus der Strafbarkeit der Tat gemäß §216 StGB auch die Sittenwidrigkeit einer solchen Tötung[442].

Da der zugrundeliegende Zweck sittenwidrig ist, schließt §228 StGB die Rechtfertigung einer eingetretenen Körperverletzung aus. Die Einwilligung in die Körperverletzung kann somit keine Wirkung entfalten.

Dies gilt auch, wenn man einschränkend den sittenwidrigen Zweck der Handlung bei geringfügigen Eingriffen nicht mehr ausreichen läßt[443] oder für Sittenwidrigkeit verlangt, daß die Körperverletzung zum Zwecke der Vorbereitung, Vornahme, Verdeckung oder Vortäuschung einer Straftat begangen sein muß[444]. Zum gleichen Ergebnis gelangt man, wenn man darauf abstellt, daß das Anstandsgefühl aller billig und gerecht Denkenden dann beeinträchtigt ist, wenn eine erhebliche Körperverletzung, insbesondere eine Substanzverletzung, ohne einsehbaren Zweck erfolgt, was jedoch bei deliktischen Zwecken regelmäßig der Fall ist[445].

Eine weitere Klärung der „Sperrwirkungsproblematik" aufgrund des Vorliegens eines Rechtfertigungsgrundes in Bezug (auch) auf Körperverletzungsdelikte konnte somit nicht erreicht werden.

bbb) <u>Die „Sperrwirkung" als begriffliche Abweichung auf dem Gebiet der Gesetzeseinheit</u>

Die Auslegung der Tatbestände hat ergeben, daß eine Teillösung der „Sperrwirkungsproblematik" erreicht werden kann.

Fraglich bleibt aber wie sich die Vorrangfrage in den verbleibenden Fällen des Zusammentreffens von §216 StGB und §226 Abs.1 StGB darstellt.

---

[442] Vgl. auch Jakobs, Konkurrenz, S.125f.; Schmitt JZ 1962 S.389(394); Gehl S.87; Horn, in SK §216 Rn.18.

[443] So etwa Stree, in S./S.§226a Rn.8.

[444] So Horn, in SK §228 Rn.9.

[445] Maurach/Schroeder/Maiwald BT/1 §8 III Rn.14.

Als Ausgangspunkt muß das Verhältnis des Grunddelikts des §212 StGB zu §226 Abs.1 StGB dienen.

Nach zutreffender Auffassung der Rechtsprechung geht §212 StGB als die intensivere Verletzungsform den §§223ff. StGB vor. Auch im Verhältnis zu §226 Abs.1 StGB ist das Körperverletzungsdelikt subsidiär zum Tötungsdelikt des §212 StGB[446].

Zustimmung hat dies auch bei der herrschenden Auffassung in der Literatur gefunden[447].

Ausgehend von der zwischen §212 und §226 StGB bestehenden Gesetzeseinheit bedarf es der Klärung, ob sich Abweichungen im Verhältnis zum privilegierten Tatbestand des §216 StGB ergeben.

Die herrschende Auffassung sieht auch hier, entgegen der Idealkonkurrenz annehmenden Auffassung, einen Vorrang des privilegierten Tötungsdelikt vor dem qualifizierten Körperverletzungsdelikt[448].

Der Vorrang wird dabei häufig auf das Vorliegen einer „Sperrwirkung" der Privilegierung gestützt[449].

Die Bezeichnung „Sperrwirkung" findet hierbei sowohl als Beschreibung als auch als Begründung des Vorrangs von §216 StGB Verwendung. Die Berufung auf eine „Sperrwirkung" kann jedoch auch hier eines sicher nicht leisten. Eine Begründung der hier bestehenden „Konkurrenzsituation" zu ersetzen.

Somit wird es im folgenden vor allem darum gehen müssen, eine Begründung des Vorrangs des privilegierten Delikts herauszuarbeiten und den Versuch zu unternehmen, diesen mit der „Sperrwirkung" umschriebenen Vorrang dogmatisch einzuordnen.

---

446 Vgl. etwa BGHSt 22, 248(249); BGH MDR/H 1981 S.99; BGH MDR/H 1986 S.622; anders BGH NJW 1999 S.69(70f.) zum versuchten Tötungsdelikt.

447 So insbes. Hirsch, in LK 10.A. Vor §223 Rn.17; Horn, in SK §212 Rn.31; Lackner/Kühl §212 Rn.9; Gössel BT/1 §14 Rn.42; Hirsch ZStW 81 (1969) S.917(930f.); Krey BT/1 Rn.236, 238; a.A.: Jakobs, Konkurrenz, S.118f, 132f.; ders. NJW 1969 S.437(438); Eser, in S./S. §212 Rn.20; Welzel, Strafrecht, §38 I 6.

448 Vgl. Hirsch, in LK 10.A. Vor §223 Rn.16f.; ders ZStW 81 (1969) S.917(931); Horn, in SK §216 Rn.16; Eser, in S./S. §212 Rn.25; Gössel BT/1 §14 Rn.42; Krey BT/1 Rn.243; Haft BT S.89; Otto BT §25 Rn.8; Abels S.50f.; Küpper BT/1 Teil I §2 Rn.65; ders. JuS 1985 S.395(398).

449 So etwa Hirsch, in LK 10.A. Vor §223 Rn.16f.; ders. ZStW 81 (1969) S.917(931); Eser, in S./S. §212 Rn.25; Krey BT/1 Rn.243; Haft BT S.89; Abels S.50f.; Küpper BT/1 Teil I §2 Rn.65; ders. JuS 1985 S.395(398).

Nachfolgend wird gezeigt, daß das mit dem Begriff der „Sperrwirkung" beschriebene Vorrangverhältnis dem Bereich der Gesetzeseinheit in Form der Subsidiarität zuzuordnen ist. Die Bezeichnung „Sperrwirkung" wird sich hier als eine abweichende Begrifflichkeit auf dem Gebiet der Gesetzeseinheit erweisen.

Die Struktur des Strafrechtssystems bringt es mit sich, daß das systematische Verhältnis verschiedener zusammentreffender, dem Wortlaut nach verletzter Tatbestände ergeben kann, daß einzelne Tatbestände zurücktreten, da der deliktische Gehalt einer Tat bereits vollständig, im wesentlichen oder typischerweise durch andere Tatbestände erfaßt worden ist[450].

Stillschweigende Subsidiarität als Form der Gesetzeseinheit ergibt sich durch Auslegung aufgrund von Zweck und Zusammenhang der Vorschriften. Subsidiarität ist dann gegeben, wenn die Auslegung ergibt, daß nach dem Gesetzeswillen ein Tatbestand die Qualifikation der Tat enthält[451].

Der Auslegung von Sinn und Zweck ist es zu entnehmen, daß der Privilegierung des §216 StGB Vorrang vor §226 Abs.1 StGB einzuräumen ist. Dies folgt aus der Wertentscheidung des Gesetzgebers, der Strafratio des §216 StGB höheres Gewicht einzuräumen[452].

Wie bereits dargestellt[453], besteht der Grund der Privilegierung der Tötung auf Verlangen in dem durch das Tötungsverlangen ausgelösten Mitleidsnotstand. Der Tötung liegt somit eine auf altruistischen Motiven beruhende Konfliktsituation zugrunde.

Diese die Privilegierung prägende und begründende ratio legis würde sinnentleert, wollte man bei Zusammentreffen mit einer schweren Körperverletzung Tateinheit mit dem qualifizierten Körperverletzungsdelikt annehmen[454]. Der Gesetzgeber hat unter Berücksichtigung der Motivation und Gesinnung des Täters die Strafe des Täters als angemessen angesehen. Die in der Tötung auf Verlangen

---

[450] Vgl. BGHSt 11, 15(17); 25, 373; 31, 380; Lackner/Kühl Vor §52 Rn.24; Vogler, in LK 10.A. Vor §52 Rn.101; Rissing-van Saan, in LK Vor §52 Rn.64; Stree, in S./S. Vor §52 Rn.102; Samson/Günther, in SK Vor §52 Rn.79; Maurach/Gössel/Zipf AT/2 §55 II Rn.6; Mitsch JuS 1993 S.471(473).

[451] Vgl. hierzu etwa Jescheck/Weigend AT §69 II 2; Haft AT S.274; Stree, in S./S. Vor §52 Rn.107; Geerds, Konkurrenz, S.193, 203f., 211, 221; Haslinger S.81; Fuchs S.54.

[452] Vgl. Hirsch, in LK 10.A. Vor §223 Rn.16; Eser, in S./S. §212 Rn.25; Krey BT/1 Rn.243; Otto BT §25 Rn.8, der allerdings aus der Wertentscheidung des Gesetzgebers Konsumtion folgert.

[453] S.o. Seite 66f.

[454] Eser, in S./S. §212 Rn.25; Hirsch, in LK 10.A. Vor §223 Rn.16; ders. ZStW 81 (1969) S.917(931); Otto BT §25 Rn.8; Krey BT/1 Rn.243.

zum Ausdruck kommende Wertentscheidung überlagert die Strafratio des §226 Abs.1 StGB.
Sollen also Wertentscheidung und Sinn der Privilegierung nicht unterlaufen werden, ist allein auf §216 StGB abzustellen. Nach dem Gesetzeswillen schließt die in der Tötung auf Verlangen zum Ausdruck kommende Privilegierung die Bestrafung aufgrund einer mitverwirklichten schweren Körperverletzung aus.

Hat sich als ratio der privilegierten Tötung das Vorliegen einer notstandsähnlichen Konfliktssituation erwiesen, so ändert sich am Vorliegen dieser Situation nichts, wenn der Täter auch die schwere Folge verursacht. Bleibt die notstandsähnliche Situation aber unabhängig vom Eintritt der schweren Folge bestehen, muß sie auch angemessene Berücksichtigung finden. Diese Notstandslage hat auch Einfluß auf den mit der schweren Folge verwirklichten Unwertgehalt und muß auch bzgl. der schweren Körperverletzung Berücksichtigung finden. Die nach der gesetzgeberischen Wertung erforderliche Beachtung der bestehenden notstandsähnlichen Lage kann angemessen nur im Wege des Rückgriffs auf den privilegierten Tatbestand des §216 StGB erfolgen.

Wie oben dargetan, kann eine vollendete Tötung auf Verlangen mit §226 Abs.1 StGB nur im Fall der langwierig verzögerlichen Tötung tatbestandlich zusammentreffen. Stirbt das Opfer etwa nach einem längerfristig dauernden Siechtum an den Folgen der Tat, so kann die Annahme von Idealkonkurrenz hier nicht gerechtfertigt erscheinen. Stirbt das Opfer infolge einer Verletzung, die ihm aufgrund des Tötungsverlangens beigebracht wurde, erst nach längerer Dauer, so würde es dem Täter mit der Annahme von Idealkonkurrenz erschwerend angelastet werden, daß er bei der Ausführung der Tat geringeres kriminelles Geschick bewiesen hat. Der Täter, der ein höheres kriminelles Geschick aufweist, würde dagegen aufgrund des tatbestandlichen Ausschlusses von §216 und §226 Abs.1 StGB weniger schwer bestraft. Hier zeigt sich ein Wertungswiderspruch, der die Annahme von Gesetzeseinheit rechtfertigt.

Zur Begründung des Vorrangs der Privilegierung des Tötungsdelikts ist auch an die *„überragende Bedeutung des Tötungsverlangens“*[455] angeknüpft worden. Aus diesem Grund sei im Verhältnis von §216 StGB und §226 StGB Subsidiarität anzunehmen[456].

Dieser Ansatz verdient Zustimmung; der Täter, der die Voraussetzungen des §216 StGB erfüllt, ist durch das Verlangen des Opfers zur Tat bestimmt worden. Wurde oben festgestellt, daß es sich hier um den hauptsächlich bestimmenden, dominierenden Tatantrieb gehandelt haben muß, wird die Bedeutung des Verlangens bewußt. Die Tatsache, daß der Täter überhaupt den Bereich strafrechtlich relevanten Handelns betritt, beruht auf der Beeinflussung durch das Opfer. Insofern verliert die neben der Tötung erfüllte Körperverletzung an Gewicht. Das Tötungsverlangen überlagert insoweit die im Rahmen der Verwirklichung dieses Verlangens begangenen Körperverletzungen. Die überragende Bedeutung des Verlangens zeigt sich auch in der bereits dargelegten psychischen Folge beim Täter. Das Verlangen führt zu einem Konflikt beim Täter, dem auch aufgrund der weitreichenden Folgen notstandsähnlicher Charakter zukommt.

Ausgehend von diesen Überlegungen erscheint die Subsidiarität der Körperverletzung als der Intention des Gesetzes entsprechende, angemessene Folge im Falle des Aufeinandertreffens der beiden Tatbestände.

Die Gesetzeseinheit in Form der Subsidiarität folgt auch aus der Tatsache, daß die Tötung im Vergleich zu Körperverletzungen die intensivere Verletzung zum Inhalt hat[457]. Dabei soll nicht darauf abgestellt werden, daß in einer Tötung stets die schwere Körperverletzung enthalten ist. Die Tötung stellt auch in Relation zu Körperverletzungen, die nicht stets in den Tötungsdelikten enthalten sind, die höhere Unwertstufe dar[458].

Die Körperverletzung ist als entscheidender Unterschied auf Verletzung der körperlichen Integrität unter Aufrechterhaltung des Lebens als höchstem Rechtsgut

---

[455] Gössel BT/1 §14 Rn.42.
[456] Gössel BT/1 §14 Rn.42.
[457] Hirsch, in LK 10.A. Vor §223 Rn.16; Arzt/Weber LH1 Rn.230.
[458] Hirsch, in LK 10.A. Vor §223 Rn.16; Arzt/Weber LH1 Rn.230; weitergehend Puppe, Idealkonkurrenz, S.179, nach der die möglichen Differenzierungen der Körperverletzungsdelikte auch als Unterarten der Tötung erscheinen und innerhalb der Tötungsdelikte zu berücksichtigen sind.

gerichtet, die Tötung ist im Gegensatz dazu Lebensvernichtung. Die Rechtsgüter des „Lebens“ und der „körperlichen Integrität“ differieren qualitativ.

Wie die Körperverletzung dadurch zur schweren Körperverletzung wird, daß beim Verletzten Leibesfunktionen oder Körpersubstanz beeinträchtigt werden, so verliert der getötete Mensch neben dem Leben auch diese speziellen körperlichen Funktionen überhaupt.

Zwar wird von Anhängern der Idealkonkurrenz vertreten, daß der Tod die Vermehrung der Verletzungsqualität ausschließt. Die Tötung stellt jedoch nach zutreffender Auffassung im Verhältnis zu Körperverletzungen eine intensivere Verletzung und damit eine Vermehrung der Verletzungsqualität dar. Auch für die Einheitstheorie ist es nicht ausgeschlossen, daß durch die Tötung zwei qualitativ unterschiedliche Rechtsgüter verletzt werden.

Ergibt die Ermittlung der Qualitäten, daß die spezifische Tötungsqualität vorliegt, so hat dies auch Auswirkungen auf die gegebene schwere Körperverletzung. Die Körperverletzung zeigt sich bei der Untersuchung der Qualitäten als verkürzt. Durch diese Feststellung wird auch nicht die in der Tat liegende Körperverletzungsqualität übersprungen, sondern sie stellt das Ergebnis der Bewertung des Gehalts von Tötungs- und Körperverletzungsdelikten dar. Das Erlöschen des Lebens, das die Tötung gegenüber jeder Körperverletzung als Delikt mit größerem Unrechtsquantum und anderer Unrechtsqualität erscheinen läßt, basiert auf dem Eingriff in den Körper. Die Tötung ist aber jedenfalls die heftigste Verletzung der Körperfunktionen. Sie hat die intensivere Verletzung zum Inhalt, auch wenn sie nicht stets alle Formen der Körperverletzung verwirklicht.

Dies zeigt sich auch in der Tatsache, daß das Gesetz eine Einwilligung in die Körperverletzungen unter den in §228 StGB dargelegten Voraussetzungen für möglich hält, bei Tötungsunrecht eine Rechtfertigung aufgrund des Vorliegens einer Einwilligung aber nicht vorsieht.

Der Annahme von Idealkonkurrenz, die darauf beruht, der schweren Folge käme ein noch nicht abgegoltener zusätzlicher Schuldvorwurf zu, ist im Hinblick auf Ergebnis und Begründung zu widersprechen.

Neben den dargelegten Bedenken gegen den grundsätzlichen Ansatzpunkt ist diese Auffassung inkonsequent. Ist die Tötung gegenüber der einfachen Körperverletzung nach allgemeiner Auffassung aufgrund von Gesetzeseinheit vorrangig, so ist nicht nachvollziehbar, warum dies nur für die Körperverletzung i.S. des §223 StGB gelten soll und nicht auch bei Eintreten einer schweren Folge. Wenn aber die einfache Körperverletzung durch das Tötungsdelikt abgegolten ist, widerspricht die Annahme einer vorsätzlichen schweren Körperverletzung den Regeln der Idealkonkurrenz, da die schwere Körperverletzung i.S. des §226 StGB nicht nur die fahrlässige Verursachung einer schweren Folge, sondern auch die vorsätzliche Körperverletzung unter Strafe stellt. Diese ist aber schon durch die Tötung auf Verlangen mit abgegolten.

Der Wille des Gesetzgebers, den Tötungsdelikten Vorrang einzuräumen, kommt auch in der Systematik der Körperverletzungs- und Tötungsdelikte zum Ausdruck. Innerhalb der Tötungsdelikte besteht mit §216 StGB ein das Verlangen des Opfers berücksichtigender Tatbestand. Bei den Körperverletzungsdelikten existiert dagegen kein dem §216 StGB vergleichbares Delikt, das eine Privilegierung aufgrund des Verlangens beinhaltet. Die rechtfertigende Einwilligung in die Körperverletzung ist gemäß §228 StGB aufgrund der Sittenwidrigkeit der Tötung auf Verlangen bedeutungslos. Es würde nun aber einen Wertungswiderspruch darstellen, wenn durch das Verlangen eine Milderung des Tötungsdelikts durch Anwendung von §216 StGB erfolgt, das Verlangen aber im Rahmen der Körperverletzungsdelikte ohne Bedeutung bliebe.
Dieser Widerspruch kann nur durch alleinigen Rückgriff auf das Tötungsdelikt im Wege der Gesetzeseinheit aufgelöst werden. Damit ergibt sich auch aus Systematik und Zusammenhang der Tötungs- und Körperverletzungsdelikte der Schluß, daß nach dem Gesetzeswillen die Tötung auf Verlangen die Qualifikation der Tat enthält.

Für die Annahme von Subsidiarität läßt sich auch anführen, daß der Gesetzgeber §216 StGB als abschließende Regelung gesehen hat[459]. Stellt also §216 StGB eine abschließende Regelung dar und soll folglich der Tatbestand der Tötung auf Verlangen die ausschließliche Qualifikation der Tat enthalten, so ist §226 StGB als subsidiär anzusehen.

---

[459] Vgl. Blei BT §7 IV.

Die Strafandrohung des §226 StGB von bis zu 10 Jahren Freiheitsstrafe erscheint bei der hier vorliegenden Fallkonstellation als zu hoch. Die hierzu insbesondere bei den Fällen des Zusammentreffens der versuchten Tötung auf Verlangen mit §226 StGB vertretene Auffassung, den Strafrahmen des §224 Abs.2 a.F. (jetzt §226 Abs.3 StGB) anzuwenden[460], kann nicht überzeugen. Die Annahme eines minder schweren Falles ändert nichts an der Einstufung der Tat als Verbrechen (§12 Abs.3 StGB). Die Einstufung der Tat als Verbrechen kann für den Täter erhebliche Auswirkungen sowohl im sachlichen Strafrecht (vgl. etwa §§23, 30, 45 StGB, als auch im Verfahrensrecht (vgl. etwa §§153, 153a, 154d, 307 StPO) haben.

Es wurde bereits festgestellt, daß die im Verlangen des Opfers enthaltene „Einwilligung" aufgrund der Sittenwidrigkeit der Tat gem. §228 StGB keinen die Rechtswidrigkeit ausschließenden Rechtfertigungsgrund darstellt.
Dennoch ist auch bei Sittenwidrigkeit der Tat die „Einwilligung", nicht als völlig unbeachtlich anzusehen. Wirkt die „Einwilligung" zwar nicht strafbefreiend, so ist aber eine mit „Einwilligung" vorgenommene Körperverletzung im Hinblick auf die geringere Schuld des Täters weniger strafwürdig[461]. Die „Einwilligung" hat auch Auswirkungen auf den Unwertgehalt der Körperverletzung[462]. Der Unwertgehalt ist durch eine sittenwidrige „Einwilligung" nicht ausgeschlossen, aber zumindest vermindert.
Somit sind bei der gleichfalls verwirklichten Körperverletzung Unrechts- und Schuldgehalt reduziert. Eine derartige Reduzierung hat aber auch Einfluß auf das Verhältnis der Tötung auf Verlangen zu den Körperverletzungsdelikten. So kommt in der Unrechts- und Schuldminderung im Bereich der Körperverletzungen der Wille des Gesetzgebers zum Ausdruck, daß §216 StGB die Qualifikation der Tat enthält und mithin Subsidiarität anzunehmen ist. Eine andere Lösung würde bedeuten, die sittenwidrige Verletzung des „Einwilligenden" genauso zu beurteilen wie die sittenwidrige Verletzung eines Nichteinwilligenden.
Eine Minderung des Körperverletzungsunrechts liegt, wie bereits festgestellt, auch aufgrund der notstandsähnlichen Situation seitens des auf Verlangen han-

[460] Vgl. etwa Schmitt JZ 1962 S.389(394); Schröder, in S./S 17.A. §212 Rn.14 d.
[461] Noll ZStW 68 (1956) S.181(193f.); Jakobs, Konkurrenz, S.126.
[462] Vgl. Noll ZStW 68 (1956) S.181(193f.); ders., Rechtfertigungsgründe, S.73f.; a.A. Jakobs, Konkurrenz, S.126, der nur eine Schuldminderung für gegeben hält.

delnden Täters vor. An der notstandsähnlichen Situation ändert sich auch durch das Eintreten einer schweren Folge nichts. Vielmehr liegt auch der schweren Folge die notstandsähnliche Lage zugrunde. Sie ist Auslöser des Handelns des Täters.

Die Annahme von Gesetzeseinheit in Form der Subsidiarität hat sich als aus Zweck und Zusammenhang der Normen folgendes Konkurrenzverhältnis ergeben. Die Annahme von Idealkonkurrenz würde zu einer unzulässigen Doppelbewertung sowohl des Körperverletzungsvorsatzes als auch der Körperverletzungshandlung führen[463].

Eine Gegenauffassung zu der Annahme einer verbotenen Doppelbewertung läßt sich für den Fall der vollendeten Tötung nicht finden. Die das Vorliegen einer Doppelbewertung ablehnende Auffassung, die darauf abstellt, der nicht in der Tötung enthaltene Erfolgsunwert werde beim Körperverletzungsdelikt in Ansatz gebracht, findet sich nur im Bereich der versuchten Tötung[464].

Die Annahme von Idealkonkurrenz stellt sich als unzulässige Doppelbewertung der objektiven Seite der Körperverletzung dar, da die Verwirklichungsgrade, die eine Ausführungshandlung des §216 StGB auf dem Weg zur Vollendung durchläuft, vom Unrechtsgehalt der Tötung umfaßt sind und bei der Bemessung der Strafe in Ansatz gebracht werden.

Geht man nicht davon aus, daß der Unwertgehalt des Körperverletzungsdelikts in §216 StGB enthalten ist, so kann man auch anders ansetzen, ohne daß sich im Ergebnis etwas ändert. Der als gemeinsames Basisdelikt verwirklichte §223 StGB würde durch die Tötung auf Verlangen und die schwere Körperverletzung intensiviert, so daß bei Bestrafung nach den Grundsätzen der Idealkonkurrenz ein wesentlicher Teil der Handlung, nämlich die Erfüllung des Grunddelikts, doppelt verwertet würde.

Gleiches gilt auch für die Doppelbewertung des Körperverletzungsvorsatzes. Wenn aus der Tötung auf Verlangen und aus den Körperverletzungsdelikten bestraft würde, so würde der im Tötungsvorsatz enthaltene Körperverletzungsvorsatz zweimal verwertet.

---

[463] Vgl. nur Hirsch, in LK 10.A. Vor §223 Rn.18, ders. ZStW 81 (1969) S.917(930).

[464] Eser, in S./S. §212 Rn.23; Abels S.48f.; Vogler FS-Bockelmann S.715(725f.); so auch BGH NJW 1999 S.69(71), allerdings ohne tragende Begründung. Es verstehe sich von selbst, daß dem Täter das verwirklichte Unrecht nur einmal angelastet werden dürfe.

Die Annahme von Subsidiarität und der daraus folgende Schuldspruch allein aus §216 StGB kennzeichnet das Tatbild zutreffend und läßt auch im Strafrahmen keine unerträglichen Spannungen auftreten[465]. Vielmehr finden die schuldhaft herbeigeführten Folgen im Rahmen der Strafzumessung angemessene Berücksichtigung[466].

Als Ergebnis kann folglich festgehalten werden, daß bei Zusammentreffen der vollendeten Tötung auf Verlangen mit der schweren Körperverletzung i.S. von §226 Abs.1 StGB ein Vorrang des Tötungsdelikts anzunehmen ist. Dieser Vorrang beruht auf der Einordnung der Problematik in den Bereich der Gesetzeseinheit in Form der Subsidiarität. Die Berufung auf eine „Sperrwirkung" des §216 StGB enthält in dieser Fallgruppe nur die Behauptung eines Ergebnisses, die Begründung für das Verhältnis der in Frage stehenden Delikte läßt sich hieraus nicht entnehmen. Die „Sperrwirkung" hat sich hier vielmehr als abweichende Begrifflichkeit auf dem Gebiet der Gesetzeseinheit erwiesen.

bb) Das Verhältnis von §216 StGB zu §224 StGB

Die Problematik des Verhältnisses von privilegierter Tötung und qualifizierten Körperverletzungsdelikten hat sich seit dem 6. StrRG keineswegs entspannt. Mit der Änderung der Strafrahmen beinhaltet auch der Tatbestand der gefährlichen Körperverletzung in §224 StGB einen höheren Strafrahmen als die Tötung auf Verlangen. Insofern stellt sich auch hier die Problematik der „Sperrwirkung". §224 StGB enthält nunmehr den früher in §229 Abs.1 StGB a.F. enthaltenen Vergiftungstatbestand. Im Verhältnis der privilegierten Tötungsdelikte zum Vergiftungstatbestand des §229 StGB a.F. wurde unter Berufung auf die „Sperrwirkung" des privilegierten Tatbestandes allein auf §216 StGB zurückgegriffen[467]. Auch im Bereich der gefährlichen Körperverletzung wird sich ebenso wie bereits bei der schweren Körperverletzung zeigen, daß Gesetzeseinheit in Form der Sub-

---

[465] Vgl. Hirsch, in LK 10.A. §212 Rn.43; Arzt/Weber LH/1 Rn.231.
[466] BGHSt 22, 248(249).

sidiarität gegeben ist. Die „Sperrwirkung" stellt sich als abweichende Begrifflichkeit auf dem Gebiet der Gesetzeseinheit dar. Dabei wird hier z.T. auf die bereits im Rahmen des Zusammentreffens des §216 StGB mit der schweren Körperverletzung einschlägige Argumentation verwiesen werden.

Ausgangspunkt der Beurteilung muß das Verhältnis des §212 StGB zu §224 StGB sein. Mit dem 6. StrRG ist der Tatbestand der gefährlichen Körperverletzung modifiziert worden. So werden die bisherigen Begehungsweisen der gefährlichen Körperverletzung i.S. des §223a StGB a.F. und die frühere Vergiftung nach §229 StGB a.F. zusammengefaßt.
Durch die Gesetzesänderung sollte auch der Strafrahmen des §224 StGB an die schwerwiegenden Fälle von Diebstahl und Betrug angepaßt werden[468].
Vor der Modifizierung des §223a StGB a.F. stand dieser nach allgemeiner Auffassung zu den Tötungsdelikten im Verhältnis der Gesetzeseinheit in Form der Subsidiarität[469].

Im Bereich des §229 StGB a.F. ist das Verhältnis zu den Tötungsdelikten nicht einheitlich bewertet worden. Die sich im Bereich des §229 StGB a.F. ergebende Problematik hat sich aber durch das 6. StrRG entschärft. Der in §229 Abs.2 StGB a.F. enthaltene hohe Strafrahmen hat im Bereich des Verhältnisses des Abs.2 zu den Tötungsdelikten bei einigen Vertretern in der Literatur Zweifel am Vorliegen von Subsidiarität aufkommen lassen[470].
Der Tatbestand des §229 Abs.2 StGB a.F. ist aber nunmehr aufgehoben und auch nicht in der modifizierten Vorschrift des §224 Nr.1 StGB aufgenommen worden. Die gefährliche Körperverletzung in §224 Nr.1 StGB knüpft vielmehr nur an die Regelung in §229 Abs.1 StGB a.F. an. Für §229 Abs.1 StGB a.F. war aber das

---

[467] Eser, in S./S. §212 Rn.25; Hirsch, in LK 10.A. Vor §223 Rn.16, §229 Rn.19, 29; ders. ZStW 81 (1969) S.917(933); Abels S.51; Küpper BT/1 Teil I §2 Rn.65; ders. JuS 1985 S.395(398); Horn, in SK §216 Rn.16; Haft BT S.89.

[468] Vgl. BT-Drucksache 13/7164 S.36; Schlüchter, Erläuterungen, S.34.

[469] Vgl. etwa BGHSt 16, 122(124); 21, 265(266f.); 22, 248(249); BGHR StGB §211 I Konkurrenzen I und §223a Konkurrenzen II; BGH MDR/D 1969 S.902; BGH MDR/D 1974 S.366; BGH MDR/H 1981 S.99; BGH/H MDR 1986 S.622; BGH NStZ 1995 S.79f.; Horn, in SK §212 Rn.31; Schmitt JZ 1962 S.389(391); Hirsch, in LK Vor 10.A. §223 Rn.17f.; Eser, in S./S. §212 Rn.19; Gössel BT/1 §14 Rn.30; für Konsumtion: Jakobs, Konkurrenz, S.141; Welzel, Strafrecht, §38 I 6; allgemein für Gesetzeseinheit: Krey BT/1 10.A. Rn.238.

[470] Nach h.M. bleibt es bei Subsidiarität: vgl. etwa Hirsch, in LK 10.A. §229 Rn.29; Lackner/Kühl 22.A. §212 Rn.9; Horn, in SK §212 Rn.31; Maurach/Schroeder/Maiwald BT/1 §11 III Rn.17.

Vorliegen von Subsidiarität im Verhältnis zu Tötungsdelikten weitgehend anerkannt[471].

Der Vorrang des privilegierten Tötungsdelikts beruht zum einen auf der Wertentscheidung des Gesetzgebers bzgl. der Privilegierung des §216 StGB. Sinn und Zweck der Privilegierung würden bei einem Vorrang des qualifizierten Körperverletzungsdelikts sinnentleert.
Das Bestehen einer notstandsähnlichen Situation und die Unrechts- wie Schuldminderung aufgrund der im Verlangen enthaltenen sittenwidrigen Einwilligung in die Körperverletzung sind auch hier Argumente für die Annahme von Gesetzeseinheit in Form der Subsidiarität.
Die überragende Bedeutung des Täterverlangens und die Tatsache, daß die Tötung gegenüber der gefährlichen Körperverletzung die intensivere Verletzung darstellt, ebenso wie das auch hier bei Annahme von Idealkonkurrenz auftretende Problem der Doppelbewertung führen dabei genauso zur Annahme von Subsidiarität wie die Systematik der Körperverletzungs- und Tötungsdelikte. Ebenso wie bei der schweren Körperverletzung ist auch hier nicht nachvollziehbar, weshalb der bei §223 StGB anerkannte Vorrang nicht auch bei §224 StGB gelten soll, da die gefährliche Körperverletzung ebenso eine vorsätzliche Körperverletzung darstellt, die aber schon durch die Tötung mitabgegolten ist.

Das Zusammentreffen des §223a StGB a.F. mit §216 StGB ist zutreffend als Fall der Gesetzeseinheit in Form der Subsidiarität angesehen worden. Mit der Erhöhung des Strafrahmens ist nicht eine derartige Erhöhung des Unwertgehalts verbunden, die den Vorrang des §216 StGB aufgrund von Subsidiarität als nicht mehr gerechtfertigt erscheinen ließe. Der Strafrahmen des §224 StGB ist insbesondere aufgrund der Aufnahme der Vergiftung in den Tatbestand erhöht worden. Hat sich aber gezeigt, daß bei §229 Abs.1 StGB a.F. Subsidiarität angenommen wurde, spricht dies auch für die Einordnung des nunmehr neu gefaßten §224 StGB in den Bereich der Subsidiarität.

---

[471] Vgl. etwa Hirsch, in LK 10.A. §229 Rn.29; Horn, in SK §212 Rn.31; Maurach/Schroeder/Maiwald BT/1 §11 III Rn.17; Gössel BT/1 §17 Rn.34; Eser, S./S. §212

Entscheidend für die Bestimmung des Verhältnisses von §216 und §224 StGB ist aber auch die systematische Einordnung des Körperverletzungsdelikts. War die Deliktsnatur von §223a a.F. und §229 a.F. StGB nicht unumstritten, so ist eindeutig, daß der Tatbestand des §224 StGB ein Gefährdungsdelikt darstellt[472].
Die Einordnung der verschiedenen Alternativen in den Bereich der konkreten oder abstrakten Gefährdungsdelikte ist für das hier interessierende Verhältnis von §224 StGB zur privilegierten Tötung aber von untergeordneter Bedeutung. Entscheidend ist, daß §224 StGB als Gefährdungsdelikt anzusehen ist.
Im Gegensatz hierzu stellt §216 StGB wie die übrigen vorsätzlichen Tötungsdelikte ein Verletzungsdelikt dar.
Treffen aber Verletzungs- und Gefährdungsdelikt zusammen, so muß das Gefährdungsdelikt hinter dem Verletzungsdelikt zurücktreten[473].

Damit hat sich im Bereich des §224 StGB bestätigt, was bereits bei §226 StGB herausgearbeitet wurde. Der Vorrang des privilegierten Tötungsdelikts beruht auf der Einordnung des Zusammentreffens in den Bereich der Gesetzeseinheit in Form der Subsidiarität. Auch hier hat sich die Bezeichnung „Sperrwirkung" dogmatisch als abweichende Begrifflichkeit auf dem Gebiet der Gesetzeseinheit erwiesen.

2. Die „Konkurrenz" der <u>versuchten</u> Tötung auf Verlangen mit §§223ff. StGB

a) <u>Zusammentreffen der versuchten Tötung auf Verlangen mit §226 StGB</u>

Im Bereich des Zusammentreffens der vollendeten Tötung auf Verlangen mit §226 StGB hat sich gezeigt, daß die Problematik der „Sperrwirkung" insoweit tatbestandlich eingeschränkt ist, als §226 StGB den Eintritt einer dauerhaften Folge erfordert. Damit ist grds. ein Fortleben des Opfers für ein Zusammentreffen der Tatbestände notwendig. Als Ausnahme hat sich allein die langwierig verzögerliche Tötung erwiesen.

Rn.19; Lackner/Kühl 22.A. §212 Rn.9; für Konsumtion: Krey BT/1 10.A. Rn.238.
472 Vgl. etwa Küper GA 1997 S.301ff.; ders., Definitionen, S.51; Lackner/Kühl §224 Rn.1.
473 Vgl. etwa Gössel BT/1 §14 Rn.30; §17 Rn.34; Stree, in S./S. Vor §52 Rn.120.

Bei der versuchten Tötung auf Verlangen stellt sich diese Problematik nicht, da der Tötungserfolg gerade nicht eingetreten ist. Die Vertreter der Exklusivität der Tatbestände im Vollendungsfall[474] sehen in der Versuchskonstellation den einzigen möglichen Fall des Zusammentreffens der Tatbestände von §216 StGB und §226 StGB.

Eine Begrenzung der Problematik der „Sperrwirkung" ergibt sich aber insoweit, als §§216, 22, 23 StGB und §226 Abs.2 StGB tatbestandlich nicht nebeneinander erfüllt sein können. Dieses bereits bei der vollendeten Tötung herausgearbeitete Problem stellt sich auch im Rahmen des nur versuchten privilegierten Tötungsdelikts.
Für §226 Abs.2 StGB ist es notwendig, daß beim Täter direkter Vorsatz bzgl. der schweren Folge vorliegt. Wie bereits bei der vollendeten Tötung dargestellt, müßte auch hier ein auf den Eintritt eines körperlichen Dauerschadens bei gleichzeitigem Fortleben des Opfers gerichteter Vorsatz seitens des Täters gegeben sein. Da dies nicht mit der subjektiven Seite des Täters bei der Tötung auf Verlangen zu vereinbaren ist, treffen §216 und §226 Abs.2 StGB nicht zusammen[475]. Damit hat sich im Bereich der versuchten Tötung auf Verlangen gezeigt, daß es eine „Sperrwirkung" i.S. des damit bezeichneten Vorrangs von §216 StGB vor §226 Abs.2 StGB insoweit nicht geben kann.

Ist damit eine Teillösung erreicht, so bleibt zu klären, ob und inwieweit hier Unterschiede zum bereits bei der Vollendung dargelegten Verhältnis der Tatbestände und zur Einordnung in den Bereich der Subsidiarität bestehen.

Im Bereich des versuchten Tötungsdelikts und eines damit zusammentreffenden Körperverletzungsdelikts war nach Auffassung der früheren Rechtsprechung des BGH und des überwiegenden Teils der Literatur Gesetzeseinheit in Form der Subsidiarität gegeben[476]. Ein Teil der Literatur vertrat dagegen eine differenzierte

---

474 Schmitt JZ 1962 S.389(392); Geerds, Konkurrenz, S.197; Welzel, Strafrecht, §38 I 6.
475 Vgl. Eser, in S./S. §212 Rn.26; Hirsch, in LK 10.A. Vor §223 Rn.16, 18; Schmitt JZ 1962 S.389(394).
476 Vgl. etwa BGHSt 22, 248; BGH MDR/H 1981 S.99; BGH MDR/H 1986 S.622; Gössel BT/1 §14 Rn.43; Hirsch, in LK 10.A. Vor §223 Rn.18; Horn, in SK §212 Rn.32; Blei BT §5 VII, §7 IV; Bockelmann BT/2 §16 I 1; Hirsch ZStW 81 (1969) S.917(930f.). Gegen eine unterschiedliche Einordnung von Vollendung und Versuch vgl. Geerds, Konkurrenz, S.171: Die

Auffassung und sah im Zusammentreffen von versuchtem Tötungsdelikt mit §§223, 224 StGB Gesetzeseinheit als gegeben an, während im Verhältnis zu §226 StGB Tateinheit vorliegen sollte[477].

Andere Autoren nahmen für das Verhältnis von versuchten Tötungsdelikten zu Körperverletzungsdelikten stets Tateinheit an[478].

Dieser Auffassung hat sich der BGH neuerdings angeschlossen und vertritt nunmehr unter Aufgabe seiner früheren Ansicht das Vorliegen eines tateinheitlichen Verhältnisses zwischen versuchtem Tötungsdelikt (§§211, 212, 22, 23 StGB) und den Körperverletzungsdelikten[479]. Der BGH weist darauf hin, daß der Unwertgehalt der Tat nicht erschöpfend erfaßt werde, wenn das Opfer bei der Tat verletzt worden sei. Die bisherige Rechtsprechung werde der Klarstellungsfunktion der Tateinheit nicht gerecht und sei auch als widersprüchlich anzusehen. Die bislang vom BGH vertretene Auffassung des Vorliegens von Gesetzeseinheit wurde bereits in früheren Entscheidungen insoweit modifiziert, als der BGH bei Körperverletzung mit Todesfolge[480], bei beabsichtigter schwerer Körperverletzung[481] und bei Mißhandlung von Schutzbefohlenen in der Alternative des Quälens[482] Tateinheit angenommen hat.

Diese Differenzierungen seien nach neuer Rechtsprechung nicht gerechtfertigt. Es gebe keinen einleuchtenden Grund, weshalb das Verhältnis zu allen Körperverletzungsdelikten nicht einheitlich bewertet werden könne[483].

Die Sonderproblematik des Zusammentreffens der versuchten <u>privilegierten</u> Tötung mit Körperverletzungedelikten wird von der Entscheidung des BGH jedoch nicht erfaßt. Damit bleibt, unabhängig von der Frage, ob diese vom BGH nunmehr vertretene, hier abgelehnte, Auffassung Zustimmung verdient, zu untersuchen, wie sich das Verhältnis von versuchter Tötung auf Verlangen zu Körperverletzungsdelikten verhält.

Frage, ob Tateinheit oder Gesetzeseinheit zwischen zwei Tatbeständen gegeben ist, sei grds. für Versuch und Vollendung gleich zu beantworten.

477 Schmitt JZ 1962 S.392(394); Jakobs NJW 1969 S.437(438); ders., Konkurrenz, S.130ff.; Krey BT/1 Rn.239.

478 Eser, in S./S. §212 Rn.23; Maatz NStZ 1995 S.209(210ff.); Tröndle/Fischer §211 Rn.16; Welzel, Strafrecht, S.282; Vogler FS-Bockelmann S.715(725f.).

479 BGH NJW 1999 S.69(70f.).

480 BGHSt 35, 305(307f.).

481 BGHR StGB §225 Konkurrenzen 2.

482 BGHR StGB §223b Konkurrenzen 2.

483 BGH NJW 1999 S.69(71).

Die hier zu klärenden „Sperrwirkungsproblematik“ betrifft insbesondere das Zusammentreffen der versuchten Tötung auf Verlangen mit einer schweren Körperverletzung. Hier hält §226 Abs.1 StGB einen höheren Strafrahmen bereit als §216 StGB. Für diesen Fall besteht im Schrifttum weitgehende Übereinstimmung dahingehend, daß ein Versuch der privilegierten Tötung i.S. von §216 StGB einer schweren Körperverletzung vorgeht, da der Privilegierung insoweit eine „Sperrwirkung“ zukommt[484]. Auch hier gilt es, eine derartige Bezeichnung als „Sperrwirkung“ dogmatisch einzuordnen und eine Begründung für den Vorrang des privilegierten Delikts herauszuarbeiten.

Nach einer abzulehnenden Auffassung soll im Verhältnis von versuchter Tötung auf Verlangen und schwerer Körperverletzung Idealkonkurrenz vorliegen[485]. Zutreffend stellt sich dagegen auch im Bereich der versuchten Tötung auf Verlangen das Verhältnis von §216 StGB zu §226 Abs.1 StGB als Subsidiaritätsverhältnis dar[486]. Zur Begründung des Vorliegens von Subsidiarität ist dabei auch auf Argumente zurückzugreifen, die bereits das Verhältnis der vollendeten Tötung auf Verlangen zur schweren Körperverletzung als Subsidiaritätsverhältnis erscheinen lassen.

So folgt der Vorrang auch des versuchten Tötungsdelikts aus der vom Gesetzgeber bzgl. §216 StGB getroffenen Wertentscheidung. Die ratio des §216 StGB als privilegiertem Tatbestand würde sinnentleert, wenn neben §§216, 22, 23 StGB auch auf §226 Abs.1 StGB zurückgegriffen würde[487]. Die Annahme von Tateinheit würde die die Privilegierung des §216 StGB prägende und begründende ratio unbeachtet lassen. Die in §216 StGB zum Ausdruck kommende Wertentscheidung des Gesetzgebers überlagert aber die Strafratio des §226 StGB und schließt folglich eine tateinheitliche Bestrafung im Fall der Tötung auf Verlangen aus.

---

[484] Vgl. Hirsch, in LK 10.A. Vor §223 Rn.16f.; ders. ZStW 81 (1969) S.917(931); Eser, in S./S. §212 Rn.25; Krey BT/1 Rn.243; Haft BT S.89; Abels S.50f.; Küpper JuS 1985 S.395(398); Rengier BT/2 §21 Rn.4.

[485] Vgl. Jakobs, Konkurrenz, S.134.

[486] Vgl. Gössel BT/1 §14 Rn.43; Horn, in SK §216 Rn.17; Maurach/Schroeder/Maiwald BT/1 §2 IV Rn.63.

[487] Vgl. etwa Hirsch, in LK 10.A. Vor §223 Rn.16; ders. ZStW 81 (1969) S.917(931); Eser, in S./S. §212 Rn.25; Krey BT/1 Rn.243.

Der Täter einer versuchten Tötung auf Verlangen handelt aufgrund einer durch das Tötungsverlangen ausgelösten Mitleidskonfliktsituation. Diese notstandsähnliche Situation bleibt aber auch bei Eintreten einer schweren Folge bestehen. Da diese Lage aber angemessene Berücksichtigung finden muß, kommt ihr auch Einfluß auf den durch die schwere Folge verwirklichten Unwertgehalt zu.
Wie bereits oben gezeigt, ist im Opferverlangen des §216 StGB aufgrund der Sittenwidrigkeit i.S. des §228 StGB keine die Tat rechtfertigende Einwilligung enthalten. Entfaltet die Einwilligung zwar keine rechtfertigende Wirkung, so hat sie aber Einfluß auf den Unwert- und Schuldgehalt der Körperverletzung. Dieser ist auch aufgrund der sittenwidrigen Einwilligung reduziert.
Insoweit kommen der Mitleidskonfliktsituation und der Minderung des Unwert- und Schuldgehaltsgehalts ausschlaggebende Bedeutung im Hinblick auf die Annahme von Subsidiarität zu.

Wie bereits dargetan, lassen sich auch aus der Systematik der Körperverletzungs- und Tötungsdelikte Argumente für den Rückgriff auf die Subsidiarität entnehmen. Innerhalb der Körperverletzungsdelikte besteht kein dem §216 StGB vergleichbarer Tatbestand, der das Verlangen des Opfers berücksichtigt. Der sich ergebende Wertungswiderspruch läßt sich nur durch alleinigen Rückgriff auf die Tötungsdelikte vermeiden.

Darüber hinaus hat auch die ansonsten auftretende unzulässige Doppelbewertung der Körperverletzungshandlung und des Körperverletzungsvorsatzes Beachtung zu finden[488].

Weiter ist zu beachten, daß es für §226 Abs.1 StGB unter Berücksichtigung des §18 StGB auf die fahrlässige Herbeiführung der Tatfolgen ankommt. Wenn man aber bei einer versuchten Tötung auf Verlangen den §226 Abs.1 StGB neben §216, 22, 23 StGB anwendet, so bedeutet dies, daß es dem Täter zum Vorwurf gemacht würde, daß er bei der Tötungshandlung nicht mit der entsprechenden und zumutbaren Sorgfalt gehandelt hätte[489].

---

[488] Vgl. etwa Hirsch, in LK 10.A. Vor §223 Rn.18; ders. ZStW 81 (1969) S.917(930); a.A: BGH NJW 1999 S.69(71); Eser, in S./S. §212 Rn.23; Abels S.50f.; Vogler FS-Bockelmann S.715(725f.).

[489] BGHSt 22, 248(249); anders BGH NJW 1999 S.69(71).

Die Annahme von Tateinheit zwischen versuchter Tötung auf Verlangen und der Körperverletzung mit fahrlässig herbeigeführter Folge kann insofern nicht überzeugen, als auch Jakobs[490] als Vertreter dieser Auffassung bereits den Strafrahmen des §224 StGB a.F. mit bis zu 5 Jahren Freiheitsstrafe als für die vorliegende Fallkonstellation unangemessen hoch ansieht.
Die Begründung für eine dennoch gegebene Tateinheit kann nicht überzeugen. Jakobs stützt die Annahme von Tateinheit darauf, daß die Zwangslage, in der sich der Täter der Tötung auf Verlangen befindet, keine tatbestandliche Ausformung in den Körperverletzungsdelikten findet[491]. Wie bereits festgestellt, würde es aber gerade einen Wertungswiderspruch darstellen, wenn durch das einen notstandsähnlichen Mitleidskonflikt auslösende Verlangen eine Milderung des Tötungsdelikts erfolgt, das Verlangen im Hinblick auf Körperverletzungsdelikte aber ohne Bedeutung bliebe.
Die Bedenken von Jakobs in Bezug auf die unangemessen hohe Strafe des §224 a.F. müssen jetzt um so mehr gelten, als der Strafrahmen des §226 Abs.1 StGB bis zu einer Freiheitsstrafe von 10 Jahren reicht.

Bei Vorliegen eines Versuchs der Tötung auf Verlangen kann der Täter neben §§216, 22, 23 StGB auch deshalb nicht tateinheitlich auch aus §226 Abs.1 StGB bestraft werden, da ansonsten der Täter bei fehlender Vollendung schlechter gestellt wäre als bei vollendeter Tötung. Im Fall der vollendeten Tötung auf Verlangen ist aber oben bereits das Verhältnis der Subsidiarität der Tatbestände festgestellt worden.
Die Bestrafung bei Vorliegen eines Versuchs richtet sich grds. nach den für die vollendete Tat geltenden Regeln. Der Versuch kann nach §23 Abs.2 StGB milder bestraft werden als die vollendete Tat. Diese Strafmilderung i.S. von §49 Abs.1 StGB ist jedoch nur fakultativ. So läßt sich auch insoweit die Annahme von Tateinheit nicht auf die mildere Strafe des Versuchs stützen. Dem versuchten Delikt kommt wegen des potentiellen Strafrahmens des §23 Abs.2 StGB die Verdrängungskraft eines vollendeten Delikts zu.

---

490 Jakobs, Konkurrenz, S.134.
491 Jakobs, Konkurrenz, S.134.

Die schuldhaft herbeigeführten Tatfolgen bei der hier gegebenen Tatkonstellation können darüber hinaus im Rahmen der Strafzumessung angemessene Berücksichtigung finden[492]. §46 Abs.2 StGB sieht ausdrücklich die Möglichkeit vor, die „*verschuldeten Auswirkungen der Tat*" im Rahmen der Strafzumessung zu berücksichtigen.

Bei Annahme von Tateinheit wird auch ein weiterer Wertungswiderspruch offenkundig. Ist der Täter bei Vollendung der Tat nur aus §216 StGB strafbar, bei Versuch der Tötung auf Verlangen aber daneben auch aus §226 Abs.1 StGB, so würde die Tat bei Vollendung ein Vergehen, bei fehlender Vollendung dagegen ein Verbrechen darstellen (§12 Abs.1, Abs.2 StGB).
Es wird auch die Auffassung vertreten, daß in der hier vorliegenden Konstellation der Strafrahmen trotz Vorliegens von Idealkonkurrenz lediglich aus §§216, 22, 23 StGB zu entnehmen sei[493] oder eine Milderung des Strafrahmens über §224 Abs.2 StGB a.F. (jetzt §226 Abs.3 StGB) zur Anwendung kommen könnte[494].
Diese Reduzierung des Strafrahmens läßt aber den bestehenden Wertungswiderspruch unberührt, da die Milderung keinen Einfluß auf den Deliktscharakter hat. Somit würde der Täter im Falle des Versuchs trotzdem wegen eines Verbrechens bestraft.

Es kann somit festgestellt werden, daß auch im Falle des Zusammentreffens des Versuchs des §216 StGB mit einem qualifizierten Körperverletzungsdelikt der Vorrang der Tötung auf Verlangen aufgrund der Einordnung des Konkurrenzverhältnisses in den Bereich der Subsidiarität besteht. Die Bezeichnung „Sperrwirkung" hat sich somit auch hier als abweichende Begrifflichkeit auf dem Gebiet der Gesetzeseinheit erwiesen

---

492 BGHSt 22, 248(249).
493 So Schmitt JZ 1962 S.389(394).
494 So Jakobs, Konkurrenz, S.135, der allenfalls bei Vorliegen einer Zwangslage oder ähnlicher Umstände eine Milderung zulassen will; vgl. auch Schröder, in S./S. 17.Aufl. §212 Rn.14d für den Fall des Rücktritts vom privilegierten Versuch.

b) Zusammentreffen der versuchten Tötung auf Verlangen mit §224 StGB

Auch im Verhältnis der versuchten Tötung auf Verlangen zum Tatbestand der gefährlichen Körperverletzung i.S. §224 StGB gilt der Vorrang des privilegierten Tötungsdelikts.

§224 StGB enthält nunmehr den früher in §229 Abs.1 a.F. StGB enthaltenen Vergiftungstatbestand. Im Verhältnis der privilegierten Tötungsdelikte zum Vergiftungstatbestand des §229 a.F. StGB wurde unter Berufung auf die „Sperrwirkung" des privilegierten Tatbestandes allein auf §216 StGB zurückgegriffen[495]. Insofern stellt sich auch hier die Problematik der „Sperrwirkung".

Auch im Bereich der gefährlichen Körperverletzung liegt ebenso wie im Verhältnis von §216 StGB zur schweren Körperverletzung Gesetzeseinheit in Form der Subsidiarität vor.

Dabei ist auf die im Rahmen der vollendeten Tötung auf Verlangen dargelegten Gründe der Einordnung des §224 StGB als subsidiär und auf die Argumentation zum Zusammentreffen von versuchter Tötung auf Verlangen mit §226 StGB Rückgriff zu nehmen.

Auch ist zu beachten, daß die Strafmilderung aufgrund der fehlenden Vollendung gem. §23 Abs.2 StGB nur fakultativ ist.

Die Annahme des Vorliegens von Tateinheit würde darüber hinaus einen Wertungswiderspruch in sich tragen. Der Täter wäre bei fehlender Vollendung schlechter gestellt als bei Eintritt des Tötungserfolges.

Somit ergeben sich keine Unterschiede zum bereits dargelegten Verhältnis und der dogmatischen Einordnung bei der vollendeten Tötung.

---

[495] Eser, in S./S. §212 Rn.25; Hirsch, in LK 10.A. Vor §223 Rn.16, §229 Rn.19, 29; ders. ZStW 81 (1969) S.917(933); Abels S.51; Küpper JuS 1985 S.395(398); Horn, in SK Horn §216 Rn.17; Haft BT 6.A. S.89.

V. Fallgruppe 5: Die „Sperrwirkung“ bei fehlender Strafbarkeit aus der an sich verdrängenden Norm

Im System des Besonderen Teils des StGB hat der Gesetzgeber Tatbestände geschaffen, die sich zum Teil überschneiden und überlagern. Dies ist notwendig, um die mannigfaltigen Verhaltensweisen lückenlos erfassen zu können. Die Erfassung verwirklichten Unrechts im System abstrakter Tatbestände bringt aufgrund der konkreten Lebenswirklichkeit die Überlagerung oder Häufung von Tatbeständen mit sich. Kriminelle Verhaltensweisen treten in der Lebenswirklichkeit kaum isoliert, sondern vielmehr verbunden mit anderen, u.U. zeitlich aufeinander folgend, auf[496].
Die Überschneidung von Tatbeständen zur vollständigen Erfassung des Unwertgehalts einer Tat ist Folge der Methode des Gesetzgebers, der Garantiefunktion des Strafgesetzes durch ausreichende Typenbildung, die sowohl die Einzelfallgerechtigkeit als auch allgemeine Rechtssicherheit ausreichend berücksichtigt, als Kompromiß zwischen Generalisierung und Individualisierung gerecht zu werden. Im System abstrakter Tatbestände überschneiden sich Tatbestände schon deshalb, weil das ein besonderes Delikt verwirklichende Verhalten notwendigerweise auch schon den allgemeinen Tatbestand ausfüllt.

Die Tatbestände des Besonderen Teils des StGB regeln grundsätzlich nur den Fall, daß der Täter durch eine Handlung einen Tatbestand erfüllt. Deshalb bedarf es Vorschriften für die Fälle, in denen der Täter mehrere Tatbestände oder denselben Tatbestand mehrfach verwirklicht hat. Diese Fälle mehrfacher Gesetzesverletzungen werden von den §§52, 53ff. StGB erfaßt.
Neben den „echten“ in §§52, 53ff. StGB geregelten Konkurrenzarten der Ideal- bzw. Realkonkurrenz ist die Gesetzeseinheit als drittes, ungeschriebenes Rechtsinstitut anerkannt. Hier werden Fallgestaltungen erfaßt, bei denen mehrere Strafgesetze nur scheinbar zusammentreffen, während in Wirklichkeit eines das andere ausschließt. Grundgedanke der Gesetzeseinheit ist es, daß der Unrechts- und Schuldgehalt einer strafbaren Handlung schon nach einem der in Betracht kom-

---

[496] Geerds, Konkurrenz, S.151.

menden Tatbestände erschöpfend bestimmt werden kann, so daß ein weitergehendes Strafbedürfnis entfällt[497].

Liegt eine mehrfache Gesetzesverletzung vor, die unter eine der nach herrschender Auffassung bestehenden drei Fallgruppen der Spezialität, Subsidiarität und Konsumtion zu fassen ist, stellt sich die Frage nach der Rechtsfolge der Gesetzeseinheit. Diese besteht grds. darin, daß der verdrängte Tatbestand nicht mehr im Tenor des Schuldspruchs erscheint und nicht die Grundlage strafrechtlicher Sanktionen bilden kann[498].

Vor diesem Hintergrund hat sich auch eine „Sperrwirkungsproblematik" ergeben. Falls das an sich aufgrund von Gesetzeseinheit verdrängende Gesetz nicht anwendbar ist, stellt sich die Frage, ob und inwieweit auf das an sich verdrängte Delikt zurückgegriffen werden kann.
Dabei wird im folgenden nach dem jeweiligen Grund der Nichtanwendbarkeit des an sich verdrängenden Tatbestandes zu unterscheiden sein. Liegt bei Straflosigkeit aus dem grds. verdrängenden Tatbestand zwar der Gedanke nahe, hier stets auf das an sich verdrängte Delikt zurückzugreifen, wird sich jedoch zeigen, daß ein derartiger Rückgriff aufgrund des Vorliegens einer „Sperrwirkung" durchaus zweifelhaft sein kann[499].

---

[497] Vgl. BGHSt 25, 373; 31, 380; BGH NJW 1963 S.1413; Vogler, in LK 10.A. Vor §52 Rn.101; Rising-van Saan, in LK Vor §52 Rn.64; Tröndle/Fischer Vor §52 Rn.17; Stree, in S./S. Vor §52 Rn.102; Samson/Günther, in SK Vor §52 Rn.79; Lackner/Kühl Vor §52 Rn.24; Bringewat, Gesamtstrafe, S.71 Rn.85; Montenbruck, Strafrahmen, S.163; Jescheck/Weigend AT §69 I 1; Stratenwerth AT Rn.1175; Paulusch S.53; Haslinger S.60; Seier Jura 1983 S.225(227); Geppert Jura 1982 S.418(421); Warda JuS 1964 S.81(89); Welzel, Strafbarkeit, §30 II S.233; Schmitt ZStW 75 (1963) S.43(48); Lenckner JR 1978 S.424(425).

[498] Vgl. etwa RGSt 70, 357ff.; Seier Jura 1983 S.225(232); Abels S.26; Rissing-van Saan, in LK Vor §52 Rn.70; Stree, in S./S. Vor §52 Rn.134ff.; Jescheck/Weigend AT §69 III; Geppert Jura 1982 S.418(426).

[499] Besteht die Möglichkeit des Rückgriffs auf das an sich verdrängte Delikt, so ist fraglich, inwieweit hier begrifflich vom „Wiederaufleben" dieses Tatbestandes gesprochen werden kann. Zunächst gilt es festzustellen, daß nach zutreffender herrschender Auffassung bei Vorliegen von Gesetzeseinheit, entgegen der teilweise vertretenen Aufassung (RGSt 24, 269(272); Kühl JA 1978 S.475(480); Kohlrausch-Lange Vorbem.I Vor §73; Rittmann S.18, 94; Haslinger S.60; Pflaum S.9; Stürenberg S.18f.; Kraushaar S.61ff.), auch das verdrängte Gesetz als verletzt anzusehen ist (st. Rspr. seit RGSt 68, 204(208); vgl. auch BGHSt 1, 152(155); 7, 307(312); 10, 312(315); Vogler FS-Bockelmann S.715(719); Maurach/Gössel/Zipf AT/2 §55 Rn.23; Seier Jura 1983 S.225(226); Geppert Jura 1982 S.418(421); Schmitt ZStW 75 (1963) S.43(45); Bockelmann JZ 1953 S.233(235); Warda JuS 1964 S.81(89); Notheis S.40f.; Dünnebier GA 1954 S.271(273); Grimme S.8f., 25; Schmidhäuser FS-Dünnebier S.407(412, 415). Hiervon ausgehend stellt sich die Frage, ob in Fällen, in denen ein Rückgriff auf das an sich verdrängte Delikt aufgrund des Fehlens materieller oder formeller Voraussetzungen bzw. des Vorliegens eines Strafaufhebungsgrundes hinsichtlich des an sich verdrängenden Tatbestandes

Im folgenden wird es darum gehen, auftretende „Sperrwirkungen" aufzuzeigen, die Richtigkeit einer derartigen Wirkung zu überprüfen und den Versuch einer dogmatischen Einordnung der Problematik zu unternehmen.
Dabei ist nach den unterschiedlichen Gründen für die Nichtanwendbarkeit des an sich verdrängenden Gesetzes zu differenzieren. So kann die Nichtanwendbarkeit darauf zurückzuführen sein, daß es an Tatbestandsvoraussetzungen, Rechtswidrigkeit oder Schuld des verdrängenden Tatbestandes fehlt oder eine Versuchsstrafbarkeit hinsichtlich des primären Tatbestandes nicht besteht (vgl. hierzu 1.). Weiter kann die Nichtanwendbarkeit auf materiellrechtlichen Gründen, wie etwa dem Vorliegen von Strafaufhebungsgründen, beruhen (vgl. hierzu 2.) oder dem an sich verdrängenden Tatbestand ein Verfahrenshindernis entgegenstehen (vgl. hierzu 3.).

1. Nichtanwendbarkeit des an sich verdrängenden Tatbestandes aufgrund des Fehlens tatbestandlicher Voraussetzungen, Rechtswidrigkeit oder Schuld bzw. bei fehlender Versuchsstrafkeit aus dem Primärtatbestand

a) Nichtanwendbarkeit des an sich verdrängenden Tatbestandes aufgrund des Fehlens tatbestandlicher Voraussetzungen, Rechtswidrigkeit oder Schuld

Liegen die genannten Voraussetzungen für eine Strafbarkeit aus der an sich verdrängenden Norm nicht vor, stellt sich stets die Frage nach der Anwendbarkeit der an sich verdrängten Norm. Die Strafbarkeit des verdrängenden Tatbestandes kann etwa am Fehlen tatbestandlicher Voraussetzungen, an der fehlenden Rechtswidrigkeit (z.B. infolge von §228 StGB, §228 BGB) oder der fehlenden Schuld[500] des verdrängenden Tatbestandes scheitern.

---

möglich ist, von einem „Wiederaufleben" gesprochen werden kann (so etwa Rissing-van Saan, in LK Vor §52 Rn.112, 134, 135; Höper S.112, 193; Fuchs S.142, 153; Maurach/Gössel/Zipf AT/2 §55 II Rn.23, §56 II Rn.20). Andere Autoren formulieren hier bewußt vorsichtig oder lehnen den Begriff des „Wiederauflebens" ausdrücklich ab. So sollte man hier nicht von einem „Wiederaufleben" des allgemeineren Tatbestandes sprechen, da ein verdrängender Tatbestand nie bestand und eine Verantwortlichkeit des Täters nach diesem Tatbestand von vornherein ausgeschlossen war (Geerds, Konkurrenz, S.170). Anderes kann allein in Fällen des Vorliegens eines Strafaufhebungsgrundes gelten, da hier die an sich begründete Strafbarkeit nach der grundsätzlich vorgehenden Norm durch ein nachträgliches Verhalten des Täters rückwirkend wieder beseitigt wird (Geerds, Konkurrenz, S.170).
Im Ergebnis handelt es sich jedoch um einen rein begrifflichen Streit, der in der Sache unbedeutend ist.

[500] Vgl. RGSt 47 S.385(388f.).

Im Rahmen dieser Arbeit soll nur auf die Fallkonstellationen eingegangen werden, in denen dem an sich verdrängenden Tatbestand eine „Sperrwirkung" zugesprochen wurde.

Grundsätzlich ist dabei von folgendem Ausgangspunkt auszugehen. Fehlt es dem an sich verdrängenden Tatbestand an Merkmalen des objektiven oder subjektiven Tatbestandes, an Rechtswidrigkeit oder Schuld, so ist das verdrängte Gesetz anzuwenden[501].

Der grundsätzliche Rückgriff auf das verwirklichte Delikt stellt eine Selbstverständlichkeit dar. Sofern ein Tatbestand schon nicht erfüllt ist, muß der Rückgriff auf den verwirklichten Tatbestand erfolgen.

Doch auch dieser Grundsatz gilt nicht umfassend und ausnahmslos. Schwierigkeiten ergeben sich vor allem im Bereich privilegierter Tatbestände. Insoweit wird der z.T. als „Sperrwirkung" bezeichnete Problemkreis eröffnet.

Der Rückgriff auf an sich im Wege der Gesetzeseinheit verdrängte Tatbestände kann, wie bereits angesprochen, bei Vorliegen eines an sich verdrängenden privilegierten Tatbestandes ausgeschlossen sein.

aa) Die „Sperrwirkung" des primären Tatbestandes im Bereich des §113 StGB

aaa) Die „Sperrwirkung" des §113 StGB gegenüber §240 StGB im Fall der Drohung mit einem empfindlichen Übel

§113 StGB erfaßt als Tathandlungen alternativ den Widerstand und den tätlichen Angriff gegen Vollstreckungsbeamte. Erreicht die Tathandlung i.S. des §113 StGB nicht die notwendige Intensität, erfüllt sie aber die Tatbestandsvoraussetzungen des §240 StGB, muß sich die Frage nach einem Rückgriff auf den an sich verdrängten Nötigungstatbestand stellen.

Im Zusammenhang mit dem Begriff der „Sperrwirkung" ist allein die erste Alternative des §113 StGB von Bedeutung.

---

[501] RGSt 47, 385(388f.); 60, 88(92); BGH GA 1956 S.26(28); BGHSt 30, 235(236); Tröndle/Fischer Vor §52 Rn.24; Vogler, in LK 10.A. Vor §52 Rn.115; Rising-van Saan, in LK Vor §52 Rn.94, 112; Stree, in S./S. Vor §52 Rn.135ff.; Maurach/Gössel/Zipf AT/2 §55 Rn.23f., 43ff., §56 Rn.20; Bringewat, Gesamtstrafe, S.80 Rn.92, S.84 Rn.97; Vogler FS-Bockelmann S.715(726); Geppert Jura 1982 S.418(426); Haslinger S.137f.; Haase S.139f.; Fuchs S.142; Freund S.43; Drechsler S.21f.; Gelbert S.46.

Widerstand i.S. des §113 StGB erfordert eine aktive Tätigkeit gegenüber dem Vollstreckungsbeamten, mit der die Durchführung einer Vollstreckungsmaßnahme verhindert oder erschwert werden soll[502]. Der Widerstand muß zur Erfüllung des Tatbestandes von §113 StGB mit Gewalt oder durch Drohung mit Gewalt geleistet werden. Der Gewaltbegriff ist zwar auch im Bereich des §113 StGB umstritten[503], für die Problematik der „Sperrwirkung" hat dies jedoch keine Auswirkung. Entscheidende Bedeutung erlangt die Tatsache, daß §113 StGB in Bezug auf die Tathandlung allein die Drohung mit Gewalt erfaßt. Unter Drohung mit Gewalt ist die Ankündigung der künftigen Gewaltanwendung zu verstehen. Es ist erforderlich, daß gerade Gewalt angedroht wird, die Drohung mit anderen Nötigungsmitteln genügt nicht[504].
Probleme treten auf, wenn die vom Täter eingesetzten Mittel nicht das in §113 StGB vorausgesetzte Maß (Gewalt oder Drohung mit Gewalt) erreichen, sie jedoch die Voraussetzungen des §240 StGB grds. erfüllen.
Dies ist der Fall, wenn seitens des Täters eine Drohung mit einem empfindlichen Übel, etwa Drohung mit Strafanzeige oder kompromittierenden Veröffentlichungen, vorliegt. Damit stellt sich die Problematik, ob und inwieweit bei Fehlen der Voraussetzungen des §113 StGB auf §240 StGB zurückgegriffen werden darf. Liegt der an sich verdrängende Tatbestand wie hier nicht vor, kann grds. das an sich verdrängte Delikt Anwendung finden[505]. Es gilt jedoch, das Verhältnis der in Rede stehenden Tatbestände zu beachten.

Der Widerstand gegen Vollstreckungsbeamte i.S. §113 StGB ist nach Rechtsprechung und herrschender Auffassung im Schrifttum als privilegierter Spezialfall gegenüber der Nötigung i.S. §240 StGB anzusehen[506]. §113 StGB privilegiert

---

[502] Eser, in S./S. §113 Rn.40; Tröndle/Fischer §113 Rn.18; v. Bubnoff, in LK §113 Rn.13a.
[503] Vgl. mit zahlreichen Nachweisen v. Bubnoff, in LK §113 Rn.14.
[504] Eser, in S./S. §113 Rn.45; Lackner/Kühl §113 Rn.5; v. Bubnoff, in LK §113 Rn.16.
[505] Vgl. RGSt 47, 385(388f.); 60, 88(92); BGH GA 1956 S.26(28); BGHSt 30, 235(236); Tröndle/Fischer Vor §52 Rn.24; Vogler, in LK 10.A. Vor §52 Rn.115; Rising-van Saan, in LK Vor §52 Rn.94, 112; Stree, in S./S. Vor §52 Rn.135ff.; Maurach/Gössel/Zipf AT/2 §55 Rn.23f., 43ff., §56 Rn.20; Bringewat, Gesamtstrafe, S.80 Rn.92, S.84 Rn.97; Vogler FS-Bockelmann S.715(726); Geppert Jura 1982 S.418(426); Haslinger S.137f.; Haase S.139f.; Fuchs S.142; Freund S.43; Drechsler S.21f.; Gelbert S.46.
[506] BGH MDR/D 1968 S.895; BGH VRS 35 S.174; BGH NStE §315b Nr.1; BayObLG MDR 1988 S.517; OLG Frankfurt NJW 1973 S.1806(1807); KG StV 1988 S.437; Lackner/Kühl §113 Rn.26; Horn, in SK §113 Rn.2; v. Bubnoff, in LK §113 Rn.3; Schäfer, in LK 10.A. §240 Rn.108; Eser, in S./S. §113 Rn.3; Tröndle/Fischer §113 Rn.1; Krey BT/1 Rn.496; Rengier BT/2 §53 Rn.27; Schmidt/Seidel BT/1 S.122; Haft BT S.8; Arzt/Weber LH1 Rn.599; Otto BT §91 V 2; Backes/Ransiek JuS 1989 S.624(629); Schomburg ZRP 1986 S.65(67); Dre-

den Täter für den Fall der Nötigung von Hoheitsträgern zur Unterlassung einer Vollstreckungshandlung im Wege des Widerstandes gegen Vollstreckungsbeamte durch Gewalt oder Drohung mit ihr gegenüber §240 StGB durch einen niedrigeren Strafrahmen und die günstigere Irrtumsregelung mit der Möglichkeit der Strafmilderung sowie des Absehens von Strafe (Abs.4).

Die Auffassung, daß es sich bei der Privilegierung in §113 StGB um ein Versehen des nationalsozialistischen Gesetzgebers handelt[507], ist für die Rechtsanwendung ohne Bedeutung und berechtigt allein den Gesetzgeber zu einer Gesetzeskorrektur[508]. Nach dem geltenden Recht privilegiert §113 StGB den Täter gegenüber §240 StGB. Hieran hat sich der Richter zu halten, selbst wenn er die Gesetzeslage für sachlich verfehlt halten sollte.

Die Regelung in §113 StGB ist darauf zurückzuführen, daß der besonderen Situation des von einer Vollstreckung Betroffenen Rechnung getragen werden soll. Dem Betroffenen wird eine bei der Durchführung der Maßnahme gegen seine Person regelmäßig vorhandene Erregung und der aus dieser Situation leicht entstehende Affekt zugutegehalten[509].

Auch wäre die Regelung des §113 StGB bei einer anderen Beurteilung des Verhältnisses zu §240 StGB überflüssig, da ansonsten immer die strengere Regelung des §240 StGB eingreifen würde[510]. Weiter ist zu beachten, daß nach §240 StGB die Willensfreiheit des Beamten selbst geschützt wäre. Da es bei der Vornahme einer Vollstreckungshandlung um die Durchsetzung der staatlichen Vollstreckung und nicht um privates Wollen des Beamten geht, muß dieser Wille jedoch irrelevant sein.

Der Betroffene befindet sich nicht nur in einer das Unrecht und die Schuld mindernden Konfliktlage, auch das Opfer ist weniger schutzbedürftig als im Normalfall der Nötigung, da bei staatlichem Handeln mehr Gegenwehr erwartet werden darf[511].

---

her NJW 1970 S.1153(1156f.); Ehlen/ Meurer NJW 1974 S.1776(1777). Aufgrund der Entwicklungsgeschichte kritisch: Hirsch FS-Klug S.235ff.; vgl. auch Maurach/Schroeder/Maiwald BT/2 §71 Rn.3ff. und Möbius S.82ff.

507 Hirsch FS-Klug S.235(236).

508 Horn, in SK §113 Rn.2.

509 BGH VRS 5 S.198(199); BayObLG MDR 1988 S.517; BT-Drucks. 6/502 S.3f.; Prot. VI 190, 1944; Tröndle/Fischer §113 Rn.1; Eser, in S./S. §113 Rn.3; Horn, in SK §113 Rn.2; v. Bubnoff, in LK §113 Rn.3; Herzberg JuS 1973 S.234(238); Haft BT S.8; Schomburg ZRP 1986 S.65(67).

510 Backes-Ransiek JuS 1989 S.624(629) m.w.N.

511 Backes-Ransiek JuS 1989 S.624(629).

Ist damit das privilegierte Verhältnis der Tatbestände von §113 StGB und §240 StGB festgestellt, erscheint der Rückgriff auf §240 StGB im Fall des Fehlens der für §113 StGB notwendigen Intensität problematisch.

Bei einer Wortlautauslegung würde der Täter die durch §113 StGB gewährten Vergünstigungen verlieren und aus dem strengeren §240 StGB bestraft werden, obwohl seine Schuld geringer ist als bei vollständiger Verwirklichung des §113 StGB[512]. Ein derartiges Ergebnis ist jedoch unannehmbar. Es besteht daher weitgehende Übereinstimmung, daß die Privilegierung unterlaufen würde, wenn ein uneingeschränkter Rückgriff auf §240 StGB erfolgte.
Allein Schmid[513] sieht das Verhältnis von §113 StGB und §240 StGB als tateinheitliches an und kommt so zur uneingeschränkten Strafbarkeit des Täters aus §240 StGB.
Im Schrifttum finden sich demgegenüber zwei Auffassungen, wie die privilegierende Wirkung des §113 StGB Berücksichtigung finden muß. Die hier aus §113 StGB folgende Beschränkung der Strafbarkeit in Bezug auf §240 StGB trotz der Nichtanwendbarkeit des §113 StGB ist im Schrifttum z.T. als von §113 StGB ausgehende „Sperrwirkung" bezeichnet worden[514].

Nach einer Auffassung wird zwar der Rückgriff auf §240 StGB für zulässig befunden, allerdings unter der Maßgabe, daß §113 Abs. 3 und 4 StGB anzuwenden sind und auch der Strafrahmen des §113 StGB Anwendung findet[515].
Dagegen ist nach zutreffender Auffassung auch ein derartiger eingeschränkter Rückgriff mit der Privilegierungswirkung des §113 StGB nicht zu vereinbaren[516]. Die bereits dargestellte Privilegierungsfunktion würde auch hier unterlau-

---

512 Vgl. v. Bubnoff, in LK §113 Rn.65; Ehlen/Meurer NJW 1974 S.1776(1777) m.w.N.
513 Schmid JZ 1980 S.56(58).
514 Rengier BT/2 §53 VI Rn.28; Schmidt/Seidel BT/1 S.122; Küpper BT/1 Teil I §3 Rn.53; Küper, Definitionen, S.428f.; vgl. auch Tröndle/Fischer Vor §52 Rn.24.
515 OLG Hamm NStZ 1995 S.547(548); v. Bubnoff, in LK §113 Rn.65; Tröndle/Fischer §240 Rn.31; Lackner/Kühl §113 Rn.26; Otto BT §91 V 2; Rengier BT/2 §53 VI; Schmidt/Seidel BT/1 S.122; Hirsch FS-Klug S.235(242f.); Ehlen/Meurer NJW 1974 S.1776(1777); Dreher NJW 1970 S.1153(1158); der vollstreckende Beamte verdiene ebenso wie jeder andere Staatsbürger Schutz vor Nötigungen.
516 BGHSt 24, 262(266); 30, 235(236); BGH VRS 35 S.174f.; BGH VRS 50 S.94ff.; KG VRS 11 S.198; OLG Koblenz DAR 1980 S.348(349); Horn, in SK §113 Rn.23; Eser, in S./S. §113 Rn.43, 45, 68, §240 Rn.39; Zielinski, in AK §113 Rn.5, 28; Haft BT S.8; Arzt/Weber LH5 Rn.121; Schomburg ZRP 1986 S.65(67); Backes/Ransiek JuS 1989 S.624(629); Mitsch JuS 1993 S.471(475); Küpper BT/1 Teil I §3 Rn.53; Küper, Definitionen, S.428f.; Eser, Strafrecht

fen. Die Wertungen und der Sinn des §113 StGB, den Schutz der Vollstreckung nur gegen bestimmte Widerstandshandlungen zu schützen, würde umgangen, wenn man hier auf §240 StGB zurückgreift. §113 StGB privilegiert den Täter, da sich dieser aufgrund der gegen ihn gerichteten Vollstreckungstätigkeit in einer psychischen Zwangslage befindet, in der die Fähigkeit, sich entsprechend der Rechtsordnung zu verhalten, herabgesetzt ist. Daher ist es in einer solchen Situation geboten, nur die besonders eklatanten Widerstandshandlungen strafrechtlich zu verfolgen. Wenn aber bereits unterhalb dieser Schwelle auf §240 StGB zurückgegriffen werden soll, ist dies mit der ratio des §113 StGB nicht zu vereinbaren.

Auch wenn man auf den Strafrahmen des §113 StGB zurückgreift, werden in §113 StGB gerade nicht enthaltene Widerstandshandlungen doch erfaßt und im Ergebnis aus §113 StGB bestraft[517]. Die Strafbarkeit würde hier weiter ausgedehnt, als sie nach der in §113 StGB zum Ausdruck kommenden Entscheidung des Gesetzgebers reichen soll.

§113 StGB ist als abschließende Sonderregelung zu §240 StGB zu verstehen[518]. Der Gesetzgeber hat hier den mit der staatlichen Vollstreckung auftretenden Sonderumständen Geltung verliehen. Diese müssen dem Täter effektiv zugutekommen. Die materiell gerechtfertigte Besserstellung muß neben der Straffolgenentscheidung auch im Schuldspruch Berücksichtigung finden. Folglich muß der Täter auch vor dem Makel der Verurteilung aus dem schwereren Tatbestand des §240 StGB bewahrt werden.

Bd.III, S.165; Schmidhäuser BT 22/27; Welzel, Strafrecht, §73 III 2; Wessels/Hettinger BT/1 Rn.629.

Zum gleichen Ergebnis kommt Möbius, allerdings ausgehend von der Ablehnung des Privilegierungsverhältnisses zwischen §113 StGB und §240 StGB. Sinn und Zweck des §113 StGB sei ausschließlich der Schutz hoheitlicher Vollstreckungstätigkeit (S.56, 106). Die Vollstreckungshandlung und das Handlungsorgan werden in §113 StGB nicht um ihretwegen geschützt, sondern erst die Verknüpfung führe zum Rechtsgut ungestörter staatlicher Vollstreckungstätigkeit (S.103). Damit liege aber nur scheinbar eine Vergleichbarkeit zu §240 StGB vor, da der Schutz der individuellen Freiheit der Willensentschließung und Willensbetätigung nur als Reflex des §113 StGB anzusehen ist. Die kriminalpolitische Rechtfertigung liege in der latenten Gefährlichkeit hoheitlicher Vollstreckungstätigkeit, die mit dem unmittelbaren Zwang untrennnbar verknüpft sei und deren zwangsweise Durchsetzung die Rechtsgemeinschaft erwarten könne und müße (S.104). Ausgehend von diesem Rechtsgut darf auf §240 StGB nicht zurückgegriffen werden, wenn die in §113 Abs.1 StGB enthaltenen Tathandlungen in ihrer Intensität nicht erreicht würden. Auch ergebe sich im Umkehrschluß aus §113 Abs. 3 StGB, daß der Gesetzgeber mit den in §113 Abs.1 StGB enthaltenen Tathandlungen eine abschließende Regelung getroffen habe (S.105).

517 Arzt/Weber LH5 Rn.121; Backes/Ransiek JuS 1989 S.624(629); Eser, in S./S. §113 Rn.68.

518 Zielinski, in AK §113 Rn.5, 28, 46; Eser, in S./S. §113 Rn.3, 43; Horn, in SK §113 Rn.23; Arzt/Weber LH5 Rn.121; Backes/Ransiek JuS 1989 S.624(629).

Im Rahmen der dargestellten Problematik muß man sich vor Augen halten, daß es sich hier um ein Verhalten handelt, das die Voraussetzungen des §240 StGB erfüllt, jedoch „unterhalb" der Voraussetzungen des §113 StGB bleibt. Die Bedenken, einer nicht anwendbaren Vorschrift eine Verdrängungs- bzw. „Sperrwirkung" zukommen zu lassen, sind allein in den Fällen begründet, in denen das Verhalten des Täter „außerhalb" der Tatbestandsgrenzen des §113 StGB liegt[519]. So kann §240 StGB etwa bei einer Drohung zur Verhinderung einer noch gar nicht geplanten Amtshandlung, bei Widerstand gegen eine amtliche Handlung, die keinen Vollstreckungsakt darstellt oder bei Gewalt zur Vornahme eines amtlichen Aktes ohne Einschränkung angewendet werden. Hier liegt die den Täter privilegierende Vollstreckungssituation nicht vor.

Insofern hat sich gezeigt, daß eine dem Maß des §113 StGB nicht entsprechende Drohung mit einem empfindlichen Übel straffrei bleibt. Die der gesetzgeberischen Wertentscheidung entsprechende Privilegierungsfunktion des §113 StGB führt hier dazu, einen Rückgriff auf §240 StGB nicht zuzulassen. Die Berufung auf eine insoweit bestehende „Sperrwirkung" stellt dabei jedoch keine Begründung dar, sondern bedurfte gerade der Begründung. In dogmatischer Hinsicht beruht die Problematik nicht auf Konkurrenzerwägungen. Wenn es wie hier am Vorliegen des an sich verdrängenden Tatbestandes fehlt und somit die Tatbestandsvoraussetzungen lediglich eines Tatbestandes vorliegen, besteht schon kein „Konkurrenzverhältnis". Die Tatbestände treffen noch nicht einmal scheinbar zusammen. Gesetzeseinheit besteht somit nicht. Im Bereich der Gesetzeseinheit besteht kein rechtliches Verhältnis zwischen Tatbeständen, dem zufolge bei Nichtvorliegen des einen Tatbestandes zugleich die Strafbarkeit aus dem anderen (erfüllten) Tatbestand ausgeschlossen ist. Die „Sperrwirkung" stellt sich damit als außerhalb des Konkurrenzgefüges stehendes Ergebnis der durch Auslegung des Zweckes und der inneren Zusammenhänge der Vorschriften zu ermittelnden gesetzgeberischen Wertentscheidung sowie der Reichweite des Privilegierungsgedankens dar[520].

---

[519] Vgl. Horn, in SK §113 Rn.23; Küper, Definitionen, S.428.

[520] Ähnlich Fuchs S.143; Seier Jura 1983 S.225(232); Geerds, Konkurrenz, S.172.

bbb) Die „Sperrwirkung" des §113 Abs.3 Satz 2 StGB gegenüber §240 StGB

Besondere Probleme stellen sich seit jeher im Bereich des Irrtums über die Rechtmäßigkeit der Amtshandlung. Auch hier hat der Begriff der „Sperrwirkung" bei der Frage des möglichen Rückgriffs auf die allgemeine Norm des §240 StGB Anwendung gefunden[521].

§113 Abs.3 Satz 1 StGB legt fest, daß die Tat nur dann nach dieser Vorschrift strafbar ist, wenn die vorgenommene Amtshandlung rechtmäßig ist. Gesetzestechnisch ergibt sich dies nicht positiv aus der Tatbestandsbeschreibung i.S. von §113 Abs.1 StGB, sondern allein negativ aus §113 Abs.3 StGB. §113 Abs.3 Satz 2 StGB legt die Folgen für den Fall fest, daß der Täter die rechtswidrige Amtshandlung irrig für rechtmäßig gehalten hat. Auch hier ist keine Strafbarkeit des Täters aus §113 StGB gegeben.

Unstimmigkeiten bestehen seit jeher hinsichtlich der Einordnung des Rechtmäßigkeitserfordernisses des §113 Abs.3 StGB.

Mit der wohl vorherrschenden Auffassung wird hier davon ausgegangen, daß sich das Fehlen der Rechtmäßigkeit der Diensthandlung als Rechtfertigungsgrund darstellt[522].

Im Fall des §113 Abs.3 Satz 2 StGB fehlt es dem Täter an der Kenntnis der Voraussetzungen eines Rechtfertigungsgrundes. Dies führt nach überwiegender Auffassung zur Annahme eines Versuchs[523]. Damit wäre eine Strafbarkeit nicht gegeben, weil §113 StGB, wie bereits dargetan, keine Versuchsstrafbarkeit enthält.

---

[521] Eser, in S./S. §113 Rn.54.

[522] Vgl. OLG Bremen NJW 1977 S.158(160); OLG Köln NStZ 1986 S.234(235); OLG Schleswig NStZ 1985 S.74; v. Bubnoff, in LK §113 Rn.23; Lackner/Kühl §113 Rn.17f.; Tröndle/Fischer §113 Rn.10; Maurach/Schroeder/Maiwald BT/2 §70 II Rn.32ff.; Lenz S.173ff.; Paeffgen JZ 1979 S.516(521); Dreher NJW 1970 S.1153(1158); ders. GS-Schröder S.359(379); ders. JR 1984 S.401(402); Herdegen BGH-Festschrift S.195(202); modifizierend: Hirsch FS-Klug S.235(248); Thiele JR 1979 S.397ff.; a.A.: nach Eser, in S./S. §113 Rn.18ff. ist die Rechtmäßigkeit als *„unrechtskonstitutives Merkmal des Tatbestandes"* im Rahmen einer Vorsatz-Fahrlässigkeits-Kombination anzusehen. Sax (JZ 1976 S.9(15f.)) spricht hier von einer *„objektiven Strafwürdigkeitsvoraussetzung"*, Wessels/Hettinger (BT/1 Rn.633) und Krause (Jura 1980 S.449ff.) gehen von einer objektiven Bedingung der Strafbarkeit aus, Bottke JA 1980 S.93(98) hält einen Strafausschließungsgrund für gegeben.
Vgl. zum Streitstand die ausführlichen Darstellungen bei Lenz S.160ff.; v. Bubnoff, in LK §113 Rn.18ff.; Dreher GS-Schröder S.359ff.; Maurach/Schroeder/Maiwald BT/2 §70 Rn.26ff.

[523] Vgl. etwa BGHSt 38, 144(155); KG GA 1975 S.213(215); Maurach/Zipf AT/1 §25 Rn.34; Lackner, in S./S. Vor §32 Rn.15; Baumann/Weber/Mitsch AT 10.A. §16 Rn.66ff.; Stratenwerth AT Rn. 492ff.; Jakobs AT 11.Abschnitt Rn.23; Roxin AT I §14 Rn.101; Blei AT §36 III2; Wessels/Beulke AT Rn.278f.; Steinbach S.291ff.; Lenckner, Notstand, S.187ff.; Rudolphi FS-Maurach S.51(58); Hruschka GA 1980 S.1(16f.); Frisch FS-Lackner S.138ff.; Herzberg JA 1986 S.190ff.

Aufgrund der in der Literatur teilweise vertretenen Auffassung, bei Fehlen des subjektiven Rechtfertigungselements sei Vollendung anzunehmen[524], bestand für den Gesetzgeber Grund zur Klarstellung der Folgen im Bereich des §113 StGB.

Im Fall des Irrtums des Täters fehlt es somit am Vorliegen der Rechtswidrigkeit. Die entstehende Problematik, inwieweit ein Rückgriff auf den allgemeinen Tatbestand des §240 StGB bei Straflosigkeit aus §113 StGB aufgrund von §113 Abs.3 Satz 2 StGB möglich ist, ist im Schrifttum kaum behandelt worden. Soweit ersichtlich finden sich allein bei Eser[525] und Horn[526] knappe Ausführungen zur Problembehandlung. Ein Rückgriff auf die allgemeine Norm des §240 StGB ist nach beiden Autoren ausgeschlossen. Eser hält den Rückgriff aufgrund einer „Sperrwirkung" des §113 Abs.3 Satz 2 StGB nicht für möglich[527].

Auch in der vorliegenden Konstellation steht das Verhältnis der Tatbestände von §113 StGB und §240 StGB im Vordergrund der Betrachtung. Die Privilegierung des §113 StGB muß dem Täter, wie bereits dargelegt, nach dem Willen des Gesetzes effektiv zugutekommen. Nur so kann der besonderen Situation der Vollstreckung Rechnung getragen werden. Mit einem Rückgriff auf die allgemeine Norm des §240 StGB würde die in §113 StGB zum Ausdruck kommende Privilegierung des Täters unterlaufen und in ihr Gegenteil verkehrt.
§113 Abs.3 Satz 2 StGB enthält für den Fall des Irrtums über die Rechtswidrigkeit der Amtshandlung gerade eine abschließende Sonderregelung[528]. Schon insofern verbietet sich der Rückgriff auf die allgemeine Norm.
Aber auch aus weitergehenden Wertungsgesichtspunkten kann ein Rückgriff auf §240 StGB nicht erfolgen. Mit der Anwendung der an sich zurücktretenden Norm des §240 StGB würde der Täter, der irrtümlicherweise keine Kenntnis vom Vorliegen einer, aufgrund der Rechtswidrigkeit der Amtshandlung bestehenden, Rechtfertigungslage hat, mit der Strafbarkeit aus der strengeren Norm des §240

---

[524] So die konsequenten Vertreter der personalen Unrechtslehre und auch ein Teil der Rechtsprechung: vgl. BGHSt 2, 111(114f.); Hirsch, in LK Vor §32 Rn.59, 61; Schmidhäuser AT 9/17; Welzel, Strafrecht, §14 IV S.92; Zielinski, Handlungs- und Erfolgsunwert, S.259ff.; Niese S.18; Alwart GA 1983 S.433(454f.); Paeffgen, Verrat, S.156; ders. GS-A. Kaufmann S.399(421ff.).
[525] Eser, in S./S. §113 Rn.54, 68.
[526] Horn, in SK §113 Rn.23.
[527] Eser, in S./S. §113 Rn.54.
[528] Vgl. etwa Horn, in SK §113 Rn.23; Eser, in S./S. §113 Rn.54.

StGB schlechter gestellt, als dies bei Rechtmäßigkeit der Amtshandlung der Fall gewesen wäre. Der „Widerstand" gegen eine rechtswidrige Amtshandlung würde somit einen weiteren Strafrahmen eröffnen, als dies beim Widerstand gegen eine rechtmäßige Amtshandlung der Fall ist. Ein Wertungswiderspruch ist hier offensichtlich. Auch insoweit verbietet sich ein Rückgriff auf die allgemeine Norm.
Ein Rückgriff auf die allgemeine Norm kann auch nicht als mit dem allgemeinen Gerechtigkeitsempfinden vereinbar angesehen werden.

Auch diese Konstellation läßt sich nicht aufgrund von Konkurrenzerwägungen lösen. Die Voraussetzungen der Gesetzeseinheit liegen bei Fehlen der Rechtswidrigkeit des an sich verdrängenden Tatbestands des §113 StGB nicht vor. Auch hier stellt sich die fehlende Rückgriffsmöglichkeit als Ergebnis der durch Auslegung zu ermittelnden gesetzgeberischen Wertentscheidung und der Reichweite des Privilegierungsgedankens dar.

bb) Die „Sperrwirkung" des §105 StGB gegenüber §240 StGB bei Fehlen tatbestandlicher Voraussetzungen

Die Problematik einer „Sperrwirkung" tritt ebenso im Bereich der Nötigung von Verfassungsorganen gem. §105 StGB auf. Dabei stellt sich auch hier die Frage, ob bei Fehlen tatbestandlicher Voraussetzungen des §105 StGB der Nötigungstatbestand des §240 StGB Anwendung finden kann oder ob §105 StGB insoweit eine „Sperrwirkung"[529] zukommt.
Nach §105 StGB wird bestraft, wer eines der in §105 Abs.1 StGB abschließend aufgezählten Verfassungsorgane mit Gewalt oder durch Drohung mit Gewalt nötigt, seine Befugnisse nicht oder in einem bestimmten Sinn auszuüben. Zweck der Vorschrift ist es, die Funktionsfähigkeit und die Funktionsfreiheit der höchsten körperschaftlich gebildeten Verfassungsorgane vor nötigender Einwirkung zu schützen[530]. §105 StGB stellt dabei gegenüber §240 StGB eine lex specialis dar[531].

---

[529] Vgl. Arzt JZ 1984 S.428(429).
[530] Laufhütte, in LK §105 Rn.1; Eser, in S./S. §105 Rn.1; Wolter, in AK §105 Rn.3; Tröndle/Fischer §105 Rn.2; Scholz Jura 1987 S.190(192).
[531] BGHSt 32, 165(176); Lackner/Kühl §105 Rn.7; Tröndle/Fischer §105 Rn.5; Rudolphi, in SK §105 Rn.19; Laufhütte, in LK §105 Rn.26; Wolter, in AK §105 Rn.64; Scholz Jura 1987 S.190(192); Geilen, in LdR Bd.3 8/1810 S.3.

Tathandlung des §105 StGB ist die Nötigung mit zwei spezifischen Nötigungsmitteln, der Zufügung von Gewalt und der Drohung mit Gewalt. Diese Nötigungsmittel sind dabei nicht mit denen des allgemeinen Nötigungstatbestandes des §240 StGB identisch.

Liegen aber die Voraussetzungen des §105 StGB aufgrund nicht ausreichender Intensität der Nötigungsmittel nicht vor, so können trotzdem die Voraussetzungen für §240 StGB erfüllt sein. Dann besteht aber die Problematik, inwieweit die Möglichkeit des Rückgriffs auf den an sich verdrängten Tatbestand des §240 StGB besteht.

Nötigungsmittel i.S. von §105 StGB sind wie in §81 StGB Gewalt und Drohung mit Gewalt. Der Gewaltbegriff des §105 StGB weist dabei grds. keine Unterschiede zum Gewaltbegriff in §240 StGB[532] auf[533]. Die Drohung mit Gewalt i.S. §105 StGB stellt jedoch eine Steigerung gegenüber der Drohung mit einem empfindlichen Übel[534] in §240 StGB dar. Insoweit besteht mit dieser erhöhten Intensitätsstufe des Nötigungsdrucks ein wesentlicher Unterschied zu den tatbestandlichen Voraussetzungen des §240 StGB. §105 StGB setzt die Androhung eines qualifizierten Übels, d.h. der künftigen Anwendung von Gewalt im Volumen der vom Tatbestand vorausgesetzten Zwangswirkung voraus[535]. Die Drohung stellt dabei im Gegensatz zur Gewaltanwendung, bei der das Übel bereits verwirklicht ist, ein derartiges Übel erst in Aussicht.

Im Bereich des §105 StGB kommt aber weiter eine normative Tatbestandseinschränkung im Hinblick auf die Nötigungsmittel zum Tragen. Ähnlich wie bei sonstigen Staatsschutztatbeständen (vgl. etwa §81 StGB) ist die Schwelle der ausgeführten oder angedrohten Gewalt höher zu legen als bei den Individualschutztatbeständen[536]. So kann nicht jede Nötigungshandlung, welche die Voraussetzungen der Gewalt bzw. Drohung mit Gewalt erfüllt, auch als tatbestandsmäßig i.S. des §105 StGB angesehen werden. Es kommt vielmehr eine normative Tatbestandseinschränkung der Nötigungsmittel des §105 StGB im Hinblick auf das Prinzip der Selbstverantwortung des Opfers für den Schutz seiner Rechtsgü-

---

[532] Vgl. hierzu Schäfer, in LK 10.A. §240 Rn.5ff.; Eser, in S./S. Vor §234 Rn.6ff.; Horn, in SK §240 Rn.9ff.; Tröndle/Fischer §240 Rn.5ff.

[533] Vgl. etwa Wolter NStZ 1985 S.193ff., 245ff.

[534] Vgl. hierzu etwa Schäfer, in LK 10.A. §240 Rn.9; Tröndle/Fischer §240 Rn.4.

[535] Laufhütte, in LK §105 Rn.9.

[536] BGHSt 32, 165(170ff.); Tröndle/Fischer §81 Rn.8, §105 Rn.4; Eser, in S./S. §105 Rn.6; Wolter NStZ 1985 S.194ff., 245ff.; Willms JR 1984 S.120(121); Scholz Jura 1987 S.190(192).

ter[537] und auch wegen der verfassungsrechtlich[538] gebotenen Zurückhaltung des Strafrechts im Bereich politischer Auseinandersetzungen zum Tragen. Von §105 StGB wird die Gewaltanwendung bzw. -androhung gegen Dritte oder Sachen nur dann erfaßt, wenn sie bei objektiver Betrachtung geeignet ist, den Willen des Verfassungsorgans zu beugen[539]. Es kommt dabei nicht darauf an, ob das Verfassungsorgan dem Druck im konkreten Fall nachgibt, entscheidend ist vielmehr, ob von den genannten Verfassungsorganen „*aufgrund ihrer besonderen Verpflichtung gegenüber der Allgemeinheit erwartet werden kann und muß, daß sie auch im Rahmen heftiger politischer Auseinandersetzungen Drucksituationen standhalten*“[540]. Gewalt bzw. Drohung mit Gewalt liegt somit bei §105 StGB nur dann vor, wenn die erzeugte Zwangswirkung einen solchen Grad erreicht, daß sich ein verantwortungsbewußtes Verfassungsorgan zur Kapitulation vor der Forderung der Gewalttäter gezwungen sehen kann, um schwerwiegende Schäden für das Gemeinwohl oder einzelne Bürger abzuwenden[541].

Der Problemkreis der „Sperrwirkung“ wird betreten, wenn es um die Frage des Rückgriffs auf den allgemeinen Tatbestand des §240 StGB in den Fällen geht, in denen das Druckmittel unterhalb der beschriebenen Schwelle bleibt. Ein derartiger Rückgriff auf das an sich verdrängte Delikt des §240 StGB ist nach herrschender Auffassung in Rechtsprechung und Literatur ausgeschlossen[542]. Dem tatbestandlich nicht einschlägigen §105 StGB komme hier eine „Sperrwirkung“ gegenüber dem allgemeinen Delikt des §240 StGB zu[543].

---

537 BGHSt 32, 165(170ff.); Laufhütte, in LK §105 Rn.11; Arzt JZ 1984 S.428(429); Willms JR 1984 S.120(121); Geilen, in LdR Bd.3 8/1810 S.2f.

538 BVerfG NStZ 1990 S.487(488).

539 BGHSt 32, 165(170,174); Laufhütte, in LK §105 Rn.11; Arzt JZ 1984 S.428(429); Willms JR 1984 S.120(121).

540 BGHSt 32, 165(174f.).

541 BGHSt 32, 165(174f.); vgl. zu dieser viktimo-dogmatischen Restriktion auch Arzt JZ 1984 S.428(429), Laufhütte, in LK §105 Rn.11, Geilen, in LdR Bd.3 8/1810 S.2f.

542 BGHSt 32, 165(176); Eser, in S./S. §105 Rn.13; Tröndle/Fischer §105 Rn.5; Rudolphi, in SK §105 Rn.19; Laufhütte, in LK §105 Rn.26; Lackner/Kühl §105 Rn.7; Maurach/Schroeder/Maiwald BT/2 §86 II Rn.10; Mitsch JuS 1993 S.471(475); Arzt JZ 1984 S.428(429); Scholz Jura 1987 S.190(192).

543 Arzt JZ 1984 S.428(429).

Soweit ersichtlich läßt allein Wolter[544] einen Rückgriff auf §240 StGB zu. Wenn etwa die Bedrohung eines Verfassungsorgans nicht dem von §105 StGB vorausgesetzten Druck genüge, könne dieses Verhalten immer noch als Drohung mit einem empfindlichen Übel verwerflich und strafbar sein[545]. §105 StGB bezwecke nicht eine Einschränkung des allgemeinen Schutzes gegen Nötigung.

Mit der vorherrschenden Auffassung ist jedoch eine Anwendung von §240 StGB bei Verhaltensweisen, die zwar nicht §105 StGB, wohl aber §240 StGB tatbestandlich erfüllen, abzulehnen[546]. Dabei ist auch im Bereich des §105 StGB anzumerken, daß die Berufung auf eine von §105 StGB in Bezug auf §240 StGB ausgehende „Sperrwirkung" allein die Behauptung eines bestimmten Verhältnisses der Tatbestände ist. Die Begründung muß sich jedoch aus der durch Auslegung zu ermittelnden Wertentscheidung des Gesetzgebers ergeben.
Zwischen §105 StGB und §240 StGB besteht, wie bereits dargelegt, grds. Gesetzeseinheit in Form der Spezialität. Die Ablehnung der Rückgriffsmöglichkeit auf die allgemeine Norm des §240 StGB folgt, wenn man die Nötigung des Verfassungsorgans in seiner Gesamtheit betrachtet, zum einen schon daraus, daß die normative Tatbestandsbeschränkung im Bereich des §105 StGB auch auf §240 StGB durchschlägt. Denn erscheint das Nötigungsmittel aus objektiver Sicht heraus nicht geeignet, weil vom Verfassungsorgan ein Standhalten in besonnener Selbstbehauptung zu erwarten ist, muß gleiches auch für eine Strafbarkeit aus §240 StGB gelten[547].
Zum anderen wollte der Gesetzgeber die Entscheidung über die Strafbarkeit derartiger Nötigungsversuche aufgrund der schwierigen und letztlich politischen Frage, unter welchen Voraussetzungen politische Kampfansagen gegen Verfassungsorgane als verwerflich i.S. von §240 Abs.2 StGB anzusehen sind, nicht der Rechtsprechung aufbürden, auch wenn die Anwendung des den Anforderungen des §105 StGB nicht entsprechenden Nötigungsmittels im Einzelfall als strafwürdig erscheinen kann[548].

---

[544] Wolter, in AK §105 Rn.64.
[545] Wolter, in AK §105 Rn.64.
[546] Vgl. Fn.542.
[547] BGHSt 31, 195(201); 32, 165(174); Arzt JZ 1984 S.428(429); Laufhütte, in LK §105 Rn.26.
[548] BGHSt 32, 165(176); Entwurf eines Strafgesetzes mit Begründung (E 1962), Bonn 1962 §395 S.584.

Dies folgt auch aus der besonderen Schutzrichtung und Funktion des §105 StGB im System des Staatsschutzstrafrechts, wie sie auch in der Entstehungsgeschichte ihren Niederschlag gefunden hat.

Die Verfassungsorgane stehen mitten im politischen Leben und sind deshalb Strömungen, Kräften und Gegenkräften, die das politische Leben bestimmen, ausgesetzt. Die Aufbürdung der Entscheidung über die Verwerflichkeitsfrage würde die Gerichte in den rein politischen Meinungsstreit hineinziehen, das Vertrauen in die Unabhängigkeit der Rechtspflege erschüttern und neuen Streitstoff schaffen, ohne den alten zu beseitigen[549].

Aufgrund der vom Gesetzgeber in §105 StGB beabsichtigten, abgeschlossenen Sonderregelung ist der Rückgriff auf §240 StGB ausgeschlossen[550].

Die Problematik des Bestehens einer Rückgriffsmöglichkeit auf die an sich verdrängte Norm des §240 StGB läßt sich ebenfalls nicht in die Gesetzeseinheit einordnen. Die tatbestandlichen Voraussetzungen des §105 StGB sind hier nicht gegeben. Vielmehr hat sich gezeigt, daß der Ausschluß des Rückgriffs auf §240 StGB auf der bestehenden gesetzgeberischen Wertentscheidung beruht[551].

cc) <u>„Sperrwirkung" der §§177, 178 StGB a.F. gegenüber §240 StGB?</u>

Auch im Bereich der §§177, 178 StGB a.F. hat der Begriff der „Sperrwirkung" Anwendung gefunden.

Ausgehend von der Rechtslage vor dem 33.StrÄG vom 01.07.1997[552] und dem 6.StrRG vom 01.04.1998[553] gilt es hier, die Verwendung des Begriffs in zwei Konstellationen zu untersuchen. Weiter wird es fraglich sein, inwieweit sich die „Sperrwirkungsproblematik" auch nach den Änderungen der §§177, 178 StGB a.F. noch stellt.

---

549 Vgl. E 1962 §395 S.584.

550 BGHSt 32, 165(176).

551 Ein Eingehen auf die Frage, ob die Anwendung des allgemeinen Nötigungstatbestandes in Betracht kommt, wenn das Verhalten, zu dem das Verfassungsorgan genötigt werden soll, nicht als Ausübung von Befugnissen i.S. §105 StGB anzusehen ist, ist im Rahmen der vorliegenden Arbeit nicht notwendig (vgl. hierzu etwa Tröndle/Fischer §105 Rd.3; Wolter, in AK §105 Rd.64; Laufhütte, in LK §105 Rd.3; offengelassen in BGHSt 32, 165(177). Die Berufung auf eine „Sperrwirkung" des §105 StGB ist allein bei fehlender Intensität der Nötigungshandlung i.S. des §105 StGB erfolgt.

552 BGBl. I S.1607f.

553 BGBl. I S.164ff.

Liegen die Voraussetzungen der §§177 bzw. 178 StGB a.F. nicht vor, steht die Anwendung der an sich aufgrund von Gesetzeseinheit in Form der Spezialität[554] verdrängten Norm des §240 StGB im Raum.

Dabei wird hier auf zwei Fallkonstellationen einzugehen sein, in denen der Begriff der „Sperrwirkung" Verwendung gefunden hat.
Zum einen setzen §§177, 178 StGB a.F. im objektiven Tatbestand das Vorliegen einer durch Gewalt oder durch Drohung mit einer gegenwärtigen Gefahr für Leib und Leben begangenen Nötigung voraus. Umstritten ist aber, ob §§177, 178 StGB a.F. für den Fall unterhalb dieses Intensitätsniveaus liegender Druckmittel eine „Sperrwirkung" mit der Folge entfalten, daß eine Anwendung des tatbestandlich erfüllten, an sich verdrängten Tatbestandes des §240 StGB ausscheiden muß[555].
Zum anderen erfaßte §177 StGB a.F. allein Vergewaltigungen im außerehelichen Bereich. Hiervon ausgehend ist auch die Frage diskutiert worden, ob nicht im Fall der nicht von §177 StGB a.F. erfaßten ehelichen Vergewaltigungen eine „Sperrwirkung" im Hinblick auf die Anwendung von §240 StGB bestand[556].

Die §§177, 178 StGB a.F. setzen im Hinblick auf die notwendigen Nötigungsmittel ein höheres Intensitätsniveau voraus, als dies im Rahmen des §240 StGB notwendig ist. So unterscheidet sich der Gewaltbegriff in §§177, 178 StGB a.F. vom Verständnis der Gewalt in §240 StGB. Das restriktivere Verständnis[557] von Gewalt beruht vor allem auf der unterschiedlichen Deliktsnatur der Tatbestände, auf dem Fehlen eines §240 Abs.2 StGB entsprechenden Korrektivs in §§177, 178 StGB a.F. und der in §§177, 178 StGB a.F. enthaltenen Drohungsmodalität, die ein höheres Intensitätsniveau erfordert.

---

[554] Vgl. Lackner/Kühl §240 Rn.27; Tröndle/Fischer §240 Rn.37; Lenckner, in S./S. §177 Rn.16; anderes gilt nur, wenn der Täter durch den Nötigungsakt über das zur Vergewaltigung erforderliche hinausgegangen ist.

[555] Der Begriff findet sich bei Arzt JZ 1984 S.428(429); Horn, in SK (StGB II 25 Lfg. 4.A. Sept.1989) §178 Rn.18; Mitsch JA 1989 S.484(485); vgl. auch Röthlein S.225.

[556] Der Begriff findet sich bei Hanisch S.48f.; Eser, in S./S. ab 24. Auflage §240 Rn.39 und Mitsch JA 1989 S.484f., die im Ergebnis jedoch eine derartige „Sperrwirkung" ablehnen.

[557] Vgl. etwa Lenckner, in S./S. §177 Rn.4; Laufhütte, in LK 10.A. §177 Rn.3; Maurach/Schroeder/Maiwald BT/1 §18 Rn.10ff.; Krey, Gewalt, S.53ff.; Mitsch JA 1989 S.484(485); BGH NJW 1981 S.2204ff.; BGH NStZ 1981 S.218; Geilen, FS-H. Mayer S.445(457); Haffke ZStW 84 (1972) S.37(69); Teufert S.39; Wolter NStZ 1985 S.245ff.

In §177 StGB a.F. besteht das Erfordernis der Gewalt gegen eine Person[558], und es sind höhere Anforderungen an die Erheblichkeit der Zwangswirkung zu stellen[559].

Damit wird das Problem der ersten Fallkonstellation deutlich. Wenn die Handlung des Täters zwar nicht unter Gewalt i.S. der §§177, 178 StGB a.F. zu fassen ist, die Tatbestandsvoraussetzungen des §240 StGB aber vorliegen, stellt sich die Frage nach der Möglichkeit einer Bestrafung aus §240 StGB. Gleiches gilt, wenn etwa die Drohung nicht das für §§177, 178 StGB a.F. erforderliche Intensitätsniveau erreicht (Drohung mit gegenwärtiger Gefahr für Leib und Leben), diese aber als Drohung mit einem empfindlichen Übel die tatbestandlichen Voraussetzungen des §240 StGB erfüllen würde.

Nach einer Auffassung enthalten hier die §§177, 178 StGB a.F. eine die Anwendung von §240 StGB ausschließende „Sperrwirkung"[560]. Diese Ansicht kommt anknüpfend an die Entscheidung des BGH (BGHSt 32, 165ff.) zu §105 StGB und an das sog. „viktodogmatische Prinzip"[561] zu dem Schluß, daß für das Verhältnis von §§177, 178 StGB a.F. zu §240 StGB das gleiche gelten müsse wie für das Verhältnis von §105 StGB zu §240 StGB.

Strafrechtlicher Schutz greife nach der gesetzgeberischen Wertung erst dann ein, wenn der Täter einen Druck i.S. der qualifizierten Druckmittel ausüben muß, um die Frau zur Aufgabe ihrer sexuellen Integrität zu bewegen. Der Täter würde also bei Einsatz minderer Nötigungsenergie nicht zu seinem Ziel gelangen[562]. Gegenüber minder schweren Angriffen werde von der Frau Standvermögen erwartet. Aufgrund des hohen Wertes des Rechtsguts der sexuellen Selbstbestimmung sei von der Frau die Inkaufnahme von Nachteilen, wie etwa eines empfindlichen Übels, das nicht den Grad einer Gefährdung von Leib und Leben erreicht, zu erwarten[563]. Der Gesetzgeber habe das Rechtsgut der sexuellen Selbstbestim-

---

558 Vgl. Laufhütte, in LK 10.A. §177 Rn.3; Lenckner, in S./S. §177 Rn.4; Tröndle/Fischer §177 Rn.6; Arzt/Weber LH2 Rn.467; Bockelmann BT/2 §28 I; a.A.: Sick S.100ff., 155; Wolter NStZ 1985 S.245(251).

559 BGH NStZ 1981 S.390(391); BGH NStZ 1985 S.70f.; Arzt JZ 1984 S.428(429); Teufert S.39, 44; Krey, Gewalt, S.55; kritisch: Keller S.264.

560 Arzt JZ 1984 S.428(429); Arzt/Weber LH/2 Rn.473; Horn, in SK (StGB Band 2 4.A. 25. Lieferung 1989) §178 Rn.18 ; Mitsch JA 1989 S.484(485); Hanisch S.47f.; Röthlein S.225.

561 Arzt JZ 1984 S.428(429); Rössner FS-Leferenz S.527(530ff.); Roxin JR 1983 S.333(335); Hassemer, Schutzbedürftigkeit, S.22ff.; Schünemann, Strafrechtsdogmatik, S.407ff.; vgl. auch die umfassende und kritische Auseinandersetzung bei Hillenkamp, Vorsatztat und Opferverhalten, 1981.

562 Röthlein S.223ff.; Rössner FS-Leferenz S.527(534).

563 Arzt JZ 1984 S.428(429); Röthlein S.224f.

mung nur vor massiven Beeinträchtigungen schützen wollen. Eine Frau, die dem Täter bereits unterhalb des dargelegten Intensitätsniveaus nachgibt, beweise ein geringeres Interesse an ihrer sexuellen Selbstbestimmung, so daß eine strafrechtliche Schutzwürdigkeit nicht bestehe. Insoweit liege hier eine die Anwendung des an sich verdrängten Tatbestandes ausschließende „Sperrwirkung“ vor[564]. Röthlein nimmt insoweit eine dogmatische Einordnung der „Sperrwirkung“ vor, indem sie diese dem Bereich der Gesetzeseinheit in Form der Spezialität zuordnet.[565].

Die herrschende Auffassung lehnt zutreffend eine derartige Einschränkung des strafrechtlichen Schutzes der sexuellen Selbstbestimmung der Frau ab[566]. Aus den Gesetzesmaterialien ergibt sich gerade nicht, daß eine derartige Schutzlosstellung des Opfers bei Anwendung weniger intensiver Nötigungsmittel beabsichtigt war. Der Gesetzgeber von 1974 hat zwar die restriktive Fassung des Vergewaltigungsbegriffs, die bereits das RStGB von 1871 beinhaltete, beibehalten, Ziel der Reform war allerdings nicht eine Änderung der sexuellen Gewaltdelikte, sondern die überfällige Streichung moralisch antiquierter Tatbestände aus dem Komplex der gewaltlosen Sexualdelikte[567]. Der Gesetzgeber wollte mit der Änderung nicht die bereits vor der Reform anerkannte[568] Rückgriffsmöglichkeit auf §240 StGB beseitigen[569].

Es ist auch nicht einzusehen, die Frau in einer derartigen Zwangslage ohne strafrechtlichen Schutz zu lassen. Der Rückgriff auf §240 StGB ist hier möglich. Wenn es strafrechtlich verboten ist, den Willen eines anderen, etwa mittels Androhung eines Übels zu beugen, so kann der Umstand, daß neben dem Willen auch noch die sexuelle Selbstbestimmung des Opfers attackiert wird, hieran nichts ändern[570]. Die Gegenauffassung, die dem Opfer im Hinblick auf §§177, 178 StGB a.F. Standvermögen zumutet, verkennt, daß es bei §§177, 178 StGB a.F. um einen erhöhten Rechtsgüterschutz aufgrund der Strafbewährung durch

---

[564] Vgl. Fn. 555, 560.
[565] Röthlein S.225.
[566] BGHSt 31, 195ff.; Lenckner, in S./S. §177 Rn.5; Lackner/Kühl 22.A. §177 Rn.11; Laufhütte, in LK 10.A. §177 Rn.22; Schäfer, in LK 10.A. §240 Rn.110; Mitsch JA 1989 S.484(487); Krey, Gewalt, S.53; Hanisch S.47f.; Sick S.299.
[567] Vgl. Sick S.300.
[568] Vgl. etwa RG JW 1938 S.502 Nr.3.
[569] BT-Drucks. VI/1552 S.47f.; Wilts, Sonderausschuß 6. Wahlperiode S.1602ff.; Sick S.300.
[570] Vgl. etwa Mitsch JA 1989 S.484(486).

Verbrechenstatbestände geht, bei §240 StGB dagegen nur um Freiheitsschutz durch einen Vergehenstatbestand[571].

Im übrigen sind die für das Verhältnis von §105 StGB und §240 StGB maßgeblichen Gründe hier nicht einschlägig. Die vom Schutz der jeweiligen Tatbestände erfaßten Opfer sind nicht vergleichbar[572]. So schützt §105 allein die dort aufgezählten Organe, nicht aber deren einzelne Mitglieder[573]. Aufgrund der außerordentlichen Stellung der Verfassungsorgane im Hinblick auf die staatlichen Funktionsabläufe muß den Organen ein erhöhtes Maß an Standhaftigkeit gegenüber ausgeübtem Druck zugemutet werden[574]. Eine derart notwendige Standhaftigkeit ist den Opfern in §§177, 178 StGB a.F. nicht abzuverlangen. In den §§177, 178 StGB a.F. kommt nicht zum Ausdruck, daß Frauen Nötigungsmitteln unterhalb der Schwelle der §§177, 178 StGB a.F. generell standhalten müssen[575]. Insoweit würden die Anforderungen an den Opferselbstschutz überspannt.

Auch der Ausschluß der Anwendbarkeit von §240 StGB in Bezug auf §113 StGB ist für das Verhältnis von §§177, 178 StGB a.F. zu §240 StGB ohne Bedeutung. §113 StGB stellt eine Privilegierung des Täters dar, die der Erregung des Täters aufgrund der besonderen Situation der Vollstreckung Rechnung trägt[576]. Diese gesetzgeberische Wertung kann aber nicht durch Anwendung des §240 StGB unterlaufen werden[577]. Im Hinblick auf §§177, 178 StGB a.F. liegt folglich keine vergleichbare Situation vor, so daß auch aus dem Verhältnis von §113 StGB zu §240 StGB keine Schlußfolgerungen gezogen werden können, die einer Anwendung von §240 StGB bei Fehlen der Voraussetzungen der §§177, 178 StGB a.F. entgegenstehen.

---

571 Krey, Gewalt, S.53.

572 Laufhütte, in LK 10.A. §177 Rn.22; Hanisch S.48f.; Sick S.300.

573 Eser, in S./S. §105 Rn.1; Tröndle/Fischer §105 Rn.1; Rudolphi, in SK §105 Rn.1; Laufhütte, in LK §105 Rn.1; Lackner/Kühl §105 Rn.1; Wolter, in AK §105 Rn.3.

574 BGHSt 32, 165(174f.); Sick S.300; Hanisch S.48.

575 Laufhütte, in LK 10.A. §177 Rn.22.

576 BGH VRS 5 S.198(199); BayObLG MDR 1988 S.517; BT-Drucks. 6/502 S.3f.; Prot. VI 190, 1944; Tröndle/Fischer §113 Rn.1; Eser, in S./S. §113 Rn.3; Horn, in SK §113 Rn.2; v. Bubnoff, in LK §113 Rn.2; Herzberg JuS 1973 S.234(238); Haft BT S.8; Schomburg ZRP 1986 S.65(67).

577 BGHSt 24, 262(266); 30, 235(236); BGH VRS 35 S.174f.; BGH VRS 50 S.94ff.; KG VRS 11 S.198; OLG Koblenz DAR 1980 S.348(349); Horn, in SK §113 Rn.23; Eser, in S./S. §113 Rn.43, 45, 68, §240 Rn.39; Zielinski, in AK §113 Rn.5; Haft BT S.8; Arzt/Weber LH5 Rn.121; Schomburg ZRP 1986 S.65(67); Backes/Ransiek JuS 1989 S.624(629); Mitsch JuS 1993 S.471(475); Küpper BT/1 Teil I §3 Rn.53; Küper, Definitionen, S.429; Schmidt/Seidel

Es läßt sich somit festhalten, daß eine „Sperrwirkung“ im Hinblick auf die Anwendung von §240 StGB bei Unterschreitung des von §§177, 178 StGB a.F. geforderten Intensitätsniveaus der Nötigungshandlung nicht besteht.

Die zweite Konstellation, in der der Begriff der „Sperrwirkung“ Anwendung gefunden hat, betraf die vor Änderung des §177 StGB a.F. strittige Frage der Strafbarkeit der ehelichen Vergewaltigung.
Da §177 StGB a.F. die eheliche Vergewaltigung nicht erfaßte, stellte sich hier die Frage nach der Anwendbarkeit von §240 StGB. In Weiterführung des oben dargelegten Ansatzes, im Fall der Unterschreitung des Intensitätsniveaus des Nötigungsmittels eine „Sperrwirkung“ anzunehmen, ist diskutiert worden, inwieweit auch bei der ehelichen Vergewaltigung, die den Tatbestand des §177 StGB a.F. nicht erfüllte, eine Anwendung von §240 StGB aufgrund einer „Sperrwirkung“[578] ausscheiden mußte.
Eine „Sperrwirkung“ im Hinblick auf die Strafbarkeit der ehelichen Vergewaltigung aus §240 StGB war nach allgemeiner Auffassung abzulehnen. Entsprechend der bereits oben zur Unterschreitung des Intensitätsniveaus dargelegten Argumentation lag hier keine dem Verhältnis von §105 StGB zu §240 StGB bzw. von §113 StGB zu §240 StGB entsprechende Situation vor[579].

Mit der Änderung bzw. Aufhebung der §§177, 178 StGB a.F. hat sich die Problematik der „Sperrwirkung“ insoweit erübrigt, als der Vergewaltigungstatbestand des §177 StGB nunmehr auch die eheliche Vergewaltigung erfaßt.
Die Problematik der Unterschreitung des Intensitätsniveaus im Hinblick auf das eingesetzte Nötigungsmittel bleibt allerdings erhalten. Insoweit ist jedoch entsprechend obiger Darstellung das Vorliegen einer „Sperrwirkung“ abzulehnen.

BT/1 S.122; Eser, Strafrecht Bd.III, S.165; Schmidhäuser BT 22/27; Welzel, Strafrecht, §73 III 2.

[578] Der Begriff der „Sperrwirkung“ findet sich bei Hanisch S.48f., Mitsch JA 1989 S.484(485) und Eser, in S./S. §240 Rn.39.

[579] Vgl. etwa Eser, in S./S. §240 Rn.39; Hanisch S.48f.; BT-Drucks. VI/3521 S.39.

b) Die „Sperrwirkung" des primären Delikts bei fehlender Versuchsstrafbarkeit

Die Frage des Vorliegens einer „Sperrwirkung" des primären Delikts gegenüber der Anwendung des allgemeinen Tatbestandes ist auch in den Fällen diskutiert worden, in denen der an sich verdrängende Tatbestand im Gegensatz zum an sich verdrängten Delikt keine Versuchsstrafbarkeit beinhaltet[580]. Scheidet das tatbestandliche Vorliegen des grds. vorrangigen Delikts aufgrund des Fehlens einer Versuchsstrafbarkeit aus, gilt es zu klären, inwieweit hier der Rückgriff auf die an sich verdrängte Norm möglich ist.

aa) Rückgriff auf den allgemeinen Tatbestand des §240 StGB aufgrund fehlender Versuchsstrafbarkeit in §113 StGB?

Wird die Tat eines Widerstandes gegen Vollstreckungsbeamte nicht vollendet, sondern bleibt die Ausführungshandlung des Täters vielmehr im Versuchsstadium stecken, stellt sich die Frage, inwieweit dies strafrechtliche Sanktionen nach sich ziehen kann. Der Versuch eines Widerstandes gegen Vollstreckungsbeamte ist in §113 StGB nicht strafbewehrt. Im Hinblick auf einen möglichen Rückgriff auf §240 StGB, der eine Versuchsstrafbarkeit beinhaltet (§§240 Abs.3, 22 StGB), ist aber das Verhältnis der beiden Tatbestände zu beachten. Wie bereits oben festgestellt wurde, ist der Widerstand gegen Vollstreckungsbeamte als privilegierender Spezialfall gegenüber §240 StGB anzusehen[581].

Ist aber ein privilegiertes Verhältnis von §113 StGB und §240 StGB festgestellt, erscheint der Rückgriff auf §240 StGB im Fall des Versuchs eines Widerstands gegen Vollstreckungsbeamte problematisch.

§113 StGB läßt zur Vollendung des Tatbestandes bereits das Leisten von Widerstand genügen. Auf das Unterbleiben der Vollstreckung, d.h. den Nötigungserfolg, kommt es dabei nicht an. Somit stellt sich §113 StGB als unechtes Unternehmensdelikt dar[582].

Der Versuch des Widerstandes gegen Vollstreckungsbeamte, d.h. das Ansetzen zur Widerstandshandlung, deren Durchführung verhindert wird, ist in §113 StGB

---

580 Vgl. etwa Rissing-van Saan, in LK Vor §52 Rn.95.

581 Vgl. Fn.506.

582 Eser, in S./S. §113 Rn.40, 49; v. Bubnoff, in LK §113 Rn.13, 62a, 67; Hirsch FS-Klug S.235(236).

nicht mit Strafe bedroht. Ist der Versuch eines speziellen Delikts nicht mit Strafe bedroht, liegt keine tatbestandliche Erfüllung vor. Es besteht dann aber grds. kein Hinderungsgrund, den Täter unter Rückgriff auf das Grunddelikt zu verurteilen. Dies kann aber nicht gelten, wenn es sich bei dem an sich verdrängenden Tatbestand um einen privilegierten Tatbestand handelt. Dann ist der Rückgriff auf den allgemeinen Tatbestand nicht möglich, da ansonsten die Privilegierung unterlaufen würde[583]. Dem an sich verdrängenden Tatbestand soll trotz seiner Nichtanwendbarkeit eine sog. „Sperrwirkung" gegenüber dem Rückgriff auf das allgemeine Delikt zukommen[584].

Die Anwendung des §240 StGB im Fall des Versuchs ist ausgeschlossen, da der Täter ansonsten bei einem (an sich straflosen) Versuch des Widerstandes gegen Vollstreckungsbeamte schlechter gestellt werden würde, als bei Vollendung des Widerstandes[585]. §113 StGB sieht einen Strafrahmen von bis zu zwei Jahren Freiheitsstrafe oder Geldstrafe vor, während §240 StGB Freiheitsstrafe von bis zu drei Jahren oder Geldstrafe androht. Im Falle des Versuchs besteht zwar die Möglichkeit einer Strafmilderung, diese ist jedoch nur fakultativ (§§23 Abs.2, 49 Abs.1 StGB). Die Privilegierung würde bei Bestrafung aus §240 StGB in ihr Gegenteil verkehrt und ihr Sinn unterlaufen. Ein Wertungswiderspruch ist hier offensichtlich. Mit der Aufstellung einer Privilegierung beachtet und bewertet der Gesetzgeber gewisse Sonderumstände der Tat oder der Täterperson. Die privilegierende Wirkung soll dem Täter effektiv zugutekommen und muß deshalb weiter Bestand haben.

Damit hat sich gezeigt, daß ein Rückgriff auf die Versuchsstrafbarkeit aus der allgemeinen Norm des §240 StGB hier nicht möglich ist. Die Berufung auf eine „Sperrwirkung" stellt hierbei jedoch keine Begründung dar, sondern bedurfte vielmehr der Begründung.

---

583 BGHSt 30, 235(236); Vogler, in LK 10.A. Vor §52 Rn.116; Rissing-van Saan, in LK Vor §52 Rn.94f.; v. Bubnoff, in LK §113 Rn.62a; Lackner/Kühl §113 Rn.26; Jakobs AT 31.Abschnitt Rn.45; Maurach/Gössel/Zipf AT/2 §55 Rn.44; Vogler FS-Bockelmann S.715(729); Mitsch JuS 1993 S.471(475); Fuchs S.142f.; Geerds, Konkurrenz, S.172; Herzberg JuS 1973 S.234(239); Geppert Jura 1982 S.418(426f.); Bringewat, Gesamtstrafe, S.81 Rn.93, S.84 Rn.97; Benfer AT S.169; Stree, in S./S. Vor §52 Rn.136, vgl. aber auch Eser, in S./S. §113 Rn.49: Nach Eser ist der Versuch des §113 StGB formell nicht strafbar, praktisch wird er jedoch weitgehend durch den Unternehmenscharakter des §113 StGB erfaßt.

584 Vgl. Tröndle/Fischer Vor §52 Rn.24; Jakobs 31.Abschn. Rn.45.

585 BGHSt 30, 235(236); vgl. auch BGHSt 24, 262(266); Rissing-van Saan, in LK Vor §52 Rn.94; Maurach/Gössel/Zipf §55 Rn.44; Vogler FS-Bockelmann S.715(729).

Aus dogmatischer Sicht beruht die Problematik nicht auf Konkurrenzerwägungen. Fehlt es wie hier gerade an der Erfüllung des Tatbestands, besteht schon kein „Konkurrenzverhältnis“ zwischen Tatbeständen. Die Tatbestände treffen hier noch nicht einmal scheinbar zusammen. Es geht allein um die Rückgriffsmöglichkeit auf einen an sich verdrängten Tatbestand im Falle des Nichtvorliegens der Voraussetzungen des an sich verdrängenden Tatbestandes. Im Bereich der Gesetzeseinheit besteht kein rechtliches Verhältnis zwischen zwei Tatbeständen, demzufolge bei Nichtvorliegen des einen Tatbestandes zugleich die Strafbarkeit aus dem anderen (erfüllten) Tatbestand ausgeschlossen ist. Die Problematik ist damit nicht in den Bereich der Gesetzeseinheit einzuordnen, sondern stellt sich als Frage der Auslegung des Zwecks und der inneren Zusammenhänge der Vorschriften sowie der Reichweite des Privilegierungsgedankens dar[586].

bb) Die fehlende Versuchsstrafbarkeit im Bereich der §§239 und 237 StGB a.F.

Bevor sich der Blick auf die erst in neuerer Zeit aufgenommenen Tatbestände der §§264 StGB bzw. 266b StGB richtet, soll zunächst ein Überblick über die Problematik im Bereich der Freiheitsberaubung erfolgen.

Bei §239 StGB a.F. ist nach Auffassung der Rechtsprechung und eines Teils des Schrifttums der Rückgriff auf den Nötigungstatbestand möglich. Stehen zwei Tatbestände wie §239 StGB a.F. und §240 StGB im Verhältnis der Spezialität, so kann nach dieser Auffassung auf den allgemeinen Tatbestand zurückgegriffen werden, falls es am Vorliegen des an sich verdrängenden Delikts fehlt.

Erfolge die Freiheitsberaubung in Form der versuchten Nötigung mit Gewalt oder durch Drohung mit einem empfindlichen Übel, so komme hier aufgrund der Straflosigkeit des Versuchs in §239 StGB a.F. ein Rückgriff auf §§240 Abs.3 StGB in Betracht. Ein diesen Rückgriff hinderndes Privilegierungsverhältnis

586 Rissing-van Saan, in LK Vor §52 Rn.94; Seier Jura 1983 S.225(232); Fuchs S.143; Geerds, Konkurrenz, S.172; Vogler FS-Bockelmann S.715(729). Der Rückgriff auf die an sich verdrängte, die Versuchsstrafbarkeit umfassende allgemeine Vorschrift verbietet sich hier auch im Hinblick auf Gerechtigkeitserwägungen.

besteht hier nach dieser Auffassung nicht, da §239 StGB a.F. im Vergleich zu §240 StGB den Täter mit höherer Strafe bedrohe[587].

Dagegen ist nach zutreffender Auffassung ein genereller Rückgriff auf §240 Abs.3 StGB versperrt und nur insoweit möglich, als die Tat über die Beeinträchtigung der Fortbewegungsfreiheit als solche hinausgeht[588]. Zwar ist die vollendete Freiheitsberaubung mit höherer Strafe bedroht als dies bei der Nötigung der Fall ist. Eine Vollendung liegt aber im gegebenen Problemkreis gerade nicht vor. Da die versuchte Freiheitsberaubung nicht mit Strafe belegt ist, läßt sich diese Straffreiheit *„nur als Privilegierung gegenüber dem Nötigungsversuch verstehen, wobei es zwar nicht der „innere Zusammenhang", wohl aber der Grundsatz der Gesetzesbindung (Art. 103 Abs.2 GG, §1 StGB) verbietet, die Entscheidung des Gesetzgebers (Privilegierung) zu unterlaufen"*[589]. Die Entscheidung des Gesetzgebers für eine Privilegierung in Form der Straffreiheit würde paralysiert, wenn man den Rückgriff auf die Strafbarkeit einer versuchten Nötigung zuläßt. Es kann auch nicht eingewendet werden, daß die Straflosigkeit des nur versuchten Angriffs allein die Anwendung des §239 StGB a.F. betreffe und nichts über den Schutz der Fortbewegungsfreiheit über den Tatbestand des §240 StGB besage. Das Gesetz hätte ansonsten die Fortbewegungsfreiheit im Versuchsfall nur gegen bestimmte (nötigende) Angriffe, im Vollendungsfall aber umfassend gegen jedes Tatmittel geschützt. Die Annahme einer derartigen Differenzierung zwischen Versuch und Vollendung erscheint aber nicht gerechtfertigt[590].

Insoweit verblieb nach letzterer Auffassung für einen Rückgriff auf die versuchte Nötigung allein der Fall, daß die Tathandlung über die Beeinträchtigung der Fortbewegungsfreiheit hinausgeht.

Der Ausschluß des Rückgriffs auf §240 StGB ist nicht in den Bereich der Gesetzeseinheit einzuordnen, er beruht vielmehr auch hier auf der gesetzgeberischen Wertentscheidung.

Seit dem 6.StRG stellt sich die Problematik um den Rückgriff auf §§240 Abs.1, Abs.3 StGB bei nur versuchter, nicht von §239 StGB a.F. erfaßter, Freiheitsbe-

---

[587] Vgl. BGHSt 30, 235(236); Tröndle 48.A. §240 Rn.36; Schäfer, in LK 10.A. §239 Rn.34; Maurach/Gössel/Zipf AT/2 §55 Rn.44; Gössel BT/1 §19 Rn.50; Otto Jura 1989 S.497(498); Otto BT 4.A. §28 IV 4 ; Schmidhäuser BT 4/28.

[588] Horn, in SK (StGB 27. Lfg.4. Aufl. 1990) §239 Rn.13; Eser, in S./S. §240 Rn.41; Arzt/Weber LH1 Rn.546; Krey BT/1 10.A. Rn.318; Mitsch JuS 1993 S.471(475); Jakobs JR 1982 S.206f.

[589] Jakobs JR 1982 S.206.

[590] Jakobs JR 1982 S.206.

raubung jedoch nicht mehr. §239 StGB n.F. enthält in Absatz 2 nunmehr eine Versuchsstrafbarkeit.

Auch im Bereich des §237 StGB a.F. wurde auf das Vorliegen einer „Sperrwirkung" zurückgegriffen[591]. Die Entführung gegen den Willen der Entführten stellte vor Aufhebung des §237 StGB a.F. im 6.StRG nur ein Vergehen i.S. §12 StGB dar. Da §237 StGB a.F. somit keine Versuchsstrafbarkeit enthielt, stellte sich die Frage nach der Strafbarkeit des Versuchs über §§240 Abs.3, 22, 23 StGB. Auch hier wäre jedoch mit dem Rückgriff auf §240 StGB die gesetzgeberische Entscheidung der Straffreiheit des Versuchs von §237 StGB a.F. umgangen[592]. Mit der Aufhebung von §237 StGB a.F. im 6. StrRG hat sich jedoch auch diese Problematik erledigt.

c) Die „Sperrwirkung" des §264 StGB gegenüber §263 StGB bei Fehlen tatbestandlicher Voraussetzungen bzw. bei Fehlen der Versuchsstrafbarkeit des primären Delikts

Auch im Bereich des Subventionsbetrugs hat der Begriff der „Sperrwirkung" Anwendung gefunden[593]. Die Problematik einer „Sperrwirkung" stellt sich bei Fehlen tatbestandlicher Voraussetzungen des §264 StGB bzw. aufgrund der fehlenden Versuchsstrafbarkeit im Bereich des Subventionsbetrugs. Hier wird die Auseinandersetzung mit der Frage notwendig, ob bei Nichtvorliegen einer Strafbarkeit aus §264 StGB die Anwendung von §263 StGB in Betracht kommt, oder ob §264 StGB insoweit eine „Sperrwirkung" ausübt[594].

Die Problematik des Rückgriffs auf §263 StGB muß etwa Beachtung finden, wenn es an der Kennzeichnung oder hinreichenden Erkennbarkeit der Subventi-

---

591 Tröndle bis zur 48.A. Vor §52 Rn.24.

592 So im Ergebnis auch Tröndle 48. A. Vor §52 Rn.24.
Als weitere Fallkonstellation der „Sperrwirkung" des primären Delikts bei fehlender Versuchsstrafbarkeit kommt auch die „Sperrwirkung" des §266b StGB gegenüber §263 StGB aufgrund der fehlenden Versuchsstrafbarkeit in §266b StGB in Betracht. Diese Fallkonstellation wird erst unten in Fallgruppe 12 (Die „Sperrwirkung" in den Fällen des Scheck- und Kreditkartenmißbrauchs) behandelt.

593 So BGH NJW 1982 S.2453; Rissing-van Saan, in LK Vor §52 Rn.95; Tiedemann, in LK §264 Rn.162; Ranft NJW 1986 S.3163(3164), die jedoch allesamt im Ergebnis zu einer Anwendung des §263 StGB gelangen.

594 So BGH NJW 1982 S.2453; Rissing-van Saan, in LK Vor §52 Rn.95; Tiedemann, in LK §264 Rn.162; Ranft NJW 1986 S.3163(3164), die jedoch allesamt im Ergebnis zu einer Anwendung des §263 StGB gelangen.

onserheblichkeit i.S. des §264 Abs.7 StGB bzw. am Vorsatz des Täters fehlt oder ein nach §264 StGB nicht mit Strafe bedrohter Versuch vorliegt.

Entsprechend der Intention des Gesetzgebers[595] gehen Rechtsprechung und die vorherrschende Auffassung im Schrifttum davon aus, daß §264 StGB dem Betrugstatbestand als Sondertatbestand regelmäßig vorgeht[596]. Insofern kann sich auch im Bereich des §264 StGB die Problematik einer „Sperrwirkung" stellen.

Die ausschließliche Anwendung von §264 StGB ist auch darin begründet, daß die Strafandrohung des §264 Abs.1 StGB mit der des §263 StGB Abs.1 StGB übereinstimmt, die Obergrenze für besonders schwere Fälle in §264 Abs.2 StGB und §263 Abs.3 StGB identisch ist und §264 Abs.1 StGB auch die Fälle erfaßt, in denen die Subvention gewährt wurde, d.h. der materielle Erfolg eingetreten ist[597]. Letzteres ergibt sich aus den Rücktrittsvorschriften des §264 Abs.4 StGB, aber auch aus Absatz 2 Nr.1, Absatz 1 Nr.2 und Absatz 5. Die herrschende Auffassung sieht deshalb in §264 StGB eine mit der gesetzgeberischen Wertung übereinstimmende Sonderregelung.
Das Verhältnis der Tatbestände wird dabei aber entgegen der herrschenden Auffassung, die hier Spezialität annimmt[598], auch anderen Formen der Gesetzeseinheit zugeordnet. Teilweise wird hier das Vorliegen von Subsidiarität angenom-

---

595 BT-Drucks. 7/3441 S.25f.; 7/5291 S.5f.

596 BGHSt 32, 203(206); BGH NJW 1984 S.2230; BayObLG NJW 1982 S.2202(2203); BT-Drucks. 7/3441 S.25f., 7/5291 S.5f.; Eser, in S./S. §264 Rn.87; Tröndle/Fischer §264 Rn.5; Lackner/Kühl §264 Rn.30; Tiedemann, in LK §264 Rn.161; Samson, in SK §264 Rn.101; Arzt/Weber LH4 Rn.37; Otto BT §61 Rn.27; Wessels/Hillenkamp BT/2 Rn.681; Rengier BT/1 §17 Rn.8; Krey BT/2 Rn.527; Blei BT §62 III; Geerds, Wirtschaftsstrafrecht, S.257; Müller-Emmert/Maier NJW 1976 S.1657(1661); Schmid, Wirtschaftssubventionen, S.68; Heinz GA 1977 S.193(213, 225f.); Otto Jura 1989 S.24(29); Ranft JuS 1986 S.445(450), Göhler/Wilts DB 1976 S.1609(1615); a.A.: für die Annahme von Idealkonkurrenz, wobei sich dann die Frage eines Rückgriffs und damit der „Sperrwirkungsproblematik" nicht stellen würde: vgl. Berz BB 1976 S.1435(1438); Schmidt-Hieber NJW 1980 S.322(323f.); Diemer-Nicolaus FS-Schmidt-Schleicher S.31(65); Gössel BT/2 §23 Rn.68; Graßmück S.37; für vollendeten Betrug auch Maurach/Schroeder/Maiwald BT/1 §41 III Rn.176, Eberle S.179ff.; nur bei Subventionserlangung auch Achenbach JR 1988 S.251(254).
Nach der vorherrschenden Auffassung ist Idealkonkurrenz jedoch nur dann möglich, wenn Gegenstand der Tat neben der Subvention noch andere Vermögensvorteile sind (vgl. etwa Lackner/Kühl §264 Rn.30).

597 Tiedemann, in LK §264 Rn.161; Arzt/Weber LH4 Rn.38; Rengier BT/1 §17 Rn.8.

598 Vgl. BGHSt 32, 203(206); BGH NJW 1984 S.2230; BayObLG NJW 1982 S.2202(2203); BT-Drucks. 7/3441 S.26; Tröndle/Fischer §264 Rn.5; Samson, in SK §264 Rn.101; Preisendanz §254 Anm.13; Schmid, Wirtschaftssubventionen, S.68; Eser, Strafrecht Bd.IV, S.160f.; Hassemer JuS 1985 S.67; Heinz GA 1977 193(S.225f.).

men[599]. Andere Autoren lassen offen, auf welche Form der Gesetzeseinheit ihre Auffassung gegründet wird[600].

Für die Bestimmung des Konkurrenzverhältnisses ist die Frage nach dem von §264 StGB geschützten Rechtsgut von Bedeutung[601]. So ist die Annahme von Spezialität nur dann möglich, wenn man als geschütztes Rechtsgut in §264 StGB zutreffenderweise das Vermögen ansieht[602]. Dann erscheint der Subventionsbetrug als Vermögensgefährdungsdelikt im Vorfeld des Betrugs.

Wird als geschütztes Rechtsgut das Allgemeininteresse an einer wirksamen staatlichen Wirtschaftsförderung bzw. die Planungs- und Dispositionsfreiheit des Staates angesehen, so kann die Annahme von Spezialität nicht durchgreifen. Zwar kann dem Tatbestand auch im Falle der Spezialität ein gegenüber dem allgemeinen Delikt eigenständiger Unwertgehalt zukommen[603]. Eine völlige Veränderung, die vorliegt, wenn man §264 StGB als Delikt zum überwiegenden Schutz eines überindividuellen Rechtsguts interpretiert, wäre hiervon allerdings nicht gedeckt. Ginge man von Spezialität aus, so würde sich die nicht vertretbare Kon-

---

599 Vgl. Tiedemann, in LK §264 Rn.161; Geerds, Wirtschaftsstrafrecht, S.258f.; Gössel wistra 1985 S.125(128); Achenbach JR 1988 S.251(255), der allerdings bei vollendetem Betrug vom Vorliegen von Idealkonkurrenz ausgeht.

600 Vgl. Lenckner, in S./S. §264 Rn.87; Lackner/Kühl §264 Rn.30; Krey BT/2 Rn.527; Arzt/Weber LH4 Rn.37; Blei BT §62 III 1 f; Otto BT §61 Rn.27; ders. Jura 1989 S.24(29); Göhler/Wilts DB 1976 S.1609(1615); Ranft NJW 1986 S.3163(3164); Müller/Emmert/Maier NJW 1976 S.1657(1661).

601 Nach Schmidt-Hieber NJW 1980 S.322(324) spitzt sich die Frage nach der Konkurrenzart hier allein auf die Frage der durch die Vorschriften geschützten Rechtsgüter zu; vgl. auch Lenckner, in S./S §264 Rn.4; Triffterer, in LdR Bd.3 8/310 S.20.

602 Das Vermögen als alleiniges Rechtsgut des §264 ansehend: Maurach/Schroeder/Maiwald BT/1 §41 III Rn.165; Gössel Prot. 7/2614f.; Göhler Prot.7/2662, 2684; Hack S.19ff.; Maiwald ZStW 96 (1984) S.66(78); Ranft JuS 1986 S.445(447ff.); ders. NJW 1986 S.3163(3172); Sannwald S.59ff.; Gössel wistra 1985 S.125(129); Geuenich-Cremer S.134, 137; Gössel BT/2 §23 Rn.31; vermittelnd: Lenckner, in S./S. §264 Rn.4, der das Vermögen als primäres Rechtsgut des §264 StGB ansieht, darüber hinaus aber auch die Institution der Subvention als wichtiges Instrument staatlicher Wirtschaftslenkung und die mit ihr verfolgten wirtschaftlichen Zielsetzungen als solche als Rechtsgut anerkennt. A.A.: alleiniges Rechtsgut des §264 StGB ist die staatliche Planungs- und Dispositionsfreiheit im Wirtschaftsbereich bzw. das Allgemeininteresse an einer wirksamen staatlichen Wirtschaftsförderung: OLG Karlsruhe NJW 1981 S.1383; OLG Hamburg NStZ 1984 S.218; BT-Drucksache 7/5291 S.5; Tiedemann, in LK §264 Rn.11; Tröndle/Fischer §264 Rn.3; Diemer-Nicolaus FS-Schmidt-Leichner S.31(42); Heinz GA 1977 S.193(225f.); Hassemer JuS 1985 S.67; Geerds, Wirtschaftsstrafrecht, S.244ff.; Lohmeyer S.55; eine weitere vermittelnde Auffassung sieht als Rechtsgut des §264 StGB zwar auch das Vermögen, vorrangig sei jedoch der dem Subventionszweck entsprechende Einsatz der staatlichen Mittel im Allgemeininteresse (Lackner/Kühl §264 Rn.1; Jung JuS 1976 S.757(758); Schmidt-Hieber NJW 1980 S.322(324); Preisendanz §264 S.844; Arzt/Weber LH4 Rn.18; Wessels/Hillenkamp BT/2 Rn.680; Tiedemann ZStW 86 S.897(919); ders. ZStW 87 (1975) S.253(274), der mittlerweile aber das Vermögen nicht mehr als zusätzliches Rechtsgut des §264 StGB ansieht (vgl. Tiedemann, in LK §264 Rn.11).

603 Geerds, Wirtschaftsstrafrecht, S.258; Maurach/Gössel/Zipf AT/2 §55 Rn.19; Otto AT §23 III 1a.

sequenz ergeben, daß das Sozialdelikt des §264 StGB als spezielle Regelung des Individualdelikts des §263 StGB anzusehen ist[604].

Auch bei Annahme des Rechtsguts der Planungs- und Dispositionsfreiheit des Staates läßt sich aber der Vorrang des §264 StGB gegenüber §263 StGB begründen. Dann ist allerdings vom Vorliegen eines Subsidiaritätsverhältnisses auszugehen[605]. Die Gesetzesmaterialien[606] und auch §264 Abs.2 Nr.1 StGB zeigen, daß der Gesetzgeber in §264 StGB auch die Fälle einer Subventionsgewährung erfassen wollte. Da §263 StGB demnach nur noch für die Verhaltensweisen Bedeutung erlangen soll, die von §264 StGB nicht erfaßt werden, kommt §263 StGB nur noch die Funktion eines Auffangtatbestandes zu[607].

Für die vorliegende Arbeit kann folglich festgehalten werden, daß zwischen §263 StGB und §264 StGB selbst dann Gesetzeseinheit besteht, wenn man mit der hier abgelehnten Auffassung die Planungs- und Dispositionsfreiheit des Subventionsgebers als Rechtsgut des §264 StGB ansieht. Damit ist aber auch klargestellt, daß sich die Problematik einer „Sperrwirkung“ auch bei §264 StGB stellen kann.

Ausgehend von dieser dogmatischen Einordnung gilt es, die unter dem Begriff „Sperrwirkung“[608] diskutierte Problematik des möglichen Rückgriffs auf die an sich verdrängte Vorschrift des §263 StGB bei Nichteingreifen der an sich verdrängenden Norm des §264 StGB zu klären. Fraglich ist, ob und inwieweit eine Exklusivität des §264 StGB in dem Sinne besteht, daß auch dann eine Anwendung des §263 StGB entfällt, wenn §264 StGB etwa aufgrund fehlender Kennzeichnung oder hinreichender Erkennbarkeit der Subventionserheblichkeit (§264 Abs.7 StGB), fehlendem Vorsatz des Täters oder aufgrund fehlender Versuchsstrafbarkeit in §264 StGB[609] im Ergebnis entfällt. Die gleiche Problematik stellt

---

604 Vgl. Geerds, Wirtschaftsstrafrecht, S.258; anders Heinz GA 1977 S.193(225f.).

605 Tiedemann, in LK §264 Rn.161; Geerds, Wirtschaftsstrafrecht, S.258f.; Gössel wistra 1985 S.125(128); Achenbach JR 1988 S.251(255), der allerdings bei vollendetem Betrug vom Vorliegen von Idealkonkurrenz ausgeht.

606 BT-Drucksache 7/3441 S.25f., 7/5291 S.5f.

607 Geerds, Wirtschaftsstrafrecht, S.259.

608 So BGH NJW 1982 S.2453; Rissing-van Saan, in LK Vor §52 Rn.95; Tiedemann, in LK §264 Rn.162; Ranft NJW 1986 S.3163(3164), die jedoch allesamt im Ergebnis zu einer Anwendung des §263 StGB gelangen.

609 Z.B.:
- --Absendung falscher Angaben, die den Subventionsgeber jedoch nicht erreichen.
- --Einreichung objektiv richtiger, in der Vorstellung des Täters unzutreffender Angaben über subventionserhebliche Tatsachen (vgl. BGH wistra 1987 S.23).
- --Täter macht in der irrigen Annahme, die fraglichen Tatsachen seien subventionserheblich falsche Angaben.
- --Täter läßt den Subventionsgeber vermeintlich in Unkenntnis über

sich auch bei Erschleichen der Subvention durch einen gefälschten und damit nicht unter §264 Abs.1 Nr.3 StGB fallenden Bewilligungsbescheid, bei Täuschungen durch Unterlassen, soweit eine Mitteilungspflicht nicht auf besonderen Rechtsvorschriften beruht (Absatz 1 Nr.2), oder bei Täuschungshandlungen, die nicht in unrichtigen bzw. unvollständigen Erklärungen bestehen[610].

Nach einem Teil der Literatur kann es bei Fehlen der Voraussetzungen des §264 StGB zu einem „straffreien Raum" kommen[611]. So sei bei fehlender Bezeichnung subventionserheblicher Tatsachen Straflosigkeit die Folge und damit ein Rückgriff auf §263 StGB nicht möglich. Der Gesetzgeber habe durch die Bezeichnungspflicht bewußt eine Warnfunktion für die Behörde bezweckt. In dieser Warnung des Täters liege die Legitimation zur Vorverlagerung der Strafbarkeit[612]. Habe es der Subventionsgeber unterlassen, durch eine deutliche Bezeichnung der subventionserheblichen Tatsachen klare Verhältnisse zu schaffen, müsse im Interesse der Rechtssicherheit eine Strafbarkeitslücke in Kauf genommen werden[613].

Eine allgemeine Exklusivität des §264 StGB wird, soweit ersichtlich, allein von Biener[614] vertreten.

Mit der weitgehenden Formalisierung der Täuschungshandlung und dem Absehen des Gesetzgebers von einer Täuschungshandlung beinhaltet §264 StGB auch Vorteile für den Täter. Einen Anhaltspunkt, §264 StGB gegenüber §263 StGB eine „Sperrwirkung" zukommen zu lassen, könnte auch die im Verhältnis zu §263 Abs.3 StGB niedrigere Strafrahmenuntergrenze für besonders schwere Fälle des Subventionsbetrugs (§264 Abs.2 StGB) liefern[615]. Ein derartiger Ausschluß des Rückgriffs auf §263 StGB wäre von der Frage der Gesetzeseinheit zu trennen[616]. Hier geht es allein um den Rückgriff auf einen verdrängten Tatbestand, wenn die Voraussetzungen des verdrängenden Delikts nicht erfüllt sind,

---

subventionserhebliche Tatsachen (Absatz 1 Nr.2), die der Subventionsgeber aber schon auf andere Weise erlangt hat.

610 Vgl. Lenckner, in S./S. §264 Rn.87; Tiedemann, in LK §264 Rn.162.

611 LG Düsseldorf NStZ 1981 S.223; Maurach/Schroeder/Maiwald BT/1 §41 III Rn.168; Eberle S.185.

612 Maurach/Schroeder/Maiwald BT/1 §41 III Rn.168.

613 LG Düsseldorf NStZ 1981 S.223; Göhler/Wilts DB 1976 S.1609(1614), aber auch S.1615.

614 Biener Steuerberaterkongreß-Report 1977 S.367(371).

615 Tiedemann, in LK §264 Rn.162.

616 Arzt/Weber LH4 Rn.39.

nicht aber um das bei Gesetzeseinheit gegebene Verhältnis zweier tatbestandlich vorliegender Delikte.

Die vorherrschende Auffassung geht zutreffend von der Möglichkeit des Rückgriffs auf das allgemeine Delikt aus, so daß hier eine „Sperrwirkung“ des §264 StGB auch bei Fehlen tatbestandlicher Voraussetzungen nicht gegeben ist[617]. Eine Anwendung von §263 StGB ist somit bei Vorliegen seiner Voraussetzungen möglich. Der „Sperrwirkung“ des §264 StGB stehen Sinn und Zweck dieser Vorschrift entgegen. §264 StGB soll der wirksamen Bekämpfung der Subventionskriminalität dienen, da sich der Tatbestand des §263 StGB vielfach als nicht ausreichend erwiesen hat. Sinn und Zweck der Regelung des §264 StGB ist es, eine umfassende und lückenlose Erfassung der Subventionserschleichung durch Vorverlagerung des Strafrechtsschutzes zu gewährleisten. Dem Willen des Gesetzgebers entspricht es daher gerade nicht, dem Täter mit der Vorschrift des §264 StGB eine Privilegierung zukommen zu lassen[618].

Bis zur Einführung von §264 StGB durch das 1. WiKG konnte das Erschleichen von Leistungen allein als Betrug gem. §263 StGB verfolgt werden. Der Tatbestand des Betrugs hat sich jedoch häufig als unzureichend erwiesen, da sich bei der Einordnung der Sachverhalte im Bereich von Subventionsvergaben unter die Tatbestandsmerkmale der Täuschung, der Irrtumserregung, des Vermögensschadens, der subjektiven Merkmale und der zwischen diesen Merkmalen vorausgesetzten Kausalitätskette große Schwierigkeiten, insbesondere im Hinblick auf die Nachweisbarkeit ergeben haben[619]. Diese Probleme bei der Erfassung von Subventionserschleichungen wollte der Gesetzgeber durch eine Vorverlagerung und Erweiterung der Strafbarkeit sowie durch eine Präzisierung der Vergabevoraus-

---

[617] BGHR §264 Konkurrenzen 1; BGH wistra 1987 S.23; BGH NJW 1982 S.2453; BGH BB 1991 S.98; Samson/Günther, in SK §264 Rn.103; Lackner/Kühl §264 Rn.31; Lenckner, in S./S. §264 Rn.87; Tröndle/Fischer §264 Rn.39; Tiedemann, in LK §264 Rn.162; Rissing-van Saan, in LK Vor §52 Rn.95; Arzt/Weber LH4 Rn.39; Otto BT §61 Rn.27; Krey BT/2 Rn.527; Preisendanz §264 S.849; Heinz GA 1977 S.193(213f.); Ranft NJW 1986 S.3163(3164); ders. JuS 1986 S.445(448); Eser, Strafrecht Bd.IV, S.160f.; Göhler/Wilts DB 1976 S.1609(1615).

[618] BGHR §264 Konkurrenzen 1; BGH wistra 1987 S.23; Göhler Prot. S.2683; Samson/Günther, in SK §264 Rn.103; Lenckner, in S./S. §264 Rn.87; Heinz GA 1977 S.193(213f.).

[619] Vgl. hierzu im einzelnen BT-Drucksache 7/3441 S.15ff.; Schmid, Wirtschaftssubventionen, S.53ff.; Berz BB 1976 S.1435f.; Carlsen Agrarrecht 1978 S.267; Müller-Emmert/Maier NJW 1976 S.1657f.; Tiedemann, Subventionskriminalität, S.299ff.; Sannwald S.56ff.; Samson/Günther, in SK §264 Rn.2ff.; Lenckner, in S./S. §264 Rn.1f.; Schmidt-Hieber NJW 1980 S.322; Göhler/Wilts DB 1976 S.1609f.; Graßmück S.4ff.

setzungen entgegentreten. Deshalb sollte mit §264 StGB eine Bestimmung geschaffen werden, die „*bereits die Täuschungshandlung allein pönalisiert, ohne die zusätzlichen Merkmale des allgemeinen Betrugstatbestandes als Voraussetzung für die Strafbarkeit zu fordern*“[620]. Der Tatbestand des §264 StGB ist bereits dann erfüllt, wenn gegenüber dem Subventionsgeber unwahre oder unvollständige Angaben über subventionserhebliche Tatsachen gemacht werden (§264 Abs.1 Nr.1 StGB), der Subventionsgeber über subventionserhebliche Tatsachen in Unkenntnis gelassen wird (§264 Abs.1 Nr.2 StGB), oder der Täter eine durch unrichtige oder unvollständige Angaben erlangte Bescheinigung über eine Subventionsberechtigung oder über subventionserhebliche Tatsachen gebraucht (§264 Abs.1 Nr.3 StGB). Damit greift §264 StGB bereits im Vorfeld des Betrugstatbestandes ein[621].

Der Tatbestand des §264 StGB setzt zur Vollendung allein die Täuschung voraus. Auf weitere Betrugsmerkmale kommt es nicht an.

Eine Erweiterung des Strafrechtsschutzes beinhaltet auch §264 Abs.1 Nr.2 StGB, der ein unechtes Unterlassungsdelikt darstellt. Anders als beim Betrug bedarf es hier keiner Garantenstellung. §264 Abs.1 Nr.3 StGB soll der Tatsache Rechnung tragen, daß Subventionen oft arbeitsteilig erschlichen werden. Eine weitere Ausdehnung der Strafbarkeit bringt §264 Abs.3 StGB mit sich, der in den Fällen von §264 Abs.1 Nr.1 und 2 StGB auch die Leichtfertigkeit unter Strafe stellt.

Der Zweck dieses Vorfeldtatbestandes besteht somit darin, eine effektive und lückenlose Strafverfolgung durch Vorverlegung des Strafrechtsschutzes zu erreichen. Eine Privilegierung des Täters widerspricht damit der Intention des Gesetzgebers.

Mit der Anerkennung einer „Sperrwirkung“ würde auch der Wertungswiderspruch entstehen, daß die grds. von §264 StGB erfaßten[622], als besonders schutzwürdig angesehenen, Wirtschaftssubventionen betreffenden Handlungen

---

[620] BT-Drucksache 7/5291 S.4.

[621] Vgl. auch Arzt/Weber LH4 Rn.19, 22; Ranft NJW 1986 S.3163; Wessels/Hillenkamp BT/2 Rn.681; Mitsch BT/2 Teilband 1 §7 Rn.9.

[622] Der sachliche Anwendungsbereich des §264 StGB ist auf wirtschaftsfördernde Subventionen i.S. des §264 Abs.6 StGB beschränkt. Nicht unter §264 StGB fallen daher sonstige Subventionen, insbesondere Sozial- und Kultursubventionen oder der Forschung und Technologie dienende Subventionen (vgl. Prot.7 S.2653ff.; BT-Drucksache 7/5291 S.11; Tröndle/Fischer §264 Rn.10; Lenckner, in S./S. §264 Rn.6ff.; Lackner/Kühl §264 Rn.7; Maurach/Schroeder/Maiwald BT/1 §41 III Rn.167; Gössel BT/2 §23 Rn.38; Göhler/Wilts DB 1976 S.1609(1612); Carlsen Agrarrecht 1978 S.267(269); Grasmück S.15; krit.: Eberle S.106f.; Hack S.157f.

straflos bleiben würden, während bei Kultur- oder Sozialsubventionen eine Strafbarkeit aus §263 StGB besteht[623].

Eine „Sperrwirkung" ist auch im Hinblick auf entstehende, nicht akzeptable Strafbarkeitslücken abzulehnen. Dies wird etwa bei einer Subventionsgewährung durch staatliche Bürgschaften deutlich, bei der trotz genauer vertraglicher Festlegung der Vergabe- und Widerrufsbedingungen eine durch oder aufgrund Gesetzes vorgenommene Bezeichnung der Subventionserheblichkeit fehlt. Bei Vorliegen der Voraussetzungen des §263 StGB hier Straflosigkeit anzunehmen, erscheint unverständlich[624]. Gleiches gilt für Subventionen, die ohne rechtssatzmäßige Regelung aufgrund von Verwaltungsrichtlinien erteilt werden[625].

Es ist sicherlich richtig anzunehmen, der Gesetzgeber habe mit der Bezeichnungspflicht in Absatz 7 eine Warnfunktion aufstellen wollen. Hieraus läßt sich aber keinesfalls entnehmen, daß bei Fehlen dieser Tatbestandsvoraussetzung des §264 StGB auch eine Strafbarkeit aus §263 StGB entfällt.

Das Vorliegen eines straffreien Raumes bei fehlender Strafbarkeit aus §264 StGB hat sich folglich als mit Sinn und Zweck der Vorschrift unvereinbar erwiesen. Eine die Anwendbarkeit des §263 StGB ausschließende „Sperrwirkung" des §264 StGB besteht somit nicht[626].

2. Die „Sperrwirkung" bei fehlender Strafbarkeit aus dem an sich verdrängenden Tatbestand aufgrund des Vorliegens eines Strafaufhebungsgrundes

Liegt im Hinblick auf eine grundsätzlich verdrängende Norm ein Strafaufhebungsgrund vor, so stellt sich die Frage, ob ein Rückgriff auf die an sich verdrängte Norm möglich ist.

Auch hier soll nur auf die Konstellationen abgestellt werden, in denen der Begriff der „Sperrwirkung" Anwendung gefunden hat. Insoweit wird sich dieser Ab-

---

623 Samson/Günther, in SK §264 Rn.103; Lenckner, in S./S. §264 Rn.87; Heinz GA 1977 S.193(213f.).

624 Vgl. Tiedemann, in LK §264 Rn.162.

625 Tiedemann, in LK §264 Rn.162.

626 Zu diesem Ergebnis kommen auch die Vertreter der oben abgelehnten Auffassung des Bestehens von Idealkonkurrenz zwischen §263 StGB und §264 StGB (vgl. Gössel BT/2 §23 Rn.68).

schnitt ausschließlich mit der Problematik des Rücktritts vom Versuch zu beschäftigen haben.

Schwierigkeiten ergeben sich, wenn im Fall des Rücktritts vom Versuch eines privilegierten Delikts ein allgemeineres Delikt vollendet wird[627].

Die Folge des Rücktritts besteht darin, daß der Täter „wegen Versuchs nicht bestraft" wird (§24 Abs.1 Satz 1 StGB). Straflos ist aber grds. nur der Versuch als solcher. Ist im Versuch eine bereits vollendete Tat enthalten, so bleibt diese vollendete Tat trotz des Rücktritts strafbar (sog. qualifizierter Versuch)[628]. Anderes kann allerdings gelten, wenn es sich bei dem versuchten Tatbestand um ein privilegiertes Delikt handelt. Dann kann der Sinn der Privilegierung der Anwendung des vollendeten allgemeineren Tatbestandes entgegenstehen und das privilegierte Delikt insoweit eine „Sperrwirkung" ausüben[629]. Insoweit soll also einer nicht anwendbaren Norm eine „Sperrwirkung" zukommen.

Im folgenden wird nach den unterschiedlichen Arten der an sich vorliegenden Gesetzeseinheit differenziert werden, um so möglicherweise bestehende Unterschiede und Meinungsdifferenzen erfassen zu können.

Ist das an sich spezielle Delikt in Form eines strafbaren Versuchs verwirklicht und liegt auf Seiten des Täters der persönliche Strafaufhebungsgrund[630] des Rücktritts vom Versuch vor, ist im Hinblick auf die Anwendung der an sich verdrängten allgemeineren Norm zu differenzieren. Grundsätzlich ist das an sich verdrängte Delikt anzuwenden, wenn sich nicht aus dem Zusammenhang der Vorschriften etwas anderes ergibt[631]. So darf auf den verdrängten Tatbestand

---

[627] Hier wird nicht auf die problematische Fallkonstellation eingegangen, wenn neben dem versuchten Hauptdelikt, von dem der Rücktritt erfolgte, ein Gefährdungsdelikt vollendet wurde. Ausgangspunkt der Diskussion war hier die Entscheidung BGHSt 14, 378ff. in der der BGH entschieden hat, daß bei Rücktritt vom Verbrechensversuch die Strafbarkeit aus der vorangegangenen, an sich subsidiären Verbrechensverabredung nach §49a Abs.2 StGB a.F. (jetzt §30 Abs.2 StGB), nicht wieder auflebt (vgl. hierzu etwa Vogler FS-Bockelmann S.715(727ff.); Rissing-van Saan, in LK Vor §52 Rn.114ff.; Fuchs S.145ff.; Höper S.195ff.). In dieser Fallkonstellation hat der Ausdruck „Sperrwirkung" allerdings keine Anwendung gefunden.

[628] Vgl. etwa RGSt 68, 204(207f.); BGHSt 1, 152(156); 7, 296(300); 16, 122(123f.); 17, 1(2); BGH StV 1981 S.396(397); BGH StV 1982 S.14(15); BGH NJW 1995 S.1437; OLG Düsseldorf NJW 1983 S.767f.; Vogler, in LK §24 Rn.195f.; Eser, in S./S. §24 Rn.109; Tröndle/Fischer §24 Rn.18.

[629] So Hirsch, in LK 10.A. §224 Rn.32, Vor §223 Rn.16; Lackner/Kühl §216 Rn.7; Eser, in S./S. §212 Rn.25; Krey BT/1 Rn.244f.; Wessels/Beulke AT Rn.653; Schmidt/Seidel BT/1 S.46; Hirsch ZStW 81 (1969) S.917(931); Abels S.27, 51.

[630] So die h.M.: vgl. etwa RGSt 72, 349(350); BGHSt 7, 296(299); Tröndle/Fischer §24 Rn.3, 18; Eser, in S./S. §24 Rn.4; Vogler, in LK §24 Rn.22; Lackner/Kühl §24 Rn.1; Jescheck/Weigend AT §51 VI 1, §52 II 2; Maurach/Gössel/Zipf AT/2 §41 Rn.130.

[631] RGSt 23, 225; 68, 204(207f.); BGHSt 1, 152(155f.); BGHSt 19, 188(189); BGH MDR 1972 S.251; Rissing-van Saan, in LK Vor §52 Rn.96; Tröndle/Fischer Vor §52 Rn.24; Lack-

nicht zurückgegriffen werden, wenn der Rücktritt vom Versuch eines primären Delikts erfolgt, das dem Täter eine Privilegierung gewährt[632]. Ansonsten würde die Privilegierung des Primärtatbestandes unterlaufen.
Auch im Fall an sich vorliegender Subsidiarität lebt die Strafbarkeit aus dem an sich verdrängten Tatbestand grds. wieder auf. Dabei hat eine Bewertung des Verhältnisses von verdrängendem und verdrängtem Tatbestand zu erfolgen. Aus dieser Bewertung kann sich ergeben, daß nur eine tatsächliche Bestrafung das subsidiäre Delikt verdrängt. Im Bereich der an sich subsidiären Delikte stellt sich die Situation z.T. anders dar als bei an sich bestehender Spezialität, da hier im Gesetz teilweise eine Bewertung zum Ausdruck kommt. So setzt die formelle Subsidiarität kraft gesetzlicher Anordnung voraus, daß der Täter tatsächlich aus dem vorrangigen Tatbestand bestraft werden kann[633]. Zwar stellen die gesetzlichen Subsidiaritätsklauseln zumeist nur auf die Bedrohung mit einer schwereren Strafe ab, doch ist ihrem Sinn zu entnehmen, daß „bedroht" i.S. von „verwirkt" zu verstehen ist, das subsidiäre Delikt also nur zurücktritt, wenn der Täter tatsächlich aus dem schwereren Delikt bestraft werden kann[634].
Auch außerhalb der Fälle an sich vorliegender formeller Subsidiarität ist auf den Zusammenhang der betreffenden Tatbestände abzustellen. So kann die Bewertung des Gesamtkomplexes ergeben, daß ein Rückgriff auf die an sich subsidiäre Vorschrift nicht möglich ist, da der primäre Tatbestand eine Privilegierung des Täters beinhaltet. Tritt der Täter vom Versuch des vorrangigen Delikts zurück, kommt zwar grds. der an sich verdrängte Tatbestand zur Anwendung[635]. Ergibt sich allerdings aus dem Rangverhältnis der Tatbestände, daß es sich bei dem verdrängenden Tatbestand um ein für den Täter günstigeres Delikt handelt, so ist die Anwendung des verdrängten schwereren Delikts ausgeschlossen[636].

Lackner/Kühl Vor §52 Rn.28; Vogler FS-Bockelmann S.715(726ff.); Jescheck/Weigend AT §69 III 1; Geppert Jura 1982 S.418(426f.).

632 Rissing-van Saan, in LK Vor §52 Rn.96; Stree, in S./S. Vor §52 Rn.136; Vogler FS-Bockelmann S.715(729); Abels S.27; Geppert Jura 1982 S.418(426f.); Jescheck/Weigend AT §69 III 1.

633 BayObLG NJW 1978 S.2563f. m. Anm. Stree JR 1979 S.253f.; Stree, in S./S. Vor §52 Rn.138; Rissing-van Saan, in LK Vor §52 Rn.112; Vogler, in LK 10.A. Vor §52 Rn.128; Abels S.27.

634 Vogler, in LK 10.A. Vor §52 Rn.128; Stree, in S./S. Vor §52 Rn.138.

635 Vgl. etwa Baumann/Weber AT 9.A. §41 II 3 c; Jescheck/Weigend AT §69 III 1; Vogler, in LK 10.A. §24 Rn.196.

636 Vgl. Stree, in S./S. Vor §52 Rn.139; Vogler, in LK 10.A. §24 Rn.197; ders. FS-Bockelmann S.715(729); Jescheck/Weigend AT §69 III 1; Abels S.27; Seier Jura 1983 S.225(232); Geppert Jura 1982 S.418(426f.).

Der Begriff der „Sperrwirkung“ findet sich dabei insbesondere im Zusammenhang mit der Problematik des Rücktritts vom Versuch des §216 StGB, bei dem auch qualifizierte Körperverletzungsdelikte erfüllt sind. Dem privilegierten Tötungsdelikt soll hier eine den Rückgriff auf die qualifizierte Körperverletzung i.S. des §226 StGB ausschließende „Sperrwirkung“ zukommen[637].

Diese Fallkonstellation ist an dieser Stelle einzuordnen, da im Verhältnis von versuchter Tötung auf Verlangen zu qualifizierter Körperverletzung nach der hier vertretenen Auffassung Gesetzeseinheit in Form der Subsidiarität vorliegt[638].

Im genannten Fall des Rücktritts von einer Tötung auf Verlangen bei Vorliegen einer qualifizierten Körperverletzung sind verschiedene Lösungsansätze vertreten worden.

Nach der von Schmitt[639] und früher von Schröder[640] vertretenen Auffassung wäre zwar ein Rücktritt vom Versuch des §216 StGB erfolgt, der Täter würde aber wegen schwerer Körperverletzung gem. §224 StGB a.F. (jetzt §226 StGB) zu bestrafen sein. Allerdings sollte der Strafrahmen der schwereren Körperverletzung über §224 Abs.2 StGB a.F. (jetzt §226 Abs.3 StGB) dem Strafrahmen des privilegierten Tötungsdelikts angepaßt werden.

Nach Auffassung von Jakobs[641] bleibt auch bei strafbefreiendem Rücktritt vom Versuch des §216 StGB Raum für eine Strafbarkeit aus §224 StGB a.F. (jetzt §226 StGB).

Mit der zutreffenden herrschenden Auffassung ist beim Rücktritt vom privilegierten Tötungsdelikt nicht auf die Strafbarkeit aus §224 StGB a.F. (jetzt §226 StGB) zurückzugreifen. Einer Strafbarkeit aus §226 StGB steht der Sinn der Privilegierung entgegen. Die vom Gesetzgeber in §216 StGB getroffene Wertentscheidung würde ansonsten mißachtet. Angesichts der vom Gesetz beabsichtigten Besserstellung des Täters wäre es widersprüchlich, den Täter bei vollendeter Tat in den Genuß der Privilegierung kommen zu lassen, dem Täter diese Privilegierung aber im Falle des Rücktritts vorzuenthalten[642]. Der Täter würde so bei

---

[637] Hirsch, in LK 10.A. §224 Rn.32, Vor §223 Rn.16; Lackner/Kühl §216 Rn.7; Eser, in S./S. §212 Rn.25; Krey Rn.244f.; Wessels/Beulke AT Rn.653; Schmidt/Seidel BT/1 S.46; Hirsch ZStW 81 (1969) S.917(931); Abels S.27, 51.

[638] Siehe oben S.124ff.

[639] Schmitt JZ 1962 S.389(394).

[640] Vgl. Schröder, in S./S. 17.Auflage §212 Rn.14 d.

[641] Jakobs, Konkurrenz, S.134ff.

[642] Vogler, in LK 10.A. §24 Rn.197; ders. FS-Bockelmann S.715(729); Wessels/Beulke AT Rn.653; Hirsch, in LK 10.A. Vor §223 Rn.16, §224 Rn.32; ders. ZStW 81 (1969) S.917(931).

Rücktritt vom Versuch mit der Strafbarkeit aus §226 StGB (Strafrahmen von einem bis zehn Jahren) schlechter stehen als bei vollendeter Tat mit der Strafbarkeit aus §216 StGB (Strafrahmen von sechs Monaten bis zu fünf Jahren). Ein derartiges Ergebnis wäre nicht nur ein Widerspruch in sich, sondern würde auch auf ein Rücktrittsverbot hinauslaufen[643].
Auch die Annahme der Anwendung des Strafrahmens des §216 StGB kann hier nicht durchgreifen. Eine Schlechterstellung des Täter würde hier bestehenbleiben, denn auch bei Anpassung des Strafrahmens an die privilegierte Tötung aus §216 StGB bliebe die Tat nach wie vor ein Verbrechen (§12 Abs.3 StGB) und somit schwerer eingestuft als ohne Rücktritt im Vollendungsfall des §216 StGB[644].
Als Konsequenz kommt hier allein eine Strafbarkeit aus Körperverletzung (§223 StGB) in Betracht. Die Strafbarkeit aus diesem Vergehen bleibt also unberührt[645].

Schließlich ist im Hinblick auf die „Sperrwirkung" auch auf die Behandlung der Fälle einzugehen, in denen an sich eine mitbestrafte bzw. straflose Vor- bzw. Nachtat vorliegt. Strittig ist hier, ob ein Rückgriff auf die an sich verdrängte Vor- bzw. Nachtat möglich ist, wenn die Haupttat aufgrund eines Rücktritts vom Versuch nicht bestraft werden kann.
Nach einer Auffassung ist ohne Differenzierung zwischen materiellen und formellen Mängeln der Haupttat ohne weiteres auf das an sich verdrängte Delikt zurückzugreifen[646]. Der Rückgriff auf die Vor- bzw. Nachtat erfolge, ohne daß es auf den Grund für die Straflosigkeit der Haupttat ankomme. Dies ergebe sich aus dem Wesen der Konsumtion. Bei der straflosen Nachtat gehe es nicht um das

---

[643] Vgl. etwa Hirsch ZStW 81 (1969) S.917(931); Abels S.51; Schmidt/Seidel BT/1 S.46.
[644] Eser, in S./S. §212 Rn.25; Krey BT/1 Rn.245; Abels S.51; Schmidt/Seidel BT/1 S.46; Hirsch, in LK 10.A. Vor §223 Rn.16.
[645] Krey BT/1 Rn.244; Wessels/Beulke AT Rn.653 halten die Anwendung von §224 StGB n.F. aufgrund dessen Vergehenscharakter für möglich, wobei allerdings die Höchsstrafe des §216 StGB nicht überschritten werden dürfe. Hinsichtlich der alten Rechtslage vor dem 6.StrG für die Anwendung von §223 StGB a.F. und auch §223a StGB a.F., da hier der Strafrahmen des §223a StGB a.F. unterhalb des Strafrahmens des §216 StGB blieb: Horn, in SK §216 Rn.18; Lackner/Kühl §216 Rn.7; Vogler, in LK 10.A. §24 Rn.197; Eser, in S./S. §212 Rn.25; Hirsch, in LK 10.A. Vor §223 Rn.16, §224 Rn.32; ders. ZStW 81 (1969) S.917(931); Wessels AT 28.A. Rn.651.
[646] BGH MDR/D 1955 S.269; BGH JZ 1968 S.710; BGH GA 1971 S.83(84); BGHSt 38, 366(368f.); 39, 233(235); Vogler, in LK 10.A. Vor §52 Rn.144ff.; ders. FS-Bockelmann S.715(732ff.); Tröndle/Fischer Vor §52 Rn.48ff.; Otto Jura 1994 S.276; Huschka NJW 1960 S.1189(1190); Freund, Die strafumfaßte Tat, S.43; Körber S.27; Drechsler S.67.

Verhältnis der in Betracht kommenden Strafgesetze als Ergebnis abstrakter Gesetzestechnik zueinander, sondern um die Bewertung des konkreten Sachverhalts unter dem Gesichtspunkt der Strafbedürftigkeit[647]. Entscheidend sei, daß der Unwert der Nachtat nach den konkreten Umständen keine selbständige Strafbemessung neben der Strafe für die Haupttat erfordere, weil sich aus dem Funktionszusammenhang ergebe, daß der Unwert der Nachtat als mitabgegolten angesehen werden könne, wenn der Täter aus der Haupttat verurteilt werde. Diese Abgeltung des Unwerts der Begleittat durch die Bestrafung aus der Haupttat mache das Wesen der Konsumtion aus[648].

Nach anderer Auffassung ist zwischen materiellrechtlichen und formellen Mängeln zu differenzieren[649]. Bei bestehenden materiellrechtlichen Mängeln ist ein Rückgriff auf die an sich verdrängte Tat grds. möglich.

Ausgehend von letztgenannter, zutreffender Auffassung ist eine Modifizierung im Hinblick auf das Vorliegen einer Privilegierung vorzunehmen[650].

Entgegen der erstgenannten Auffassung ist hier nicht auf das Strafbedürfnis und demzufolge nicht darauf abzustellen, ob die Nachtat durch die Bestrafung der Haupttat bereits ausreichend gesühnt ist, sondern die maßgebliche Bewertungseinheit zwischen Primär- und Nachtat zu betonen. Bei dieser Bewertungseinheit verdrängt nicht eine Strafe die andere, sondern die Primärtat ist letztlich maßgebliche Bewertungsgrundlage für das Gesamtgeschehen[651].

Der Rückgriff auf die an sich verdrängte Norm ist bei Vorliegen materiellrechtlicher Mängel, wie etwa dem Fehlen von Verschulden oder fehlender Nachweisbarkeit der Haupttat möglich, doch muß dies ausscheiden, wenn so eine Privilegierung vereitelt würde[652].

Von dieser Überlegung ausgehend, kann der Rückgriff auch beim persönlichen Strafaufhebungsgrund des Rücktritts ausgeschlossen sein.

---

647 Vgl. Vogler FS-Bockelmann S.715(733); ders., in LK 10.A. Vor §52 Rn.144.

648 Ebenda.

649 Vgl. etwa Samson/Günther, in SK Vor §52 Rn.102; Stree, in S./S. Vor §52 Rn.116f., 134ff.; Maurach/Gössel/Zipf AT/2 §55 Rn.44ff.

650 Geppert Jura 1982 S.418(429); Schmidhäuser AT 18/33; Bringewat, Gesamtstrafe, S.81; Baumann/Weber AT 9.A. §41 III 3 c; Welzel, Strafrecht, §30 II 3 b; Jescheck/Weigend AT §69 II; Stratenwerth AT S.316f.; Blei AT §96 II 3 c; Abels S.29.

651 Stree JZ 1993 S.476f.; Geppert JK 93 StGB Vor 52/3; ders. Jura 1994 S.441(444); Jescheck/Weigend AT §69 II; Welzel, Strafrecht, S.235.

Dabei wird z.T. davon ausgegangen, allein durch das Vorliegen materiellrechtlicher Umstände wie Strafaufhebungs- bzw. Strafausschließungsgründen werde eine mit der Haupttat verbundene Privilegierung vereitelt[653].
Allein im Vorliegen eines Rücktritts von der Haupttat geht dem Täter aber bei Rückgriff auf die an sich verdrängte Norm noch keine Privilegierung verloren. Eine Privilegierung des Täters wird erst dann vereitelt, wenn der von der Haupttat zurücktretende Täter aus einem schwereren Delikt bestraft werden soll. Ähnlich wie im Fall der Spezialität und Subsidiarität ist der Rückgriff damit ausgeschlossen, wenn der Täter von einem milderen Delikt zurücktritt und ihm der Rückgriff auf die an sich verdrängte Norm zum Nachteil gereichen würde. Dies ist notwendige Folge, um dem Sinn der Privilegierung und der Wertentscheidung des Gesetzgebers gerecht zu werden.

So hat sich gezeigt, daß ein Rückgriff auf die an sich verdrängte Norm zwar grds. möglich erscheint, in den Fällen des Vorliegens einer Privilegierung hinsichtlich der an sich verdrängten Norm ein Rückgriff aber ausscheiden muß. Hat sich dieses im Schrifttum zum Teil als „Sperrwirkung" bezeichnete Rückgriffsverbot, wie dargetan, in bestimmten Fallkonstellationen als begründet erwiesen, gilt es noch, den Versuch einer dogmatischen Einordnung zu unternehmen.
Die Problematik der Anwendbarkeit der an sich verdrängten Norm wird zumeist im Zusammenhang mit der Rechtsfigur der Gesetzeseinheit behandelt. Dennoch läßt sich eine allgemein anerkannte dogmatische Einordnung nicht finden. Besteht wie oben dargetan noch weitgehende Einigkeit, daß bei Fehlen der tatbestandlichen Voraussetzungen noch nicht einmal scheinbare Konkurrenz vorliegt, ist hier vieles ungeklärt.
Ein Teil des Schrifttums ordnet die Problematik dem Bereich der Gesetzeseinheit und ihrer Rechtsfolgen zu[654]. Abels[655] hält die Frage nach dem Rückgriff auf die an sich verdrängte Norm für eine von der Einordnung in eine der Fallgruppen der

---

652 Geppert Jura 1982 S.418(429); Schmidhäuser AT 18/33; Bringewat, Gesamtstrafe, S.81; Baumann/Weber AT 9.A. §41 III 3 c; Welzel, Strafrecht, §30 II 3 b; Jescheck/Weigend AT §69 II; Stratenwerth AT S.316f.; Blei AT §96 II 3c; Abels S.29.
653 Bringewat, Gesamtstrafe, S.81; Baumann/Weber AT 9.A. §41 II 3 c; Geppert Jura 1982 S.418(429).
654 Vgl. Tröndle/Fischer Vor §52 Rn.24; Rissing-van Saan, in LK Vor §52 Rn.96, 112, 134.
655 Abels S.29.

Gesetzeseinheit unabhängige Problematik. Die der Privilegierung zugebilligte „Sperrwirkung“ beziehe ihre Berechtigung nicht aus der Einordnung in eine bestimmte Gruppe der Gesetzeseinheit, sondern sei in den allgemeinen Strafzumessungsgrundsätzen zu finden. Abels beruft sich hier allerdings unverständlicherweise auf §52 Abs.3 Satz 2 StGB.

Andere sehen hier eine Ausnahme von der Gesetzeseinheit und ihren Rechtsfolgen als gegeben an[656]. Es sei zwar Rechtsfolge der Gesetzeseinheit, daß das ausgeschlossene Gesetz nicht Grundlage der Strafbarkeit sein kann. Die Gesetzeseinheit und die mit ihr verbundene Verdrängungswirkung könne grds. aber nur dann eingreifen, wenn die materiellen und formellen Voraussetzungen der Strafbarkeit vorliegen. Ansonsten sei auf die an sich verdrängte Norm zurückzugreifen. Als Ausnahme von dieser grundsätzlichen rechtlichen Behandlung sei es aber in den dargestellten Fallkonstellationen möglich, daß es bei der Wirkung der Gesetzeseinheit bleibe und die Verdrängungswirkung als Rechtsfolge der Gesetzeseinheit einen Rückgriff auf die an sich verdrängte Norm unmöglich mache.

Nach zutreffender Auffassung läßt sich die „Sperrwirkungsproblematik“ nicht in den Bereich der Gesetzeseinheit einordnen bzw. stellt sich diese nicht als Ausnahme von der Gesetzeseinheit dar[657]. Während der Täter hier nur aus einem Tatbestand bestraft werden könnte, müssen bei der Gesetzeseinheit mehrere Tatbestände materiell und formell anwendbar sein[658]. Nur dann kann die der Gesetzeseinheit zugrundeliegende Erschöpfung des Schuld- und Unwertgehalts eintreten, so daß ein weitergehendes Strafbedürfnis entfällt. Liegen die so beschriebenen Voraussetzungen nicht vor, fehlt es am Vorliegen von Gesetzeseinheit; auch eine ausnahmsweise Anwendung der Rechtswirkungen ist dann nicht möglich.

Die Tatsache, daß Grundlage der Gesetzeseinheit das Vorliegen der Strafbarkeitsvoraussetzungen ist, wird auch aus dem dogmatischen Standort der Gesetzeseinheit im System der Lehre von der Straftat deutlich. Hier hat sich die Auffassung durchgesetzt, die Gesetzeseinheit direkt vor den Rechtsfolgen einzuord-

---

656 Vgl. Geppert Jura 1982 S.418(426f.); Stree, in S./S. Vor §52 Rn.134ff.; Stratenwerth Rn.1202ff.

657 Geerds, Konkurrenz, S.167ff.; Seier Jura 1983 S.225(232); Vogler FS-Bockelmann S.715(726ff.); Mitsch JuS 1993 S.471(475) Tiedemann JuS 1987 L17; Warda JuS 1964 S.81(93); Kohlmann JZ 1964 S.492(493); Bär S.33; Sarter S.68.

658 Ebenda.

nen. Der dogmatische Standort der Gesetzeseinheit liegt in der Übergangszone zwischen Verbrechens- und Rechtsfolgenlehre[659].

Auch Seier[660] hat anerkannt, daß es sich nicht um eine Problematik der Gesetzeseinheit handelt. Es müsse jedoch Beachtung finden, daß sich die Frage, ob der Täter straflos bleibe oder auf das im Falle „echter Gesetzeseinheit" verdrängte Gesetz zurückzugreifen sei, aufgrund des von der Gesetzeseinheit festgelegten Rangverhältnisses der Delikte zueinander entzünde. Da die Gesetzeseinheit die Problemstellung auslöse, solle man hier von „unechter Gesetzeseinheit" sprechen[661].

Um eine Einordnung der Problematik hat sich auch Geerds[662] bemüht. Ausgehend von der Annahme, eine Ausnahme von der Gesetzeseinheit liege hier nicht vor, da die effektive Wirksamkeit Voraussetzung der Gesetzeseinheit sei, ergebe sich eine der Gesetzeseinheit ähnliche Wirkung aus dem Verhältnis der an sich in Gesetzeseinheit stehenden Tatbestände[663].

Für die sachliche Lösung erweisen sich die Regeln der Gesetzeseinheit als nicht tauglich. Es ist hier vielmehr auf die Art und den konkreten Zweck des Mangels, der das Eingreifen der Primärnorm verhindert und die durch Auslegung zu ermittelnde ratio der Vorschriften abzustellen. Von entscheidender Bedeutung ist hier somit auch die Frage, inwieweit der Privilegierung der an sich verdrängenden Norm Bedeutung beigemessen wird. Die Unanwendbarkeit des an sich verdrängten Delikts beruht folglich nicht auf Konkurrenzerwägungen, die fehlende Rückgriffsmöglichkeit ergibt sich vielmehr aus Art und Zweck des Mangels sowie der der gesetzgeberischen Wertentscheidung entsprechenden Reichweite der Privilegierung.

---

659 Seier Jura 1983 S.225(226); Fuchs S.46; Geppert Jura 1982 S.358(359); Warda JuS 1964 S.81; Blei AT §90 II; zum gleichen Ergebnis kommt auch v. Krog S.24, 174, der die *„Rechtsfolgenvoraussetzungen"* als sytematischen Standort ansieht.

660 Seier Jura 1983 S.225(232).

661 Vgl. Seier Jura 1983 S.225(232).

662 Geerds, Konkurrenz, S.169ff.

663 Geerds, Konkurrenz, S.169.

3. Die „Sperrwirkung" bei fehlender Strafbarkeit aus dem an sich verdrängenden Tatbestand aufgrund prozeßrechtlicher Hindernisse

Ein umstrittener Themenbereich wird auch betreten, wenn es um das Schicksal der an sich verdrängten Norm bei Straflosigkeit des an sich verdrängenden Delikts aus prozeßrechtlichen Gründen geht.

Hierbei ist fraglich, inwieweit die an sich verdrängte Norm Anwendung finden kann, wenn die an sich verdrängende Norm aus prozeßrechtlichen Gründen nicht anwendbar ist, diese prozeßrechtlichen Hinderungsgründe aber einer Bestrafung aus der an sich verdrängten Norm nicht entgegenstehen würden.

In Betracht kommen dabei Fallkonstellationen, in denen die Verfahrenshindernisse der Verjährung und des Fehlens eines notwendigen Strafantrags hinsichtlich der an sich verdrängenden Norm eingreifen, die an sich verdrängte Norm von diesen Hindernissen allerdings unberührt bleibt[664].

Im Zusammenhang mit diesen beiden Verfahrenshindernissen ist auf das Vorliegen einer „Sperrwirkung" zurückgegriffen worden[665]. Das Bestehen der Verfahrenshindernisse in Bezug auf das an sich verdrängende Delikt soll auch die Strafbarkeit aus der an sich verdrängten Norm ausschließen. Trotz der Nichtanwendbarkeit der an sich verdrängenden Norm soll eine „Sperrwirkung" im Hinblick auf die Anwendung der an sich verdrängten Norm vorliegen.

Im Bereich der prozeßrechtlichen Hindernisse soll wie beim materiellrechtlichen Mangel des Strafaufhebungsgrundes des Rücktritts vom an sich verdrängenden Tatbestandes zwischen den an sich bestehenden Formen der Gesetzeseinheit unterschieden werden. Insbesondere im Hinblick auf mitbestrafte Vor- bzw. Nachtaten werden kontroverse Auffassungen vertreten. Außerdem ist zwischen den verschiedenen verfahrensrechtlichen Hindernissen zu differenzieren.

a) Verjährung des an sich verdrängenden Tatbestandes

Scheidet eine Bestrafung aus dem an sich speziellen bzw. subsidiären Tatbestandes aufgrund des verfahrensrechtlichen Hindernisses der Verjährung aus, ist ein

---

[664] Eine ähnliche Sitution kann sich auch bei Vorliegen eines Amnestiegesetzes ergeben, das Straffreiheit nur hinsichtlich der vorgehenden Norm gewährt. Doch hat hier der Ausdruck „Sperrwirkung" keine Anwendung gefunden.

[665] Vgl. Fuchs S.163; Jakobs AT 31.Abschnitt Rn.47; v. Krog S.187; Huang S.89f.

weites Meinungsspektrum eröffnet, wie im Hinblick auf die an sich verdrängte, nicht von der Verjährung betroffene Norm zu verfahren ist.
Zum Teil wird davon ausgegangen, es sei stets aus der nicht verjährten, an sich verdrängten Norm zu bestrafen[666].
Demgegenüber geht die konträre Auffassung davon aus, trotz Verjährung bleibe die verdrängende Wirkung der vorrangigen Norm bestehen. Im Ergebnis werde dann die nachgeordnete Vorschrift von der Verjährung erfaßt[667].
Um dem Sinn des jeweiligen Verfahrenshindernisses und den Wertentscheidungen des Gesetzgebers in den jeweiligen Tatbeständen gerecht zu werden, ist jedoch von einer differenzierenden Betrachtungsweise auszugehen.
Aus der zur Vermeidung einer Doppelbewertung folgenden Straflosigkeit aus dem an sich verdrängten Tatbestand darf nicht geschlossen werden, daß diese an sich verdrängte Norm stets anwendbar ist, wenn der an sich verdrängenden Norm ein Verfahrenshindernis entgegensteht. Die Frage, wann die Anwendung der an sich verdrängten Norm möglich ist, muß vielmehr ausgehend von den Verfahrenshindernissen beantwortet werden. Zu klären ist, ob der Anwendung des an sich verdrängten Tatbestandes Bedenken entgegenstehen. Dabei kommt dem Zusammenhang der an sich miteinander konkurrierenden Tatbestände und dem Zweck des jeweiligen Verfahrenshindernisses entscheidende Bedeutung zu[668].

Auch im Bereich einer möglichen „Sperrwirkung" aufgrund des Verfolgungshindernisses der Verjährung bedürfen die privilegierten Tatbestände besonderer Beachtung. So folgt aus dem Zusammenhang der an sich konkurrierenden Tatbestände, daß ein Rückgriff auf die an sich verdrängte Norm ausgesperrt ist, wenn mit der an sich verdrängenden Norm eine Privilegierung verbunden ist[669].

---

666 RGSt 39, 353(355); BGH MDR/D S.269 (abgeschwächt durch BGHSt 18, 324(325)); BGH NJW 1968 S.2115; BayObLGSt 1955 S.126(127) für Subsidiarität, anders aber BayObLGSt 1970 S.174(175) für Spezialität; Tröndle/Fischer Vor §52 Rn.24; Kohlmann JZ 1964 S.492(493f.); in BGH GA 1971 S.83(84) läßt der BGH diese Problematik aber ausdrücklich offen.

667 Vgl. RGSt 47, 385(388); Jakobs 31.Abschnitt Rn.47; v. Olshausen Vorbem.6 Vor §73.

668 BGHSt 19, 188(190); 24, 262(266); BGH MDR 1972 S.251f.; Vogler FS-Bockelmann S.715(730f.); Seier Jura 1983 S.225(232); Fuchs S.155; Geerds, Konkurrenz, S.175; Rissing-van Saan, in LK Vor §52 Rn.97.

669 Abels S.27; Stratenwerth AT Rn.1204; Vogler FS-Bockelmann S.715(731); Fuchs S.155; Mitsch JuS 1993 S.471(475); Geerds, Konkurrenz, S.175; Eser, in S./S. Vor §52 Rn.136; Seier Jura 1983 S.225(232); Geppert Jura 1982 S.418(426f.); Jescheck/Weigend AT §69 III 1; Huang S.89f.; Baumann/Weber AT 9.A. §41 II 3 c; Blei AT§96 II 3c; vgl. auch Dreher JZ 1971 S.32(33); Warda JuS 1964 S.81(93).

Würde man hier von der Anwendung der an sich verdrängten Norm ausgehen, wäre ein Wertungswiderspruch offenkundig. Der Täter würde dann trotz Verjährungsablauf bei der verdrängenden, für ihn günstigeren Norm aus dem schärferen Delikt bestraft werden. Damit würde aber der Sinn der Privilegierung unterlaufen und die gesetzgeberische Wertung umgangen. So kann etwa bei Ablauf der Verjährungsfrist im Fall der Strafbarkeit aus §216 StGB (drei Jahre, §78 Abs.3 Nr.5 StGB) keine Bestrafung aus dem noch nicht verjährten §212 StGB (zehn Jahre, §78 Abs.3 Nr.3 StGB) erfolgen.

Im Bereich der mitbestraften bzw. straflosen Vortat oder auch bei gleichzeitig verwirklichten Tatbeständen läßt sich kaum eine Konstellation finden, in der es zum Rückgriff auf die an sich verdrängte Norm aufgrund der Verjährung der Haupttat kommen kann[670].
Bei gleichzeitiger Begehung verjährt der vorgehende, schwerere Tatbestand i.d.R. später, bei gleich schwerer Strafe verjähren beide Delikte auch im gleichen Zeitpunkt. Dies gilt erst recht im Bereich der mitbestraften bzw. straflosen Vortat. Hier verjährt die schwerere oder gleich schwere Haupttat regelmäßig nach der Vortat. Sollte eine Vortat das schwerere Delikt darstellen und nach der Haupttat verjähren, müßte auch hier auf den Gedanken der Privilegierung des Täters durch den primären Tatbestand zurückgegriffen werden und die Anwendung des an sich verdrängten Delikts ausscheiden.

Bei Verjährung der Haupttat im Bereich der mitbestraften bzw. straflosen Nachtat ist strittig, ob und inwieweit ein Rückgriff auf die an sich verdrängte Nachtat möglich ist[671].

---

[670] Vgl. Haase S.137ff.; Haslinger S.143; Fuchs S.156; Geerds, Konkurrenz, S.169; Höper S.204; der wohl einzige Beipielsfall findet sich im Presserecht (vgl. Fuchs S.160ff.; Höper S.204ff.; diesen Fall übersieht Gelbert S.39).

[671] Dabei wird hier davon ausgegangen, daß die Verjährung der Haupttat unabhängig von der der Nachtat ist und vielmehr eine eigenständige Verjährung der Delikte besteht (vgl. etwa Kohlmann JZ 1964 S.492(493); Gelbert S.39; Drechsler S.65f.; Fulst S.51; Paulusch S.125; Fuchs S.155; Höper S.125; v. Krog S.187f.; Geerds, Konkurrenz, S.169). Nach Auffassung Drehers liegt für Haupt- und Nachtat dagegen eine einheitliche Verjährung vor (MDR 1964 S.168(169)). Mit der Haupttat habe der Täter sein strafbares Tun zwar vollendet, Beendigung trete aber erst mit der Nachtat ein. Die Verjährung beginne erst mit der Beendigung strafbaren Verhaltens. Daher setze die Verjährung erst mit der Beendigung der Nachtat ein, und die Haupttat könne nicht früher als die Nachtat verjähren (S.169).
Diese Auffassung ist sowohl zur Zeit der Geltung von §67 Abs.4 StGB a.F., als auch seit Geltung von §78a StGB allgemein bestritten worden (vgl. dazu die obigen Nachweise zur eigenständigen Verjährung). Infolge der technisch mißglückten Vorschrift des §78a StGB ist strit-

Wie bereits oben im Rahmen der Rücktrittsproblematik dargelegt[672], stehen sich bei der Frage der Rückgriffsmöglichkeit zwei Auffassungen gegenüber.

Nach Auffassung der Rechtsprechung und früher herrschenden Ansicht in der Literatur kommt es stets zum Aufleben der Nachtat[673]. Die Nachtat sei nur dann nicht strafbar, wenn und weil sie durch die Strafe aus der Haupttat ausreichend gesühnt ist. Konsequenterweise spricht diese Auffassung dann auch von einer „mitbestraften Nachtat".

Mit der nunmehr überwiegend vertretenen Auffassung ist ein pauschales Aufleben der Strafbarkeit aus der Nachtat abzulehnen. Vielmehr ist zwischen materiellrechtlichen und verfahrensrechtlichen Mängeln differenzierend darauf abzustellen, ob mit der Bestrafung aus der Nachtat aufgrund von Verfahrensmängeln bei der Haupttat eine mit der Haupttat verbundene Privilegierung vereitelt würde[674].

Dabei stellen auch hier Sinn und Zweck des Verfahrenshindernisses und der Zusammenhang der betroffenen Tatbestände entscheidende Anknüpfungspunkte der Betrachtung dar.

So läßt sich ein Rückgriff auf die Nachtat ausschließen, soweit die an sich verdrängende Haupttat privilegierenden Charakter hat. Wie bereits oben dargelegt, würde ansonsten die in der Besserstellung des Täters zum Ausdruck kommende

---

tig, ob der Tatbegriff im Sinne einer Tatbestandsverwirklichung zu verstehen ist (vgl. Tröndle/Fischer §78a Rn.1; BGHSt 11, 119(121); 11, 345(346f.); 16, 207(208); 24, 218(220)) oder der Tatbegriff nicht technisch gemeint ist und nur das Handlungselement der Tat umschreiben will (vgl. Lackner/Kühl §78a Rn.1; Kühl JZ 1978 S.549(551); Otto FS-Lackner S.715ff.). Aber selbst wenn man mit der neueren Rechtsprechung den Verjährungsbeginn ohne jede weitere Klarstellung an die gesetzlich nicht mehr erfaßte Beendigung der Tat anknüpft (vgl. BGHSt 27, 342; 28, 371(379); BGH NStZ 1983 S.559), ist dennoch eine mitbestrafte Nachtat nicht als Beendigungsbedingung für die Haupttat anzusehen. Haupt- und Nachtat beinhalten zwei zeitlich oftmals weit voneinander getrennte Handlungen (v. Krog S.185f.; Höper S.125; Paulusch S.125; Geppert JK 93 StGB Vor 52/3; Jakobs AT 31.Abschn. Rn.46). Da es völlig offen ist, ob der Täter bei einem Zueignungsdelikt überhaupt je eine Sicherungshandlung vornehmen wird, könnte die Frage der Verjährung der Haupttat bis zur Vornahme der Nachtat überhaupt nicht beantwortet werden (Paulusch S.125; Höper S.125; Drechsler S.66). Auch erscheint Drehers Auffassung im Hinblick auf das Bestimmtheitsgebot (Art. 103 Abs.2 GG) problematisch (vgl. v. Krog S.186).

672 Vgl. Seite 169f.

673 BGH MDR/D 1955 S.269; BGH NJW 1968 S.2115; offengelassen in BGH GA 1971 S.83(84); OLG Nürnberg MDR 1951 S.53(54); BGHSt 38, 366(368f.); 39, 233(235); Tröndle/Fischer Vor §52 Rn.50; Vogler, in LK 10.A. Vor §52 Rn.146; ders. FS-Bockelmann S.715(732ff.); Otto Jura 1994 S.276; Wessels/Beulke AT Rn.796; Maurach JZ 1956 S.257(258); Huschka NJW 1960 S.1189(1190); Kohlmann JZ 1964 S.492(493f.); Drechsler S.67.

674 Vgl. etwa Geppert Jura 1982 S.418(429); Schmidhäuser AT 18/33; Bringewat, Gesamtstrafe, S.81; Baumann/Weber AT 9.A. §41 III 3 c; Welzel, Strafrecht, §30 II 3 b; Jescheck/Weigend AT §69 II; Stratenwerth AT S.316f.; Blei AT §96 II 3 c; Notheis S.160f.

Wertentscheidung mißachtet[675]. Die Privilegierung muß dem Täter effektiv zugutekommen. Mit der Besserstellung des Täters berücksichtigt das Gesetz Sonderumstände der Tat oder des Täters, die Ausdruck eines verminderten Unrechts bzw. verminderter Schuld sind. Der materiellrechtliche Grund der Besserstellung entfaltet Wirksamkeit unabhängig von der prozeßrechtlichen Verfolgbarkeit des Delikts[676].

Neben dem Zusammenhang der Tatbestände, der im Falle des Vorliegens eines milderen Tatbestandes den Rückgriff auf die strengere Nachtat unmöglich macht, sind auch Art und Zweck des Verfahrenshindernisses von entscheidender Bedeutung. Zunächst ist hier zu beachten, daß es bei der Verjährung um ein Verfolgungshindernis geht, das im Gegensatz zu materiellrechtlichen Mängeln nicht aus der Sphäre des Täters herrührt, sondern seine Ursache im Verhalten bzw. der Sphäre Dritter hat[677].

Auch ist der typische Zusammenhang zwischen verdrängender Primärtat und verdrängter Nachtat im wesentlichen darin zu sehen, daß der Täter auch die Nachtat begehen muß, wenn die Haupttat für ihn Sinn haben soll. Die Vertreter dieser zutreffenden Auffassung, die bezeichnenderweise von einer „straflosen Nachtat" sprechen, argumentieren nicht konkurrenzrechtlich, sondern vielmehr vom Sinn und Zweck des Prozeßhindernisses ausgehend. Es ist nicht auf das Strafbedürfnis abzustellen, sondern vielmehr die Bewertungseinheit zwischen Primär- und Nachtat zu betonen, nach der nicht die eine Strafe die andere verdrängt, sondern die Primärtat letztlich als maßgebliche Bewertungsgrundlage für das Gesamtgeschehen anzusehen ist[678]. Folglich verliert die Nachtat ihre selbständige Bedeutung und kann auch dann nicht mehr bestraft werden, wenn die Haupttat aufgrund prozessrechtlicher Hindernisse nicht mehr verfolgt werden kann.

---

[675] So haben schon Schröder (vgl. Schröder, in S./S. 17.A. Vorbem §73 Rn.70), Notheis (S.161) und Warda (JuS 1964 S.81(93)) vor dem listigen Staatsanwalt gewarnt, der die Verjährungsfrist für das mildere Delikt verstreichen läßt, um dann aus dem schwereren Delikt anklagen zu können (so läßt sich allerdings nur argumentieren, wenn man zutreffend von der grundsätzlichen Möglichkeit des Vorliegens einer straflosen Nachtat auch dann ausgeht, wenn die Nachtat einen strengeren Strafrahmen beinhaltet).

[676] Vgl. Mitsch JuS 1993 S.471(475); Paulusch S.129.

[677] Vgl. Höper S.117f.

[678] OLG Braunschweig NJW 1963 S.1936; Stree, in S./S. Vor §52 Rn.116; Samson/Günther, in SK Vor §52 Rn.102; Geppert JK 93 StGB Vor 52/3; ders. Jura 1994 S.441(444); Stree JZ 1993 S.476f.; Welzel, Strafrecht, §30 II 3 b; Jescheck/Weigend AT §69 II 3 a; Krauß GA 1965 S.173(178); Paulusch S.128f.; Notheis S.160f.

Gegen den Rückgriff auf die straflose Nachtat läßt sich auch einwenden, die Verjährung des Gesamtgeschehens würde ungebührlich und unzumutbar hinausgeschoben[679].

Weiter ist ausgehend von der Überlegung, daß eine Privilegierung des Täters in keinem Fall vereitelt werden darf, darauf abzustellen, daß notwendige Verfahrensvoraussetzungen wie Fehlen einer Verjährung, Strafantragserfordernis oder Fehlen einer Amnestie eine Privilegierung für den Täter darstellen, die nicht durch die Anwendung der Nachtat ausgehöhlt werden dürfen[680].

So hat der Staat während der Verjährungsfrist für die Haupttat die grundsätzliche Möglichkeit strafrechtlicher Sanktionierung. Macht er von dieser Möglichkeit aber keinen Gebrauch, so muß als Konsequenz hieraus das Geschehen unverfolgbar sein[681]. Der Täter darf nach Ablauf der Verjährung der Haupttat darauf vertrauen, daß das gesamte Geschehen nicht mehr verfolgt werden kann. Die staatlichen Verfolgungsorgane würden widersprüchlich handeln, wenn sie erst nach Eintritt der Verjährung der Haupttat eingreifen. Die Verjährung stellt insoweit eine Privilegierung dar, die dem schwindenden Strafbedürfnis des Staates Rechnung trägt[682].

b) <u>Fehlen des notwendigen Strafantrags beim an sich verdrängenden Tatbestand</u>

Fehlt es dem an sich verdrängenden Tatbestand am notwendigen Strafantrag, stellt sich auch hier die Frage nach der Möglichkeit des Rückgriffs auf die an sich verdrängte Norm, die keines Strafantrags bedarf.

Auch im Bereich dieser Problematik hat der Begriff der „Sperrwirkung" Anwendung gefunden[683].

---

679 Höper S.127; der BGH hat dies ebenfalls erkannt, in BGHSt 14, 38ff. jedoch ein Auseinanderreißen mit dem vorhergehenden Geschehen bei wiederholter Betätigung des Herrschaftswillens über eine durch eine Straftat erlangte Sache vermieden, indem er beim späteren Aufrechterhalten des widerrechtlichen Zustandes die Tatbestandsmäßigkeit einer Unterschlagung verneinte; hiergegen aber die h.M. im Schrifttum: vgl. etwa Eser, in S./S. §246 Rn.19 m.w.N.

680 Stree JZ 1993 S.476f.; Geppert Jura 1982 S.418(429); ders. JK 93 StGB Vor52/3; ders. Jura 1994 S.441(444); Fuchs S.159; Höper S.127; Blei AT §96 II 3 c; Bringewat, Gesamtstrafe, S.81.

681 Fuchs S.159; v. Krog S.188.

682 Paulusch S.129; Höper S.127; Fuchs S.159; Krauß GA 1965 S.173(178); Geppert Jura 1982 S.418(429); Blei AT §96 II 3 c; Notheis S.161.

683 Fuchs S.163; v. Krog S.187; Jakobs AT 31.Abschnitt Rn.47; Huang S.89f.

Die bereits im Rahmen der Strafverfolgungsverjährung herausgearbeiteten Ansätze finden weitgehend auch bei fehlendem Strafantrag hinsichtlich des an sich verdrängenden Deliktes Anwendung.

So wird auch hier teilweise angenommen, ein Wiederaufleben der an sich aufgrund von Spezialität bzw. Subsidiarität verdrängten Norm sei generell zu befürworten[684].

Demgegenüber wird vertreten, ein Wiederaufleben bei Fehlen des Strafantrags sei generell ausgeschlossen[685].

Zutreffend ist jedoch auch hier von einer differenzierten Betrachtung auszugehen. Für die Frage nach der Rückgriffsmöglichkeit kommt es auf Art und Zweck des Verfahrenshindernisses und den Zusammenhang der Vorschriften an[686]. Auf das an sich verdrängte Delikt kann folglich dann zurückgegriffen werden, wenn der Zweck des Antragserfordernisses und der Zusammenhang der Vorschriften der Heranziehung der an sich verdrängten Norm nicht entgegensteht.

Dient das Antragserfordernis dem Schutz der Interessen des Verletzten, d.h. erfolgte die Aufstellung dieses Erfordernisses, um der Rücksichtnahme auf bestimmte individuelle Interessen gerecht zu werden, kann auf die an sich verdrängte Norm nicht zurückgegriffen werden. Das Verfahrenshindernis erstreckt sich hier auch auf den an sich verdrängten Tatbestand[687]. Der Antragsbefugte hat hier die Dispositionsbefugnis über die Verfolgung der Tat. Wenn die Tat trotz des mangelnden Strafantrags verfolgt würde, so liefe dies aber darauf hinaus, daß der gleiche Lebenssachverhalt, wenn auch unter einem anderen Strafgesetz, entgegen dem Willen des Antragsberechtigten strafrechtlich verfolgt würde. Dann wäre aber das prozessuale Antragserfordernis umgangen und liefe in Fällen leer, in denen das Gesetz den Verfolgungswillen des Bürgers erkennbar über der Verfolgungspflicht des Staates einordnet[688].

---

684 RG JW 1934 S.2919 Nr.22; BGH MDR/D 1955 S.269; BGH NJW 1978 S.2115; BayObLGSt 1955 S.126(127) für Spezialität, anders jedoch für Subsidiarität in BayObLGSt 1970 S.174(175); Händel NJW 1964 S.1733.

685 RGSt 47, 385(388); wohl auch RGSt 18, 273(283); 19, 250(252f.); Tröndle/Fischer Vor §52 Rn.24; Maurach/Gössel/Zipf AT/2 §55 Rn.48; v. Olshausen Vor §73 Vorbem 6; Gelbert S.100ff.; Paulusch S.127ff.; Ritmann S.82.

686 BGHSt 19, 188(190); 19, 320(321); 24, 262(266); OLG Celle NJW 1953 S.37(38); Vogler, in LK 10.A. Vor §52 Rn.115f.,128f.; ders. FS-Bockelmann S.715(729ff.); Rissing-van Saan, in LK Vor §52 Rn.97f.; Geerds, Konkurrenz, S.174f.; Fuchs S.162; Dreher JZ 1971 S.32(33); Warda JuS 1964 S.81(93); Schmidhäuser AT 18/33; Baumann/Weber AT 9.A. §41 II 3 c; Jakobs AT 31.Abschnitt Rn.47.

687 Geerds, Konkurrenz, S.174f.; Vogler FS-Bockelmann S.715(730f.); Fuchs S.163.

688 Vgl. Fuchs S.163.

So dient das Strafantragserfordernis in §247 StGB der Rücksichtnahme auf individuelle Interessen. Zweck des §247 StGB ist die Erhaltung des Familienfriedens, dem der Gesetzgeber Vorrang vor dem staatlichen Verfolgungsinteresse eingeräumt hat[689]. Damit ist der Wille des Antragsberechtigten für die Verfolgbarkeit der (gesamten) Tat maßgeblich.
Dagegen deckt das Verfahrenshindernis des fehlenden Strafantrags keine Eingriffe in das Eigentum Außenstehender, so daß etwa bei Beschädigung von Eigentum eines Hauseigentümers bei Einbruch in die Wohnung eines Angehörigen das Antragserfordernis des §247 StGB einer Bestrafung nach §303 StGB nicht entgegensteht[690].

Die früher in Rechtsprechung und Schrifttum umstrittene Problematik[691], wie sich das Fehlen des erforderlichen Strafantrags (vgl. §238 StGB a.F.) bei einer Entführung i.S. von §§236, 237 StGB a.F. oder einer Kindesentziehung gemäß §235 StGB a.F. auf die Anwendbarkeit der zugleich verwirklichten §§239, 240 StGB auswirkt, hat sich mit dem 33. StrÄndG vom 01.07.1994[692] und dem 6.StrRG vom 26.01.1998[693] erledigt.

Ein Rückgriff auf die an sich verdrängte Norm entfällt auch in Fällen, in denen der einen Strafantrag voraussetzende Tatbestand eine Privilegierung gegenüber dem an sich verdrängten schwereren Delikt darstellt[694].
Hier entfällt das Wiederaufleben des verdrängten Tatbestandes, da andernfalls der Sinn der Privilegierung unterlaufen würde.

---

[689] Vgl. BGHSt 10, 400(403); 18, 123(126); 29, 54(56); BT-Drucks. 7/550 S.247 zu §247 idF des EGStGB.
[690] Vgl. etwa Stree, in S./S. Vor §52 Rn.138; Jescheck/Weigend AT §69 III 1; Vogler FS-Bockelmann S.715(730).
[691] Vgl. etwa RG JW 1934 S.2919; BGHSt 19, 320(321); 28, 18(19); BGHR StGB §239Abs.1 Konkurrenzen 3; BGHR StGB §239 Abs.1 Strafantrag 1; BGH MDR/H 1991 S.1021; BGHSt 39, 239(242f.); OLG Düsseldorf NStZ 1981 S.103; Jakobs AT 31.Abschn. Rn.47; Vogler, in LK 10.A. §237 Rn.24; Eser, in S./S. §237 Rn.4; Lackner/Kühl 22.A. §237 Rn.7; Händel NJW 1964 S.1733; Fahl GA 1996 S.476ff.; Bottke JR 1981 S.387(389); ders. NStZ 1994 S.81(82).
[692] BGBl. I S.1607.
[693] BGBl. I S.164.
[694] BGHSt 24, 262(266); Geerds, Konkurrenz, S.174f.; Stree, in S./S. Vor §52 Rn.136, 139; Vogler FS-Bockelmann S.715(731); ders., in LK 10.A. Vor §52 Rn.116, 129; Jescheck/Weigend AT §69 III 1; Seier Jura 1983 S.225(232); Geppert Jura 1982 S.418(426f.); Blei AT §96 II 3 c; Fuchs S.163; Stratenwerth AT Rn.1204.

In Fällen, in denen das Antragserfordernis nur aufgestellt wurde, weil kein Verfolgungsinteresse der Allgemeinheit bzw. des Staates besteht, ist zu differenzieren.

Ist das Antragserfordernis nicht durch schützenswerte Interessen des Einzelnen gerechtfertigt, ist der Rückgriff auf das an sich verdrängte Delikt grundsätzlich möglich, da hier kein Konflikt mit der Dispositionsbefugnis des Einzelnen und der dahinterstehenden Schutzrichtung der Verfahrensvoraussetzung zu besorgen ist[695].

Anderes kann sich jedoch auch hier aus dem Zusammenhang der Vorschriften ergeben[696]. So besteht die Möglichkeit des Rückgriffs auf das an sich verdrängte Delikt nicht, wenn das Primärdelikt eine Privilegierung des Täters beinhaltet[697]. Insoweit kann auch hier bei fehlendem Strafantrag eine „Sperrwirkung" in Bezug auf den Rückgriff auf die an sich verdrängte Norm vorliegen.

In diesem Zusammenhang läßt sich etwa das Beispiel des im Rahmen der unbefugten Gebrauchsanmaßung i.S. des §248b StGB regelmäßig vorliegenden Diebstahls von Treib- und Schmierstoffen anführen. Nach der hier vertretenen Auffassung ist der Diebstahl der Treib- und Schmiermittel subsidiär zur unbefugten Gebrauchsanmaßung i.S. des §248b StGB [698]. Insofern enthält §248b StGB eine Privilegierung des Täters[699]. Bei Fehlen eines Strafantrags i.S. von §248b Abs.3 StGB verbietet der Privilegierungsgedanke den Rückgriff auf §242 StGB[700].

Ebenso entfällt der Rückgriff auf §§242, 246 StGB im Fall des Fehlens eines Strafantrages i.S. §248a StGB[701].

---

695 Fuchs S.163; Vogler FS-Bockelmann S.715(731); Geerds, Konkurrenz, S.175; Wolter GA 1974 S.161(165).

696 Vgl. BGHSt 19, 188(190); 19, 320(321); 24, 262(266); OLG Celle NJW 1953 S.37(38); Vogler, in LK 10.A. Vor §52 Rn.115f.,128f.; ders. FS-Bockelmann S.715(729ff.); Rissing-van Saan, in LK Vor §52 Rn.97f.; Geerds, Konkurrenz, S.174f.; Fuchs S.162; Dreher JZ 1971 S.32(33); Warda JuS 1964 S.81(93); Schmidhäuser AT 18/33; Baumann/Weber AT 9.A. §41 II 3 c; Jakobs AT 31.Abschnitt Rn.47.

697 Vgl. etwa Vogler FS-Bockelmann S.715(731); Geerds, Konkurrenz, S.175; Stree, in S./S. Vor §52 Rn.136ff.; Fuchs S.164; Abels S.27.

698 Vgl. unten Fallgruppe14; nach a.A. liegt hier Konsumtion bzw. bereits tatbestandlicher Ausschluß des §242 StGB vor.

699 Geerds, Konkurrenz, S.175; Fuchs S.164.

700 OLG Celle NJW 1953 S.37(38); Vogler, in LK 10.A. Vor §52 Rn.129; Stree, in S./S. Vor §52 Rn.139; Geerds, Konkurrenz, S.175; Stratenwerth AT Rn.1204; Jakobs 31.Abschnitt Rn.31; Cramer JurA 1970 S.207; Paulusch S.127; Notheis S.131; Fuchs S.164; Rittmann S.85f.

701 Vgl. etwa Geerds, Konkurrenz, S.175; Vogler FS-Bockelmann S.715(731). Dagegen kann derjenige, der eine Sachbeschädigung begeht, indem er etwa Warnzeichen etc. i.S. von §145 Abs.2 StGB zerstört nach dieser Vorschrift trotz gegebener Subsidiaritätsklausel bestraft werden, wenn der Strafantrag in Bezug auf diese Sachbeschädigung (§303 c StGB) nicht gestellt

Es bleibt noch auf die Frage einzugehen, inwieweit ein Rückgriff auf die straflose bzw. mitbestrafte Vor- bzw. Nachtat bei fehlendem Strafantrag hinsichtlich der Haupttat möglich ist.
Eine Fallkonstellation, in der nur die Haupttat, nicht aber die Vortat eines Strafantrags bedarf, läßt sich nicht finden[702].
Hinsichtlich der Frage nach dem Rückgriff auf die Nachtat aufgrund des Fehlens des Strafantrags bzgl. der Haupttat ist weitgehend auf die zum Verfahrenshindernis der Verjährung herausgearbeiteten Ergebnisse abzustellen[703]. Auch hier ist zutreffend unter Zugrundelegung der differenzierten Auffassung auf Sinn und Zweck des Verfahrenshindernisses und den Zusammenhang der betroffenen Tatbestände abzustellen[704].

Auch in den erläuterten Fallkonstellationen des Vorliegens prozeßrechtlicher Hindernisse hinsichtlich der an sich verdrängenden Norm läßt sich eine allgemein anerkannte dogmatische Einordnung des Ausschlusses des Rückgriffs auf das an sich verdrängte Delikt nicht finden. Eine Auffassung hält hier eine Ausnahme von der Gesetzeseinheit für gegeben[705]. Zwar könne Gesetzeseinheit nur dann gegeben sein, wenn die formellen Strafbarkeitsvoraussetzungen vorliegen, ausnahmsweise könne aber die Verdrängungswirkung als Rechtsfolge der Gesetzeseinheit auch in den dargestellten Fallkonstellationen eingreifen.
Nach anderer Auffassung beruht die der Privilegierung zugebilligte „Sperrwirkung" auch hier auf allgemeinen Strafzumessungserwägungen[706].
Teilweise wird die Problematik aber dem Bereich der Gesetzeseinheit und ihrer Rechtsfolgen zugeordnet[707]. So soll die Verdrängungswirkung auch bei Fehlen der Verfahrensvoraussetzungen bestehen bleiben und nur bei Vorliegen einer besonderen gesetzlichen Wertung ausnahmsweise ein Rückgriff zulässig sein.

---

wurde (vgl. etwa Stree, in S./S. Vor §52 Rn.138, §145 Rn.22; Tröndle/Fischer §145 Rn.8; anders aber Lackner/Kühl §145 Rn.9 und Herdegen, in LK 10.A. §145 Rn.13).

702 Vgl. auch Haslinger S.142; Notheis S.156; Gelbert S.103; Fuchs S.164; Höper S.207.

703 Vgl. hier S.174ff.

704 Vgl. etwa Samson/Günther, in SK Vor §52 Rn.102; Stree, in S./S. Vor §52 Rn.116; Jescheck/Weigend AT §69 III 3a; Blei AT §96 II 3c; Paulusch S.124ff.; Höper S.128ff.; Geppert JK 93 StGB Vor 52/3; ders. Jura 1982 S.418(429); ders. Jura 1994 S.441(444); Krauß GA 1965 S.173(178); Baumann/Weber AT 9.A. §41 II 3c; Schmidhäuser AT 18/33.

705 Stratenwerth AT Rn.1202ff; Stree, in S./S. Vor §52 Rn.134ff.; Geppert Jura 1982 S.418(426f.).

706 Abels S.29, der sich hierfür allerdings unverständlicherweise §52 Abs.3 Satz 2 StGB beruft.

Insofern liegt hier im Vergleich zur erstgenannten Auffassung gerade eine Umkehrung des Regel-Ausnahme-Verhältnisses vor.

Voraussetzung für das Bestehen von Gesetzeseinheit ist nach zutreffender Auffassung jedoch das Vorliegen der materiellen und formellen Strafbarkeitsvoraussetzungen[708]. Damit kommt hier das Vorliegen von Gesetzeseinheit nicht in Betracht.

Da hier Gesetzeseinheit nicht vorliegt, die Problematik sich jedoch aufgrund des von der Gesetzeseinheit festgelegten Rangverhältnisses der Delikte zueinander entzündet, spricht Seier[709] hier von „unechter Gesetzeskonkurrenz". Ausgehend von der Ansicht, Gesetzeseinheit liege hier nicht vor, da die effektive Wirksamkeit Voraussetzung der Gesetzeseinheit sei, beruht die „Sperrwirkungsproblematik" nach Geerds[710] auf einer der Gesetzeseinheit ähnlichen Wirkung.

Für die sachliche Lösung der Problematik bleibt auch hier auf die Reichweite des jeweiligen Verfahrenshindernisses, das sich auch auf das an sich verdrängte Delikt erstrecken kann und auf das durch Auslegung zu ermittelnde Verhältnis der in Rede stehenden Normen abzustellen. Konkurrenzrechtliche Erwägungen bleiben hier außer Betracht.

---

707 Vogler, in LK 10.A. Vor §52 Rn.116, 129; Rissing-van Saan, in LK Vor §52 Rn.97f.,135f.

708 Geerds, Konkurrenz, S.167ff.; Seier Jura 1983 S.225(232); Vogler FS-Bockelmann S.715(726ff.); Mitsch JuS 1993 S.471(475) Tiedemann JuS 1987 L17; Warda JuS 1964 S.81(93); Kohlmann JZ 1964 S.492(493); Bär S.33; Sarter S.68.

709 Seier Jura 1983 S.225(232).

710 Geerds, Konkurrenz, S.169.

VI. Fallgruppe 6: Die „Sperrwirkung“ im Bereich pränataler Einwirkungen

Probleme des Strafrechtsschutzes ergeben sich an der Grenze zwischen Leibesfruchtcharakter und der Menschqualität.
Im Gegensatz zur biologischen Sicht, aus der sich die Entwicklung des Lebens als kontinuierlicher Vorgang darstellt, weist das Strafrecht den Schutz menschlichen Lebens abschnittsweise verschiedenen Tatbeständen zu. Dabei ist zwischen dem Abbruch der Schwangerschaft und den Tötungs- bzw. Körperverletzungsdelikten zu unterscheiden.
Die Tötungs- und Körperverletzungsdelikte setzen als Tatobjekt den Menschen voraus, während beim Schwangerschaftsabbruch die Leibesfrucht Objekt der Handlung ist[711]. Insoweit besteht hier eine Exklusivität dieser Tatbestände.
Enthält das Strafrecht somit relevante zeitliche Zäsuren, ist damit schon angedeutet, daß sich Probleme gerade im Grenzbereich dieser Zäsuren ergeben.
In diese Problembereiche hat auch der Begriff der „Sperrwirkung“ gleich mehrfach Einzug erhalten.
So ist im Bereich der fahrlässigen pränatalen Einwirkung mit postnataler Todesfolge, bei pränataler Einwirkung mit postnataler Verletzungsfolge, bei der Problematik, ob die Einwirkung auf die Leibesfrucht eine Körperverletzung der Mutter darstellt und bei der Frage, ob die Leibesfrucht taugliches Gefährdungsobjekt i.S. des §315c StGB sein kann, auf das Vorliegen einer „Sperrwirkung“ zurückgegriffen worden[712].

Die zeitliche Zäsur und ihre Bedeutung für die Frage des Vorliegens entweder der Abtreibungstatbestände oder der Tötungsdelikte machen eine Festlegung des Zeitpunktes notwendig, in dem sich der Leibesfruchtcharakter zur Menschqualität wandelt. Diese Zäsur grenzt zugleich die körperliche Integrität der Leibes-

---

711 Daran hat sich auch nichts geändert seit das Gesetz nicht mehr von Abtötung einer Leibesfrucht (so bis zur Gesetzesänderung im Rahmen des 5. Strafrechtsreformgesetzes vom 18.06.1974 - BGBl 1974, I, S.1297), sondern vom Abbrechen der Schwangerschaft spricht (vgl. BVerfGE 39, 1(46); Lüttger NStZ 1983 S.481; zur geschichtlichen Entwicklung vgl. Lüttger FS-Sarstedt S.169ff.).

712 Vgl. erstmals bei Blei MMW 1970 S.741; Kaufmann JZ 1971 S.569(570f.); Lüttger JR 1971 S.133(139f.); ders. NStZ 1983 S.481(483); Sternberg-Lieben JuS 1986 S.673(675); Bruns FS-Heinitz S.317(323); Saerbeck S.97; Hirsch JR 1985 S.336(339); Jung NStZ 1985 S.316f.; Rengier BT/2 §3 Rn.5; Tröndle/Fischer Vor §211 Rn.2; Hillenkamp JuS 1977 S.166(167).

frucht von der des Menschen ab. Ihr kommt somit auch Bedeutung im Hinblick auf den Anwendungsbereich der Körperverletzungsdelikte zu.
Ein den Schutz des „werdenden Lebens“ und des „Lebens“ aufspaltendes Strafrecht muß klarstellen, wann das Leben i.S. des Strafrechts beginnen soll, denn mit dem Eintritt dieser Rechtsqualität des Tatobjekts ist auch der Wechsel des strafrechtlichen Schutzes verbunden.
Die zeitliche Zäsur ließ sich bislang aus §217 StGB a.F. entnehmen, in dem das Gesetz die Tötung eines „in der Geburt“ befindlichen Kindes als Tötungsdelikt und nicht als Schwangerschaftsabbruch ansah. Die Rechtsqualität als Mensch i.S. der Strafvorschriften des StGB setzt mit dem Beginn des Geburtsaktes ein[713]. An dieser Betrachtung hat sich auch durch den Wegfall des §217 a.F. StGB nichts geändert.
Da also das Gesetz den Zeitraum während der Geburt mit einbezieht, stellt der „Beginn der Geburt“ die Grenze der Strafbarkeit aus den Vorschriften über den Schwangerschaftsabbruch dar[714].
Fallkonstellationen, bei denen sowohl die Einwirkung als auch die Folgen jeweils entweder vor oder nach dem Beginn der Geburt liegen, sind insoweit unproblematisch. Schwierigkeiten ergeben sich aber, wenn sich Folgen von pränatalen Einwirkungen auf das Tatobjekt Leibesfrucht erst nach dem Wandel des Tatobjekts zum Menschen einstellen.

Die Frage des Zusammenhangs der Zäsur des Beginns der Geburt mit den Tathandlungen und Taterfolgen von Abtreibung, Tötungs- und Körperverletzungsdelikten hat mit dem Auftreten von Schädigungen am Embryo infolge der Einnahme des Medikaments „Contergan“ besondere Bedeutung erlangt. Galt die Abgrenzung der Tatbestände bis dahin als allgemein unproblematisch, wurde sie seitdem zu einer vieldiskutierten und umstrittenen Frage.

---

713 BGHSt 10, 5; 31, 348(350f.); 32, 194(195); OLG Karlsruhe NStZ 1985 S.314(315); Saerbeck S.94; Lüttger JR 1971 S.133ff.; ders. NStZ 1983 S.481; Paehler DRiZ 1984 S.276f.; Hirsch JR 1985 S.336f.

714 Zur Definition des Beginns der Geburt bei regulärem Geburtsverlauf auf Eröffnungswehen abstellend: vgl. etwa BGHSt 32, 194(195); OLG Karlsruhe NStZ 1985 S.315(316); Tröndle/Fischer Vor §211 Rn.2; Eser, in S./S. Vor §211 Rn.3; Jähnke, in LK 10.A. Vor §211 Rn.3; Maurach/Schroeder/Maiwald BT/1 §1 III Rn.8; Koch MedR 1985 S.83(84f.); a.A: Cremer MedR 1989 S.301(303f.) (Blasensprung); Saerbeck S.95 (Preßwehen).

1. Die „Sperrwirkung" bei fahrlässiger pränataler Einwirkung mit postnataler Todesfolge

Im Bereich fahrlässiger pränataler Einwirkungen mit postnataler Todesfolge stellt sich die Problematik des Zusammenhangs der festgestellten Zäsur mit den Handlungs- und Taterfolgen von Abtreibungs- und Tötungsdelikten.

Es ist dabei zu klären, ob und inwieweit Tötungstatbestände eingreifen können, wenn pränatale Einwirkungen, die zwar erst nach Geburtsbeginn den Tod zur Folge haben, bereits in einem Zeitpunkt vorgenommen wurden, in dem das betroffene Tatobjekt noch kein Mensch i.S. der Tötungsdelikte war.

a) Die vorsätzliche pränatale Einwirkung als Grundlage der Problematik

Die Untersuchung der vorsätzlichen pränatalen Einwirkung ist dabei notwendige Grundlage der Betrachtung für den Bereich der fahrlässigen pränatalen Einwirkung. Da der vorsätzliche Schwangerschaftsabbruch im Gegensatz zum fahrlässigen Schwangerschaftsabbruch gemäß §218 StGB strafbewehrt ist, geht es hier im wesentlichen um die Abgrenzung der Tatbestände von §218 StGB und §§211ff. StGB.

Diese Abgrenzung ist dabei allein von der Frage abhängig, in welchem Zeitpunkt das Tatobjekt die vom jeweiligen Tatbestand vorausgesetzte Rechtsqualität besitzen muß[715].

Bei den Tötungsdelikten sind wie bei jedem Zustandsdelikt drei Zeitpunkte denkbar.

Ein Abstellen auf den Zeitpunkt der Handlungsvornahme wird nicht vertreten. Ansonsten könnten Willensbetätigung und Taterfolg so weit auseinanderliegen, daß das Tatobjekt im Zeitpunkt der Handlungsvornahme noch gar nicht existiert[716].

Nach einer Auffassung ist auf den Zeitpunkt des Erfolgseintritts abzustellen[717], was im Ergebnis zu einer Strafbarkeit aus §§211ff. StGB führen würde.

---

[715] Vgl. etwa Lüttger NStZ 1983 S.481(483); Blei MMW 1970 S.741(742); Roxin JA 1981 S.542(548); Eser, in S./S. Vor §211 Rn.15.

[716] Tepperwien S.46f.; Lüttger NStZ 1983 S.481(483).

[717] LG Aachen JZ 1971 S.507(509); Tepperwien S.47ff.; Arzt/Weber LH/1 Rn.411; Maurach, Deutsches Strafrecht, Besonderer Teil, 5.A. § 8 I 3 S.76.

Dagegen ist mit der zutreffenden herrschenden Auffassung allein auf den Zeitpunkt der Einwirkung auf das Tatobjekt abzustellen. Dies folgt zwingend aus Konzeption und Struktur des §218 StGB[718].

Aus der historischen Entwicklung ergibt sich, daß der Tatbestand des §218 StGB durch zwei Begehungsweisen erfüllt sein kann. Zum einen durch Abtötung der Leibesfrucht im Mutterleib, zum anderen durch eine zwar zur Lebendgeburt führende pränatale Einwirkung, aufgrund der das Kind jedoch ohne erneute Einwirkung infolge seiner Lebensunfähigkeit stirbt[719].

Der Tod tritt bei der zweiten Begehungsweise der Abtreibung erst dann ein, wenn sich bereits der Leibesfruchtcharakter des Tatobjekts durch die Geburt zum Menschen i.S. des StGB gewandelt hat. Da das Gesetz diesen Fall aber nicht als Tötungsdelikt, sondern als Fall des Schwangerschaftsabbruchs behandelt, zeigt sich, daß der Gesetzgeber für die Abgrenzung eindeutig auf den Zeitpunkt der Einwirkung abstellt[720]. Das Abstellen auf den Zeitpunkt des Erfolgseintritts verbietet sich folglich aus gesetzessystematischen Gründen.

Der denkbare Einwand der Notwendigkeit eines engen zeitlichen Zusammenhangs zwischen Geburt und Tod, der bei der zweiten Begehungsweise voraussetzen würde, daß das Kind „alsbald" nach der Geburt stirbt[721], kann hier nicht durchgreifen. Zum einen ist zweifelhaft, ob ein solcher Zusammenhang dogmatisch überhaupt haltbar ist[722], zum anderen kann dieser für die hier notwendige Betrachtung unberücksichtigt bleiben. Denn falls man den Fall eines nicht in engem Zusammenhang zur Geburt stehenden Todeseintritts abtrennen will, so

---

[718] RGSt 4, 380f.; 41, 328f.; BGHSt 10, 5f.; 13, 21(24); 31, 348(352); OLG Karlsruhe NStZ 1985 S.314(315); Jähnke, in LK 10.A. Vor § 211 Rn.4; Horn, in SK §212 Rn.4; Tröndle/Fischer Vor §211 Rn.2; Maurach/Schroeder/Maiwald BT/1 §1 III Rn.9; Kaufmann JZ 1971 S.569(571); Blei MMW 1970 S.741(742); Lüttger FS-Heinitz S.359(360); ders. JR 1971 S.133(139); ders. NStZ 1983 S.481(483); Bruns FS-Heinitz S.317(322); Cremer MedR 1989 S.301(302).

[719] Dies ergibt sich aus den früheren Gesetzesfassungen: vgl. RGSt 4, 380f.; 41, 328f.; BGH MDR/D 1953 S.596(597); BGHSt 10, 5f.; 10, 291(293); 13, 21(24); 31, 348(352); Lüttger JR 1971 S.133(138); ders. NStZ 1983 S.481(483); Lackner/Kühl §218 Rn.4; Jähnke, in LK 10.A. §218 Rn.11f.; Eser, in S./S. §218 Rn.22f.; Geilen ZStW 103 (1991) S.829(835); Blei MMW 1970 S.741(742); Blei BT §10 III 1; Maurach/Schroeder/Maiwald BT/1 §6 III Rn.28.

[720] Lüttger NStZ 1983 S.481(483); ders. JR 1971 S.133(138); Blei MMW 1970 S.741(742).

[721] BGHSt 10, 5; 10, 291(293); 13, 21(24); Jähnke, in LK 10.A. §218 Rn.13; Tepperwien S.109ff.

[722] Vgl. etwa Eser, in S./S. §218 Rn.23; Rudolphi, in SK §218 Rn.5; Gössel BT/1 §10 Rn.5; Roxin JA 1981 S.542(545); Bockelmann BT/2 §8 B I 1.

führt dies zur Strafbarkeit wegen versuchten Schwangerschaftsabbruchs, keinesfalls aber zur Annahme eines Tötungsdelikts[723].

Somit führt der Wandel der Rechtsqualität des Tatobjekts nach der Einwirkung nicht zur Strafbarkeit aus den Tötungsdelikten. Es bleibt vielmehr bei der Strafbarkeit wegen Schwangerschaftsabbruchs, falls die übrigen Voraussetzungen des Tatbestandes vorliegen.

Für die hier vorgenommene Abgrenzung spricht auch, daß es ansonsten von dem für den Täter ganz zufälligen Ablauf des physiologischen Vorgangs (Eintritt des Todes vor oder nach dem Beginn der Geburt) abhängen würde, ob er gegebenenfalls wegen Mordes aus §211 StGB oder nur wegen Abtreibung aus §218 StGB zu bestrafen ist[724].

b) Die fahrlässige pränatale Einwirkung: Die „Sperrwirkung" als Bezeichnung eines bestehenden tatbestandlichen Ausschlußverhältnisses bzw. der bestehenden Exklusivität von Tatbeständen

Diese Überlegungen zur vorsätzlichen pränatalen Einwirkung sind notwendiger Ausgangspunkt der Problemlösung im Bereich der fahrlässigen pränatalen Einwirkung mit postnataler Todesfolge. Es gilt hier zu untersuchen, inwieweit sich die Lösung unter Berufung auf eine vorliegende „Sperrwirkung" als richtig erweist und wie diese „Sperrwirkung" dogmatisch einzuordnen ist.

Auch bei der fahrlässigen pränatalen Einwirkung geht es um die Frage, in welchem Zeitpunkt die vom jeweiligen Tatbestand vorausgesetzte Rechtsqualität des Tatobjekts vorliegen muß. Dabei wird sich zeigen, daß eine Strafbarkeit aus §222 StGB nicht gegeben ist, da es auch hier, wie im Bereich vorsätzlichen Handelns, auf den Zeitpunkt der Einwirkung ankommen muß.

Das Strafrecht hat sich aufgrund der hier bestehenden Garantiefunktion strenger als andere Rechtsgebiete an vertypten Tatbeständen auszurichten[725]. Eine die

---

723 Lüttger JR 1971 S.133(138).
724 BGHSt 31, 348(352).
725 Vgl. etwa Maurach/Zipf AT/1 §10 Rn.6ff.; Baumann/Weber/Mitsch AT 10.A. §9; Jescheck/Weigend AT §15, §17; Eser, in S./S. §1 Rn.17ff.

Strafbarkeit erweiternde Analogie ist entsprechend Art. 103 Abs.2 GG untersagt, jede Auslegung endet aus Gründen der Rechtssicherheit am möglichen Wortsinn[726]. Damit aber enden alle Methoden der Lückenschließung dort, wo der Gesetzgeber erkennbar eine abschließende Regelung getroffen hat.

Entscheidende Bedeutung erlangt der Entschluß des Gesetzgebers, nur den vorsätzlichen Schwangerschaftsabbruch der Strafbarkeit des §218 StGB zu unterstellen. Der fahrlässige Abbruch der Schwangerschaft ist dagegen nicht strafbewährt (§15 StGB). Dies entspricht der bewußten und gewollten Entscheidung des Gesetzgebers[727].

Der Gesetzgeber hat seit jeher aus wohlüberlegten Gründen auf eine Strafbarkeit der fahrlässigen Abtreibung verzichtet[728]. Es wäre kaum möglich, einem solchen Tatbestand ausreichend scharfe Konturen zu verleihen. Auch der Nachweis der Kausalität fahrlässiger Einwirkungen wäre stets mit großen Schwierigkeiten verbunden.

Die Bestrafung eines fahrlässigen Schwangerschaftsabbruchs würde auch einen zu starken Eingriff in die individuelle Freiheit bedeuten[729]. Als Folge wäre die gesamte Lebensführung der Schwangeren für den Zeitraum der Schwangerschaft unter strafrechtliche Kontrolle gestellt. Dies wäre aber weder durchführbar noch tragbar. So könnten Alkoholmißbrauch, Überanstrengung, fahrlässige Infektionen, Ernährungsfehler und vor allem auch Unfälle zu einer Strafbarkeit der Schwangeren führen. Diese Ausuferung der Strafbarkeit, die im übrigen auch das Umfeld der Schwangeren erfassen würde, ist als Hauptgrund für die Entscheidung des Gesetzgebers anzusehen, den fahrlässigen Schwangerschaftsabbruch straflos zu belassen[730].

Damit wird aber schon die Lösung für den Fall der pränatalen Einwirkung mit postnataler Todesfolge deutlich. Die Entscheidung des Gesetzes, den fahrlässi-

---

726 Vgl. etwa BVerfGE 47, 109(120); 64, 389(393f.); 71, 108(114ff.); 73, 206(235); BVerfG NJW 1995 S.1141; BGHSt 4, 144(148); 26, 95(96); 37, 226(230).

727 BGHSt 31, 348(352f.); BVerfG NJW 1988 S2945; OLG Bamberg NJW 1988 S.2963(2964); OLG Karlsruhe NStZ 1985 S.315(316); LG Aachen JZ 1971 S.507(508); Jähnke, in LK 10.A. Vor §211 Rn.4, §218 Rn.42; Eser, in S./S. §218 Rn.41; Kaufmann JZ 1971 S.569(570f.); Blei MMW 1970 S.741(742); Lüttger JR 1971 S.133(134, 137); ders. NStZ 1983 S.481(483); Jung NStZ 1985 S.316; Eberbach JR 1989 S.265(267); Saerbeck S.97.

728 Vgl. zur historischen Entwicklung Teperwien S.115ff.

729 Vgl. etwa BGHSt 31, 348(353); Jähnke, in LK 10.A. Vor §211 Rn.4; Kaufmann JZ 1971 S.569(571); Tepperwien S.118f. m.w.N.

gen Schwangerschaftsabbruch straflos zu lassen, gilt dann begriffsnotwendig auch für beide oben aufgezeigte Begehungsformen[731], die das Tatbild des Schwangerschaftsabbruchs prägen[732].

Bezieht sich der Schwangerschaftsabbruch wie oben dargelegt auf beide Begehungsweisen und ist der fahrlässige Schwangerschaftsabbruch nicht strafbewährt, so ergibt sich notwendig die Straflosigkeit eines pränatalen Eingriffs mit postnataler Todesfolge. Damit ist der sich aus der Gesetzessystematik ergebende Zeitpunkt der Beurteilung der Rechtsqualität des Tatobjekts klargestellt, denn wollte man statt auf die Rechtsqualität im Zeitpunkt der Einwirkung[733] auf die Rechtsqualität im Zeitpunkt der Todesfolge[734] abstellen, so würde der straflose fahrlässige Schwangerschaftsabbruch entgegen dem Willen des Gesetzgebers in eine fahrlässige Tötung umgewandelt[735].

Das würde aber einer nicht gewollten Einführung eines fahrlässigen Schwangerschaftsabbruchs gleichkommen[736]. Da dies aber der bewußten Entscheidung des Gesetzgebers entgegensteht, muß die Abgrenzung des Schwangerschaftsabbruchs zu den Tötungsdelikten zur Vermeidung eines Wertungswiderspruchs ebenso wie bei der vorsätzlichen pränatalen Einwirkung mit postnataler Todesfolge vorgenommen werden.

Die Exklusivität des Tatbestandes des §218 StGB, der bewußt eine Strafbarkeit des Schwangerschaftsabbruchs in seinen beiden Begehungsformen nur bei Vorsatz vorsieht, übt insoweit eine „Sperrwirkung" aus[737].

---

730 Vgl. BGHSt 31, 348(353); Jähnke, in LK 10.A. Vor §211 Rn.4; Kaufmann JZ 1971 S.569(571); Tepperwien S.118f. m.w.N.

731 Vgl. oben S.183f.

732 Vgl. etwa Lüttger JR 1971 S.133(139); ders NStZ 1983 S.481(483).

733 So etwa Blei MMW 1970 S.741(742), Kaufmann JZ 1971 S.569ff.; Sternberg-Lieben JuS 1986 S.673(675); BGHSt 31, 348(352); BVerfG NJW 1988 S.2945; OLG Karlsruhe NStZ 1985 S.314(315); Jähnke, in LK 10.A. Vor §211 Rn.4; Eser, in S./S.Vor §211 Rn.15; Horn, in SK §212 Rn.4; Wessels/Hettinger BT/1 Rn.12.

734 LG Aachen JZ 1971 S.507(510); Tepperwien S.114ff., die allerdings auch eine „Sperrwirkung" des §218 StGB annimmt und so zu gleichen Ergebnissen wie die h.M. kommt.

735 BGHSt 31, 348(352f.); BVerfG NJW 1988 S.2945; OLG Bamberg NJW 1988 S.2963(2964); Kaufmann JZ 1971 S.569(571); Saerbeck S.97; Blei MMW 1970 S.741(742); Lüttger JR 1971 S.133(138); ders. NStZ 1983 S.481(483); Hirsch JR 1985 S.336(337); Sternberg-Lieben S.673(675); Maurach/Schroeder/Maiwald BT/1 §1 Rn.9; Jähnke, in LK 10.A. Vor §211 Rn.4; Eser, in S./S. Vor §211 Rn.15; Tröndle/Fischer Vor §211 Rn.2.

736 Kaufmann JZ 1971 S.569(571); Lüttger NStZ 1983 S.481(483).

737 Blei MMW 1970 S.741; Kaufmann JZ 1971 S.569(570f.); Lüttger JR 1971 S.133(139); ders. NStZ 1983 S.481(483); Saerbeck S.97; Tröndle/Fischer Vor §211 Rn.2; Sternberg-Lieben JuS 1986 S.673(675); vgl. auch Weiss GA 1995 S.373(377).

Die so gefundene Lösung der Problematik stimmt auch im übrigen mit der Systematik der Tötungsdelikte überein. Bei den Tötungsdelikten, die ebenso wie die Körperverletzungsdelikte Zustandsdelikte darstellen, muß das Rechtsgut im Zeitpunkt der Einwirkung bereits vorhanden sein, um Gegenstand einer tatbestandlichen Handlung zu sein[738].

Die Abgrenzung von fahrlässiger Tötung einer Leibesfrucht und strafbarer fahrlässiger Tötung eines Menschen hat richtigerweise wie bei der vorsätzlichen Tötung zu erfolgen. Dies folgt aus dem einheitlichen Gebot der Auslegung der Tötungstatbestände, das es nicht zuläßt, den Schutzbereich des §222 StGB anders zu bestimmen als den Schutzbereich einer vorsätzlichen Tötung[739]. Das Rechtsgut kann nicht davon abhängen, ob der Täter vorsätzlich oder fahrlässig handelt[740].

Weiterhin schützen die aus §222 StGB herzuleitenden Schutzpflichten zwar das Leben der Schwangeren und damit mittelbar auch das Leben der Leibesfrucht. Die Leibesfrucht ist aber kein Schutzobjekt besonderer Anforderungen. Zu einer besonderen Sorgfalt gegenüber der Leibesfrucht sind weder die Schwangere selbst, noch das Umfeld der Schwangeren verpflichtet. Dies ist eben das Ergebnis der Entscheidung des Gesetzgebers, die fahrlässige Abtötung der Leibesfrucht straflos zu lassen[741].

In der Annahme einer hier abgelehnten Strafbarkeit aus §222 StGB würde ein weiterer Widerspruch zum Ausdruck kommen. Führt die fahrlässige pränatale Einwirkung zur Tötung der Leibesfrucht, so liegt nach der gesetzgeberischen Wertung ein strafloser fahrlässiger Schwangerschaftsabbruch vor. Ist aber die fahrlässige pränatale Einwirkung weniger intensiv, so daß es zur Geburt kommt, kann doch die weniger schwere Einwirkung nicht zu einer Strafbarkeit des Täters führen, wenn die intensivere Einwirkung straffrei bleibt[742].

---

738 Hirsch JR 1985 S.336(337); Saerbeck S.97; Kaufmann JZ 1971 S.569(571).
739 Vgl. BGHSt 31, 348(352); Wessels/Hettinger BT/1 Rn.15
740 Arzt FamRZ 1983 S.1019.
741 Vgl. Kaufmann JZ 1971 569(571).
742 Vgl. hierzu das Beispiel von Kaufmann JZ 1971 S.569(571): Die Schwangere stürzt bei der Hausarbeit, mit der Folge der Geburt eines postnatal versterbenden Kindes. Würde man hier aus §222 StGB bestrafen, hätte die Schwangere „Glück", wenn aufgrund eines besonders un-

Einem tatbestandlichen Vorliegen von Tötungsdelikten kann auch entgegengehalten werden, daß nur diejenige Todesverursachung tatbestandsmäßig ist, die in einer tatsächlichen Lebensverkürzung besteht. In den hier relevanten Fällen eines postnatale Todesfolgen nach sich ziehenden pränatalen Eingriffs ist Tatbestandserfüllung i.S. der Tötungsdelikte nicht möglich. Das Kind, das aufgrund der pränatalen Einwirkung mit einer beschränkten Lebenserwartung geboren wird, wird nicht getötet, wenn es nach Maßgabe seiner Lebenserwartung auslebt[743].

Es läßt sich somit festhalten, daß eine fahrlässige pränatale Einwirkung mit postnataler Todesfolge nicht etwa dem Tatbestand des §222 StGB unterfällt, sondern straflos bleibt, da im Zeitpunkt der Einwirkung kein taugliches Tatobjekt i.S. der Tötungsdelikte vorliegt. Damit stellt sich die „Sperrwirkung" hier, anders als in den Fallkonstellationen, in denen in Fallgruppe 1 ein tatbestandliches Ausschlußverhältnis zwischen §211 StGB und §§216 StGB bzw. 217 StGB a.F. vorliegt[744], als Bezeichnung für das Ergebnis einer tatbestandlichen Abgrenzungsproblematik, die zum Ausschluß der Tötungsdelikte führt, dar.
In der in Fallgruppe 1 untersuchten Problematik bezeichnet der Begriff der „Sperrwirkung" das Vorliegen eines Anwendungsvorrangs der §§216 StGB, 217 StGB a.F. vor §211 StGB, den der privilegierte Tatbestand bei Zusammentreffen der Delikte hat. Die Untersuchung dieser Fallgruppe hat ergeben, daß im Verhältnis dieser Tatbestände oftmals ein tatbestandliches Ausschlußverhältnis vorliegt. Die „Sperrwirkung" dort als Bezeichnung eines tatbestandlichen Ausschlußverhältnisses anzusehen, kann nicht überzeugen. In diesen Fallkonstellationen beschreiben die Feststellung des Bestehens eines tatbestandlichen Ausschlußverhältnisses und die „Sperrwirkung" insoweit andere Ergebnisse[745]. Anders stellt sich die Situation jedoch im Bereich pränataler Einwirkungen mit postnatalen Folgen dar. Hier soll der Tatbestand des §218 StGB wegen seiner

---

glücklichen Sturz „das Kind" bereits im Mutterleib abstirbt. Denn in letzerem Fall liegt ein strafloser fahrlässiger Schwangerschaftabbruch vor.
Dann wird auf materieller Seite auch deutlich, daß es nicht möglich ist, einen Sorgfaltsmaßstab zu finden, der zwar Handlungen mit fortwirkender Schädigung nicht aber Handlungen mit einem Abtötungseffekt untersagt.

743 Kaufmann JZ 1971 S.569(571) unter Berufung auf das Gutachten von Bockelmann; Bruns FS-Heinitz S.317(322f.) unter Berufung auf die Gutachten von Bockelmann und Lange.

744 Vgl. S.72f.

745 Vgl. S.72f.

Beschränkung auf Vorsatztaten eine „Sperrwirkung" ausüben. Hat die Untersuchung ergeben, daß in den relevanten Fallkonstellationen der pränatalen Einwirkungen die Tötungsdelikte ausgeschlossen sind und dies auf der Tatsache beruht, daß die Tötungsdelikte tatbestandlich nicht vorliegen, so stimmen, anders als in Fallgruppe 1, die mit der „Sperrwirkung" und dem Vorliegen eines tatbestandlichen Ausschlußverhältnisses beschriebenen Ergebnisse überein. Insoweit erscheint die „Sperrwirkung" an dieser Stelle als Bezeichnung für das in den hier vorliegenden Fallkonstellationen pränataler Einwirkungen mit postnatalen Folgen gefundene Ergebnis einer tatbestandlichen Abgrenzungsproblematik.

2. Die „Sperrwirkung" bei vorsätzlicher oder fahrlässiger pränataler Einwirkung mit postnatal fortwirkendem Schadenszustand als Bezeichnung eines bestehenden tatbestandlichen Ausschlußverhältnisses bzw. der bestehenden Exklusivität der Tatbestände

Abgrenzungsprobleme stellen sich auch im Bereich von pränatalen Einwirkungen auf die Leibesfrucht, die zwar nicht zum Tod des Kindes nach der Geburt führen, sich aber als Schadenszustand an dem Kind weiter auswirken.

Mit derartigen Fällen beschäftigten sich Rechtsprechung und Literatur insbesondere im Zusammenhang mit den durch das Medikament „Contergan" ausgelösten Folgen.

Hier ist der Frage nachzugehen, inwieweit solche vorsätzlich oder fahrlässig begangenen pränatalen Einwirkungen mit postnatalen Auswirkungen Körperverletzungsdelikte erfüllen können.

Treten derartige Schadenszustände als Folge der pränatalen Einwirkung auf die Leibesfrucht beim geborenen Menschen auf, so kommt entweder Straflosigkeit infolge des Fehlens eines Straftatbestandes bzgl. vorsätzlicher und fahrlässiger Leibesfruchtverletzung oder aber eine Strafbarkeit aufgrund einer Körperverletzung am später geborenen Kind gemäß §§223ff. StGB bzw. §229 StGB in Betracht[746].

---

[746] Zur Problematik, inwieweit eine Körperverletzung der Schwangeren vorliegen kann, siehe unten S. 202ff.

Die Lösung der Problematik hängt wie schon beim Eintritt einer postnatalen Todesfolge davon ab, auf welchen Zeitpunkt hinsichtlich der Rechtsqualität des Tatobjekts abzustellen ist.

Als Grundlage der Untersuchung ist von der Straflosigkeit der vorsätzlichen oder fahrlässigen Schädigung der Leibesfrucht auszugehen. Die Tatbestände des Schwangerschaftsabbruchs erfassen Schädigungen der Leibesfrucht nicht. Auch die Körperverletzungstatbestände greifen bei Schädigungen der Leibesfrucht nicht ein. Das Gesetz spricht in §§223, 229 StGB von der Verletzung einer „anderen Person" bzw. „eines anderen". Ebenso wie bei den Tötungsdelikten ist mit diesen Bezeichnungen allein auf den lebenden Menschen abgestellt[747]. Die Leibesfrucht ist durch die Tatbestände der §§223ff., 229 StGB nicht geschützt.
Dies folgt auch aus der gesetzlichen Regelung, die im sechzehnten Abschnitt des StGB eindeutig zwischen Leibesfrucht und Mensch unterscheidet, dem Übergang von der Leibesfrucht zum Menschen Rechnung getragen und hieran unterschiedliche Rechtsfolgen geknüpft hat[748]. Durch den Tatbestand des §218 StGB hat der Gesetzgeber die Leibesfrucht als eigenständiges Rechtsobjekt anerkannt und ihr einen eigenständigen Schutz zukommen lassen. Damit ist aber die Leibesfrucht nach dem Willen des Gesetzgebers durch die Schaffung des §218 StGB den sich auf den Menschen beziehenden Tatbeständen entzogen. Würde man auch die Leibesfrucht diesen Tatbeständen unterstellen, so wäre die Vorschrift des §218 StGB überflüssig. Aus der Entscheidung des Gesetzgebers, die Leibesfruchtverletzung als eigenständiges Rechtsgut anzuerkennen und einen eigenen strafrechtlichen Schutz einzuführen, folgt, daß die Leibesfrucht nicht taugliches Tatobjekt i.S. der Körperverletzungsdelikte ist[749].
Diese allgemein anerkannte Auffassung hat auch darin Bestätigung gefunden, daß der Gesetzgeber in §223 StGB, entgegen der früheren Fassung nunmehr von einer anderen „Person" spricht.

---

747 Vgl. etwa Jähnke, in LK 10.A. Vor §223 Rn.7; Eser, in S./S. §223 Rn.1; Roxin JA 1981 S.542(548); Tepperwien S.14ff.
748 Vgl. LG Aachen JZ 1971 S.507(508).
749 Dies entspricht der allgemeinen Auffassung; nur Weiss (GA 1995 S.373(377)) will aus Art. 2 II 2 GG folgern, daß die „andere Person" i.S. des §223 StGB jeder Mensch, auch der Ungeborene sei.

Damit hat sich gezeigt, daß die Leibesfrucht als solche gegen Schädigungen nicht geschützt ist. Die Zäsur zu den strafbewährten Körperverletzungsdelikten bildet auch hier der Beginn der Geburt, da das Strafrecht nur einen einheitlichen, durchgängig geltenden Begriff der Menschqualität kennt[750].

Die Straflosigkeit von Schädigungen der Leibesfrucht ist auch von den Auffassungen anerkannt, die in den hier in Frage stehenden Fallkonstellationen eines postnatal fortwirkenden Schadenszustandes im Ergebnis eine Strafbarkeit aus Körperverletzungsdelikten annehmen.
Die Tatbestandsmäßigkeit wird dabei unter dem Gesichtspunkt erwogen, daß sich die Folge der pränatalen Einwirkung erst am lebenden Menschen auswirkt, dieser aber taugliches Tatobjekt i.S. der §§223ff. StGB ist[751]. Als entscheidender Zeitpunkt der Rechtsqualität des Tatobjekts soll hiernach nicht die Einwirkung, sondern der Zeitpunkt des fortbestehenden Schadenszustandes in Betracht kommen. Die grds. eine Gesundheitsbeschädigung darstellenden Mißbildungen seien bei der Leibesfrucht nur angelegt, nicht aber abschließend verursacht und sollen endgültig erst das von den §§223ff. StGB geforderte Tatobjekt des Menschen treffen[752]. Die Störung der ordnungsgemäßen körperlichen oder seelischen Funktionen könne frühestens in dem Zeitpunkt vorliegen, in dem eine einer Störung zugängliche körperliche Funktion vorhanden sei. Erst mit dem Einsetzen der entsprechenden Funktionen setze auch deren Störung ein und führe zu einer den Menschen treffenden Körperverletzung.

Diese Auffassung verkennt, daß bei pränatalen Einwirkungen die Schädigung bereits an der Leibesfrucht eintritt und eine weitere Gesundheitsbeschädigung nicht vorliegt. Es geht hier nicht um Fälle, in denen eine vor der Geburt vorgenommene Handlung erst nach der Geburt auf das Tatobjekt einwirkt. Derartige Fälle sind problemlos von den §§223ff. StGB erfaßt. Die in die Diskussion eingebrachten Beispiele, der vor der Geburt gelegten und nach der Geburt explodierenden Zeitbombe oder des vom Architekten schlecht erbauten, erst nach der

---

[750] Vgl. Eser, in S./S. §223 Rn.1; Lüttger NStZ 1983 S.481(485).
[751] So LG Aachen JZ 1971 S.507ff.; Maurach, Deutsches Strafrecht, Besonderer Teil, 5.A. §8 I 3 S.76; Arzt/Weber LH1Rn.411; Gössel BT/1 §13 Rn.31ff.
[752] LG Aachen JZ 1971 S.507(509) unter Hinweis auf das Gutachten von Maurach S.10.

Geburt des Kindes einstürzenden Hauses, gehen fehl[753]. Hier handelt es sich um völlig anders strukturierte Fälle übergreifender Einwirkungen. Die durch die pränatale Einwirkung hervorgerufenen Schädigungen an der Leibesfrucht sind abschließend angelegt und haften dem Lebewesen ab diesem Zeitpunkt als Schadenszustand an.

Weiterhin spricht für die Anknüpfung an den Zeitpunkt der Einwirkung, daß die herrschende Auffassung zu der Frage, wann §226 StGB bei Zerstörung der Anlage zur Zeugungsfähigkeit noch nicht zeugungsfähiger Kinder vollendet ist, auf den Zeitpunkt der Verletzung der Anlage abstellt[754].

Abzulehnen ist auch die Auffassung Tepperwiens[755], die eine Strafbarkeit durch die Entwicklung eines Rechtsschutzes *„unter einer Art aufschiebenden Bedingung"* zu begründen versucht. Die tatbestandslose Schädigung einer Leibesfrucht soll sich durch die Geburt zu einem tatbestandlichen Erfolg umwandeln. Tepperwien spricht hierbei von einem Wechsel einer *„Verletzung im natürlichen Sinn"* zu einer *„Verletzung im rechtlichen Sinn"*[756].
Für eine derartige Differenzierung zwischen Verletzung bzw. Erfolg im *„natürlichen"* und *„rechtlichen"* Sinn bestehen im Gesetz keinerlei Anhaltspunkte. Auch die Konstruktion *„einer Art aufschiebenden Bedingung"* ist nicht im Gesetz angelegt und nicht durch die Auslegungsmethoden gedeckt[757].
Auch die Beschränkung der Strafbarkeit aus §223ff. StGB auf vorsätzliche Schädigungen der Leibesfrucht[758] läßt sich nicht rechtfertigen. Dem Gesetz lassen sich keinerlei Anhaltspunkte für eine unterschiedliche strafrechtliche Behandlung der vorsätzlichen und fahrlässigen Leibesfruchtbeschädigung entnehmen.

Eser[759] differenziert und will weder auf den Zeitpunkt der Einwirkung, noch auf den Erfolgseintritt abstellen, sondern sieht es als entscheidend an, wann sich die Handlung auszuwirken beginnt. Strafrechtlich sanktionslos soll eine noch vor

---

753 Vgl. Bruns FS-Heinitz S.317(322); Lüttger JR 1971 S.133(139).
754 Horn, in SK §226 Rn.6; Hirsch, in LK 10.A. §224 Rn.17; Tröndle/ Fischer §226 Rn.5.
755 Tepperwien S.86.
756 Tepperwien S.65ff.
757 Vgl. zur Kritik etwa Lüttger NStZ 1983 S.481(485); Roxin JA 1981 S.542(549).
758 So Tepperwien S.131, 140ff.
759 Eser, in S./S. Vor §211 Rn.15, §223 Rn.1a.

Geburtsbeginn eintretende Verkrüppelung sein, da diese durch §218 StGB nicht erfaßt ist. Dagegen sollen die §§223ff. StGB anwendbar sein, wenn die „*pränatale Handlung erst beim geborenen Kind zur Wirkung kommt, z.B. indem eine vor Geburtsbeginn der Mutter beigebrachte Infektion durch nachgeburtliche Kontakte auf das Kind übertragen wird und dadurch zu einer Schädigung führt*"[760].
Eine derartige Unterscheidung geht aber an der Problematik vorbei. Natürlich liegen tatbestandsmäßige Körperverletzungsdelikte vor, wenn die Mutter das Kind erst nach der Geburt infiziert. Dann ist das Kind im Zeitpunkt der Einwirkung taugliches Tatobjekt i.S. der Körperverletzungsdelikte[761]. Für die Problemlage der pränatalen Schädigung der Leibesfrucht, die erst nach der Geburt zum Ausdruck kommt, hilft der Ansatz von Eser nicht weiter.

Mit der herrschenden Auffassung ist hinsichtlich der Rechtsqualität des Tatobjekts der Zeitpunkt der Einwirkung als entscheidend anzusehen[762].
Es entspricht der gesetzlichen Grundentscheidung, die vorsätzliche bzw. fahrlässige Verletzung der Leibesfrucht straflos zu lassen. Würde man in Bezug auf die Abgrenzung zwischen strafloser Leibesfruchtverletzung und strafbarer Körperverletzung aber nicht auf den Zeitpunkt der pränatalen Einwirkung auf die Leibesfrucht, sondern auf den Zeitpunkt der postnatalen Auswirkung abstellen, unterliefe dies die gesetzliche Grundentscheidung[763].
Eine solche Auffassung hätte einen Strafausdehnungseffekt zur Folge, der einer Einführung eines Tatbestandes für Leibesfruchtverletzungen gleichkommen würde. Dies stellt aber nicht nur einen Verstoß gegen die Systematik des Gesetzes, sondern auch eine unzulässige straferweiternde Analogie dar, da das Gesetz erkennbar eine abschließende Regelung getroffen hat[764]. Das Gesetz will im Lei-

---

[760] Eser, in S./S. §223 Rn.1a.
[761] Vgl. hierzu bereits die Beispiele bei Bruns (FS-Heinitz S.317(322)) und Lüttger (JR 1971 S.133(139)).
[762] Vgl. Hirsch, in LK 10.A. Vor §223 Rn.7; Tröndle/Fischer §218 Rn.7; Horn, in SK §223 Rn.2; Lackner/Kühl §223 Rn.2; Blei MMW 1970 S.741(743); Kaufmann JZ 1971 S.569; Lüttger JR 1971 S.133(139f.); ders. NStZ 1983 S.481(485); Bruns FS-Heinitz S.317(323); Jung NStZ 1985 S.316; Roxin JA 1981 S.542(548); Sternberg-Lieben JuS 1986 S.673(675); Ostendorf JuS 1982 S.200; ders. JZ 1984 S.595(598); Schwalm MDR 1968 S.277(279); Geilen FamRZ 1968 S.121(127); Maurach/Schroeder/Maiwald BT/1 §1 Rn.9, §8 Rn.6; Krey BT/1 §3 Rn.187; Wessels/Hettinger BT/ Rn.246; Eberbach JR 1989 S.265(267); Hirsch JR 1985 S.336(337); Saerbeck S.97f.
[763] Roxin JA 1981 S.542(548); Saerbeck S.97f.; Lüttger JR 1971 S.133(139f.); ders. NStZ 1983 S.481(485); Krey BT/1 Rn.188.
[764] Kaufmann JZ 1971 S.569(571); Krey BT/1 Rn.188; Lüttger NStZ 1983 S.481(485).

besfruchtstadium allein den vorsätzlichen Schwangerschaftsabbruch bestraft sehen. Weder die fahrlässige Abtötung der Leibesfrucht, noch deren gleich in welcher Schuldform verursachte Verletzung werden erfaßt. Dies kann angesichts von Entstehungsgeschichte und Systematik des geltenden Strafrechts kaum bestritten werden. Insoweit kommt der Exklusivität des §218 StGB eine „Sperrwirkung“ zu[765].

Als Anknüpfungszeitpunkt kommt also nur der Zeitpunkt der pränatalen Einwirkung in Betracht. Daraus ergibt sich aber, daß die pränatale Einwirkung mit einem über den Geburtsbeginn hinaus fortbestehenden Schadenszustand nicht tatbestandsmäßig i.S. der §§223 ff. StGB ist.

Eine andere Auslegung würde dem Willen des Gesetzgebers nur noch in dem seltenen Fall eines folgenlosen Ausheilens der pränatalen Einwirkung bis zum Beginn der Geburt gerecht, denn dieser Fall ist auch beim Abstellen auf den Zeitpunkt des fortbestehenden Schadenszustandes straflos[766].

Die Unvereinbarkeit des Abstellens auf die Rechtsqualität des Tatobjekts im Zeitpunkt des nachgeburtlichen Folgezustandes mit der gesetzgeberischen Wertung zeigt sich auch in den sich hieraus ergebenden Konsequenzen. Es wurde bereits festgestellt, daß eine mit Abtötungsvorsatz vorgenommene pränatale Einwirkung auf die Leibesfrucht auch dann allein nach §218 StGB zu erfassen ist, wenn sich der Tod erst als postnatale Folge darstellt. Es kommt hier allein auf die Rechtsqualität des Tatobjekts im Zeitpunkt der Einwirkung an. Es wäre nun aber widersprüchlich, wenn eine „*weniger schwerwiegende vorsätzliche Schädigung der Leibesfrucht dem übergreifenden Schadenszustand die Kraft beimessen wollte, die Zäsur „Beginn des Lebens“ zu überspringen und die straflose Leibesfruchtverletzung in eine strafbare Körperverletzung umzufunktionieren*“[767].

Auch kann allein die Tatsache, daß sich der Erfolg am lebenden Menschen auswirkt, nicht genügen, um die Gegenauffassung zu stützen. Ansonsten müßte die Herbeiführung der Frühgeburt eines lebenden, aber lebensunfähigen und nach der

---

[765] Blei MMW 1970 S.741; Bruns FS-Heinitz S.317(323); Kaufmann JZ 1971 S.569(571); Lüttger JR 1971 S.133(140); Tröndle/Fischer Vor §211 Rn.2.

[766] Lüttger JR 1971 S.133(139); Sternberg-Lieben JuS 1986 S.673(675).

[767] Lüttger JR 1971 S.133(140).

Geburt versterbenden Kindes nicht einen Schwangerschaftsabbruch, sondern eine fahrlässige Tötung darstellen[768].

Es hat sich gezeigt, daß die fahrlässige, nach der Geburt zum Tode führende, pränatale Einwirkung auf die Leibesfrucht nicht den Tatbestand eines Tötungsdelikts erfüllt, sondern als fahrlässige Abtreibung straflos bleibt. Wenn aber nach dem Willen des Gesetzgebers die schwerwiegendere, nach der Geburt des Kindes zum Tode führende fahrlässige Einwirkung keine Strafbarkeit nach sich zieht, wäre es unverständlich und widersprüchlich, falls eine „nur" fahrlässige Einwirkung mit nach der Geburt fortbestehenden Schadenszustand strafrechtliche Folgen nach sich ziehen würde[769].

Es läßt sich auch nicht einwenden, daß die Schädigung der Leibesfrucht aufgrund ihrer Auswirkungen nicht als minus, sondern als majus anzusehen sei[770]. Die Bewertung der Schwere des Erfolges hat sich an der vom Gesetzgeber geschaffenen Gesetzesordnung zu orientieren. Diese mißt der Tötung aber im Verhältnis zur Körperverletzung größeres Gewicht zu. Dies zeigt sich nicht nur in der unterschiedlichen Strafandrohung für Tötungs- und Körperverletzungsdelikte, sondern auch in der Tatsache, daß nur die vorsätzliche Abtötung der Leibesfrucht, nicht aber ihre Schädigung strafbewährt ist[771].

Die Strafbarkeit aus den Körperverletzungsdelikten hätte auch einen nicht mehr vertretbaren Strafausdehnungseffekt zur Folge[772]. So wäre jede Minderung des Gesundheitszustandes des Neugeborenen gegenüber dem ohne pränatale Einwirkung bestehenden Zustandes in §229 StGB einbezogen, auch wenn es sich um eine nur vorübergehende Beeinträchtigung (z.B. Mindergewicht, Infektion, Atemnot oder Schwäche infolge Frühgeburt) handelt. Allein ganz unerhebliche Beeinträchtigungen würden so aufgrund allgemeiner Grundsätze zur Tatbestandsmäßigkeit von Körperverletzungserfolgen nicht dem Begriff einer Körperverletzung i.S. der §§223 ff. StGB unterfallen[773].

---

768 Vgl. oben S.188; vgl. auch Hirsch, in LK 10.A. Vor §223 Rn.7; Roxin JA 1981 S.542(548).

769 Blei MMW 1970 S.741(743); Kaufmann JZ 1971 S.569(570f.); Saerbeck S.98; Roxin JA 1981 S.542(548).

770 Vgl. Arzt/Weber LH1 Rn.411.

771 Lüttger JR 1971 S.133(140).

772 Kaufmann JZ 1971 S.569.

Wollte man die fahrlässige Schädigung der Leibesfrucht dem Tatbestand des §229 StGB unterstellen, so unterfiele die gesamte Lebensführung der Schwangeren strafrechtlicher Kontrolle. Gleiches würde auch für das Umfeld der Schwangeren gelten. Eine derartige Ausuferung der Sorgfaltsanforderungen und möglicher Strafbarkeit ist aber, wie bereits oben gezeigt[774], weder vom Gesetzgeber gewollt, noch kriminalpolitisch geboten.

Die Annahme von Körperverletzungsdelikten in den hier vorliegenden Fallkonstellationen scheitert auch daran, daß die Unversehrtheit des Tatobjekts aus Gründen der Logik notwendige Voraussetzung einer Körperverletzung ist. Die Geburt als geschädigter Mensch kann nicht als Körperverletzung gewertet werden, da der Mensch bereits zu Beginn der Geburt verletzt war[775].
Beachtung finden muß auch die Tatsache, daß die Körperverletzungsdelikte als Zustandsdelikte einzuordnen sind[776]. Bei Zustandsdelikten besteht der Erfolg in der Herbeiführung eines rechtswidrigen Zustandes, die Tat ist jedoch rechtlich bereits mit dem Eintritt des Erfolges beendet[777]. Der Vorwurf knüpft hier also nur an die Herbeiführung, nicht aber an die Aufrechterhaltung des widerrechtlichen Zustandes an[778]. Bei Dauerdelikten hängt dagegen die Aufrechterhaltung des durch die strafbare Handlung geschaffenen rechtswidrigen Zustandes vom Willen des Täters ab, so daß sich die Tat ständig erneuert[779].
Anders als bei Zustandsdelikten ist der Täter nur bei Dauerdelikten auch für den nach Eintritt des tatbestandlichen Erfolges von ihm geschaffenen widerrechtlichen Zustand strafrechtlich verantwortlich. Ein Körperverletzungsdelikt an dem später geborenen Kind scheidet hier aus, da das Rechtsgut eines Zustandsdelikts

---

773 Vgl. hierzu etwa Hirsch, in LK 10.A. Vor §223 Rn.9; Maurach/Schroeder/Maiwald BT/1 §9 I Rn.4; Gössel BT/1 §13 Rn.19; Eser, in S./S §223 Rn.3, 4a; Tröndle/Fischer §223 Rn.3, 5.
774 Siehe oben S.190f.
775 Vgl. etwa Kaufmann JZ 1971 S.569(571); a.A.: LG Aachen JZ 1971 S.507(509f.); Tepperwien S.63ff.
776 Tröndle/Fischer §223 Rn.7; Stree, in S./S. Vor §52 Rn.82; Baumann/Weber/Mitsch AT 10.A. §8 Rn.56; Bruns FS-Heinitz S.317(323); Hirsch JR 1985 S.336(337); LG Frankfurt NStZ 1990 S.592(593); BGH - 1 StR 334/78 v. 22.08.1978.
777 Jescheck/Weigend AT §26 II 1; Stree, in S./S. Vor §52 Rn.82; Tröndle/Fischer Vor §52 Rn.41.
778 Vgl. nur Stree, in S./S. Vor §52 Rn.82; Tröndle/Fischer Vor §52 Rn.41; Vogler, in LK 10.A. Vor §52 Rn.25; Lackner/Kühl Vor §52 Rn.11.
779 Jescheck/Weigend AT §26 II 1; Stree, in S./S. Vor §52 Rn.81; Tröndle/Fischer Vor §52 Rn.41.

im Zeitpunkt der Einwirkung bereits vorhanden sein muß, hier aber die Einwirkung auf die Leibesfrucht erfolgte.

Da die Körperverletzungsdelikte also als Zustandsdelikte anerkannt sind, ist der Tatbestand mit dem Eintritt des Verletzungserfolges beendet, eine Weiterverwirklichung des Tatbestandes liegt folglich nicht darin, daß der Schaden weiter besteht[780]. Da bei den hier vorliegenden Fällen der Leibesfruchtverletzung Einwirkung und Schädigung bereits vor der Geburt eingetreten sind und nach der Geburt nur der bereits angerichtete Schaden fortbesteht, realisiert sich nach der Geburt kein Teilakt eines Körperverletzungstatbestandes mehr.

Als Ergebnis läßt sich festhalten, daß es im Fall der vorsätzlichen oder fahrlässigen pränatalen Einwirkung mit postnatal fortbestehendem Schadenszustand an den tatbestandlichen Voraussetzungen eines Körperverletzungstatbestandes fehlt. Es ist auf die Rechtsqualität des Tatobjekts im Zeitpunkt der Einwirkung abzustellen. Der in diesem Zeitpunkt vorliegenden Leibesfrucht fehlt es aber an der für §§223ff. StGB erforderlichen Rechtsqualität.

Die „Sperrwirkung" stellt hier somit eine Bezeichnung für das in der hier vorliegenden Fallkonstellation gefundene Ergebnis einer tatbestandlichen Abgrenzungsproblematik, die zum Ausschluß der Körperverletzungsdelikte führt, dar.

3. Die Einwirkung auf die Leibesfrucht als Körperverletzung der Schwangeren: „Sperrwirkung" des §218 StGB?

Die Einwirkung auf die Leibesfrucht hat sich nur im Fall des vorsätzlichen Schwangerschaftsabbruchs als tatbestandsmäßig erwiesen. In der Literatur wurde deshalb teilweise der Versuch unternommen, diese „Strafbarkeitslücke" über eine Bestrafung wegen Körperverletzung der Schwangeren zu schließen.

---

780 Kaufmann JZ 1971 S.569(571) unter Hinweis auf die Gutachten von Lange und Nowakowski; Lüttger JR 1971 S.133(140); Hirsch, in LK 10.A. Vor 223 Rn.7.

Dabei soll die Schädigung der Leibesfrucht an sich bereits eine Körperverletzung der Schwangeren darstellen[781].

Wenn die körperliche Unversehrtheit der Leibesfrucht aber in den Schutz der körperlichen Unversehrtheit der Schwangeren mit einbezogen sei, so müsse dies erst recht für die Abtötung der Leibesfrucht gelten. Diese erfülle dann ebenfalls den Tatbestand der Körperverletzung der Schwangeren[782].

Diese Auffassung geht dabei entgegen der herrschenden Auffassung[783] in Rechtsprechung und Literatur von einer Einheit von Mutter und Leibesfrucht aus. Die Schwangere und das ungeborene Kind sollen bis zur Geburt als natürliche Einheit anzusehen sein[784]. Es sei ein differenzierter Schutz notwendig, wenn sich der Angriff gegen das ungeborene Leben richte und der Körper der Schwangeren nicht über das zur Abtötung oder Schädigung der Leibesfrucht notwendige Maß hinaus verletzt werde. Aufgrund der Einheit der Schwangeren und der Leibesfrucht liegt nach dieser Auffassung in jeder Abtötung oder Schädigung der Leibesfrucht an sich bereits eine Körperverletzung der Schwangeren i.S. der §§223ff. StGB.

Arzt[785] vertritt weitergehend die Auffassung, bei der Geburt eines toten Kindes sei der Gedanke der sozialen Zweckverfehlung zu berücksichtigen und auch so das Vorliegen einer Körperverletzung der Schwangeren zu erklären. Der Gedanke des BGH[786], eine *„bloße zeitliche Verschiebung"* des Geburtsvorgangs sei noch keine Körperverletzung, wenn keine Anhaltspunkte bestehen, daß heftigere Schmerzen als bei normalem Geburtsverlauf entstehen, sei unrichtig. Der Frau entgehe bei der Geburt eines toten Kindes das *„Äquivalent"* für ihre Schmerzen[787]. Es sei damit in der Geburt eines toten Kindes stets eine Körperverletzung der Schwangeren zu sehen, da die Geburtsschmerzen ihren Zweck verfehlen.

Diese Parallele zu §263 StGB läßt sich allerdings nicht halten. Es hat keinen Einfluß auf das Vorliegen einer Körperverletzung, ob das Kind tot oder lebendig auf die Welt kommt. Der Körperverletzungserfolg entfällt nicht, weil die Mutter hierfür ein „Äquivalent" in Gestalt eines lebendigen Kindes erhält, sondern viel-

---

781 Otto Jura 1996 S.135(144f.); Arzt FamRZ 1983 S.1019(1020); in diesem Sinne auch Schwalm MDR 1968 S.277(279).

782 Vgl. Arzt FamRZ 1983 S.1019(1020).

783 Vgl. hierzu unten S.205f.

784 Otto Jura 1996 S.135(144); Arzt FamRZ 1983 S.1019(1020).

785 Arzt FamRZ 1983 S.1019(1020) gegen BGHSt 31, 348(357).

786 BGHSt 31, 348(357).

mehr, weil ein normaler Geburtsvorgang eine natürliche Körperreaktion darstellt[788]. Ausschlaggebende Bedeutung kommt somit der Frage zu, ob die ausgelösten Schmerzen auf einem vom Körper der Schwangeren selbst ausgelösten Geburtsvorgang beruhen oder aber vorzeitig als Folge eines äußeren Eingriffs entstanden sind. Damit ist eine Körperverletzung der Schwangeren in ihrer eigenen körperlichen Unversehrtheit gegeben, wenn es zu einer frühzeitigen Abstoßung der Leibesfrucht kommt, nicht aber bei Verzögerung des natürlichen Geburtsvorgangs[789].

Mit der herrschenden Auffassung[790] ist es abzulehnen, in jeder Schädigung bzw. Abtötung einer Leibesfrucht eine Körperverletzung der Schwangeren zu sehen. Ein strafrechtlicher Schutz des Leibesfrucht vor fahrlässiger Abtötung oder Schädigung kann nicht erreicht werden, indem hier eine Körperverletzung der Schwangeren angenommen wird. Auch hier kommt das Vorliegen einer „Sperrwirkung" des §218 StGB zum Tragen[791].

a) Die „Sperrwirkung" bei gegen die Leibesfrucht gerichteter, sich allein bei der Leibesfrucht auswirkender Einwirkung

Insbesondere im Zusammenhang mit dem Contergan-Verfahren wurde versucht, Schädigungen am Fötus einer Strafbarkeit zu unterwerfen. Da es aber auf den Zeitpunkt der Einwirkung auf die Leibesfrucht ankommt, haben sich der fahrlässige Schwangerschaftsabbruch und die Schädigung der Leibesfrucht, auch wenn die Folgen erst postnatal auftreten, als straflos erwiesen.

Fraglich ist nunmehr, ob allein in der schädigenden Einwirkung auf den Fötus an sich schon eine Körperverletzung der Schwangeren i.S. der §§223, 230 StGB liegt. Es geht dabei nicht um die Schwangere selbst in ihrer eigenen körperlichen Unversehrtheit treffende Beeinträchtigungen, die infolge der auf die Leibesfrucht gerichteten Handlung auftreten[792].

---

787 Arzt FamRZ 1983 S.1019(1020).
788 Hirsch JR 1985 S.336(339).
789 In diesem Sinne auch BGHSt 31, 348(357).
790 Vgl. etwa Hirsch, in LK 10.A. Vor §223 Rn.7; LG Aachen JZ 1971 S.507(508); Lüttger JR 1971 S.133(141); Kaufmann JZ 1971 S.569; Ostendorf JuS 1982 S.200; Jung NStZ 1985 S.316.
791 Rengier BT/2 §3 Rn.5; Jung NStZ 1985 S.316; vgl. auch Hirsch JR 1985 S.336(339):
792 Gerade hier liegt der Unterschied zu den Entscheidungen BGHSt 10, 312ff. und BGHSt 28, 11ff. Hier wurde Gesetzeseinheit zwischen dem vorsätzlichen Schwangerschaftsabbruch und §223 StGB angenommen, da eine Körperverletzung bei der Schwangeren selbst durch den

Die Annahme der Strafbarkeit aus §§223ff. StGB ist dabei von der Voraussetzung abhängig, daß die Schwangere und die Leibesfrucht, zumindest in den hier vorliegenden Fallkonstellationen, als Einheit anzusehen sind. Nur so kann in einer Einwirkung auf die Leibesfrucht an sich bereits eine Körperverletzung der Schwangeren bestehen.

Schon aus medizinisch-biologischer Sicht sind aber die Schwangere und die Leibesfrucht voneinander zu trennen[793]. Die Leibesfrucht stellt einen vom menschlichen Körper der Schwangeren völlig verschiedenen und selbständigen Organismus dar. Sie hat einen eigenen Blutkreislauf und Stoffwechsel. Blutgruppe, Blut- und Rhesusfaktor können von der Mutter abweichen. Die Leibesfrucht produziert Eigenwärme und führt selbständig Bewegungen durch. Damit ist aber die Leibesfrucht keine Funktion der Schwangeren mehr und eine Schädigung stellt nicht ein Symptom am mütterlichen Organismus dar[794].
Bereits aus dieser medizinisch-biologischen Sicht läßt die Verletzung der Leibesfrucht die körperliche Unversehrtheit unberührt.

Aber auch nach der Systematik des Gesetzes stellen Leibesfrucht und die Schwangere zwei rechtlich zu unterscheidende Rechtssubjekte dar, die der Gesetzgeber gesondert geschützt wissen will. Der Gesetzgeber hat mit der Einführung des §218 StGB den eindeutigen Willen zum Ausdruck gebracht, der Leibesfrucht einen eigenständigen Rechtsschutz zukommen zu lassen[795].
Eine gegenteilige Auffassung widerspricht auch der bewußten und gewollten Entscheidung des Gesetzgebers, nur den vorsätzlichen Schwangerschaftsabbruch, nicht aber die fahrlässige Abtötung der Leibesfrucht und die Schädigung der Leibesfrucht strafrechtlicher Sanktion zu unterwerfen. Der Exklusivität des das werdende Leben schützenden §218 StGB kommt eine „Sperrwirkung" zu[796]. Einer

---

vorzeitigen Fruchtabgang hervorgerufen wurde. Hier geht es aber zunächst nur um die Fallkonstellationen, in denen die Einwirkung auf die Leibesfrucht beschränkt bleibt.

[793] Lüttger JR 1971 S.133(141) m.w.N; LG Aachen JZ 1971 S.507(508); Ostendorf JuS 1982 S.200; Rudolphi ZStW 83 (1971) S.105(127).

[794] Lüttger JR 1971 S.133(141) m.w.N.

[795] BVerfGE 39, 1(36ff.); 88, 203(251ff.); RGSt 59, 98(99); 67, 206ff.; BGHSt 10, 5; 11, 15(17); LG Aachen JZ 1971 S.507(508); Rudolphi, in SK Vor §218 Rn.55; Tröndle/Fischer Vor §218 Rn.17; Maurach/Schroeder/Maiwald BT/1 §6 II Rn.10; Kaufmann JZ 1971 S.569; Jung NStZ 1985 S.316; Lüttger JR 1969 S.445(446); ders. JR 1971 S.133(141); Ostendorf JuS 1982 S.200; Hanack ZRP 1970 S.132(134); Rudolphi ZStW 83 (1971) S.105(126f.).

[796] Rengier BT/2 §3 Rn.5; Jung NStZ 1985 S.316; vgl. auch Hirsch JR 1985 S.336(339).

die Strafbarkeit begründenden Einheit der Schwangeren und der Leibesfrucht steht damit der Wille des Gesetzes entgegen.

Die Trennung der Rechtsgüter zeigt sich auch darin, daß die Anwendbarkeit des §218 StGB unabhängig vom Schicksal der Schwangeren besteht. Es wird für §218 StGB weder vorausgesetzt, daß die Schwangere den Tod der Leibesfrucht überlebt, noch wird §218 StGB ausgeschlossen, wenn der Täter die Schwangere tötet oder zu töten versucht und dabei den mit der Tötung der Schwangeren notwendig verbundenen Tod der Leibesfrucht in Kauf nimmt[797].

Die Beschränkung der Strafbarkeit auf den vorsätzlichen Schwangerschaftsabbruch wurde, wie die Entstehungsgeschichte zeigt, z.T. damit gerechtfertigt, daß die allgemeinen Vorschriften über die fahrlässige Tötung und Körperverletzung für an der Schwangeren begangene Taten ausreichen[798]. Hiermit waren aber speziell Handlungen gegenüber der Schwangeren gemeint, die Folgewirkungen für die Leibesfrucht haben konnten. Folglich können auf die Leibesfrucht bezogene Handlungen nur dann eine Körperverletzung der Schwangeren darstellen, wenn eine eigene Funktionsstörung bei der Schwangeren hervorgerufen wird[799].

Es hat sich gezeigt, daß allein gegen die Leibesfrucht gerichtete Handlungen, die zur fahrlässigen Abtötung oder Schädigung der Leibesfrucht führen, nicht als Körperverletzung der Schwangeren angesehen werden können. Gleiches gilt auch für die Fallkonstellationen, in denen die pränatale Einwirkung erst postnatale Folgen hat. Im Bereich von allein auf die Leibesfrucht bezogenen Einwirkungen ergibt sich aus der Trennung der Rechtsgüter und der Exklusivität des §218 StGB, daß eine Körperverletzung der Schwangeren tatbestandlich nicht gegeben ist. Damit ist im Hinblick auf die Einordnung der „Sperrwirkung" an die obigen Darstellungen anzuknüpfen. Die „Sperrwirkung" stellt hier somit eine Bezeichnung für das in der hier vorliegenden Fallkonstellation gefundene Ergeb-

---

797 RGSt 67, 206(207); BGHSt 1, 281ff.; BGHSt 11, 15ff.; Jähnke, in LK 10.A. §218 Rn.8; Tröndle/Fischer §218 Rn.5; Eser, in S./S. §218 Rn.25; Wessels/Hettinger BT/1 Rn.239; Roxin JA 1981 S.542(547).

798 Tepperwien S.117 m.w.N.

799 Jung NStZ 1985 S.316(317).

nis einer tatbestandlichen Abgrenzungsproblematik, die zum Ausschluß der Körperverletzungsdelikte führt, dar.

b) „Sperrwirkung" bei gegen die Leibesfrucht gerichteter, zu einer eigenen Funktionsstörung der Schwangeren führender, Einwirkung

Unterschiede bestehen jedoch für den Fall, daß die gegen die Leibesfrucht gerichtete Handlung zu einer eigenen Funktionsstörung bei der Schwangeren führt, die Einwirkung also nicht auf die Leibesfrucht beschränkt bleibt.

Führt etwa eine fahrlässige Einwirkung zu einer Abtötung der Leibesfrucht und einem dadurch verfrühten Fruchtabgang, so stellt dies eine unmittelbare Verletzung der eigenen körperlichen Unversehrtheit der Schwangeren selbst dar. Nach allgemeiner Auffassung ist der vorzeitige Abgang der Leibesfrucht ein krankhafter Vorgang, eine Gesundheitsverletzung[800], denn ohne diese ist eine Ablösung der Leibesfrucht, die nach der Einnistung des Eies in der Gebärmutter mit dem Körper der Schwangeren fest verbunden ist, nicht denkbar[801]. Eine Gesundheitsbeschädigung i.S. der Körperverletzungsdelikte ist hier gegeben, da es, wie bereits oben dargelegt, darauf ankommen muß, ob der Geburtsvorgang vom Körper der Schwangeren selbst oder durch äußere Einwirkung ausgelöst wurde. Insoweit ist hier eine Überschneidung mit der stets eine Körperverletzung annehmenden Gegenauffassung[802] festzustellen.

Im Bereich vorsätzlichen Handelns ist anerkannt, daß die mit dem vorsätzlichen Schwangerschaftsabbruch verbundene vorsätzliche Körperverletzung der Schwangeren auf der Konkurrenzebene als typische Begleittat zurücktritt[803]. Nur läßt dies nicht den Schluß zu, daß bei einem nur fahrlässigen, straflosen Schwangerschaftsabbruch zwingend die Strafbarkeit wegen einer hiermit verbundenen Körperverletzung der Schwangeren eingreift[804]. In dieser Konstellation fehlt es am Vorliegen einer Haupttat.

---

[800] Vgl. etwa BGHSt 10, 312(314); 28, 11(13); Jung NStZ 1985 S.316(317); Hirsch JR 1985 S.336(339).

[801] BGHSt 10, 312(314); 28, 11(13).

[802] Arzt FamRZ 1983 S.1019(1020); Hirsch JR 1985 S.336(339).

[803] Vgl. etwa BGHSt 10, 312(314); 28, 11(16f.); Eser, in S./S. §218 Rn.68; Tröndle/Fischer §218 Rn.20; Roxin JA 1981 S.542(547); Gropp S.26.

[804] So aber Arzt FamRZ 1983 S.1019(1020); Hirsch JR 1985 S.336(339).

Es ist hier vielmehr davon auszugehen, daß sich aus der Straflosigkeit des fahrlässigen Schwangerschaftsabbruchs eine vom Systemzusammenhang vorgegebene Reduktion des Anwendungsbereichs von Körperverletzungsdelikten bzgl. der mitbetroffenen Schwangeren ergibt. Dies ist teilweise als von der gesetzgeberischen Entscheidung ausgehende „Sperrwirkung" bezeichnet worden[805].
Damit unterscheidet sich diese Fallkonstellation von den übrigen in dieser Fallgruppe behandelten Konstellationen. Hier liegt nicht etwa eine Abgrenzungsproblematik auf Tatbestandsebene vor. Die Tatbestandsvoraussetzungen der Körperverletzung sind gegeben, allerdings folgt aus der gesetzgeberischen Wertentscheidung eine Reduktion des Anwendungsbereichs im Hinblick auf die Körperverletzung. Die „Sperrwirkung" stellt sich hier als Ausdruck einer aus der gesetzgeberischen Wertentscheidung folgenden Reduktion des Anwendungsbereichs hinsichtlich der Körperverletzungsdelikte dar.

Tritt bei der Schwangeren eine eigene Verletzung der körperlichen Unversehrtheit ein, die eine schwere Folge i.S. des §226 StGB nach sich zieht, so ist der Anwendungsbereich für eine Strafbarkeit aus dem Körperverletzungsdelikt eröffnet. Die „Sperrwirkung" kann nur so weit gehen, wie auch der vorsätzliche Schwangerschaftsabbruch die Verdrängung der Körperverletzungsdelikte zur Folge hat[806]. Ist etwa bei der Schwangeren infolge des gegen die Leibesfrucht gerichteten Eingriffs der Verlust der Empfängnis- und Gebärfähigkeit eingetreten, so bleibt es zutreffenderweise bei der Strafbarkeit aus §226 StGB[807].

---

805 Rengier BT/2 §3 Rn.5; vgl. auch Jung NStZ 1985 S.316; im Ergebnis gegen eine „Sperrwirkung" Hirsch JR 1985 S.336(339).

806 Dies ist strittig im Hinblick auf die §§224, 226 StGB; während die überwiegende Auffassung im Hinblick auf §226 StGB Tateinheit annimmt (vgl. etwa BGHSt 28, 11(17); Jähnke, in LK 10.A. §218 Rn.55; Tröndle/Fischer §218 Rn.20; Lackner/Kühl §218 Rn.21; Eser, in S./S. §218 Rn.68; Gropp S.27), ist im Hinblick auf §224 StGB mit der wohl überwiegenden Auffassung das Vorliegen von Tateinheit abzulehnen (BGHSt 28, 11(16f.); Jähnke, in LK 10.A. §218 Rn.54; Lackner/Kühl §218 Rn.21; Gropp S.26; Roxin JA 1981 S.542(547); a.A.:Tröndle/Fischer §218 Rn.20; Eser, in S./S. §218 Rn.68; Rudolphi, in SK §218 Rn.40).

807 Vgl. insoweit etwa BGHSt 28, 11(16f.); Lackner/Kühl §218 Rn.21; Tröndle/Fischer §218 Rn.20; Jähnke, in LK 10.A. §218 Rn.55; Hirsch, in LK 10.A. §224 Rn.32; Eser, in S./S. §218 Rn.68; Rudolphi, in SK §218 Rn.40; Gössel BT/1 §10 Rn.70; Roxin JA 1981 S.542(548); Gropp S.27.
Überholt hat sich die noch auf alter Rechtslage beruhende abweichende Auffassung in BGHSt 10, 312(315); 15, 345; BGH GA 1965 S.206; gleiches gilt für die in Arzt/Weber (LH/1

c) Einwirkung auf die Leibesfrucht durch eine gegen die Schwangere gerichtete Handlung

Ist die Handlung des Täters gegen die Schwangere selbst gerichtet, greift die Exklusivität des §218 StGB nicht ein. Der Tatbestand einer Körperverletzung ist erfüllt, die Einwirkung ist nicht speziell gegen die Leibesfrucht gerichtet.

Im übrigen kann hier auch nicht die Gesetzeseinheit eingreifen, da die Einwirkung gerade nicht dem alleinigen Zweck der Abtötung oder Schädigung der Leibesfrucht dient[808].

4. Die Verkehrsgefährdung durch Gefährdung der Leibesfrucht: „Sperrwirkung" des §218 StGB?

Eine „Sperrwirkung" des §218 StGB könnte noch im Bereich der Gefährdung des Straßenverkehrs eingreifen. Es stellt sich hier die Frage, inwieweit die Leibesfrucht als Gefährdungsobjekt i.S. des §315c StGB anzusehen ist.

Ein gewisser Schutz der Leibesfrucht ist dabei über die in §315c StGB geschützten Rechtspositionen der Mutter gewährleistet. Allerdings verliert die Leibesfrucht ihren über die Mutter gewährten Schutz, wenn diese bei Vorliegen einer Tatbeteiligung oder Einwilligung der Schwangeren als taugliches Tatobjekt ausscheidet[809].

Der Leibesfrucht kommt aber auch dann kein Schutz zu, wenn die Schwangere selbst fahruntüchtig ein Kraftfahrzeug führt und die Leibesfrucht so gefährdet.

Die Vorschrift des §315c StGB stellt auf die konkrete Gefahr für „Leib und Leben eines anderen" ab. Es ist bislang nicht bestritten worden, daß Schutzobjekt

---

Rn.408) aufgrund des bislang fehlenden Verbrechenscharakters des §224 a.F. StGB vertretene Ablehnung der Tateinheit von §218 und §224 a.F. StGB.

808 Vgl. BGHSt 10, 312(315).

809 Str.: Für den Ausschluß von §315c StGB bei Tatbeteiligung: vgl. BGHSt 6, 100(102); 11, 199(203); 27, 40(43); BGH NJW 1991 S.1120; Lackner/Kühl §315c Rn.25; Tröndle/Fischer §315c Rn.17; Cramer, in S./S. Vor §306 Rn.12; Ranft Jura 1987 S.608(614); a.A.: OLG Stuttgart NJW 1976 S.1904; Schroeder JuS 1994 S.846(847); Hillenkamp JuS 1977 S.166(167ff.); Geppert Jura 1996 S.47(48).
Gegen die Möglichkeit einer tatbestandsausschließenden Einwilligung: BGHSt 6, 232(234); 23, 261ff; BGH NZV 1992 S.370; BGH NZV 1995 S.80f.; OLG Stuttgart NJW 1976 S.1904; Lackner/Kühl §315c Rn.32; Lackner, Gefährdungsdelikt, S.12; Rüth, in LK 10.A. §315c Rn.61; Wessels/Hettinger BT/1 Rn.993; Schaffstein FS-Welzel S.557(574); a.A.: OLG Hamburg NJW 1969 S.336(337); Schroeder JuS 1994 S.846(847f.); Ranft Jura 1987 S.608(614);

dieser Vorschrift der lebendige Mensch und nicht die Leibesfrucht ist. Dies ergibt sich aus dem Wortlaut und der gesetzlichen Regelung, die bewußt zwischen Mensch und Leibesfrucht unterscheidet. Da §315c StGB den Schutzbereich der Körperverletzungs- und Tötungsdelikte lediglich vorverlagert, ist in Übereinstimmung mit der Auslegung bei den Körperverletzungs- und Tötungsdelikten die Leibesfrucht auch nicht ein „anderer" i.S. des §315c StGB[810]. Mit der Schaffung eines selbständigen Schutzes ist die Leibesfrucht dem Anwendungsbereich des §315c StGB entzogen. Auch darüber hinaus unterfällt die Leibesfrucht aus teleologischen Gründen nicht dem Tatbestand des §315c StGB. Wie bereits dargetan entspricht es der bewußten und gewollten Entscheidung des Gesetzgebers, daß die Schwangere und auch Dritte strafrechtlich nicht verpflichtet sind, einen fahrlässigen Schwangerschaftsabbruch oder eine Schädigung der Leibesfrucht zu vermeiden. Somit trifft die Schwangere im Hinblick auf die der Abtötung oder Schädigung der Leibesfrucht noch vorgelagerte Gefährdungszone keine Sorgfaltspflicht. Dies entspricht der „Sperrwirkung"[811], die von der Straflosigkeit der fahrlässigen Abtötung der Leibesfrucht ausgeht.

Von dieser „Sperrwirkung" kann aber nur der Gesetzgeber selbst abweichen. Solange dieser aber insoweit nicht eine eindeutige Entscheidung trifft, geht die individuelle Freiheit der Schwangeren gegenüber der fahrlässigen Gefährdung der Leibesfrucht vor. Der „Sperrwirkung" kommt also insoweit Bedeutung zu, als die Gefährdung der Leibesfrucht nicht den Tatbestand des §315c StGB erfüllen kann. Damit ist an die bereits oben[812] gemachten Ausführungen anzuknüpfen. Die „Sperrwirkung" erscheint an dieser Stelle als Bezeichnung für das in der hier vorliegenden Fallkonstellation gefundene Ergebnis einer tatbestandlichen Abgrenzungsproblematik, die zum Ausschluß von §315c StGB führt.

Hillenkamp JuS 1977 S.166(169ff.); Geppert Jura 1996 S.47(48ff.); D. Otto NZV 1992 S.309.

[810] Ranft Jura 1987 S.608(614).

[811] Hillenkamp JuS 1977 S.166(167).

[812] Seite 193f., 202, 207.

VII. Fallgruppe 7: „Sperrwirkung" des §251 StGB a.F. im Verhältnis zu den vorsätzlichen Tötungsdelikten?

Der Begriff der „Sperrwirkung" hat auch im Zusammenhang mit dem Verhältnis des Raubes mit Todesfolge zu den vorsätzlichen Tötungsdelikten Anwendung gefunden[813].

Vor der Änderung von §251 StGB a.F. im 6. StrRG war das Verhältnis des Raubes mit Todesfolge zu den vorsätzlichen Tötungsdelikten stark umstritten. Dabei ging es um die Problematik, ob §251 StGB a.F. mit der Formulierung *„leichtfertig verursacht"* auch die vorsätzliche Herbeiführung der Todesfolge umfaßt.

So ging die sog. „Exklusivitätslösung" davon aus, daß der Raub mit Todesfolge nur die leichtfertige Herbeiführung des qualifizierenden Erfolges erfasse; oberhalb von Leichtfertigkeit liegendes Handeln werde vom Tatbestand des §251 StGB a.F. nicht erfaßt, sondern unterfalle allein den vorsätzlichen Tötungsdelikten[814]. Einer Erweiterung von §251 StGB a.F. stehe die Wortlautschranke des Art. 103 Abs.2 GG entgegen. Es dürfe nicht Aufgabe der Rechtsprechung sein, Rechtsfiguren zu entwickeln, die es erlauben, den Gesetzgeber zu Lasten des Täters zu berichtigen. Wenn §251 StGB a.F. die vorsätzlich herbeigeführte Todesfolge nicht erfasst habe, so möge dies zwar ein Konstruktionsfehler des Gesetzgebers gewesen sein. Sei dieser aber nur durch Überschreitung der Wortlautgrenze auflösbar gewesen, so habe eine derartige Erweiterung des Tatbestandes eine Rechtsfindung contra legem dargestellt.

Nach der zutreffenden Gegenauffassung erfaßte der Tatbestand des §251 StGB a.F. dagegen auch die vorsätzliche Herbeiführung der Todesfolge (sog. „Konkurrenzlösung")[815]. Es war danach nicht möglich, daß der leichtfertig den Tod des Opfers verursachende Räuber mit einer Freiheitsstrafe nicht unter zehn Jahren zu rechnen hatte, während der vorsätzlich tötende, kein Mordmerkmal verwirklichende Täter dagegen aus dem milderen Strafrahmen des §212 StGB bestraft

---

[813] Vgl. Lackner/Kühl bis einschließlich 22.A. §251 Rn.4; Tenckhoff ZStW 88(1976) S.897(914).

[814] Vgl. etwa BGHSt 26, 175; BGH NStZ 1984 S.453(454); Otto BT 4.A. §46 IV 3 ; Rudolphi JR 1976 S.74; ders. JZ 1988 S.880f.; Arzt/Weber LH3 Rn.336; Krey BT/2 11.A. Rn.204ff.; Maiwald GA 1974 S.257(270); Arzt StV 1989 S.57(58); Lagodny NStZ 1992 S.490f.; Rengier StV 1992 S.496ff.

[815] RGSt 63, 101(105); BGHSt 9, 135(136); 39, 100ff.; Tröndle 48.A. §251 Rn.6; Herdegen, in LK §251 Rn.10ff.; Eser, in S./S. §251 Rn.9; Herzberg JuS 1976 S.40(43); Geilen Jura 1979

wurde. §251 StGB a.F. und die vorsätzlichen Tötungsdelikte standen vielmehr im Verhältnis der Tateinheit zueinander.
Eine weitere Auffassung sah hier ein Ausschlußverhältnis i.S. der „Exklusivitätslösung“ für gegeben. Um der Kritik der „Konkurrenzlösung“ zu entgehen, sollte hier eine „Sperrwirkung“ des §251 StGB a.F. in dem Sinne bestehen, daß die Strafandrohung des §251 StGB a.F. in den Fällen vorsätzlichen, kein Mordmerkmal verwirklichenden Handelns, nicht unterschritten werden dürfe[816].

Diese behauptete „Sperrwirkung“ des §251 StGB a.F. unterscheidet sich von der in Fallgruppe 3 dargestellten „Sperrwirkung“ des milderen Tatbestandes. Zwar ist die von Lackner und Tenckhoff vertretene „Sperrwirkung“ ebenfalls im Bereich der Strafzumessung anzusiedeln, doch geht es hier, anders als in Fallgruppe 3, nicht um eine Mindestgrenze des Strafrahmens bei Vorliegen von Gesetzeseinheit zwischen den Tatbeständen. Zwischen §251 StGB a.F. und den Tötungstatbeständen soll vielmehr ein Exklusivitätsverhältnis bestehen und trotzdem die Strafrahmenuntergrenze des §251 StGB a.F. als Mindeststrafrahmen bestehen bleiben.
Zutreffend wurde jedoch gegen diesen Vorschlag eingewendet, daß dann §251 StGB a.F., der neben dem vorsätzlichen Tötungsdelikt gerade nicht anwendbar sein sollte, doch wieder zur Anwendung kommen würde, was eine verbotene Analogie zu Lasten des Täters darstellen würde[817]. Insoweit war bereits vor der Änderung von §251 StGB a.F. im 6.StrRG das Vorliegen einer „Sperrwirkung“ des §251 StGB a.F. abzulehnen.

Mit der Änderung von §251 StGB („*wenigstens leichtfertig*“) hat sich der dargestellte Streit erledigt. Der Gesetzgeber hat sich i.S. der „Konkurrenzlösung“ entschieden. Damit kann eine „Sperrwirkung“ im oben dargestellten Sinn nicht mehr bestehen. §251 StGB und die vorsätzlichen Tötungsdelikte stehen im Verhältnis der Tateinheit zueinander[818].

S.557(558), 613; Schünemann JA 1980 S.393(396); Schmidhäuser BT 8/56; Alwart NStZ 1989 S.225f.; Laubenthal JR 1988 S.335f.; Montenbruck, Strafrahmen, S.205.
816 Lackner/Kühl bis einschließlich 22.A. §251 Rn.4; Tenckhoff ZStW 88 (1976) S.897(914).
817 BGHSt 39, 100(107); Montenbruck, Strafrahmen, S.203; Rudolphi JR 1976 S.74(75); Paeffgen JZ 1989 S.220(223); Eser, in S./S. §251 Rn.9; Herdegen, in LK §251 Rn.12.
818 So mittlerweile auch Lackner/Kühl 23.A. §251 Rn.4 m.w.N.

VIII. Fallgruppe 8: Die „Sperrwirkung“ des Nichtvorliegens von §258 StGB aufgrund fehlenden Vorsatzes im Hinblick auf den subjektiven Tatbestand tateinheitlich mitverwirklichter Delikte

1. Problemstellung

Eine weitere Ausprägung hat die „Sperrwirkung“ im Bereich der Diskussion um das Vorliegen eines „Verteidigerprivilegs“ erfahren. Dabei soll im folgenden der Frage nachgegangen werden, ob dem Strafverteidiger eine Privilegierung mit der Wirkung zukommen muß, daß eine strafrechtliche Verantwortung für in Zusammenhang mit der Verteidigung verwirklichter Tatbestände nur dann besteht, wenn auch der Tatbestand der Strafvereitelung (§258 StGB) vorliegt.
Seitdem sich auch der BGH im Urteil vom 01.09.1992[819] erstmals mit einer derartigen Privilegierung auseinandergesetzt hat, ist dieser Problematik vermehrte Aufmerksamkeit zuteil geworden[820]. In diesem vom BGH entschiedenen Fall hatte ein Strafverteidiger ihm von seinem Mandanten überlassene Urkunden (ärztliche Atteste, Sterbeurkunde) dem Gericht vorgelegt, obwohl er Zweifel an deren Echtheit hatte. Der Verteidiger wollte mit der Vorlage zum einen die drohende Vollstreckung der gegen seinen Mandanten verhängten Strafe verhindern und zum anderen den Verfall einer Sicherheitsleistung verhindern, die er als Eigenhinterleger erbracht hatte, um den noch im Gerichtssaal ergangenen Haftbefehl gemäß §116 StPO außer Kraft zu setzen. Damit kam eine Strafbarkeit des Verteidigers aus §§258, 263 und 267 Abs.1 Alt.3 StGB in Betracht.

Hier zeigt sich die Problematik der bestehenden unterschiedlichen Vorsatzanforderungen der betreffenden Tatbestände. Während §258 StGB im subjektiven Tatbestand Absicht oder Wissentlichkeit, d.h. direkten Vorsatz, voraussetzt[821], ist bei §§267 bzw. 263 StGB bedingter Vorsatz ausreichend[822].

---

[819] BGHSt 38, 345 ff.
[820] Vgl. Scheffler StV 1993 S.470ff.; Hamm NJW 1993 S.289(292ff.); Beulke JR 1994 S.116ff.; Stumpf NStZ 1997 S.7ff.; v. Stetten StV 1995 S.606ff.; Wünsch StV 1997 S.45(48ff.).
[821] Vgl. etwa BGHSt 38, 345(348); Stree, in S./S. §258 Rn.22; Beulke, Strafbarkeit, Rn.148ff.; Tröndle/Fischer §258 Rn.10ff.; Ruß, in LK §258 Rn.21; Maurach/Schroeder/Maiwald BT/2 §100 II Rn.21; Günther, Strafvereitelung, S.184ff.
[822] Tröndle/Fischer §267 Rn.28ff, §263 Rn.40; Cramer, in S./S. §263 Rn.165, §267 Rn.82f.; Lackner/Kühl §263 Rn.57, §267 Rn.24.

Für den Verteidiger bedeutet dies, daß er sich bei der Wortverteidigung lediglich im möglichen Anwendungsbereich des §258 StGB befindet und insoweit eine Strafbarkeit aus §258 StGB bis zum Verstoß gegen die Wahrheitspflicht ausscheidet, solange ihm keine Absicht oder Wissentlichkeit nachgewiesen werden kann. Der Verteidiger kann auch Beschuldigteneinlassungen vorbringen, die ihm zweifelhaft erscheinen. Anders stellt sich die Situation jedoch dar, falls der Verteidiger sein Vorbringen durch das Einreichen einer Urkunde untermauern will, an deren Echtheit er zweifelt. Stellt sich dann aber die Urkunde tatsächlich als falsch heraus, besteht die Gefahr der Strafbarkeit aus §267 Abs.1 Alt.3 StGB, da hier das Vorliegen von dolus eventualis ausreicht. Insoweit besteht hier eine Ungleichbehandlung verbalen und non-verbalen Verteidigerhandelns trotz vergleichbaren Unwertgehalts[823]. In Bezug auf eine Strafbarkeit aus §263 StGB gilt ähnliches. Der Verteidiger, der z.B. den Verfall der Kaution verhindert, indem er vor Gericht falsche Tatsachen behauptet bzw. falsche Urkunden einreicht macht sich nicht gemäß §258 StGB strafbar, solange nicht bzgl. des Vereitelungserfolges direkter Vorsatz nachgewiesen wird. Dagegen kann das Verhalten des Verteidigers durchaus den Anforderungen des bedingten Vorsatzes im Hinblick auf die Täuschungshandlung des §263 StGB genügen.

Der Verteidiger befindet sich bei der Ausübung seiner Tätigkeit stets auf der Gratwanderung zwischen Pflichterfüllung und Strafbarkeit. Insofern sprechen Rechtsprechung und Literatur zutreffend vom bestehenden „Verteidigerdilemma“. Dies wird deutlich, wenn man sich die zwiespältige Stellung des Verteidigers im Strafverfahren vor Augen führt. Nach Rechtsprechung und herrschender Lehre erfüllt der Verteidiger zwei Funktionen. Zum einen steht der Verteidiger dem Mandanten als privater Beistand bei der Abwehr staatlicher Zugriffe zur Seite. Darüber hinaus nimmt der Verteidiger aber auch öffentliche Funktionen wahr. Er dient nicht nur als Beistand des Mandanten, sondern auch als Garant staatlicher Rechtspflege und ist insoweit auch als „Organ der Rechtspflege“ (§1 BRAO) anzusehen[824]. Die besondere Stellung des Verteidigers im Strafprozeß

---

823 Wünsch StV 1997 S.45(48); v. Stetten StV 1995 S.606(607).

824 BVerfGE 16, 214(216); 34, 293(300); 38, 105(119); 39, 156(165); 53, 207(214); BGHSt 9, 20(22); 12, 367(369); 18, 396(397); 29, 99(106); Kleinknecht/Meyer-Goßner, StPO Vor §137 Rn.1; Tröndle/Fischer §258 Rn.7; Beulke, Strafbarkeit, S.163ff.; Roxin, Strafverfahrensrecht, §19 A II 3; Pfeiffer, in KK Einl. Rn.64.

und das hiermit verbundene Spannungsverhältnis sind bei der Abgrenzung von erlaubtem und unerlaubtem Verhalten in Bezug auf §258 StGB zu berücksichtigen. Hinsichtlich der Frage, welches Handeln des Verteidigers (noch) zulässig ist und wann die Strafvereitelung beginnt, läßt sich jedoch keine einheitliche Auffassung finden. So wird z.T. bereits in jedem Verstoß gegen die anwaltlichen Standesrichtlinien ein §258 StGB verwirklichendes Handeln gesehen[825]. Andererseits wird auch vertreten, Strafvereitelung könne erst dann vorliegen, wenn gleichzeitig andere Strafgesetze erfüllt sind[826]. Weiter wird etwa darauf abgestellt, inwieweit die vom Verteidiger verwandten Mittel als inadäquat anzusehen sind[827] oder eine Verletzung des Kernbestandes der Funktionstüchtigkeit der Strafrechtspflege vorliegt[828]. Mit der Entscheidung vom 01.09.1992, daß jeder Verteidiger grundsätzlich das tun darf, was in gesetzlich nicht zu beanstandender Weise seinem Mandanten nutzt, hat der BGH seine im Grundsatzurteil des 3. Senats von 1979 (BGHSt 29, 99(102)) entwickelte Auffassung, daß zulässiges Verteidigerhandeln niemals Strafvereitelung sein kann[829], präzisiert. Es ist ein positiver Verstoß gegen Normen des materiellen Rechts bzw. des Strafprozeßrechts notwendig. Die Stellung des Verteidigers im Strafprozeß und das hiermit verbundene Spannungsverhältnis zwischen der Organstellung und Beistandsfunktion sind zu beachten. Die Grenzen des zulässigen Verteidigerhandelns ergeben sich nicht aus §258 StGB selbst, sondern aus dem Prozeßrecht. Der Verteidiger ist verpflichtet, alle zur Entlastung des Angeklagten vorliegenden Beweismittel auszuschöpfen[830]. Er hat sich nach allgemeiner Auffassung jeder aktiven Verdunkelung und Verfälschung des Sachverhalts zu enthalten[831]. Dies umfaßt auch die Verfälschung von Beweismitteln und die

---

825 Schautz S.135ff.; Vogt S.232f.
826 Müller StV 1981 S.90(98).
827 Cramer, in S./S. §258 Rn.20.
828 Beulke, Verteidiger, S.149.
829 Strittig ist insoweit allein, ob dies bereits den Tatbestand (so die h.M.: vgl. etwa BGHSt 29, 99(102); 38, 345(347f.); KG NStZ 1983 S.556f.; KG NStZ 1988 S.178f.; OLG Düsseldorf NJW 1991 S.996; OLG Düsseldorf StV 1998 S.64(65); Lackner/Kühl §258 Rn.8 m.w.N; Ruß, in LK §258 Rn.19 m.w.N.; Tröndle/Fischer §258 Rn.7 m.w.N.), oder erst die Rechtswidrigkeit (vgl. Ernesti JR 1982 S.221(223); Müller StV 1981 S.90(96f.); Tiedemann Jura 1981 S.24(29f.)) ausschließt.
830 BGHSt 38, 345(350).
831 Vgl. etwa BGHSt 2, 375(377); 38, 345(348); Tröndle/Fischer §28 Rn.7; Beulke, Strafbarkeit, S.18ff.; ders. JR 1994 S.116(118); v. Stetten StV 1995 S.606(607); Scheffler StV 1993 S.470(471); Otto JK 93 StGB §267/17; Pfeiffer DRiZ 1984 S.341(344f.); Ostendorf NJW 1978 S.1345(1349).

faßt auch die Verfälschung von Beweismitteln und die Verwendung gefälschter Beweismittel[832].

Die Strafvereitelung setzt allerdings direkten Vorsatz voraus, d.h. der Strafverteidiger gerät dann nicht in die Gefahr eigener Strafbarkeit, wenn er ihm selbst zweifelhafte Behauptungen aufstellt. Falls der Verteidiger nur an der Echtheit der Beweismittel zweifelt und er die Richtigkeit nicht für ausgeschlossen hält, darf er ein Beweismittel nicht zurückhalten, da dann ein möglicherweise echtes, den Angeklagten entlastendes, Beweismittel unberücksichtigt bliebe[833].

Die Verwendung einer unechten Urkunde trotz bestehender Zweifel stellt somit einen Gesetzesverstoß und damit zumindest objektiv eine Strafvereitelung dar. Mangels Vorliegen der subjektiven Tatbestandsvoraussetzungen ist jedoch keine Strafbarkeit aus §258 StGB gegeben.

Der BGH versucht dem dargestellten Dilemma, in dem sich der Strafverteidiger befinden kann, zu begegnen und sucht nach einer verteidigerfreundlichen Lösung. Im folgenden soll den vom BGH diskutierten Ansätzen und weiteren in der Literatur vertretenen Auffassungen nachgegangen werden.

2. Die Lösungsansätze zur Beseitigung des „Verteidigerdilemmas“

a) Das objektive Vorliegen des Strafvereitelungstatbestandes als Voraussetzung der Strafbarkeit aus anderen tateinheitlich (mit)verwirklichten Delikten

Zunächst könnte die Strafbarkeit eines Verteidigers aus tateinheitlich verwirklichten Delikten nur dann möglich sein, wenn gleichzeitig der Tatbestand der Strafvereitelung (§258 StGB) objektiv vorliegt[834].

Ein derartiger Ansatz muß jedoch in dieser pauschalen Form abgelehnt werden. Es bestehen im Bereich des §258 StGB Unterschiede zum Richterprivileg bei §339 StGB[835], die eine solche Lösung ausschließen. §258 StGB stellt keinen mit §339 StGB vergleichbaren Abdeckungstatbestand für alle vom Verteidiger im Rahmen seiner Tätigkeit begehbaren Delikte dar. So können etwa die tatbestand-

---

832 BGHSt 38, S.345(348); Beulke JR 1994 S.116(118); ders., Strafbarkeit, Rn.61, 230; Ruß, in LK §258 Rn.20a; Pfeiffer DRiZ 1984 S.341(346); Lukanow S.57; Kühne §9 IV; Eschen StV 1981 S.365(367).

833 BGHSt 38, S.345(350); Wünsch StV 1997 S.45(48); v. Stetten StV 1995 S.606(607); Beulke, Verteidiger, S.152.

834 Vgl. hierzu Wünsch StV 1997 S.45(49).

lichen Voraussetzungen eines Parteiverrats (§356 StGB) vorliegen, ohne daß eine Strafvereitelung überhaupt in Betracht kommt. Darüber hinaus schließen sich die Standesdelikte vielfach gegenseitig aus[836]. Damit kann dem Verteidiger eine derart weitgehende Haftungsbeschränkung nicht zukommen.

b) Das tatbestandliche Vorliegen anderer Tatbestände als Voraussetzung der Strafbarkeit aus Strafvereitelung

Nach anderer Auffassung entfällt für den Verteidiger eine Strafbarkeit aus §258 StGB insoweit, als dieser im Rahmen seiner Tätigkeit nicht gleichzeitig andere Strafgesetze verletzt[837]. Im Hinblick auf die Strafbarkeit aus §258 StGB liege ein dem Verteidiger zugute kommender Rechtfertigungsgrund vor[838].

Eine derartige Auffassung würde dem Gesetzgeber allerdings unterstellen, daß er den Verteidiger praktisch gänzlich aus dem Strafbarkeitsbereich des §258 StGB ausklammern wollte. Dann wären aber auch grobe Verstöße gegen das Prozeßrecht nicht mehr strafbar, was wiederum implizieren würde, daß eine Kongruenz der Rechte des Anwalts mit denen seines Mandanten bis hin zum Lügerecht bestünde[839]. Eine derart extreme Auffassung ist jedoch mit der herrschenden Auffassung abzulehnen[840]. Da der gesetzgeberische Wille nicht im Sinne einer völligen Herausnahme von Verteidigerhandeln aus dem Bereich von §258 StGB verstanden werden kann, bleibt es auch für den Verteidiger beim Strafbarkeitsrisiko des §258 StGB[841].

c) Die „Vorsatzlösung" bzw. „Hemmschwellentheorie" des BGH

Der BGH geht davon aus, daß trotz des Erfordernisses direkten Vorsatzes bei §258 StGB für die tateinheitlich mitverwirklichten Delikte bedingter Vorsatz genügt[842]. Dieser Ansatzpunkt führt aber nicht zwangsläufig zur Strafbarkeit des Verteidigers, da sich der BGH um eine restriktive Interpretation des dolus eventualis bemüht. Dabei geht der BGH von der in ständiger Rechtsprechung vertre-

---

[835] Vgl. hierzu unten S.227ff.
[836] Vgl. Wünsch StV 1997 S.45(49).
[837] Müller StV 1981 S.90(97, 100); Ostendorf NJW 1978 S.1345(1349).
[838] Müller StV 1981 S.90(97, 100); entgegen Scheffler StV 1993 S.470(472) und Wünsch StV 1997 S.45(49) spricht Müller in diesem Zusammenhang aber nicht von einer „Sperrwirkung".
[839] Wünsch StV 1997 S.45(49).
[840] Vgl. ausführlich etwa Beulke, Strafbarkeit, S.18 m.w.N.
[841] Ablehnend auch Beulke NStZ 1983 S.504 („*unsinnige These*").

tenen sogenannten Billigungs- bzw. Einwilligungstheorie aus und trennt klar zwischen den begrifflichen Voraussetzungen des dolus eventualis und den Anforderungen, die an seine Beweisbarkeit zu stellen sind[843]. Der Grundsatz, daß die Annahme der Billigung des Taterfolges beweisrechtlich naheliegt, wenn der Täter sein Vorhaben trotz äußerster Gefährlichkeit durchführt, kann nach Auffassung des BGH jedoch nicht formelhaft auf Fälle offener, mehrdeutiger Geschehen angewandt werden. In diesen Fällen müßten in die Würdigung des voluntativen Vorsatzelements die Täterpersönlichkeit und die Tatumstände einbezogen werden. Auf diesem Weg meint der BGH zu der Beweisregel zu gelangen, daß der Verteidiger, der ihm vom Mandanten zur Verfügung gestellte bzw. benannte Beweismittel in ein gerichtliches Verfahren einbringt, selbst bei erheblichen Zweifeln an der Richtigkeit oder Zuverlässigkeit der eingeführten Beweise strafbares Verhalten nicht billigt[844]. Vielmehr verwende der Verteidiger solche Beweismittel im Regelfall mit dem inneren Vorbehalt, das Gericht werde sie seinerseits einer kritischen Prüfung unterziehen und ihre Fragwürdigkeit nicht übersehen[845]. Dieser Vorbehalt soll sich daraus ergeben, daß der Verteidiger als Organ der Rechtspflege fremde Interessen wahrnimmt.

Anderes könne nur dann gelten, falls der Verteidiger über zusätzliche Informationen verfüge, etwa, *„wenn ihm der Mandant mehr oder weniger deutlich zu erkennen gegeben hat, das Vorbringen sei erlogen, die Beweismittel seien gefälscht“*[846].

Wenngleich die Argumentation des BGH auf den ersten Blick schlüssig erscheint und auch das angestrebte Ergebnis einer verteidigerfreundlichen Lösung erreicht wurde, ist der vom BGH gewählte Anknüpfungspunkt aus verschiedenen Gründen abzulehnen[847].

Die Stellung des Verteidigers als Organ der Rechtspflege, das darauf vertraue, das Gericht werde die Echtheit der eingereichten Beweismittel überprüfen, kann

---

842 BGHSt 38, 345(350); im konkreten Fall ging es um die §§267 Abs.1 Alt.3 und 263 StGB.
843 BGHSt 38, 345(350).
844 BGHSt 38, 345(350).
845 BGHSt 38, 345(350f.).
846 BGHSt 38, 345(351).
847 So auch Scheffler StV 1993 S.470(471f.); Hamm NJW 1993 S.289(292,294); Beulke JR 1994 S.116(120f.); Otto JK 93 StGB §267/17; ders. FS-Lenckner S.193(211f.); Puppe, in NK §267 Rn.104; Tröndle/Fischer §258 Rn.7a; Wünsch StV 1997 S.45(49f.); Stumpf NStZ 1997 S.7(10f.); v. Stetten StV 1995 S.606(607).

nicht als Kriterium für die beweismäßige Feststellung des bedingten Vorsatzes herangezogen werden[848]. Mit dem Einreichen der Urkunde bei Gericht ist die Tatbestandsalternative des §267 Abs.1 Alt.3 StGB bereits erfüllt. Das Gebrauchen der Urkunde liegt im Zeitpunkt der Einreichung vor. Eine spätere gerichtliche Überprüfung der Echtheit der Urkunde ändert nichts an der Tatbestandserfüllung des §267 Abs.1 Alt.3 StGB. Ansonsten müßte der Zeitpunkt des Gebrauchens der Urkunde, entgegen der gesetzlichen Regelung, auf den Zeitpunkt nach der Überprüfung der eingereichten Urkunde verschoben werden[849].
Wenig nachvollziehbar ist außerdem, warum die Organeigenschaft des Verteidigers im Strafverfahren in die Vorsatzfrage hineinwirken und das voluntative Vorsatzelement ausschließen soll[850]. Hier fehlt es doch am zwischen der Stellung des Verteidigers im Strafverfahren und dem voluntativen Element des Vorsatzes bestehenden Bindeglied. Es geht an der Realität vorbei, zu glauben, daß der Verteidiger verstärkt darauf vertraue, die vom Mandanten zur Verfügung gestellten bzw. benannten Beweismittel seien echt. Selbst bei einem Verteidiger, der sich seiner Rolle im Strafverfahren stets bewußt ist und der aufgrund seiner Organstellung zu seinem Mandanten eine gewisse Distanz hält, erscheint ein derartiger verstärkter Glauben an die Echtheit der vom Mandanten erlangten Urkunden als bloße Wunschvorstellung. Fragwürdig erscheint auch die Auffassung, ein Verteidiger werde als Organ der Rechtspflege niemals unter billigender Inkaufnahme eine gefälschte Urkunde bei Gericht einreichen.
Die Vermutung der Nichtbilligung ist aber auch aus anderen Gründen bedenklich. Problematisch erscheint hier, inwieweit der Lösungsansatz des BGH auch auf Hochschullehrer und Verteidiger nach §138 Abs.2 StPO, die nicht §1 BRAO unterfallen, Anwendung finden kann und was für Rechtsanwälte gilt, die ausdrücklich ihre Organstellung ablehnen und für sich die Stellung als bloße Interessenvertreter in Anspruch nehmen[851].

Insofern zeigt sich, daß allein aus der Stellung des Verteidigers im Strafverfahren kein Ausschluß des voluntativen Elements des Vorsatzes begründet werden kann.

---

[848] Beulke JR 1994 S.116(120); v. Stetten StV 1995 S.606(611).
[849] Vgl. v. Stetten StV 1995 S.606(611).
[850] Stumpf NStZ 1997 S.7(11); Beulke JR 1994 S.116(120); v. Stetten StV 1995 S.606(611).
[851] Scheffler StV 1993 S.470(471f.).

Weitergehend ist auch zu beachten, daß eine Lösung des dargelegten Verteidigerkonflikts nicht nur bzgl. des Tatbestandes der Urkundenfälschung notwendig ist, sondern im Hinblick auf alle möglicherweise tateinheitlich mitverwirklichten Tatbestände (wie etwa §§153ff. bzw. 263 StGB). Die Möglichkeit des Vorliegens von §263 StGB zeigt sich schon in dem vom BGH entschiedenen Fall. Hier könnte an einen Ausschluß des Täuschungsvorsatzes zu denken sein. Der BGH geht hierauf im Rahmen der Prüfung von §263 StGB nicht ein und macht damit deutlich, daß er eine Anwendung seines für §267 StGB gefundenen Ansatzes auf andere Delikte nicht anstrebt[852]. Der Lösungsansatz des BGH ist bei diesen anderen Delikten aber auch nicht brauchbar. Hier kann sich der Verteidiger nicht darauf berufen, wegen seiner Stellung im Strafprozeß entfalle das voluntative Vorsatzelement, denn es fehlt an der nochmaligen gerichtlichen Kontrolle[853].

Ein allein auf §267 StGB beschränkter Lösungsansatz der Verteidigerproblematik ist jedoch abzulehnen. Es wäre vielmehr systemwidrig, dem Verteidiger allein bei §267 StGB spezielle Vorsatzprivilegien zu gewähren[854].

Auch die vom BGH (ausdrücklich) vorgenommene Einschränkung seines Lösungsansatzes zeigt die mit diesem Ansatz verbundenen Schwächen auf. Ein Beweisanzeichen für das Vorliegen des voluntativen Elements soll nach Ansicht des BGH aber vorliegen, *„wenn der Verteidiger über zusätzliche Informationen verfügt, etwa, wenn ihm der Mandant mehr oder weniger deutlich zu erkennen gegeben hat, das Vorbringen sei erlogen, die Beweismittel seien gefälscht"*[855]. In diesem Fall soll also eine höhere Hemmschwelle des Verteidigers nicht mehr bestehen.

Eine derartige Beschränkung erscheint nicht nachvollziehbar. Der BGH verwechselt hierbei das voluntative Element des Wollens mit dem kognitiven Element des Wissens[856]. Von einem aufgrund zusätzlicher Informationen bestehenden vermehrten Wissen kann nicht ohne weiteres auf das Wollen des Verteidigers geschlossen werden. Mit der angeblich höheren Hemmschwelle des Verteidigers haben solche zusätzlichen Informationen nichts zu tun. Das äußerst vage Merkmal eines *„mehr oder weniger"* deutlichen Erkennengebens seitens des

---

[852] Vgl. Beulke JR 1994 S.116(120).
[853] Vgl. v. Stetten StV 1995 S.606(611).
[854] Beulke JR 1994 S.116(120); v. Stetten StV 1995 S.606(611).
[855] BGHSt 38, 345(351).
[856] Vgl. v. Stetten StV 1995 S.606(611); Beulke JR 1994 S.116(120).

Mandanten kann darüber hinaus nicht zutreffender Anknüpfungspunkt der Strafbarkeit sein.

Mit der aufgezeigten Argumentation nimmt der BGH dem Verteidiger die vorher mühevoll und umständlich gewährten Privilegien[857].

Damit hat sich gezeigt, daß die Vorsatzlösung des BGH keinen theoretisch befriedigenden Ansatz zur Lösung des Verteidigerdilemmas darstellt.

d) Der Ausschluß der Strafbarkeit als mittelbare Folge des Prozeßrechts

Nach einer Auffassung in der Literatur ist die Problematik allein aufgrund der Bestimmung der Grenzen zulässigen Verteidigerhandelns zu lösen[858]. Der Verteidiger, der lediglich Zweifel an der Echtheit der Urkunde hat, sei nicht befugt, das Beweismittel deshalb zurückzuhalten. Wenn der Verteidiger hierzu verpflichtet sei, müsse damit auch das Recht verbunden sein, dieser Pflicht nachzukommen. Somit liege ein prozessual zulässiges Verteidigerverhalten vor, das als tatbestandsmäßige und rechtswidrige Straftatbegehung nicht in Betracht kommt[859].

Diese Auffassung läßt sich jedoch nicht mit dem bereits oben dargestellten Verständnis zulässigen Verteidigerhandelns vereinbaren. Zutreffend geht die herrschende Auffassung davon aus, daß die Fälschung von Urkunden bzw. das Verwenden verfälschter Urkunden zu den dem Verteidiger verbotenen Verhaltensweisen gehört[860]. Die Tatsache, daß der Verteidiger subjektiv nichts von der Fälschung der Urkunden wußte, sondern nur an deren Echtheit zweifelte, ist eine im subjektiven Tatbestand zu berücksichtigende Frage. Das Verhalten bleibt eine dem Verteidigers objektiv verbotene Verhaltensweise.

e) Die „Sperrwirkung" des Nichtvorliegens von §258 StGB aufgrund fehlenden Vorsatzes im Hinblick auf den subjektiven Tatbestand tateinheitlich mitverwirklichter Delikte

Eine theoretisch befriedigende Lösung des Verteidigerkonflikts hat sich in den bislang dargestellten Ansätzen nicht finden lassen. In Betracht kommt aber der Ansatzpunkt einer „Sperrwirkung" des §258 StGB dergestalt, daß das Erforder-

---

857 Vgl. v. Stetten StV 1995 S.606(611); Beulke JR 1994 S.116(120).
858 Stumpf NStZ 1997 S.7(11); Tröndle/Fischer §258 Rn.7a.
859 Stumpf NStZ 1997 S.7(11).
860 Oben S.215f.

nis des dolus directus ersten und zweiten Grades im subjektiven Tatbestand des §258 StGB auf alle in Tateinheit mit §258 StGB verwirklichten Delikte übertragen wird[861].

Im folgenden wird der Frage nachgegangen, ob die an diesem Lösungsansatz geübte Kritik[862] durchgreift oder eine „Sperrwirkung“ als Lösung des Verteidigerkonflikts gerechtfertigt erscheint.

Der Anerkennung einer „Sperrwirkung“ wird entgegengehalten, sie enthalte die Gefahr eines „Dammbruchs“ für Parallelentwicklungen in weiteren Bereichen[863]. Zunächst könne man keine generelle „Sperrwirkung“ des §258 StGB für alle Alternativen des §267 StGB befürworten, da das typische Verteidigerdilemma allein beim Gebrauch einer unechten Urkunde (§267 Abs.1 Alt.3 StGB) auftrete[864].

Dieser Einwand greift jedoch nicht durch, denn nur dort, wo das dargestellte Verteidigerdilemma besteht, ist das Eingreifen der „Sperrwirkung“ des §258 StGB überhaupt notwendig.

Eine „Sperrwirkung“ hinsichtlich §267 Abs.1 Alt.1 bzw. Alt.2 StGB steht nicht in Frage, da Tateinheit zwischen Strafvereitelung und einer der genannten Alternativen nicht möglich ist[865]. Die Herstellung einer unechten Urkunde bzw. das Verfälschen einer echten Urkunde kann nicht gleichermaßen Strafvereitelung sein, „*da zu diesem Zeitpunkt noch nicht einmal der Kreislauf in Gang gesetzt ist, der überhaupt zur Möglichkeit der sinnlichen Wahrnehmung der falschen Urkunde durch Verfolgungs- oder Vollstreckungsorgane führen kann*“[866].

In den Fällen von §267 Abs.1 Alt.1 bzw. Alt.2 StGB kann die Problematik für den Verteidiger auch gar nicht auftreten, denn hier zweifelt der Verteidiger nicht an der Echtheit einer Urkunde, sondern er weiß, daß die Urkunde falsch ist. Insofern liegt hier nicht der Fall vor, daß eine Strafbarkeit aus §267 StGB gegeben ist, während §258 StGB ausscheidet. Die vorgebrachte Kritik geht damit am Kern des Problems vorbei.

---

[861] Vgl. Müller StV 1981 S.90(100); Scheffler StV 1993 S.470(472); Hamm NJW 1993 S.289(294); v. Stetten StV 1995 S.606(610f.); Wünsch StV 1997 S.45(49f.).

[862] Vgl. BGHSt 38, 345(348); Tröndle/Fischer §258 Rn.7a; Lackner/Kühl §258 Rn.14; Beulke JR 1994 S.116(118f.); Stumpf NStZ 1997 S.7(10).

[863] Beulke JR 1994 S.116(119).

[864] Beulke JR 1994 S.116(119).

[865] Vgl. v. Stetten StV 1995 S.606(610); Wünsch StV 1997 S.45(49).

Weiter, so die Kritiker der „Sperrwirkung", sei zu bedenken, daß die „Sperrwirkung" des subjektiven Tatbestandes, die zwar derzeit nur für den Strafverteidiger diskutiert wird, auch von anderen Berufsgruppen wie etwa Ärzten, Pfarrern oder Sozialarbeitern eingefordert werden könnte[867]. Auch diese prognostizierte Gefahr der Ausweitung der „Sperrwirkung" überzeugt nicht. Für andere Berufsgruppen besteht das bereits dargestellte Dilemma nicht, da sie im Gegensatz zum Strafverteidiger keine entgegenstehenden Funktionen haben. Im Strafverfahren sind sie lediglich Beweismittel und insoweit zur Objektivität verpflichtet. Damit besteht für diese Berufsgruppen keine der Konfliktsituation des Strafverteidigers vergleichbare Situation[868].

Die Kritiker der „Sperrwirkung" bringen weiterhin, insoweit noch zutreffend vor, daß die „Sperrwirkung" neben §267 Abs.1 Alt.3 StGB auch auf andere Tatbestände, wie etwa §§ 153ff. StGB oder §263 StGB Anwendung findet. Damit sei eine nicht mehr zu rechtfertigende Ausuferung der „Sperrwirkung" verbunden, da es sich hierbei um Straftatbestände mit unterschiedlichem Rechtscharakter[869] handele[870]. Der Verteidiger, der für den Mandanten auch von gefälschten Urkunden Gebrauch mache, wisse, daß er ein zusätzliches Rechtsgut gefährde. Diese Unterschiede bezüglich der bedingt gewollten Rechtsgutsverletzung würden insofern eine Ablehnung der Transferierung des subjektiven Tatbestandes des §258 StGB auf den des §267 StGB bzw. anderer Tatbestände erzwingen.

Eine derartige Kritik kann indes nicht überzeugen. So ist es nicht zweifelhaft, daß der Verteidiger in dem von der Gegenauffassung vorgebrachten Fall sowohl aus §267 Abs.1 Alt.3 StGB, als auch aus §258 StGB strafbar wäre. Allerdings wird die „Sperrwirkung" des subjektiven Tatbestandes des §258 StGB nur dann relevant, wenn der Täter gerade nicht weiß, daß er von einer unechten Urkunde Gebrauch macht und damit die Sicherheit und Zuverlässigkeit des Beweisverkehrs mit Urkunden gefährdet, sondern er dies nur für möglich hält.

---

866 Wünsch StV 1997 S.45(49).

867 Beulke JR 1994 S.116(119); Stumpf NStZ 1997 S.7(10).

868 Vgl. v. Stetten StV 1995 S.606(610); Wünsch StV 1997 S.45(50).

869 Während §258 StGB allgemein anerkannt die staatliche Rechtspflege schützt (vgl. etwa BGHSt 30, 77(78); Ruß, in LK §258 Rn.1; Cramer, in S./S. §258 Rn.1; Tröndle/Fischer §258 Rn.1; Lackner/Kühl §28 Rn.1; Samson, in SK §28 Rn.2), will §267 StGB die Sicherheit und Zuverlässigkeit des Rechtsverkehrs schützen (vgl. etwa BGHSt 2, 50(52); 9, 44(45); Tröndle, in LK 10.A. Vor §267 Rn.2; Cramer, in S./S. §267 Rn.1; Tröndle/Fischer §267 Rn.1; Lackner/Kühl §267 Rn.1; Freund, Urkundenstraftaten, Rn.22).

Weiterhin ist es zwar richtig, daß der Verteidiger mit der Einreichung einer falschen Urkunde mehrere Rechtsgüter verletzt. §258 StGB schützt etwa die staatliche Rechtspflege, §267 StGB die Sicherheit des Rechtsverkehr. Kommt auch noch §263 StGB in Betracht, ist auch das Rechtsgut des Individualvermögens des Einzelnen gefährdet. Fraglich erscheint jedoch, warum aus dieser Verletzung verschiedener Rechtsgüter die Ablehnung einer „Sperrwirkung" folgen soll[871]. So ist der Unrechtsgehalt der Handlungen des Strafverteidigers stets gleich, unabhängig davon, ob dieser sich bei der Verteidigung einer Urkunde bedient oder nicht. Eine Differenzierung zwischen Wortverteidigung und der Verteidigung unter Verwendung von Urkunden vorzunehmen und damit ein unterschiedliches Maß bei der rechtlichen Bewertung anzulegen, *„hieße de facto, dem Strafverteidiger im Bereich der Wortverteidigung erheblich weniger Kompetenz zuzusprechen als im Bereich des Urkundenbeweises"*[872]. Es würde hier zu einer nicht gerechtfertigten Gewichtung der verschiedenen Handlungsformen des Verteidigers kommen. Der Handlung des Verteidigers liegt aber stets die gleiche Motivation zugrunde, er will die Interessen seines Mandanten wahrnehmen und diesen vor Sanktionen schützen. Insofern kann die vom Verteidiger gewählte Handlungsform kein Kriterium für die rechtliche Ungleichbehandlung darstellen, die mit der auf der Differenzierung nach Rechtsgütern beruhenden Ablehnung der „Sperrwirkung" verbunden wäre.

Die Ablehnung der „Sperrwirkung" im Bereich des §258 StGB aufgrund der verschiedenen von der „Sperrwirkung" betroffenen Schutzgüter verwundert auch vor dem Hintergrund, daß die Rechtsprechung und der Großteil der Literatur einer noch weitergehenden „Sperrwirkung" des Nichtvorliegens von §339 StGB zustimmt[873].

Auch im Hinblick auf den Grundsatz der Waffengleichheit erscheint die Annahme einer „Sperrwirkung" des subjektiven Strafvereitelungstatbestandes als gerechtfertigt. Ansonsten bestünde eine Ungleichbehandlung mit dem Staatsanwalt, der bedingt vorsätzlich eine unechte Urkunde als Beweismittel der Anklage-

---

870 Beulke JR 1994 S.116(119).
871 Vgl. v. Stetten StV 1995 S.606(610).
872 Vgl. v. Stetten StV 1995 S.606(610).
873 Vgl. unten S.227ff.

schrift beifügt. Dem Staatsanwalt kommt hier nämlich die „Sperrwirkung“ des Nichtvorliegens des §339 StGB zugute, die, wie sich noch zeigen wird[874], neben dem Richter auch den Staatsanwalt erfaßt.

Die Ablehnung der hier vertretenen „Sperrwirkung“ steht auch in Widerspruch zu der Entscheidung des BGH vom 18.06.1991[875]. Bereits in dieser Entscheidung kommt der Gedanke, §258 StGB eine „Sperrwirkung“ zuzusprechen, zum Ausdruck[876]. Kernaussage dieser Entscheidung ist es, daß sich ein Verteidiger, der in Zusammenwirken mit dem Beschuldigten eine strafbare Handlung begeht, die in keinerlei sachlichem Zusammenhang mit denkbaren Verteidigungszielen steht, nicht auf das Zeugnisverweigerungsrecht aus §53 Abs.1 Nr.2 und Nr.3 StPO berufen kann[877]. Der BGH fügt noch hinzu, es brauche zwar nicht entschieden werden, ob etwas anderes gelte, wenn der Verteidiger in (etwa nach §258 StGB) strafbarer Weise nur darauf hinwirkt, die Bestrafung seines Mandanten zu verhindern. Ein solcher Ansatz liege nach Auffassung des BGH aber nahe[878].
Daraus ergibt sich aber auch, daß dem Verteidiger auch im Hinblick auf strafbare Handlungen ein Zeugnisverweigerungsrecht aus §53 Abs.1 Nr.2 bzw. Nr.3 StPO zusteht, falls hier ein sachlicher Zusammenhang mit Zielen der Verteidigung, wie Schutz des Beteiligten vor Anklage, Verhaftung und Verurteilung besteht[879]. Diese sachlichen Ziele der Verteidigung stehen in Zusammenhang mit dem Strafvereitelungstatbestand, denn auch bei der Strafvereitelung besteht das Ziel des Täters, den Begünstigten vor Strafe bzw. Strafvollstreckung zu schützen[880]. Steht die Verteidigungshandlung mit den Zielen der Strafverteidigung in Einklang, muß §258 StGB konsequenterweise dahingehend eine „Sperrwirkung“ entfalten, daß dem Verteidiger für Straftaten, die mit den Verteidigungszielen in Zusammenhang stehen, nicht nur bezüglich §258 StGB, sondern auch bezüglich aller anderen begangenen Straftaten das Zeugnisverweigerungsrecht aus §53

---

874 Vgl. S.237f.
875 BGHSt 38, 7ff.
876 Vgl. Scheffler StV 1991 S.299(300f.); ders. StV 1993 S.470(472); Wünsch StV 1997 S.45(50); v. Stetten StV 1995 S.606(608).
877 BGHSt 38, 7(11).
878 BGHSt 38, 7(11).
879 BGHSt 38, 7(11); v. Stetten StV 1995 S.606(608); Wünsch StV 1997 S.45(50); Scheffler StV 1992 S.299(300).
880 BGHSt 30, 77(78); v. Stetten StV 1995 S.606(608).

Abs.1 Nr.2 bzw. Nr.3 StPO zur Verfügung steht[881]. Damit hat sich gezeigt, daß der Gedanke, §258 StGB eine „Sperrwirkung" zukommen zu lassen, bereits in früheren Entscheidungen enthalten ist. Insoweit muß sich die Rechtsprechung den Vorwurf der Inkonsequenz gefallen lassen.

Als Ergebnis der Untersuchung dieser Fallgruppe läßt sich festhalten, daß auch im Bereich der Verteidigertätigkeit die Notwendigkeit einer Privilegierung besteht. Dabei hat sich einzig die Annahme der „Sperrwirkung" des subjektiven Strafvereitelungstatbestandes als theoretisch wie praktisch befriedigende Lösung des Verteidigerdilemmas erwiesen. Das Erfordernis des direkten Vorsatzes in §258 StGB wird auf die anderen tateinheitlich mitverwirklichten Tatbestände übertragen. Somit stellt sich die „Sperrwirkung" des §258 StGB im Bereich der Strafverteidigertätigkeit dogmatisch als subjektive Tatbestandseinschränkung im Hinblick auf tateinheitlich mitverwirklichte Delikte dar.

---

[881] Scheffler StV 1992 S.299(300f.); ders. StV 1993 S.470(472); v. Stetten StV 1995 S.606(608); Wünsch StV 1997 S.45(50).

IX. Fallgruppe 9: Die „Sperrwirkung" des Nichtvorliegens von §339 StGB als Spezialfall des Rechtfertigungsgrundes amtlichen Handelns

Dem Richter kommt die Aufgabe zu, einen Streit als unbeteiligter Dritter zu entscheiden. Art. 97 GG sichert die richterliche Unabhängigkeit in sachlicher und persönlicher Hinsicht, um eine unparteiliche Stellung des Richters zu gewährleisten. Dabei setzt Art. 97 Abs.1 HS.2 GG mit der Formulierung *„nur dem Gesetz unterworfen"* der richterlichen Unabhängigkeit auch Grenzen und legt eine Bindung des Richters an das geltende Recht fest. Diese Bindung gewährleistet die richterliche Unabhängigkeit und die Gleichbehandlung aller Bürger vor den Gerichten. Der Norm des §339 StGB kommt die Aufgabe zu, die in Art. 97 Abs.1 HS.2 GG festgelegte Bindung an das geltende Recht zu sichern und jeglichen Mißbrauch richterlicher Unabhängigkeit zu verhindern. So stellt die Vorschrift des §339 StGB das Korrelat zur unabhängigen richterlichen Entscheidungsfreiheit dar.

Nach herrschender Auffassung bestimmt §339 StGB aber nicht nur die Voraussetzungen einer Strafbarkeit des Richters, sondern beschränkt gleichermaßen auch die strafrechtliche Haftung des Richters. So komme in §339 StGB auch eine privilegierende Wirkung zum Ausdruck.

Dieser Ansatz geht zurück auf die Überlegungen von Gustav Radbruch[882] in Zusammenhang mit Fällen nationalsozialistischer Unrechtsrechtsprechung aus dem Jahre 1946[883] : *„Die Strafbarkeit der Richter wegen Tötung setzt die gleichzeitige Feststellung einer von ihnen begangenen Rechtsbeugung (§§336, 344 StGB) voraus. Denn das Urteil des unabhängigen Richters darf Gegenstand einer Bestrafung nur dann sein, wenn er gerade den Grundsatz, dem jene Unabhängigkeit zu dienen bestimmt war, die Unterworfenheit unter das Gesetz, d.h. unter das Recht, verletzt hätte"*[884].

Eine Verurteilung des Richters oder sonstigen Amtsträgers im Sinne des §339 StGB aus anderen Tatbeständen kann nur dann erfolgen, wenn durch die richterliche Tätigkeit tateinheitlich auch die Tatbestandsvoraussetzungen des §339

---

[882] Radbruch SJZ 1946 S.105(108).
[883] Zu Konkurrenzproblemen bereits Binding BT/2 §227 IX S.563.
[884] Radbruch SJZ 1946 S.105(108).

StGB erfüllt sind[885]. Das Nichtvorliegen des Rechtsbeugungstatbestandes schließt somit die Strafbarkeit aufgrund der weiterhin verwirklichten Delikte aus[886]. Dabei ist zu beachten, daß der Gesetzgeber in §339 StGB allein die vorsätzliche Rechtsbeugung unter Strafe stellt. Fahrlässiges Verhalten des Richters bleibt insoweit straflos. Zwar hat es vereinzelt Tendenzen zu einer Einführung eines Fahrlässigkeitstatbestandes gegeben[887], diese konnten sich jedoch nicht durchsetzen. Als tateinheitlich vorliegende Tatbestände kommen vor allem §§239, 253, 258a, 343, 344, 345 StGB und vor Geltung des Grundgesetzes §§211, 212, 222 StGB (vgl. Art. 102 GG) in Betracht.

In Literatur und Rechtsprechung haben sich verschiedene Begriffe für das aufgezeigte Ausschlußverhältnis herausgebildet. So spricht man von der „Schutzfunktion" des §339 StGB[888], vom „Richterprivileg"[889], von der „Verantwortungsfreiheit"[890], dem „Haftungsprivileg" des Richters[891], der „Begrenzungsfunktion"[892]

---

885 Vgl. etwa BGH MDR 1952 S.693(695); BGHSt 10, 294(298); BGH NJW 1971 S.571(573); BGHSt 32, 357(364); 40, 125(136); 41, 247(255); BGH NJW 1996 S.857; OLG Bamberg SJZ 1949 S.491; OLG Düsseldorf NJW 1990 S.1374(1375); Maurach/Schroeder/Maiwald BT/2 §77 Rn.21; Schroeder GA 1993 S.389ff.; Tröndle/Fischer §339 Rn.11; Lackner/Kühl §339 Rn.11; Spendel, in LK §339 Rn.129; Rudolphi, in SK §339 Rn.22; Seemann S.99ff.; Krey BT/1 Rn.678; Hupe S.20; Weber GA 1993 S.195(215); Vormbaum, Schutz, S.371f.; ders. NJ 1993 S.212(215); Seebode S.123f.; Behrendt JuS 1989 S.945(950); Bemmann GS-Radbruch S.308ff.; ders., Der Richter in Strafsachen, S.163; Geppert Jura 1981 S.78(81); Welzel, Strafrecht, §78 B II 5; Letzgus FS-Helmrich S.73(85); Otto BT §98 I 5; Müller NJW 1980 S.2390(2393); v. Weber NJW 1950 S.272; Mohrbotter JZ 1969 S.491ff.; Scholderer S.340ff.; Hassemer JuS 1990 S.766f.; Müller KJ 1984 S.119(138); so in der Sache schon Binding BT/2 §227 IX S.563; a.A.: Bettermann S.575ff.; Bauer GS-Radbruch S.302(306); Kohlrausch-Lange §336 Anm. VI; krit. auch Stumpf NStZ 1997 S.7(9f.); Begemann NJW 1968 S.1361ff.; ablehnend aufgrund des angeblich entfallenen Anwendungsbereichs Lenckner, in S./S. §336 Rn.7 (siehe hierzu unten S.230). Die „Sperrwirkung" gilt nach herrschender Auffassung grds. auch für die Rechtsbeugungsvorschrift des §244 DDR-StGB (vgl. etwa BGHSt 40, 125(136); 41, 247(255); 41, 317(321); Schroeder GA 1993 S.389(401ff.); Tröndle/Fischer Vor §3 Rn.49e; Lackner/Kühl §2 Rn.19b; Maiwald NJW 1993 S.1881ff.; Limbach ZRP 1992 S.170(173); Letzgus FS-Helmrich S.73(85ff.); Lüderssen S.149f.; a.A.: Wassermann FS-Spendel S.629(645); ders. RuP 1992 S.121(128f.); v. Renesse NJ 1993 S.409(411); Begemann NStZ 1996 S.389.

886 Zur Einschränkung der Haftungsprivilegierung vgl. etwa Schroeder GA 1993 S.389(396ff.); Spendel, in LK §339 Rn.131f.

887 Stahnke S.124; Bendix Die Justiz 1926/27 S.42(70); Swarzenski Die Justiz 1928/29 S.341; vgl. auch die Nachweise bei Schmidt/Speicher S.85 und Schreiber GA 1972 S.193(207).

888 Lackner/Kühl §339 Rn.11; Kohlrausch-Lange §336 Anm. VI; Otto BT §98 I 5; Preisendanz §336 Anm.8; Seebode S.123f.; Geppert Jura 1981 S.78(81); Schmidt-Speicher S.90; Begemann NJW 1968 S.2346(2347).

889 Rudolphi, in SK §339 Rn.22; Seebode S.123; Welzel, Strafrecht, S.546; Müller KJ 1984 S.119(138); Schmidt-Speicher S.86; Musielak, Rechtsbeugung, S.98; Hirsch ZStW 82 (1970) S.411(432, 436); Begemann NJW 1968 S.2346(2347); Scholderer S.343 („*Spruchrichterprivileg*").

890 Vgl. v. Weber NJW 1950 S.272.

891 Begemann NJW 1968 S.1361; Behrendt JuS 1989 S.945(950); Geppert Jura 1981 S.78(81); Seemann S.16ff., 99ff.; Vormbaum, Schutz, S.371; Hupe S.19.

oder der „Haftungsbegrenzung für den Richter“[893]. Ausgehend von Schroeder[894] hat jedoch der Begriff der „Sperrwirkung“ die weiteste Verbreitung gefunden[895].

1. Zum Anwendungsbereich der „Sperrwirkung“

Von dieser Privilegierung des Richters ist die Frage zu unterscheiden, ob der Rechtsbeugungstatbestand auf die Strafbarkeit direkten Vorsatzes beschränkt ist oder ob auch der bedingte Vorsatz eingeschlossen ist.

Dabei stellt sich die Problematik, inwieweit durch eine Einbeziehung des dolus eventualis als ausreichende Vorsatzform der Anwendungsbereich der „Sperrwirkung“ entfallen sein könnte.

Nach herrschender Auffassung ist bedingter Vorsatz für §339 StGB als ausreichend anzusehen. Verlangt das Gesetz für die Strafbarkeit eines Verhaltens Vorsatz, so sind damit dolus directus und dolus eventualis gemeint, soweit nicht das Gesetz die Vorsatzform ausdrücklich auf unbedingten Vorsatz beschränkt[896]. Seit der Neufassung des §339 StGB durch das EGStGB ist weitgehend anerkannt, daß bedingter Vorsatz ausreichend ist. Dies wurde zwar früher von der Rechtsprechung[897] und Teilen der Literatur[898] gegen vielfältigen Widerspruch des Schrifttums verneint, durch das EGStGB aber dadurch klargestellt, daß die in der Regie-

---

892 Krause NJW 1977 S.285(286); Müller NJW 1980 S.2390(2391); Lenckner, in S./S. §336 Rn.7.

893 Müller NJW 1980 S.2390; Hirsch ZStW 82 (1970) S.411(436); Schmidt-Speicher S.90.

894 Maurach/Schroeder BT/2 6.A. (1984) §74 II 6 S.195, jetzt Maurach/Schroeder/Maiwald BT/2 8.A. §77 Rn.21; vgl. auch Schroeder GA 1993 S.389ff.; so auch schon Müller NJW 1980 S.2390(2391), der den Begriff aber in Zusammenhang mit der Vorsatzproblematik verwendet.

895 Vgl. etwa BGHSt 32, 357(364); BGH NJW 1984 S.2711(2712); BGHSt 40, 125(136); 41, 247(255); OLG Düsseldorf NJW 1990 S.1374; Tröndle/Fischer §339 Rn.11; Krey BT/1 Rn.678; Rudolphi, in SK §339 Rn.22; Scholderer S.340ff.; Wünsch StV 1997 S.45ff.; Hassemer JuS 1990 S.766f.; Behrendt JuS 1989 S.945(950); Neuheuser S.56; Otto JK 90, StGB §336/3; Weber GA 1993 S.195(215,227); Rengier BT/2 §61 Rn.21; Hupe S.119; Vormbaum, Schutz, S.353, 372; Wassermann FS-Spendel S.629(646); Bemmann, Der Richter in Strafsachen, S.157(163f.); Lüderssen S.149; Letzgus FS-Helmrich S.73(85); Vormbaum NJ 1993 S.212(215). Teilweise wird hierbei zwischen dem Nichtvorliegen von §339 StGB aufgrund des Fehlens objektiver Voraussetzungen und aufgrund fehlenden Rechtsbeugungsvorsatzes differenziert und insofern das Vorliegen von zwei Stufen der „Sperrwirkung“ angenommen (vgl. Scholderer S.340ff.; Wünsch StV 1997 S.45(46f.)).

896 Vgl. Tröndle/Fischer §15 Rn.5; Cramer, in S./S. §15 Rn.78; Lackner/Kühl §15 Rn.28; Maurach/Zipf AT/1 §22 III Rn. 41.

897 Vgl. etwa BGHSt 10, 294(298); OLG Bamberg SJZ 1949 S.491.

898 Vgl. Heinitz, Rechtsbeugung, S.18; Welzel, Strafrecht, §78 B II 2; Mohrbotter JZ 1969 S.491(494).

rungsvorlage enthaltenen Begriffe „absichtlich oder wissentlich“ mit dem Ziel auch der Einbeziehung bedingten Vorsatzes gestrichen wurden[899].

Aber auch bei Einbeziehung des dolus eventualis ist der Anwendungsbereich der „Sperrwirkung“ entgegen einer Auffassung in der Literatur[900] keineswegs entfallen.

Die Begründung dieser abzulehnenden Auffassung für den Wegfall der Begrenzungsfunktion des §339 StGB erschöpft sich in dem Hinweis auf die herrschende Auffassung, daß für §339 StGB dolus eventualis ausreichend ist.

Ein plausibler Grund für den Wegfall der „Sperrwirkung“ ist jedoch nicht ersichtlich, denn *„das Bedürfnis, die Unabhängigkeit des Richters gegen Anfeindungen und Verdächtigungen insoweit zu schützen“*, verlangt um so mehr Beachtung, *„je geringer die Anforderungen an den Inhalt des Rechtsbeugungsvorsatzes sind“*[901]. Überdies hat der BGH die Begrenzungsfunktion des §336 StGB a.F. auch schon früher anerkannt, ohne für den Rechtsbeugungsvorsatz dolus directus zu fordern[902].

Die einen Anwendungsbereich der „Sperrwirkung“ ablehnende Auffassung verkennt, daß das Problem des Umfangs des Vorsatzes bei §339 StGB nicht die Existenz der „Sperrwirkung“, sondern nur, wenn auch entscheidend, deren Umfang betrifft[903].

Im folgenden gilt es aufzuzeigen, inwieweit auch bei Annahme der Einbeziehung von dolus eventualis ein Anwendungsbereich der „Sperrwirkung des Nichteingreifens von §339 StGB besteht.

---

899 BT-Drs. 7/1261 S.22; vgl. auch BGHSt 40, 272(276); Tröndle/Fischer §339 Rn.8; Lackner/Kühl §339 Rn.9; Rudolphi, in SK §339 Rn.20; Spendel, in LK §339 Rn.77ff.; Cramer, in S./S. §336 Rn.7; Maurach/Schroeder/Maiwald BT/2 §77 Rn.19; Scholderer S.638ff.; Seemann S.63ff.; Schmidt-Speicher S.82ff.; Hupe S.66ff.; Wünsch StV 1997 S.45(47); offengelassen bei BGH MDR/H 1978 S.626; OLG Düsseldorf NJW 1990 S.1374(1375); a.A.: Krause NJW 1977 S.285f.; Müller NJW 1980 S.2390(2393), mit Recht kritisch zu deren Argumenten Hupe S.66ff. und Scholderer S.639ff.

900 Lenckner, in S./S. §336 Rn.7; Krause NJW 1977 S.286; Müller NJW 1980 S.2390(2391).

901 OLG Düsseldorf NJW 1990 S.1374(1375)

902 BGH MDR 1952 S.693ff.; vgl. OLG Düsseldorf NJW 1990 S.1374(1375).

903 Schroeder GA 1993 S.389(390); Hupe S.120; Seemann S.105; Vormbaum, Schutz, S.370.

a) Die Erfüllung anderweitiger Tatbestände als unumgänglich notwendige Nebenfolge einer nicht nach §339 StGB tatbestandsmäßigen Leitungs- oder Entscheidungshandlung

§339 StGB stellt die Beugung des Rechts bei Leitung oder Entscheidung einer Rechtssache unter Strafe. Im Rahmen der Diskussion um den Anwendungsbereich der „Sperrwirkung" sind auch Konstellationen denkbar, in denen ein objektives Merkmal des §339 StGB, etwa die fehlende Parteiauswirkung nicht erfüllt ist, die richterliche Handlung aber eine Beleidigung eines Zeugen, Sachverständigen, Verteidigers oder des Angeklagten darstellt[904]. Weiter läßt sich der Fall denken, daß der Richter im Rahmen einer durch den Untersuchungsgegenstand nicht indizierten Erörterung der Vermögensverhältnisse des Angeklagten oder eines Zeugen dessen Kredit i.S. des §187 StGB gefährdet[905].

Der Tatbestand des §339 StGB ist in diesen Fällen nicht erfüllt, dagegen liegen in den genannten Beispielen die Voraussetzungen der §§185 bzw. 187 StGB vor. Fraglich bleibt, inwieweit hier der „Sperrwirkung" des Nichtvorliegens des §339 StGB ein Anwendungsbereich verbleiben kann.

Insoweit ist hier angesichts der ratio des Richterprivilegs eine Einschränkung notwendig. Die in der „Sperrwirkung" zum Ausdruck kommende Privilegierung des Richters im Rahmen des Konkurrenzverhältnisses von §339 StGB zu mit diesem tateinheitlich verwirklichten Delikten kann nur dann Geltung erlangen, wenn der begangene Fehler bei der Anwendung des Rechts entweder im Rahmen der Leitung oder Entscheidung einer Rechtssache geschehen ist[906]. Liegt das richterliche Fehlverhalten in einer darüber hinausgehenden, strafrechtlich relevanten Handlung, so ist eine Begrenzungsfunktion des Rechtsbeugungstatbestandes abzulehnen. Die richterliche Sonderregelung muß stets funktionsgerecht und unter Beachtung der an den Richter gerichteten Verhaltenserwartung ausgestaltet und begrenzt sein. Der Schutz des Richters vor Strafverfolgung aus anderen Tatbeständen ist nur dort begründet, wo richterliches Handeln *„notwendigerweise zu Kollisionen mit strafrechtlich geschützten Rechtspositionen von Verfahrensbeteiligten führt"*[907]. Dazu kommt es, wenn die Erfüllung des anderweitigen Tatbe-

[904] Zu diesem Beispiel auch Hupe S.20; Vormbaum, Schutz, S.371f.; Seemann S.105, 111; Müller KJ 1984 S.119(137f.).
[905] Vgl. Vormbaum, Schutz, S.372.
[906] Rudolphi, in SK §339 Rn.22; Seemann S.111; vgl. auch BGH NJW 1957 S.1158(1159).
[907] Vormbaum, Schutz, S.372.

standes unumgänglich notwendige Nebenfolge einer nicht nach §339 StGB tatbestandsmäßigen Leitungs- oder Entscheidungshandlung ist[908].

Damit hat sich aber gezeigt, daß ein Haftungsprivileg der Richter i.S. einer „Sperrwirkung“ des Nichteingreifens des §339 StGB in den aufgezeigten Fallkonstellationen nicht bestehen kann. Für die Fälle der Beleidigung von Zeugen, Sachverständigen oder des Angeklagten sowie der nicht durch den Untersuchungsgegenstand indizierten Erörterung der Vermögensverhältnisse besteht kein Anlaß, die Nichterfüllung des §339 StGB als Haftungsschranke gegenüber anderweitig vom Täter verwirklichten Normen anzusehen. Es handelt sich hier nicht um einen Fehler bei der Rechtsanwendung selbst und nicht um eine notwendige Nebenfolge einer Leitungs- oder Entscheidungshandlung.

Die Strafbarkeit aus den ansonsten verwirklichten Tatbeständen bleibt insoweit trotz des Nichtvorliegens von §339 StGB bestehen. Ein Anwendungsbereich für die „Sperrwirkung“ verbleibt hier nicht.

b) Das Fehlen einschlägiger Fahrlässigkeitstatbestände

Nach einer Auffassung in der Literatur[909] läßt sich das Bestehen eines Anwendungsbereichs der „Sperrwirkung“ damit begründen, daß diese nach der Ausweitung der Strafbarkeit aus §339 StGB auch auf bedingt vorsätzliches Handeln in Bezug auf fahrlässige, tateinheitlich verwirklichte Tatbestände eingreife.

Diese Auffassung ist jedoch abzulehnen. Es fehlt hier an einschlägigen Tatbeständen, die durch den Richter verwirklicht werden könnten[910].

Seit der Geltung des Grundgesetzes scheidet die fahrlässige Tötung aufgrund einer fehlerhaften Verhängung der Todesstrafe aus (Art. 102 GG).

Ein Anwendungsbereich der „Sperrwirkung“ im Bereich mitverwirklichter fahrlässiger Tatbestände könnte lediglich in zwei Fallkonstellationen in Betracht kommen. Im Ergebnis scheidet jedoch auch hier der Anwendungsbereich aus.

Zum einen ist der Fall denkbar, daß der Richter bei der Inaugenscheinnahme der Tatwaffe während der Beweisaufnahme versehentlich einen Schuß auslöst, der den Angeklagten trifft[911]. In diesem Fall hat eine Anwendung der „Sperrwir-

---

[908] Rudolphi, in SK §339 Rn.22; Vormbaum, Schutz, S.372.

[909] SK-Rudolphi §339 Rn.22; Behrendt JuS 1989 S.945(950); Vormbaum, Schutz, S.370ff.; Letzgus FS-Helmrich S.73(86).

[910] Schroeder GA 1993 S.389(391); Scholderer S.344.

[911] Vgl. Vormbaum, Schutz, S.372; Seemann, Rechtsbeugung, S.111; Hupe S.21.

kung“ jedoch auszuscheiden. Auch hier ist daran anzuknüpfen, ob das richterliche Fehlverhalten in der Rechtsanwendung selbst besteht und die Erfüllung des Fahrlässigkeitstatbestandes notwendige Nebenfolge einer nicht nach §339 StGB tatbestandsmäßigen Leitungs- oder Entscheidungshandlung ist. Es handelt sich hier weder um einen Fehler bei der Anwendung des Rechts, noch um eine unumgänglich notwendige Nebenfolge einer Leitungs- bzw. Entscheidungshandlung. Die Schädigung in der Beweisaufnahme stellt vielmehr ein hiervon losgelöstes Verhalten des Richters dar, das keine Haftungsprivilegierung rechtfertigt.

Zum anderen gilt es zu klären, wie in den Fallkonstellationen zu verfahren ist, in denen der Angeklagte aufgrund des fahrlässigen Fehlurteils einen Kollaps erleidet[912]. Fraglich ist hier, inwieweit ein Anwendungsbereich der „Sperrwirkung“ im Hinblick auf die durch das fahrlässig fehlerhafte Urteil verursachte fahrlässige Körperverletzung (§229 StGB) oder u.U. auch fahrlässige Tötung (§222 StGB) bestehen kann[913].

Das fahrlässige Fehlurteil stellt zwar einen bei der Anwendung des Rechts im Rahmen der Entscheidung einer Rechtssache begangenen Fehler dar. Das Haftungsprivileg kann jedoch nur dann eingreifen, wenn sich die Erfüllung des Tatbestandes des §229 StGB bzw. §222 StGB als unumgänglich notwendige Folge einer §339 StGB nicht erfüllenden Handlung darstellt. Hier lassen sich aber zu unterschiedlichen Ergebnissen führende Anknüpfungspunkte finden.

So könnte man einerseits die fahrlässige Körperverletzung oder fahrlässige Tötung als notwendige Folge der richterlichen Handlung ansehen, da der Richter den Rechtsstreit entscheiden muß.

Dem muß jedoch entgegengehalten werden, daß es gerade keine unumgänglich notwendige, typischerweise eintretende Nebenfolge eines fahrlässigen richterlichen Urteils ist, wenn ein Angeklagter aufgrund des Urteils einen Kollaps erleidet. Vielmehr handelt es sich hier um eine nur ausnahmsweise eintretende Folge, die aus der besonderen Konstitution des Angeklagten resultiert.

Auch das Argument der Gegenauffassung, der Richter stehe im Falle fahrlässigen Handelns schlechter als bei vorsätzlicher Handlung greift nicht durch. Nach dieser abzulehnenden Auffassung gelte es zu beachten, daß der etwa §§239 bzw. 253 StGB vorsätzlich verwirklichende Richter aufgrund des Eingreifen der

[912] Zu letzterem Beispiel Maiwald, in Maurach/Schroeder/Maiwald BT/2 §77 Rn.21.

„Sperrwirkung" straflos bleibe. Ein Richter, der fahrlässig ein Fehlurteil spreche und dabei eine fahrlässige Schädigung verursache, müsse sich dagegen strafrechtlich verantworten. Die fahrlässige Verursachung eines anderweitigen Tatbestandes sei somit strenger bestraft als die vorsätzliche Begehung der genannten Tatbestände.

Diese Argumentation geht jedoch fehl. Vielmehr wird auch eine vorsätzlich herbeigeführte Schädigung des Angeklagten infolge eines fahrlässigen Fehlurteils bestraft, da auch sie keine unumgänglich notwendige Folge des Urteils ist. Weiterhin ist die Situation nicht mit der bei §§239, 253 StGB vergleichbar, da die Strafbarkeit aus den letztgenannten Delikten unumgängliche Folge der fahrlässig fehlerhaften Verurteilung ist. Die Delikte aus denen die Verurteilung erfolgt sehen zwingende Rechtfolgen vor.

Damit hat sich gezeigt, daß auch hier kein Anwendungsbereich der „Sperrwirkung" gegeben ist.

c) Die „Sperrwirkung" im Irrtumsbereich

Bei näherer Betrachtung zeigt sich, daß die Tatbestandsverwirklichung etwa der §§239 StGB oder 253 StGB vom Vorsatz des Richters gedeckt ist, der fahrlässig und rechtswidrig eine Freiheits- bzw. Geldstrafe verhängt[914].

Daß sich der Richter durch den Straftatbestand, der die Grundlage der Verurteilung bildet hierzu öffentlich-rechtlich befugt, also gerechtfertigt glaubt, kann für den Richter alternativ nur die nachfolgend aufgeführten Konsequenzen haben.

Beruhte die Verurteilung auf irrtümlich falscher Tatsachengrundlage, bei deren Wahrunterstellung sie rechtmäßig wäre, kommt nach der hier zugrundezulegenden eingeschränkten Schuldtheorie allein Straflosigkeit des Richters in Betracht. Somit spielt die „Sperrwirkung" für die fahrlässige Tatsachenbeugung keine konstitutive Rolle[915].

Anders stellt sich die Situation jedoch bei der Rechtsbeugung im engeren Sinn dar. Ein richterlicher Gesetzesirrtum im Hinblick auf mögliche mit §339 StGB in Tateinheit stehende Tatbestände stellt einen nach §17 StGB zu behandelnden

---

913 Für das Eingreifen der „Sperrwirkung" Maiwald, in Maurach/Schroeder/Maiwald BT/2 §77 Rn.21.

914 Vgl. etwa Scholderer S.344; Schmidt-Speicher S.90; Wünsch StV 1997 S.45(47).

Verbotsirrtum dar, der für einen Richter als vermeidbar einzustufen ist. Insoweit bleibt die Strafbarkeit aus diesen Tatbeständen bestehen.
Im Gegensatz hierzu führt die falsche rechtliche Wertung des Richters bei §339 StGB nicht wie bei den anderen Tatbeständen zu einem Verbotsirrtum, sondern zum Tatbestandsirrtum (§16 StGB), da bei §339 StGB die rechtliche Wertung selbst Gegenstand des Vorsatzes ist[916]. Mit der Anerkennung eines Tatbestandsirrtums entfällt die Vorsatzstrafbarkeit (§16 Abs.1 Satz 1 StGB). Zwar bleibt gemäß §16 Abs.1 Satz 2 StGB die Strafbarkeit wegen fahrlässiger Begehung grds. unberührt, §339 StGB beinhaltet jedoch keine Fahrlässigkeitsstrafbarkeit. Insoweit bleibt ein Anwendungsbereich der „Sperrwirkung" des Nichteingreifens des §339 StGB erhalten.

Zusammenfassend läßt sich festhalten, daß durch die Ausweitung der Tatbestandsvoraussetzungen des §339 StGB auf Eventualvorsatz die „Sperrwirkung" keineswegs entfallen ist. Vielmehr verbleibt der „Sperrwirkung" angesichts der dargestellten Irrtumsproblematik ein Anwendungsbereich.

2. Begründungsansätze für die „Sperrwirkung" des Nichtvorliegens von §339 StGB

Im Zusammenhang mit der „Sperrwirkung" des Nichtvorliegens des §339 StGB im Hinblick auf andere tateinheitlich verwirklichte Delikte bleibt fraglich, ob sich eine Begründung finden läßt, die eine derartige Haftungsprivilegierung des Richters überhaupt gerechtfertigt erscheinen läßt, oder ob eine „Sperrwirkung" nicht schon aufgrund fehlender Begründungsmöglichkeit ausscheiden muß. In

---

915 Vgl. Scholderer S.345; Wünsch StV 1997 S.45(47).

916 Vgl. OLG Düsseldorf NJW 1990 S.1374(1375); Schroeder GA 1993 S.389(391); Tröndle/Fischer §339 Rn.9; Scholderer S.345; Wünsch StV 1997 S.45(47); Hassemer JuS 1990 S.766; Hirsch ZStW 82 (1970) S.411(432); vgl. hierzu auch Spendel FS-Radbruch S.312(318ff).

Literatur und Rechtsprechung sind hierzu verschiedene Ansätze vertreten worden[917].

a) Die Haftung bei Amtspflichtverletzung aus §839 Abs.2 BGB als Grundlage der „Sperrwirkung"

Als Begründungsansatz der „Sperrwirkung" wird auf die Regelung des §839 Abs.2 Satz 1 BGB zurückgegriffen und aus dieser positivrechtlichen Regelung das Bestehen der „Sperrwirkung" abgeleitet[918]. Dabei wird teilweise auf eine Analogie zum zivilrechtlichen Haftungsprivileg abgestellt[919], andere gelangen mittels eines argumentum a minore ad maius aus §839 Abs.2 BGB Satz 1 zur „Sperrwirkung" des §339 StGB[920].

Ein Rückgriff auf die Norm des §839 Abs.2 Satz 1 BGB ist jedoch als Begründungsansatz der „Sperrwirkung" abzulehnen[921]. §839 Abs.2 Satz 1 BGB kann die strafrechtliche „Sperrwirkung" nicht begründen, da dieser seinerseits auf die einschlägigen strafrechtlichen Vorschriften Bezug nimmt. Eine Heranziehung des §839 Abs.2 Satz 1 BGB bedeutet insofern einen Zirkelschluß[922].

Außerdem weichen die Anwendungsbereiche von §839 BGB und dem strafrechtlichen Haftungsprivileg der „Sperrwirkung" voneinander ab. Im Hinblick auf den erfaßten Tätigkeitsbereich und Personenkreis bestehen hier Unterschiede[923]. Anders als bei §839 Abs.2 Satz1 BGB umfaßt die „Sperrwirkung", wie bereits dargestellt, auch den Bereich der Leitung einer Rechtssache[924]. Außerdem wirkt die „Sperrwirkung" der Nichtanwendbarkeit des §339 StGB im Gegensatz zu §839 Abs.2 Satz 1 BGB nicht nur zugunsten von Richtern. Der von der „Sperrwirkung" erfaßte Personenkreis wird in Anlehnung an den Tatbestand des §339 StGB bestimmt[925]. §339 StGB umfaßt neben Richtern (§11 Abs.1 Nr.3 StGB)

---

917 Vgl. hierzu auch die Ausführungen von Schroeder GA 1993 S.389(391ff.); Neuheuser S.59ff. und Seemann S.106ff.

918 BGHSt 10, 294(298); BGH MDR 1952 S.693(695); OLG Bamberg SJZ 1949 S.491(492); OLG Düsseldorf NJW 1990 S.1374(1375); v. Weber NJW 1950 S.272; Geppert Jura 1981 S.78(81).

919 Vgl. OLG Düsseldorf NJW 1990 S.1374(1375).

920 BGH MDR 1952 S.693(695).

921 Vgl. Schroeder GA 1993 S.389(395); Bettermann S.576; Sarstedt FS-Heinitz S.427(439); Seemann S.33; Neuheuser S.60; Vormbaum, Schutz, S.371; Begemann NJW 1968 S.1361; Schmidt-Speicher S.92.

922 Bettermann S.576; Sarstedt FS-Heinitz S.427(439); Vormbaum, Schutz, S.371; Neuheuser S.60.

923 Begemann NJW 1968 S.1361; Bettermann S.576; Neuheuser S.60.

924 Bettermann S.576.

925 Vgl. etwa Neuheuser S.57; Kohlrausch-Lange §336 Anm.VI; Preisendanz §336 Anm.8.

auch sonstige Amtsträger (§11 Abs.1 Nr.2 StGB) und Schiedsrichter (§§102 ZPO, 101ff. ArbGG)[926]. Nichtrichterliche Amtsträger kommen in Betracht, wenn ihre Tätigkeit im Hinblick auf Aufgabenbereich und Stellung mit der eines Richters vergleichbar ist[927]. Dabei muß der Amtsträger eine Rechtssache „wie ein Richter" zu leiten oder zu entscheiden haben[928]. Eine Rechtssache leitet, wer richterlich in einem rechtlich vollständigen Verfahren zu entscheiden hat und dabei einen gewissen Grad sachlicher Selbständigkeit hat[929]. Eine pauschale Übereinstimmung des geschützten Personenkreises bei der „Sperrwirkung" und §339 StGB läßt sich allerdings nicht feststellen. So ist etwa die Rechtsprechung über den Täterkreis von §336 StGB a.F. hinausgegangen und hat schon vor der Neuregelung von §336 StGB a.F.[930] Laienrichter als von der „Sperrwirkung" erfaßt angesehen[931]. Eine allgemeine Aussage kann insoweit getroffen werden, als von der „Sperrwirkung" neutral leitende und entscheidende Entscheidungsträger erfaßt sind. Diese brauchen nicht notwendig weisungsunabhängig zu sein. Konkret wurden neben den Richtern auch Laienrichter, Staatsanwälte, Schiedsrichter und Amtsträger als neutrale Entscheidungsträger als von der „Sperrwirkung" erfaßt angesehen[932].

Weiterhin wird bei einem Rückgriff auf §839 Abs.2 Satz 1 BGB übersehen, daß der rechtspolitische Grund dieser Vorschrift nicht in der richterlichen Unabhängigkeit, sondern in der Rechtskraft des Urteils liegt[933]. Anders als dies bei der „Sperrwirkung" der Fall ist, bezweckt §839 Abs.2 Satz 1 BGB somit keinen Schutz des Richters.

---

926 Vgl. hierzu Maurach/Schroeder/Maiwald BT/2 §77 Rn.6, §69 Rn.11ff., §68 Rn.10ff.; Cramer, in S./S. §336 Rn.9; Tröndle/Fischer §339 Rn.4; Spendel, in LK §339 Rn.14ff; Lackner/Kühl §339 Rn.2; Rudolphi, in SK §339 Rn.5; Rengier BT/2 §61 Rn.3ff.

927 Vgl. etwa BGHSt 34, 146(147f.).

928 RGSt 71, 315(317); BGHSt 24, 326(327); 34, 146(147f.); 35, 224(230); 38, 381(382); BGH NJW 1960 S.253; Spendel, in LK §339 Rn.19.

929 BGHSt 40, 169(177); 41, 247(249).

930 Vgl. Art 19 Nr.188 EGStGB vom 2.3.1974, BGBl. I S.469(497).

931 Vgl. etwa BGH MDR 1952 S.693ff.

932 Vgl. BGHSt 10, 294ff.; 32, 357(364f.); BGH MDR 1952 S.693(695); OLG Bamberg SJZ 1949 S.491; Cramer, in S./S. §336 Rn.9; Tröndle/Fischer §339 Rn.4; Lackner/Kühl §339 Rn.3; Maurach/Schroeder/Maiwald BT/2 §77 Rn.6; Schroeder GA 1993 S.389(390,396); Letzgus FS-Helmrich S.73(85f.); Hupe S.25f.; Neuheuser S.57f., 63; Bettermann S.577; Seemann S.107; Begemann NJW 1968 S.1361f.

933 Bettermann S.576; Neuheuser S.58; Begemann NJW 1968 S.1361.

Damit hat sich gezeigt, daß zur Begründung der „Sperrwirkung" nicht auf die positivrechtliche Regelung des §839 Abs.2 Satz 1 BGB zurückgegriffen werden kann.

b) Die richterliche Unabhängigkeit (Art. 97 Abs.1 GG, §1 GVG) als Begründungsansatz der „Sperrwirkung"

Zur Begründung der „Sperrwirkung" wird auch die Notwendigkeit des Schutzes der richterlichen Unabhängigkeit herangezogen[934].

Die Beschränkung der strafrechtlichen Verantwortlichkeit aufgrund der „Sperrwirkung" des Nichtvorliegens des §339 StGB sei als Teilstück der Sicherung der richterlichen Unabhängigkeit anzusehen. Diese sei bedroht, wenn der Richter die Strafbarkeit aus anderen Tatbeständen trotz des Fehlens der Voraussetzungen des §339 StGB zu befürchten habe.

Die Berufung auf die Unabhängigkeit der Richter kann jedoch das Bestehen der „Sperrwirkung" nicht begründen. Die „Sperrwirkung" greift nicht nur bei weisungsunabhängigen Richtern ein, sondern kann auch bei weisungsabhängigen Amtsträgern Anwendung finden.

Darüber hinaus ist mit der strafrechtlichen Verfolgung des Richters nach zutreffender Auffassung kein illegitimer Eingriff in seine richterliche Unabhängigkeit verbunden, da die Verurteilung ihrerseits durch einen Richter erfolgen würde[935]. Entsprechend der ständigen Rechtsprechung des Bundesverfassungsgerichts bedeutet die Unabhängigkeit der Richter i.S. Art. 97 Abs.1 GG den Schutz der rechtsprechenden Gewalt vor Eingriffen seitens der Legislative und Exekutive und betrifft daher allein das Verhältnis der Richter zu Trägern nichtrichterlicher Gewalt[936]. Die richterliche Unabhängigkeit betrifft das Verhältnis der dritten zur

---

[934] BGHSt 10, 294(298); BGH MDR 1952 S.693(695); OLG Bamberg SJZ 1949 S.491; Radbruch SJZ 1946 S.105(108); v. Weber NJW 1950 S.272; Geppert Jura 1981 S.78(81); Behrendt JuS 1989 S.945(950). Ähnlich sprechen BGHSt 41, 247(255), OLG Düsseldorf NJW 1990 S.1374(1375) und Tröndle/Fischer §339 Rn.7 von der Unabhängigkeit der Rechtspflege als Begründungsansatz der „Sperrwirkung" (vgl. hierzu auch schon BGH MDR 1952 S.693(695)). BGHSt 41, 247(255) verwendet die Unabhängigkeit der Rechtspflege nur noch als Zusatzargument.

[935] Vgl. Seemann S.107; Bemmann GS-Radbruch S.308(310f.); Bettermann S.577; Schmidt-Speicher S.87; Neuheuser S.64; Seebode S.109; Vormbaum, Schutz, S.371; a.A.: Müller NJW 1980 S.2390(2991); kritisch auch Schroeder GA 1993 S.389(392).

[936] BVerfGE 12, 67ff.; 31, 137(140); Meyer, in v. Münch GG-Kommentar Bd.3 Art. 97 Abs.1 GG Rn.7; Seemann S.107; Schmidt-Speicher S.87; Vormbaum, Schutz, S.371; Bettermann S.577; Bemmann GS-Radbruch S.308(310f.); Seebode S.109.

zweiten und zur ersten Gewalt, nicht aber das Verhältnis der Richter und Gerichte untereinander.

Die Tatsache, daß die richterliche Unabhängigkeit nicht durch die Verantwortlichkeit des Richters vor einem Gericht gefährdet wird, zeigen auch Art. 97 Abs.2 GG, der die Entlassung und Versetzung der hauptamtlich und planmäßig endgültig angestellten Richter kraft richterlicher Entscheidung zuläßt und Art. 98 Abs.2 GG, der das Rechtsinstitut der Richteranklage beinhaltet[937].

Die Bestärkung und Bestätigung der richterlichen Unabhängigkeit stellt zwar eine faktische Folge der „Sperrwirkung" dar, hat sich jedoch nicht als Grund für die „Sperrwirkung" erwiesen.

c) <u>Der Entscheidungszwang des Richters als Grundlage der „Sperrwirkung"</u>

Die „Sperrwirkung" wurde darüber hinaus auf das Vorliegen eines Entscheidungszwanges für den Richter gegründet. Im Gegensatz zum normalen Bürger könne der Richter einer Entscheidung nicht ausweichen; er sei vielmehr verpflichtet und gezwungen zu entscheiden[938].

Jedoch kann auch diese Argumentation die „Sperrwirkung" nicht begründen, würde sie doch eine nicht mehr gerechtfertigte Besserstellung des Amtsträgers mit richterlicher oder richterähnlicher Tätigkeit darstellen. Auch andere Berufsgruppen, wie etwa die Ärzte, können einer Entscheidung nicht ausweichen, sondern müssen diese vielmehr in oftmals noch viel kürzerer Zeit treffen, als dies beim Richter der Fall ist. Eine Besserstellung des Richters bzw. Amtsträgers mit richterlicher Tätigkeit im Hinblick auf die Strafbarkeit aus anderen Delikten erscheint so nicht berechtigt und würde ein unvertretbares Justizprivileg darstellen[939].

---

937 Bettermann S.577; Schmidt-Speicher S.87; Neuheuser S.64.

938 Müller NJW 1980 S.2390(2393); Weber GA 1993 S.195(215); Vormbaum, Schutz, S.371; Bendix, Die Justiz 1926/27 S.42(53); BGHSt 10, 294(298) verwendet diese Argumentation allerdings nur im Zusammenhang mit der subjektiven Tatseite.

939 Schroeder GA 1993 S.389(393); Bemmann GS-Radbruch S.308(311); Hirsch ZStW 82 (1970) S.411(436).
Hieran vermag auch die Behauptung nichts zu ändern, bei sorgfaltswidriger ärztlicher Behandlung werde bei Besserung oder Heilung wohl i.d.R. kein Vorwurf erhoben, während es bei der richterlichen Entscheidung stets einen Benachteiligten und damit potentiellen Kritiker gebe (vgl. Vormbaum, Schutz, S.371).

d) Methodengerechtes Verhalten als Grenze der Strafbarkeit

Als Begründung der Haftungsbegrenzung des Richters läßt sich auch der Ansatz finden, es sei dem Amtsträger faktisch unmöglich, immer die materiell richtige Entscheidung zu treffen. Es sei vielmehr stets die Möglichkeit gegeben, daß ein vertretbares Urteil durch höhere Instanzen aufgehoben würde, weil die höhere Instanz einer anderen vertretbaren Lösung den Vorzug gebe[940]. Aufgrund der Möglichkeit verschiedener Auslegung gebe es keine einzig richtige Lösung. Vom Amtsträger könne trotz Beachtung aller Sorgfaltsregeln und methodengerechten Vorgehens nicht stets eine materiell richtige Entscheidung verlangt werden.

Allerdings ist es keine Besonderheit hoheitlichen Handelns, bei der Bestimmung der Sorgfaltsmäßigkeit einer Entscheidung nicht auf die materielle Richtigkeit, sondern auf das methodengerechte Vorgehen abzustellen. Es handelt sich darum, den Sorgfaltsmaßstab bei Entscheidungen genau zu bestimmen[941]. Die privilegierende Haftungsbegrenzung in Form der „Sperrwirkung" kann auf diese Eigenheit nicht gegründet werden[942].

e) Begründung der „Sperrwirkung" aufgrund des Vorliegens eines gefahrgeneigten Berufs bzw. betrieblich veranlaßter Arbeit

Die „Sperrwirkung" wurde auch auf das Vorliegen einer gefahrgeneigten Tätigkeit der hoheitlichen Funktionswalter gegründet. Die richterliche bzw. richterähnliche Tätigkeit trage als *„Risikoberuf"*[943] bzw. *„gefahrgeneigter Beruf"*[944] eine hohe Wahrscheinlichkeit strafrechtlicher Pflichtverletzungen in sich, die es zu berücksichtigen gelte.

Die „Sperrwirkung" im Strafrecht kann jedoch nicht mittels der Parallele zum Grundsatz des innerbetrieblichen Schadensausgleichs bzw. der gefahrgeneigten Arbeit begründet werden. Die im Arbeitsrecht bestehende Haftungsbeschränkung zwischen Arbeitgeber und Arbeitnehmer hat keine Auswirkungen auf die

---

940 Müller NJW 1980 S.2390(2393); vgl. auch BGH MDR 1952 S.693(695).
941 Neuheuser S.66; Freund GA 1991 S.387(390ff.).
942 Neuheuser S.66.
943 Vormbaum, Schutz, S.371.
944 Müller NJW 1980 S.2390(2393).

Rechtsbeziehung der Arbeitnehmer zu außerbetrieblichen Dritten[945]. Im Verhältnis des Arbeitnehmers zu einem Vertragspartner des Arbeitgebers stellt das Handeln weiter eine zum Schadensersatz verpflichtende Rechtsgutsverletzung dar. Die hier in Frage stehende „Sperrwirkung" betrifft gerade den Rechtsgüterschutz gegenüber „außerbetrieblichen" Privaten[946]. Daher kann die Parallele zum Grundsatz der betrieblich veranlaßten Arbeit auch nicht zur Aufhebung des strafrechtlichen Rechtsgüterschutzes im Sinne der „Sperrwirkung" führen.

f) Die Begründung der „Sperrwirkung" aus Art. 34 Satz 2 GG

Auch Art. 34 Satz 2 GG läßt sich im Gegensatz zu einer Auffassung in der Literatur nicht zur Begründung der „Sperrwirkung" heranziehen.
Da die „Sperrwirkung" in der besonderen Situation des hoheitlichen Funktionsträgers begründet sei und sie dazu diene, dessen Entscheidungshemmschwellen zu glätten, sei die „Sperrwirkung" aus dem Rechtsgedanken des Art. 34 Satz 2 GG abzuleiten[947]. Weiter sei zu berücksichtigen, daß Art. 34 Satz 2 GG mit dem beschränkten Innenregreß den Amtsträger vor besonders hohen Ausgleichsansprüchen bewahre. Aber auch im Strafrecht sei der Amtsträger einem besonders hohen Strafrisiko ausgesetzt. Genüge schon die vermögensrechtliche Gefahr für eine Privilegierung des Amtsträgers, müsse dies erst recht im Bereich strafrechtlicher Haftung gelten und daher dem Rechtsgedanken des Art. 34 Satz 2 GG entsprechend zur Straflosigkeit des Funktionswalters führen[948].
Ein derartiger Begründungsansatz kann jedoch nicht überzeugen. Nach Art. 34 Satz 1 GG haftet der Amtsträger nicht für die Verletzung von Amtspflichten gegenüber Dritten. Aufgrund der Haftungsüberleitung haftet der Staat im Außenverhältnis. Art. 34 Satz 2 GG betrifft hierbei nur den Innenregreß im Verhältnis des Staates zu seinem Amtsträger und ermöglicht u.U. einen Rückgriff auf den Amtsträger. Diese Regelung im Innenverhältnis zwischen Staat und Amtsträger kann aber keine Auswirkungen auf die strafrechtliche Verantwortung des Amts-

---

945 BGHZ 108, 305ff.; BGH AP Nr.104 zu §611BGB Haftung des Arbeitnehmers; BGH BB 1989 S.2252ff.; BGH NJW 1994 S.852ff.; Brox/Rüthers Rn.103; Zöllner/Löritz §19 II 2; Schaub Arbeitsrechtshandbuch §52 VII; Müller-Glöge, in MK §611 Rn.479; Putzo, in Palandt §611 Rn.159; Schlechtriem, in Jauernig §611 Rn.51; Baumann BB 1990 S.1833ff.; Denck BB 1989 S.1192ff.; ders. JZ 1990 S.175ff.; Wohlgemuth DB 1991 S.910f.

946 Neuheuser S.67.

947 Neuheuser S.72.

948 Neuheuser S.73.

trägers vor den Gerichten haben. Eine vergleichbare Situation liegt hier nicht vor. Da Art. 34 Satz 2 GG allein den Innenregreß zwischen Staat und Amtsträger betreffende Regelungen enthält und somit keine der „Sperrwirkung" vergleichbare Situation vorliegt, kann hier weder von einer Privilegierung aufgrund der Gefahr hoher Regreßansprüche auf eine Privilegierung bei strafrechtlich hohem Strafrisiko geschlossen werden, noch die Argumentation der Beseitigung von Entscheidungshemmschwellen eingreifen.

Die „Sperrwirkung" stellt hier nicht das Gegenstück zur beschränkten Innenregreßhaftung aus dem Amtshaftungsrecht dar[949].

g) <u>Die Erhaltung der Handlungsbereitschaft hoheitlicher Funktionswalter als Grundlage der „Sperrwirkung"</u>

Der Staat ist auf die Handlungsbereitschaft seiner Funktionswalter existentiell angewiesen. Um den hoheitlichen Funktionswaltern die Befangenheit gegenüber der Verhängung von im Gesetz vorgesehenen schweren Nachteilen für den Angeklagten und gegenüber einer möglichen eigenen strafrechtlichen Verantwortung zu nehmen, bedarf es im Bereich der Rechtsbeugung einer Haftungsprivilegierung durch die „Sperrwirkung"[950]. So soll sich der Richter etwa bei der Beweiswürdigung und der Ausschöpfung des im Gesetz vorgesehenen Strafrahmens nicht aus Angst vor strafrechtlicher Verantwortung auf zaghafte Kompromißentscheidungen beschränken. Um dem Funktionswalter den notwendigen „Anreiz zur Ausschöpfung des Gesetzes" zu bieten, ist eine Haftungsbeschränkung i.S. der „Sperrwirkung" des Nichtvorliegens von §339 StGB geboten.

h) <u>Die Begründung der „Sperrwirkung" aus dem positiven Recht</u>

Hat sich die „Sperrwirkung" zutreffend schon als notwendiger Anreiz zur Ausschöpfung des Gesetzes erwiesen, läßt sie sich auch mittels eines argumentum e contrario auch aus dem positiven Recht ableiten[951].

---

[949] Auch die von Neuheuser aus Art. 34 Satz 2 GG abgeleitete Beschränkung der „Sperrwirkung" auf das Vorliegen leichter Fahrlässigkeit wird hier abgelehnt. §339 StGB enthält keine Fahrlässigkeitsstrafbarkeit. Der Gesetzgeber hat in einer abschließenden und verbindlichen Wertung den fahrlässigen Rechtsverstoß von der Strafbarkeit ausgenommen (vgl. hierzu unten die Begründung zu h)).

[950] Schroeder GA 1993 S.389(394).

[951] Schroeder GA 1993 S.389(394f.); Hassemer JuS 1990 S.766; Seebode S.124; ders. JuS 1969 S.204(206); Hupe S.26f.; Seemann S.125f.; vgl. auch BGHSt 41 S.247(255); Wünsch StV

Gemäß §339 StGB führt richterliches Handeln bei Leitung oder Entscheidung einer Rechtssache nur dann zu einer Strafbarkeit, wenn das Recht vorsätzlich gebeugt wurde. §339 StGB enthält keine Fahrlässigkeitsstrafbarkeit. Der Gesetzgeber hat den fahrlässigen Rechtsverstoß des staatlichen Funktionswalters eindeutig von der Strafbarkeit ausgenommen. Diese gesetzgeberische Entscheidung darf nicht dadurch unterlaufen werden, indem eine Strafbarkeit aus in Tateinheit mit der Rechtsbeugung stehenden Delikten zugelassen wird[952]. Mit der Strafbarkeit aus in Tateinheit mit der Rechtsbeugung stehenden Tatbeständen würde ein Widerspruch zur Regelung des §339 StGB geschaffen. Dessen Beschränkung würde insoweit wieder aufgehoben und damit die abschließende und verbindliche Abwägung, die der Gesetzgeber mit der ausschließlichen Strafbarkeit des §339 StGB geschaffen hat, umgangen[953]. §339 StGB legt mit dem Vorsatzerfordernis ein Schuldmaß fest, das für die strafrechtliche Ahndung richterlichen Fehlverhaltens auch nach tateinheitlich mitverwirklichten Delikten vorliegen muß. Das Vorliegen einer vorsätzlichen Rechtsbeugung ist auch Voraussetzung, um das Strafverhinderungsmoment zu berücksichtigen.
Schroeder[954] gibt darüber hinaus zu bedenken, daß der aufgezeigte, ansonsten auftretende Widerspruch allein aufzulösen wäre, wenn man §339 StGB als zusätzlichen Straftatbestand ansähe, der die Fälle einbeziehen solle, in denen kein allgemeiner Straftatbestand erfüllt sei. Nach Schroeders zutreffender Auffassung ist dies jedoch als sehr fernliegende Auslegung abzulehnen, insbesondere wenn man anerkennt, daß die rechtswidrige Verhängung von Geldstrafen und die Verurteilung zu vermögensrechtlichen Nachteilen eine Erpressung darstellen[955].

Es hat sich somit gezeigt, daß die durch einen staatlichen Funktionswalter in richterlicher oder richterähnlicher Tätigkeit begangenen Rechtsverstöße, die den Tatbestand des §339 StGB nicht erfüllen, auch nicht zu einer Strafbarkeit aus

---

1997 S.45(47); Scholderer S.344; a.A.: Bettermann S.577; Begemann NJW 1968 S.1361(1362); Neuheuser S.58f., 73f.

[952] Schroeder GA 1993 S.389(394f.); Seemann S.101, 109, 125f.; Seebode S.123f.; ders. JuS 1969 S.204(206); Welzel, Strafrecht, §78 S.546; Hupe S.26f.; Scholderer S.344; Spendel, in LK §339 Rn.129; Bemmann GS-Radbruch S.308ff.; Wünsch StV 1997 S.45(47).

[953] Eine ähnliche Argumentation findet sich auch im Bereich des §218 StGB. Die fahrlässige Einwirkung auf die Leibesfrucht, die zu postnatalen Schäden führt, kann nicht als fahrlässige Körperverletzung oder Tötung bestraft werden, da der Gesetzgeber allein den vorsätzlichen Abbruch der Schwangerschaft mit Strafe belegt hat (vgl. zu der hier auftretenden „Sperrwirkung“ ausführlich S.184ff.)

[954] Schroeder GA 1993 S.389(395).

tateinheitlich verwirklichten Tatbeständen führen können. Die Begründung der „Sperrwirkung" der Nichtanwendbarkeit des §339 StGB ergibt sich bereits aus dem positiven Recht.

i) Ableitung einer Haftungsbeschränkung aus dem Institut des fehlerhaften, aber wirksamen Staatsaktes

Einen völlig anderen Ansatz zur Frage der Haftungsprivilegierung wählt Begemann[956]. Die Annahme einer „Sperrwirkung" des Nichtvorliegens von §339 StGB hält er für grundsätzlich verfehlt. Zwar sieht auch Begemann die Notwendigkeit einer Haftungsbeschränkung für richterliches Fehlverhalten, leitet diese jedoch aus rechtsdogmatischen Überlegungen im Hinblick auf Rechtskraft und Vollstreckbarkeit fehlerhafter richterlicher Entscheidungen ab. Die Rechtsordnung statte grundsätzlich auch den fehlerhaften Richterspruch, der der materiellen Rechtslage aus tatsächlichen oder rechtlichen Gründen nicht entspricht oder auf Verfahrensfehlern beruht, mit Rechtswirkungen aus[957]. Die Fehlerhaftigkeit der Entscheidung führe, insoweit in einer Parallele zum Verwaltungsakt, lediglich zur Anfechtbarkeit nach Maßgabe des einschlägigen Verfahrensrechts. Soweit eine Anfechtung der Entscheidung nicht oder nicht mehr zulässig ist, erlange auch die fehlerhafte Entscheidung volle Rechtswirksamkeit und werde damit vollstreckbar. Vollstreckbarkeit bedeute aber nichts anderes, als daß die Rechtsordnung aufgrund der ergangenen Entscheidung den zwangsweisen Eingriff in die Rechtssphäre des Betreffenden gestatte. Hierin sei aber auch eine strafrechtliche Rechtfertigung des Eingriffs, der den äußeren Tatbestand eines Strafgesetzes erfüllt, zu sehen. Die Rechtsordnung könne widerspruchsfrei nicht einerseits die durch das Urteil gerechtfertigte Vollstreckung fordern und andererseits den das Urteil erlassenden Richter strafrechtlicher Haftung unterwerfen. Daher müßten Fehler bei der richterlichen Entscheidung, die deren äußere Rechtswirksamkeit und Vollstreckbarkeit unberührt lassen, strafrechtlich irrelevant sein.

Der Bereich der Haftungsbeschränkung werde nur dort verlassen, wo Mängel vorliegen, die das Zustandekommen eines wirksamen, der formellen Rechtskraft und Vollstreckbarkeit fähigen Hoheitsaktes verhindern, wie dies bei nichtigen

---

[955] Schroeder GA 1993 S.389(395).
[956] Begemann NJW 1968 S.1361ff.
[957] Begemann NJW 1968 S.1361(1362).

Urteilen oder Nichturteilen der Fall ist. Allein in diesen Fällen würde dem Richter eine strafrechtliche Verantwortung drohen.
Während nach der Rechtsprechung und sonstigen Literatur für die Strafbarkeit der Richter aus anderen Tatbeständen die Erfüllung der Voraussetzungen des §339 StGB notwendig ist, würde nach der von Begemann vertretenen Auffassung die Haftungsbeschränkung nach dem objektiven Merkmal danach zu bestimmen sein, ob ein objektiver Akt der Rechtsprechung vorliegt oder nicht[958].

Der Ansatz Begemanns würde allerdings die Schutzfunktion des §339 StGB in unvertretbarer Weise überdehnen[959], da lediglich gravierende Fehler zur Nichtigkeit eines Urteils oder zu einem Nichturteil führen[960]. Auch bei bewußter Außerachtlassung gesetzlicher Vorschriften kann ein Urteil in Rechtskraft erwachsen und somit vollstreckbar sein. So würde sich der willentlich das Recht beugende Richter nach dem dargestellten Ansatz Begemanns allein aus §339 StGB strafbar machen, eine Strafbarkeit aus daneben erfüllten Tatbeständen wäre nicht gegeben, sofern die objektive Rechtsverletzung keine Nichtigkeit des Urteils zur Folge hat.
Darüber hinaus kann in der möglichen Vollstreckbarkeit rechtskräftiger, aber fehlerhafter Urteile einerseits und einer strafrechtlichen Verantwortlichkeit des Entscheidenden andererseits kein der Auflösung bedürftiger Widerspruch gesehen werden[961]. Auch wenn formelle und materielle Rechtskraft eingetreten sind, bleibt der Umstand bestehen, daß der Verurteilung ein, zwar nicht nichtiges, aber rechtswidriges Urteil zugrundeliegt, das aus Gründen der Rechtssicherheit bestandskräftig wurde. Es erscheint jedoch verfehlt, hieraus den Schluß ziehen zu wollen, auch der für dieses rechtswidrige Urteil verantwortliche Richter, der die Entscheidung bewußt entgegen dem Gesetz getroffen hat, dürfe nicht belangt werden. Denn auch die mögliche Vollstreckbarkeit rechtswidriger Urteile befreit die Rechtsprechung weder von der Bindung an Recht und Gesetz (Art. 20 Abs.3

---

958 Begemann NJW 1968 S.1361(1363).
959 Hupe S.22; Seemann S.120ff.
960 Vgl. etwa BVerfG NJW 1985 S.125f.; BGHSt 29, 351(352f.); 33, 126(127); BGH NStZ 1984 S.279; Kleinknecht/Meyer-Goßner, StPO Einl. Rn.105; Roxin, Strafverfahrensrecht, §50 C II; Beulke StPO Rn.507.
961 Vgl. Seemann S.120f.; Neuheuser S.62.

GG), noch davor, bei bewußten Verstößen dagegen zur Verantwortung gezogen zu werden[962].

Das der Theorie von Begemann zugrundeliegende Kriterium der Rechtskraft erfährt im Gesetz zahlreiche Einschränkungen. Eine Durchbrechung der Rechtskraft ist für die Fälle möglich, in denen sich der Richter einer strafbaren Verletzung seiner Amtspflicht schuldig macht (§359 Nr.3 StPO, §580 Nr.5 ZPO, §153 VwGO). Liegt eine vorsätzliche Beugung des Rechts durch den Richter vor, ist der Richter nach §339 StGB strafbar, und die Rechtskraft des Urteils kann durch Wiederaufnahme des Verfahrens durchbrochen werden. Damit könnte sich der vermeintliche Widerspruch zwischen einer Strafbarkeit des Richters und der Vollstreckbarkeit rechtswidriger Entscheidungen entgegen der Auffassung Begemanns allenfalls bei Vorliegen fahrlässiger rechtskräftiger Fehlurteile stellen[963].

Weiterhin ist zu berücksichtigen, daß §339 StGB nicht allein richterliches Verhalten im Zusammenhang mit der richterlichen Entscheidung, sondern auch im Hinblick auf die Leitung des Verfahrens umfaßt. Indem Begemann bei seiner Begründung der Haftungsbeschränkung allein auf die Entscheidung einer Rechtssache abstellt, schließt er Handlungen beim Leiten der Rechtssache von der Privilegierungswirkung aus. Fehlerhafte richterliche Anordnungen bei der Leitung einer Rechtssache, die nicht rechtskraftfähig sind[964], wären bei konsequenter Anwendung des Ansatzes von Begemann ohne Einschränkung strafrechtlich verfolgbar. Damit würde das Haftungsprivileg zum Nachteil des Täters völlig außer Acht gelassen[965].

Der Ansatz Begemanns hat sich somit als fehlgehend erwiesen.

Die Untersuchung der Fallgruppe hat gezeigt, daß sich zutreffende Begründungsansätze für die „Sperrwirkung" des §339 StGB finden lassen. Diese Haftungsprivilegierung läßt sich auf die Notwendigkeit der Erhaltung der Handlungsbereit-

---

962 Seemann S.121; Neuheuser S.62.
963 Seemann S.122; Seebode JuS 1969 S.204(206).
964 Z.B. bei Beschlüssen, gegen die nur eine einfache Beschwerde zulässig ist (vgl. Pfeiffer, in KK Einl. Rn.166; Kleinknecht/Meyer-Goßner, StPO Einl. Rn.166.
965 Seebode S.124; ders. JuS 1969 S.204(206); Seemann S.123; Hupe S.23.

schaft hoheitlicher Funktionswalter gründen und kann auch aus dem positiven Recht abgeleitet werden.

3. Die dogmatische Einordnung der „Sperrwirkung"

Nachdem ein Begründungsansatz für das Vorliegen der „Sperrwirkung" gefunden werden konnte, bleibt zu klären, welche dogmatische Figur sich hinter der „Sperrwirkung" verbirgt. Dabei wurden in Rechtsprechung und Literatur bislang nur vereinzelt Versuche unternommen, die dogmatische Natur der „Sperrwirkung" zu ergründen. Die meisten Ausführungen, die sich mit der „Sperrwirkung" beschäftigen, haben die Frage der juristischen Konstruktion der „Sperrwirkung" offengelassen.

a) Die „Sperrwirkung" als Ausprägung der Gesetzeseinheit

Als Ausgangspunkt der Untersuchung der dogmatischen Natur der „Sperrwirkung" soll die Frage dienen, ob die „Sperrwirkung" nicht als Ausprägung der Gesetzeseinheit erfaßt werden kann.

Der Begriff der „Sperrwirkung" findet sich in Rechtsprechung und Literatur zwar i.d.R. im Bereich der Konkurrenzen oder direkt vor den Konkurrenzen[966]. Dabei wird aber nur in den seltensten Fällen tatsächlich eine dogmatische Einordnung der „Sperrwirkung" als Ausprägung der Gesetzeseinheit vorgenommen und dem Tatbestand des §339 StGB die Wirkung einer lex specialis gegenüber den anderen mitverwirklichten Tatbeständen zuerkannt[967].

Auf die Gesetzeseinheit kann hinsichtlich der Frage der dogmatischen Einordnung der „Sperrwirkung" jedoch nicht abgestellt werden[968]. Die Gesetzeseinheit erfaßt Fallgestaltungen, in denen mehrere Strafgesetze nur scheinbar zusammen-

[966] Sarstedt FS-Heinitz S.427(438); Rudolphi, in SK §339 Rn.22; Spendel, in LK §339 Rn.129; Scholderer S.343; BGHSt 41, 247(255); Preisendanz §336 Anm.8; Kohlrausch-Lange §336 Anm.VI; Tröndle/Fischer §339 Rn.11; Lackner/Kühl §339 Rn.11.

[967] Scholderer S.343, jedoch sogleich einschränkend ("*im Grunde nach*"); BGHSt 41, 247(255) bezeichnet die „Sperrwirkung" ohne weitere Begründung als notwendige Konsequenz aus der speziellen Regelung des §339 StGB.

treffen, während in Wirklichkeit das eine Delikt das andere ausschließt. Dabei ist es Grundgedanke der Gesetzeseinheit, daß der Unrecht- und Schuldgehalt einer strafbaren Handlung schon nach einem der in Betracht kommenden Tatbestände erschöpfend bestimmt werden kann, so daß ein weitergehendes Strafbedürfnis entfällt[969]. Die „Sperrwirkung“ des Nichtvorliegens von §339 StGB läßt sich dogmatisch nicht dem Bereich der Gesetzeseinheit zuordnen. Fehlt es wie hier an der Erfüllung des Tatbestandes des §339 StGB, besteht schon kein „Konkurrenzverhältnis“ zwischen mehreren Tatbeständen. Die Tatbestände treffen hier noch nicht einmal scheinbar zusammen. Während im Bereich der „Sperrwirkung“ gerade das Nichtvorliegen von §339 StGB Voraussetzung des Eingreifens der Haftungsbeschränkung ist, müssen bei der Gesetzeseinheit mehrere Tatbestände materiell und formell anwendbar sein[970]. Nur dann kann die der Gesetzeseinheit zugrundeliegende Erschöpfung des Schuld- und Unwertgehalts eintreten und so das weitergehende Strafbedürfnis entfallen. Diese Tatsache wird auch durch den dogmatischen Standort der Gesetzeseinheit im System der Lehre von der Straftat deutlich. Nach herrschender Auffassung ist die Gesetzeseinheit in der Übergangszone zwischen Verbrechens- und Rechtsfolgenlehre anzusiedeln[971].

Im Bereich der Gesetzeseinheit besteht kein rechtliches Verhältnis zwischen zwei Tatbeständen, demzufolge das Nichtvorliegen des einen Tatbestandes die Strafbarkeit aus dem anderen Tatbestand ausschließt[972].

Weiterhin ist zu berücksichtigen, daß bei Vorliegen der tatbestandlichen Voraussetzungen von §339 StGB eine Strafbarkeit auch aus anderen Tatbeständen (nach den allgemeinen Konkurrenzregeln) möglich ist[973]. Wenn aber dem Vorliegen

---

968 Schroeder GA 1993 S.389(396); Begemann NJW 1968 S.1361(1362); Neuheuser S.76f.; Bettermann S.577.

969 Vgl. BGHSt 25, 373; 31, 380; BGH NJW 1963 S.1413; Vogler, in LK 10.A. Vor §52 Rn.101; Rissing-van Saan, in LK Vor §52 Rn.64; Tröndle/Fischer Vor §52 Rn.17; Stree, in S./S. Vor §52 Rn.102; Samson/Günther, in SK Vor §52 Rn.79; Lackner/Kühl Vor §52 Rn.24; Bringewat, Gesamtstrafe, S.71 Rn.85; Montenbruck, Strafrahmen, S.163; Jescheck/Weigend AT §69 I 1; Stratenwerth AT Rn.1175; Paulusch S.53; Haslinger S.60; Seier Jura 1983 S.225(227); Geppert Jura 1982 S.418(421); Warda JuS 1964 S.81(89); Welzel, Strafrecht, §30 II S.233; Schmitt ZStW 75 (1963) S.43(48); Lenckner JR 1978 S.424(425).

970 Geerds, Konkurrenz, S.167ff.; Seier Jura 1983 S.225(232); Vogler FS-Bockelmann S.715(726ff.); Mitsch JuS 1993 S.471(475); Tiedemann JuS 1987 L17; Warda JuS 1964 S.81(93); Kohlmann JZ 1964 S.492(493); Bär S.33; Sarter S.68.

971 Seier Jura 1983 S.225(226); Fuchs S.46; Geppert Jura 1982 S.358(359); Warda JuS 1964 S.81; Blei AT §90 II; zum gleichen Ergebnis kommt auch v. Krog S.24, 174, der die „*Rechtsfolgenvoraussetzungen*“ als sytematischen Standort ansieht.

972 Vgl. Schroeder GA 1993 S.389(396); Begemann NJW 1968 S.1361(1362).

973 BGHSt 10, 294(299); Neuheuser S.77; Bettermann S.575.

von §339 StGB keine spezialgesetzliche Funktion zugewiesen ist, kann dies auch nicht bei Nichtvorliegen von §339 StGB der Fall sein[974].

Es läßt sich somit festhalten, daß die „Sperrwirkung" des Nichtvorliegens des §339 StGB gegenüber mitverwirklichten Delikten dogmatisch nicht in den Bereich der Gesetzeseinheit eingeordnet werden kann.

b) Die „Sperrwirkung" als strafrechtlich gebilligtes Risiko bei leicht fahrlässigen Sorgfaltspflichtverletzungen

Einen anderen Ansatz vertritt Neuheuser, der die „Sperrwirkung" als gebilligtes Risiko für leicht fahrlässige Sorgfaltspflichtverletzungen des staatlichen Funktionswalters ansieht[975]. Wie bereits dargestellt geht Neuheuser dabei von einer Begrenzung der „Sperrwirkung" auf leicht fahrlässige Pflichtverletzungen aus, die er aus dem seiner Auffassung nach der „Sperrwirkung" zugrundeliegenden Rechtsgedanken des Art. 34 Satz 2 GG ableiten will.

Das Phänomen, daß einerseits eine Sorgfaltswidrigkeit besteht, andererseits aber kein strafrechtlich relevantes Handlungsunrecht vorliege, sei auch aus dem Bereich der Körperverletzung im Sport bekannt. Dort begründe ein leicht fahrlässiger Verstoß gegen die Rechtsgüter schützenden Sportregeln kein ausreichendes Handlungsunrecht. Die leicht fahrlässige Sorgfaltspflichtverletzung sei hier ausnahmsweise als rechtlich billigenswert zu qualifizieren. Ebenso wie diese leicht fahrlässigen Regelverstöße im Sport stelle auch das leicht sorgfaltswidrige Verhalten eines Hoheitsträgers aufgrund des staatlichen Nutzens ein gebilligtes Risiko dar.

Eine derartige Einordnung des „Sperrwirkung" vermag jedoch nicht zu überzeugen.

Zunächst beruht diese Einordnung auf der Beschränkung der „Sperrwirkung" auf leicht fahrlässige Pflichtverletzungen des Amtsträgers. Diese Beschränkung der „Sperrwirkung" auf leichte Fahrlässigkeit ist jedoch nicht mit dem Rechtsgedanken des Art. 34 Satz 2 GG zu erklären, da die „Sperrwirkung" nicht das strafrechtliche Gegenstück zur beschränkten Innenregreßhaftung im Amtshaftungsrecht darstellt[976].

---

[974] Vgl. Neuheuser S.77.
[975] Neuheuser S.78ff.
[976] Vgl. oben S.242

Außerdem sieht es Neuheuser als zweifelhaft an, daß die strafrechtliche Relevanz von pflichtwidrigem Handeln der hoheitlichen Funktionswalter erst bei vorsätzlicher Pflichtverletzung beginne[977]. Es fehle an einer Begründung dieser Schranke. Der Gesetzgeber hat jedoch in §339 StGB allein die vorsätzliche Rechtsbeugung unter Strafe gestellt. Fahrlässiges Handeln des Funktionswalters bei richterlicher oder richterähnlicher Tätigkeit ist ausdrücklich und verbindlich nicht strafbewährt. Der Gesetzgeber hat hier eine abschließende und verbindliche Abwägung für die strafrechtliche Verantwortung der Richter und Funktionswalter in richterähnlicher Stellung getroffen. Somit bedarf die Anknüpfung strafrechtlicher Relevanz an vorsätzliches Handeln keiner Begründung, sondern ist vielmehr Ausdruck der gesetzgeberischen Wertentscheidung.

Die Einordnung der „Sperrwirkung“ als strafrechtlich gebilligtes Risiko läßt sich auch dann nicht vertreten, wenn man allein der leicht fahrlässigen Pflichtverletzung des staatlichen Funktionsträgers eine „Sperrwirkung“ zukommen läßt. Diese Auffassung verkennt, daß die „Sperrwirkung“ den Ausschluß der Strafbarkeit im Verhältnis zu anderen, mit §339 StGB tateinheitlich verwirklichten, Tatbeständen darstellt. Diese Tatbestände sind jedoch keine Fahrlässigkeitsdelikte, sondern stellen vielmehr Vorsatzdelikte dar.
Die Auffassung Neuheusers verkennt den Anwendungsbereich und Inhalt der „Sperrwirkung“, da sie diesen dahingehend bestimmt, daß bei Fehlen von Tatbestandsvoraussetzungen des Rechtsbeugungstatbestandes auch die Strafbarkeit wegen fahrlässiger Begehung anderer Tatbestände ausscheidet[978]. Die tateinheitlich mit §339 StGB verwirklichten Tatbestände sind jedoch ausschließlich Vorsatzdelikte. Einschlägige Fahrlässigkeitstatbestände fehlen[979]. Mag auch die Pflichtverletzung in Bezug auf §339 StGB leicht fahrlässig sein, so kann im Hinblick auf die mitverwirklichten Tatbestände allein Vorsatz, niemals aber leichte Fahrlässigkeit vorliegen.
Zu denken ist hier beispielsweise an den Fall des (leicht) fahrlässig ein Fehlurteil sprechenden Richters, der den Angeklagten zu einer Freiheits- oder Geldstrafe verurteilt und damit die Tatbestände der §§239 bzw. 253 StGB verwirklicht. Hinsichtlich der mitverwirklichten Delikte kann kein leicht fahrlässiges Verhal-

---

[977] Neuheuser S.74.
[978] Neuheuser S.57.

ten vorliegen, das entsprechend den Körperverletzungen im Sport kein ausreichendes Handlungsunrecht verwirklicht und ausnahmsweise als rechtlich billigenswert zu qualifizieren ist.

c) Die „Sperrwirkung" des Nichtvorliegens von §339 StGB als Spezialfall des Rechtfertigungsgrundes amtlichen Handelns

Die „Sperrwirkung" bei Nichtvorliegen von §339 StGB gegenüber anderen tateinheitlich mitverwirklichten Delikten kann hier mit Schroeder[980] allein als Rechtfertigungsgrund amtlichen Handelns verstanden werden[981].

§339 StGB kommt dabei nur insoweit Bedeutung zu, als sich aus ihm im Umkehrschluß ergibt, daß Richter und andere geschützte Amtsträger gerechtfertigt sind, solange keine vorsätzliche Rechtsbeugung vorliegt[982]. Die „Sperrwirkung" läßt sich nicht aus §339 StGB, sondern aus dem Rechtfertigungsgrund amtlichen Handelns entnehmen. Dieser Rechtfertigungsgrund folgt im Umkehrschluß aus §339 StGB. Nur unter Zugrundelegung dieses Ansatzes kann auch die bereits angesprochene Auffassung der Rechtsprechung[983] gerechtfertigt erscheinen, die bereits vor der Änderung des §336 StGB a.F. auch Laienrichtern die Haftungsbeschränkung der „Sperrwirkung" zukommen ließ[984].

Die Formulierung der Rechtsprechung[985], es gehe um den „Schutz des §336 StGB", ist insoweit unglücklich, als §339 StGB gerade nicht Grund der „Sperrwirkung" ist. Grund der „Sperrwirkung" ist der Rechtfertigungsgrund amtlichen Handelns. Dieser kommt in §339 StGB zum Ausdruck.

Bei der „Sperrwirkung" handelt es sich damit um eine spezielle Ausformung des Rechtfertigungsgrundes amtlichen Handelns, der Entscheidung von Rechtssachen.

---

979 Vgl. oben S.232ff.
980 Schroeder GA 1993 S.389(396).
981 Vgl. auch OLG Bamberg SJZ 1949 S.491; Begemann NJW 1968 S.1361(1362); Mohrbotter JZ 1969 S.491(492); Scholderer S.344; Wünsch StV 1997 S.45(46f.).
982 Schroeder GA 1993 S.389(396).
983 BGH MDR 1952 S.693(695); BGHSt 10, 294(297f.).
984 Vgl. Schroeder GA 1993 S.389(396).
985 BGHSt 10, 294(298).

X. <u>Fallgruppe 10</u>: Die „Sperrwirkung" des §148 Abs.2 StGB gegenüber §263 StGB

Treffen die Tatbestände von §148 Abs.2 StGB und §263 StGB zusammen, stellt sich die Frage nach dem Verhältnis dieser Delikte.
Nach einer Auffassung besteht eine „Sperrwirkung" des §148 Abs.2 StGB gegenüber §263 StGB[986].
Auch hier kann allerdings die Berufung auf das Vorliegen einer „Sperrwirkung" nicht die Begründung des Vorrangs des §148 Abs. 2 StGB darstellen.
Nach allgemeiner Auffassung besteht Übereinstimmung, daß §263 StGB von §148 Abs.2 StGB verdrängt wird. Es liegt Gesetzeseinheit vor[987]. Dabei wird zutreffend von Spezialität des §148 Abs.2 StGB ausgegangen[988], andere nehmen hier dagegen Konsumtion an[989].
Die „Sperrwirkung" hat sich somit auch hier als abweichende Begrifflichkeit auf dem Gebiet der Gesetzeseinheit erwiesen.

---

986 Weber NStZ 1986 S.481(484); der Begriff „Sperrwirkung" findet sich auch bei Puppe (in NK §148 Rn.37), die eine „Sperrwirkung" im Ergebnis allerdings ablehnt.
987 RGSt 68, 302(303); OLG Koblenz NJW 1983 S.1625; Lackner/Kühl §148 Rn.7; Stree, in S./S. §148 Rn.26; Rudolphi, in SK §148 Rn.12; Herdegen, LK 10.A. §148 Rn.16; Krey BT/1 Rn.746; Kienapfel JR 1984 S.162f.
988 Vgl. Herdegen, in LK 10.A. §148 Rn.16.
989 Vgl. Krey BT/1 Rn.746.

XI. Fallgruppe 11: Die „Sperrwirkung" der §§352 bzw. 353 StGB gegenüber §263 StGB

Auch im Verhältnis von §§352, 353 StGB zu §263 StGB spricht Weber[990] von einer „Sperrwirkung" der §§352, 353 StGB gegenüber dem Betrugstatbestand. Es stellt sich auch hier die Frage, inwieweit sich ein Vorrang der §§352, 353 StGB tatsächlich begründen läßt.

Das Verhältnis dieser Tatbestände zueinander ist in Rechtsprechung und Literatur nicht einheitlich behandelt worden. So geht eine Auffassung vom Vorliegen von Tateinheit aus[991].

Nach herrschender Auffassung verdrängen die §§352, 353 StGB dagegen §263 StGB, wenn sich die in der Gebührenüberhebung enthaltene Täuschung lediglich auf die rechtlichen Voraussetzungen für das Entstehen und die Höhe der Zahlungspflicht erstreckt, die aus den maßgeblichen Gebühren- und Tarifordnungen ohne weiteres ersichtlich sind[992]. Anderes gilt nur, wenn zu der bewußt überhöhten Gebührenforderung eine zusätzliche Täuschungshandlung hinzukommt[993].

Unterschiede weisen hier die Begründungen des Vorrangs der §§352, 353 StGB in den erstgenannten Fällen auf. Während ein Teil des Schrifttums das Vorliegen von Gesetzeseinheit in Form der Spezialität annimmt[994], geht der überwiegende Teil der Autoren zutreffend von einer auf der Intention des Gesetzgebers beruhenden Sonderdeliktseigenschaft der §§352, 353 StGB aus[995]. Die §§352, 353 StGB stellen keinen speziellen Fall des Betrugs, sondern einen privilegierten

---

990 Weber NStZ 1986 S.481(484).

991 RGSt 22, 306(308); 26, 259(260f.); 65, 52(55); 75, 378(380); Kuhlen, in NK §352 Rn.4, 18; ders. §353 Rn.18.

992 Vgl. etwa RGSt 18, 219(220ff.); RG JW 1933 S.2145(2146); RGSt 77, 122(123); BGHSt 2, 35(36); BGH NJW 1961 S.1171f.; BayObLG NJW 1990 S.1001(1002); OLG Düsseldorf NJW 1989 S.2901; Lackner/Kühl §352 Rn.7; Cramer, in S./S. §352 Rn.14; §353 Rn.14; Hoyer, in SK §352 Rn.10, §353 Rn.13; Träger, in LK 10.A. §352 Rn.24, §353 Rn.23; Maurach/Schroeder/Maiwald BT/2 §81 Rn.7, 11.

993 RGSt 18, 219(223f.); RG JW 1933 S.2145(2146); RGSt 77, 122(123); BGHSt 2, 35(36); 4, 233(236); OLG Karlsruhe NStZ 1991 S.239; Tröndle/Fischer §352 Rn.9; Cramer, in S./S. §352 Rn.14; §353 Rn.14; Hoyer, in SK §352 Rn.10; Lackner/Kühl §352 Rn.7; Träger, in LK 10.A. §352 Rn.24; §353 Rn.23; dann liegt im Verhältnis von §§352 bzw. 353 StGB zu §263 StGB Tateinheit vor.

994 OLG Düsseldorf NJW 1989 S.2901; Hoyer, in SK §352 Rn.10; Tröndle/Fischer §263 Rn.47; §352 Rn.9, §353 Rn.6; Cramer, in S./S. §352 Rn.14, §353 Rn.14; Wagner, Amtsverbrechen, S.213.

995 RGSt 18, 219(223); RG JW 1933 S.2145(2146); RG JW 1936 S.2143; BGHSt 2, 35(36); OLG Köln NJW 1988 S.503(504); OLG Karlsruhe NStZ 1991 S.239; Maurach/Schroeder/Maiwald BT/2 §81 Rn.2, 7, 11; Lackner/Kühl §352 Rn.1; Träger, in LK 10.A. §352 Rn.1; §352 Rn.24; §353 Rn.23.

Sondertatbestand des Betrugs dar. Es wurde bereits festgestellt, daß die Berufung auf das Vorliegen eines Sonderdelikts bzw. delictum sui generis für sich keine ausreichende Begründung für den Vorrang einer Norm darstellt. Nicht die Natur einer Norm als Sonderdelikt bestimmt das Verhältnis der Tatbestände, sondern aus einer bestimmten interpretativen Bedeutung des Zusammenhangs dieser Delikte kann, weil einer Norm nach der Intention des Gesetzgeber Vorrang zukommen soll, die Qualifikation einer Norm als Sonderdelikt erfolgen. Der Wille des Gesetzgebers ist dahingehend zu interpretieren, daß §263 StGB dann zurücktritt, wenn §§352, 353 StGB erfüllt sind[996]. Auch wenn man die hier vom Gesetz vorgesehene Privilegierung für kriminalpolitisch und sachlich verfehlt hält[997], muß diese im Verhältnis der Tatbestände Berücksichtigung finden. Insofern stellt sich die „Sperrwirkung“ als Ausdruck der gesetzgeberischen Wertentscheidung im Hinblick auf die betroffenen Tatbestände dar.

---

[996] Sonst würde §352 StGB bei Vorliegen von Idealkonkurrenz leerlaufen.

[997] Vgl. OLG Köln JR 1989 S.75(76); Maurach/Schroeder/Maiwald BT/2 §81 Rn.8; Kuhlen, in NK §352 Rn.6f.; Keller JR 1989 S.77(78).

XII. Fallgruppe 12: Die „Sperrwirkung" in den Fällen des Scheck- und Kreditkartenmißbrauchs

1. Die „Sperrwirkung" des §266b StGB gegenüber §§263 bzw. 266 StGB bei Einsatz der Scheck- oder Kreditkarte trotz fehlender Kontodeckung

Mit dem zum 01.08.1986 in Kraft getretenen 2. WiKG[998] ist der Mißbrauch von Scheck- und Kreditkarten als Straftatbestand (§266b StGB) in das Strafgesetzbuch aufgenommen worden.
In die Auseinandersetzung mit der eingeführten Norm hat auch der Ausdruck der „Sperrwirkung" in verschiedenen Fallkonstellationen Einzug erhalten.

Benutzt der Täter etwa Scheck- bzw. Kreditkarten trotz fehlendem Kontoguthaben und fehlender Ausgleichsmöglichkeit, so erfüllt dies den Tatbestand des §266b StGB. Fraglich bleibt, ob und inwieweit darüber hinaus auch die Tatbestände der §§263 bzw. 266 StGB einschlägig sind und wie sich das „Konkurrenzverhältnis" zu §266b StGB darstellt.
Nach der das Vorliegen der Voraussetzungen von §§263, 266 StGB neben §266b StGB ablehnenden überwiegenden Auffassung ist für den Fall, daß man (hypothetisch) vom Vorliegen der tatbestandlichen Voraussetzungen von §263 StGB bzw. §266 StGB ausgeht, das dann zu klärende Verhältnis der Tatbestände unter Rückgriff auf das Vorliegen einer „Sperrwirkung" des §266b StGB gegenüber §266 StGB bzw. §263 StGB aufzulösen[999].
Die Berufung auf eine derartige „Sperrwirkung" des §266b StGB bedarf aber auch hier der Begründung und dogmatischen Einordnung.
Für die überwiegende Auffassung, die davon ausgeht, daß die Tatbestände der §§263 bzw. 266 StGB in der hier gegebenen Situation nicht neben §266b StGB vorliegen, ist der Rückgriff auf eine „Sperrwirkung" nicht notwendig. Der Begriff der „Sperrwirkung" findet sich nur dann, falls man, wenn auch nur hypothetisch, vom tatbestandlichen Vorliegen der §§263 bzw. 266 StGB neben §266b StGB ausgeht.

---

[998] BGBl. I S.721.
[999] Vgl. Weber NStZ 1986 S.481(484); ders. JZ 1987 S.215(216); Hohmann/Sander BT/1 §17 Rn.18; Geppert Jura 1987 S.162(165); Ranft JuS 1988 S.673(681), die jedoch allesamt einem

Eine Auseinandersetzung mit dem hier bestehenden Streitstand zum Vorliegen der Tatbestände von §263 StGB bzw. §266 StGB kann im Rahmen dieser Arbeit nur überblicksartig erfolgen.

Bereits vor Inkrafttreten des §266b StGB bestand keine Einigkeit darüber, inwieweit die §§263 bzw. 266 StGB bei Mißbrauch von Scheck- und Kreditkarten tatbestandlich erfüllt sind. Zunächst ging die Rechtsprechung vom Vorliegen einer Strafbarkeit aus §266 Abs.1 Alt.1 StGB aus[1000]. Seit BGHSt 24, 386ff. setzt der BGH auch für §266 Abs.1 Alt.1 StGB eine Vermögensbetreuungspflicht voraus und lehnt das Vorliegen des §266 StGB im Fall des Scheckkartenmißbrauchs ab. Der Scheckkartenmißbrauch sei aber über §263 StGB strafrechtlich erfaßt, da der Täter über die Deckung seines Kontos täusche[1001].

Das Vorliegen des Tatbestandes des §263 StGB in Fällen des Scheckkartenmißbrauchs hat der BGH in BGHSt 33, 244ff. bestätigt, da hier wesensmäßig kein Unterschied zur Vorlage eines ungedeckten Schecks bestehe und hieran auch nach der Einführung des §266b StGB weiter festgehalten[1002].

Die Annahme des Betrugs in Fällen des Scheckkartenmißbrauchs ist in der Literatur seit jeher auf massive Ablehnung gestoßen[1003].

Vorliegen der Tatbestände von §§263 bzw. 266 StGB neben §266b StGB ablehnend gegenüberstehen.

[1000] Vgl. etwa OLG Hamm NJW 1972 S.298ff.; LG Dortmund NJW 1971 S.65; diese Auffasung der Rechtsprechung hat im Schrifttum Zustimmung wie Ablehnung erfahren (vgl. Nachweise bei Otto, Bargeldloser Zahlungsverkehr, S.96 Anm.7-10).

[1001] BGHSt 24, 386ff.; zustimmend nur Heimann-Trosien JZ 1976 S.549(551f.).

[1002] BGH NStZ 1987 S.120; BGH GA 1987 S.263; OLG Hamm MDR 1987 S.514; KG JR 1987 S.257; fraglich bleibt, ob der BGH seine Auffassung vom Vorliegen des §263 StGB in Fällen des Scheckkartenmißbrauchs nicht überdenken muß. In BGHSt 38, 120(124) hat der BGH die Einführung des Computerbetrugs in das Strafgesetzbuch als Entscheidung des Gesetzgebers gedeutet, Codekartenmißbräuche ausschließlich nach §263a StGB und nicht nach §242 StGB zu bestrafen. Hat der BGH bei §263a StGB auch den gesetzgeberischen Willen als Argument zur Ablehnung des §242 StGB herangezogen, sollte konsequenterweise dem gesetzgeberischen Willen bei §266b StGB diesselbe Bedeutung beigemessen und die „Betrugslösung" aufgegeben werden (vgl. Mitsch JZ 1994 S.877(885); Weber NStZ 1986 S.481(484); ders. JZ 1987 S.215(216); Krey BT/2 Rn.562b).

[1003] Vgl. etwa Offermann wistra 1986 S.50ff.; Labsch, Untreue, S.117ff.; Lackner, in LK 10.A. §263 Rn.320ff.; Schroth NJW 1983 S.716ff.; Vormbaum JuS 1981 S.18ff.; Otto wistra 1986 S.150(151); Seebode JR 1973 S.117ff.; Gross NJW 1973 S.601ff.; Cramer, in S./S. §263 Rn.29a; Steinhilper Jura 1983 S.401ff.; Schröder JZ 1972 S.707(709); Sennekamp MDR 1971 S.638f.; Meyer JuS 1973 S.214ff.; Gössel MDR 1973 S.177ff.; Zahrnt NJW 1972 S.277ff.; ders. NJW 1973 S.63f.; Bringewat GA 1973 S.353ff.; Mitsch JZ 1994 S.877(884f.); Rengier BT/1 §19 Rn.2f.; Gössel BT/2 §26 Rn.52. Dabei wird z.T. das Vorliegen einer Täuschung oder eines Irrtums abgelehnt. Andere gehen vom Fehlen der für die Vermögensverfügung notwendige Nähe des Verfügenden zum geschädigten Vermögen aus, verneinen den zwischen Irrtum und Verfügung erforderlichen Zusammenhang oder die Bereicherungsabsicht, weil es an der Stoffgleichheit zwischen Schaden und Bereicherung fehlt.

Hinsichtlich des Mißbrauchs von Kreditkarten hat der BGH übereinstimmend mit der allgemeinen Auffassung des Schrifttums[1004] entschieden, daß ein berechtigter Karteninhaber der im Drei-Parteien-Kreditkartensystem Waren oder Dienstleistungen erwirbt, obwohl er gegenüber dem Kartenaussteller nicht zur Begleichung der Verpflichtungen in der Lage ist, keinen vollendeten Betrug i.S. des §263 StGB begehe[1005]. Insoweit stellt sich die Problematik der „Sperrwirkung" nicht im Zusammenhang mit Kreditkarten.

Der Gesetzgeber wollte mit der Einführung des §266b StGB die durch BGHSt 33, 244ff. offenbar gewordene Strafbarkeitslücke hinsichtlich des Kreditkartenmißbrauchs schließen und die Strafbarkeit des Scheckkartenmißbrauchs sichern. Es erschien dem Gesetzgeber zweifelhaft, ob die Rechtsprechung zum Scheckkartenmißbrauch Bestand haben würde[1006]. Um eine hier befürchtete Strafbarkeitslücke zu vermeiden, wurde §266b StGB in das Strafgesetzbuch eingefügt.
Mit der Einordnung des §266b StGB in die Nachbarschaft des §266 StGB hat der Gesetzgeber zum Ausdruck gebracht, daß mit dem Scheckkartenmißbrauch untreueähnliches Unrecht und kein Betrugsunrecht verwirklicht wird. Damit ist der Betrugslösung des BGH der Boden entzogen[1007].

Soweit auch noch nach Einführung des §266b StGB entgegen der hier vertretenen Auffassung ein tatbestandliches Vorliegen von §263 StGB[1008] bzw. §266[1009] angenommen wird, stellt sich die Frage nach dem Verhältnis dieser Tatbestände zu §266b StGB.
Die Auffassung, die hier Idealkonkurrenz zwischen §266b StGB und §263 StGB bzw. Gesetzeseinheit zwischen §266b StGB und §266 StGB annehmen will[1010], ist abzulehnen.
Bei der Annahme von Idealkonkurrenz im Verhältnis von §266b StGB zu §263 StGB wäre die eingeführte Vorschrift des §266b StGB überflüssig. Der Gesetz-

---

1004 Anders vor Inkrafttreten des 2.WiKG nur Otto, Bargeldloser Zahlungsverkehr, S.100f. und Schröder JZ 1972 S.707ff.
1005 BGHSt 33, 244ff.
1006 BT-Drucksache 10/5088 S.32.
1007 Weber NStZ 1986 S.481(484); ders. JZ 1987 S.215(216); Krey BT/2 Rn.562b.
1008 Vgl. etwa BGH NStZ 1987 S.120; BGH GA 1987 S.263; OLG Hamm MDR 1987 S.514; KG JR 1987 S.257.
1009 Vgl. etwa Haft BT S.232.
1010 So Granderath DB 1986 Beil.18 S.10.

geber hat §266b StGB mit einer Strafandrohung von Freiheitsstrafe bis zu drei Jahren oder Geldstrafe in Kenntnis der hier Betrug (Strafandrohung von Freiheitsstrafe bis zu fünf Jahren oder Geldstrafe) annehmenden höchstrichterlichen Rechtsprechung in das Strafgesetzbuch eingeführt. Damit würde bei Tateinheit gem. §52 Abs.2 Satz 1 StGB stets der Strafrahmen des §263 StGB eingreifen und die Einführung des §266b StGB sinnentleert. Der Gesetzgeber hat aber klargestellt, daß solche Taten zukünftig einem engeren Strafrahmen unterfallen sollen[1011].

Mit dem Sinn und Zweck des Gesetzes ist auch die Annahme eines gesetzeskonkurrierenden Vorrangs von §263 StGB vor §266b StGB nicht zu vereinbaren. Dem Gesetzgeber kann nicht unterstellt werden, er habe eine völlig überflüssige Strafvorschrift einführen wollen[1012].

Die vorherrschende Ansicht sieht für den Fall, daß man neben §266b StGB auch die Voraussetzungen von §§263 bzw. 266 StGB annehmen will, §266b StGB als lex specialis an[1013].

Der Annahme von Gesetzeseinheit in Form der Spezialität im Verhältnis von §266b StGB zu §266 StGB ist zuzustimmen. Das Vorliegen von Spezialität zwischen §266b StGB und §263 StGB ist im Schrifttum unter Berufung auf die Entstehungsgeschichte des §266b StGB begründet worden[1014]. Aufgrund der auch im Wortlaut des §266b StGB zum Ausdruck kommenden Intention des Gesetzgebers, ist §266b als lex specialis anzusehen. Auch folgt die Spezialität aus der Tatsache, daß §266b StGB gegenüber §263 StGB die mildere Strafandrohung enthält[1015].

1011 Vgl. KG JR 1987 S.257; Bernsau S.131.

1012 KG JR 1987 S.257; Geppert Jura 1987 S.162(165).

1013 BGH GA 1987 S.263; BGH NStZ 1987 S.120; KG JR 1987 S.257; OLG Hamm MDR 1987 S.514; Maurach/Schroeder/Maiwald BT/1 §45 Rn.81; Lenckner, in S./S. §266b Rn.14; Lackner/Kühl §266b Rn.9; Tröndle/Fischer §266b Rn.9; Gribbohm, in LK §266b Rn.51; Samson, in SK §266b Rn.8; Otto wistra 1986 S.150(153); Weber JZ 1987 S.215(216); ders. FS-Küchenhoff S.485(487); Arzt/Weber LH4 Rn.256; Schlüchter, Wirtschaftskriminalität, S.116; Krey BT/2 Rn.550f.; Geppert Jura 1987 S.162(165); Küpper NStZ 1988 S.60; Rengier BT/1 §17 Rn.3.

1014 Vgl. etwa Krey BT/2 Rn.550f); Geppert Jura 1987 S.162(165); Weber NStZ 1986 S.481(484); ders. JZ 1987 S.215(216).

1015 KG JR 1987 S.257; Weber JZ 1987 S.215(216); Krey BT/2 Rn.550f); Geppert Jura 1987 S.162(165); Hohmann/Sander BT/1 §17 Rn.18.

Da im Verhältnis von §266b StGB und §263 StGB nur das Tatbestandsmerkmal des Vermögensschadens übereinstimmt, geht ein Teil des Schrifttums vom Vorliegen einer Spezialität im erweiterten Sinn aus[1016]. Auch ein gemeinsamer gesetzlicher Grundgedanke sei zumindest problematisch, da die Täuschung eines Anderen, als Wesen des Betrugs, in §266b StGB keinen Niederschlag gefunden habe. Grundkonzeption der Lösung der Rechtsprechung über §263 StGB und der Lösung durch den Gesetzgeber über die Einführung von §266b StGB war jedoch die Unterbindung des sozialschädlichen Verhaltens des Scheck- und Kreditkartenmißbrauchs. Der Strafgrund liegt dabei im Gebrauch der Karte ohne Kontoabdeckung. §263 StGB beinhaltet die Vorspiegelung eines Kontoguthabens durch den Täter, der Getäuschte trifft die Verfügung aufgrund der Vorstellung vom positiven Kontostand. Somit ist in beiden Ansätzen der Saldo sozialerheblich[1017]. Da der Schuldgehalt der Tat erschöpfend durch die Regelung des §266b StGB erfaßt wird, entfällt ein weiteres Strafbedürfnis. Somit sei §266b StGB als lex specialis im erweiterten Sinn zu verstehen.
Die „Sperrwirkung", die §266b StGB nach Teilen der Literatur gegenüber §§263 bzw. 266 StGB hat, stellt sich somit als Bezeichnung für das Vorliegen von Gesetzeseinheit in Form der Spezialität dar[1018].

2. Die „Sperrwirkung" des §266b StGB gegenüber §263 StGB aufgrund des Fehlens der Versuchsstrafbarkeit in §266b StGB

Geht man im Verhältnis der Tatbestände von §266b StGB und §263 StGB beim Scheckkartenmißbrauch vom Vorliegen von Spezialität aus, kann sich die Frage nach der Strafbarkeit des Täters neu stellen, wenn das grds. verdrängende Delikt des §266b StGB nicht vollendet wurde. Der Versuch des §266b StGB ist nicht unter Strafe gestellt. Problematisch ist dann aber, inwieweit ein Rückgriff auf die an sich verdrängte Norm des §263 StGB möglich ist und eine Bestrafung aufgrund eines versuchten Betrugs erfolgen kann, falls man dessen Voraussetzungen

[1016] Bernsau S.131; Lackner/Kühl §266b Rn.9; kritisch zur Annahme von Spezialität Gössel BT/2 §26 Rn.53.
[1017] Bernsau S.131.
[1018] Vgl. auch Geppert Jura 1987 S.162(165); Weber JZ 1987 S.215(216).

für gegeben erachtet[1019]. Auch in diesem Zusammenhang hat der Begriff der „Sperrwirkung“ des §266b StGB Anwendung gefunden[1020].

Ist der Versuch eines speziellen Delikts nicht mit Strafe bedroht und fehlt es somit an einem tatbestandlich erfüllten Delikt, so ist grds. der Rückgriff auf das verdrängte Delikt möglich.
Stets gilt es aber, dem Verhältnis der Tatbestände und der zugrundeliegenden ratio besondere Aufmerksamkeit entgegenzubringen.

Die Möglichkeit des Rückgriffs auf §263 StGB bei Vorliegen eines „Versuchs“ des §266b StGB ist im Schrifttum umstritten. Ein Teil der Literatur hält die Anwendung des versuchten Betrugs bei Vorliegen der tatbestandlichen Voraussetzungen für möglich[1021]. Der Gesetzgeber habe mit der Einführung der Vorschrift des §266b StGB eine Strafbarkeitslücke im Bereich des Scheck- und Kreditkartenmißbrauchs schließen wollen und nicht etwa eine Strafbarkeitslücke bei Erfüllung anderer Straftatbestände eröffnen wollen. Weiterhin habe die Rechtsprechung im Fall des „Versuchs“ eines Subventionsbetrugs i.S. von §264 StGB einen Rückgriff auf §263 StGB zugelassen, da der Gesetzgeber den Subventionsbetrüger nicht privilegieren wollte. Entsprechend entfalte auch §266b StGB keine „Sperrwirkung“ in der Weise, daß eine Strafbarkeit aus versuchtem Betrug ausgeschlossen sei[1022].

Zutreffend geht die wohl vorherrschende Auffassung im Schrifttum davon aus, daß ein Rückgriff auf §263 StGB hier nicht möglich ist[1023]. Nach Bernsau kommt §266b StGB insoweit eine „Sperrwirkung“ im Hinblick auf eine Versuchsstrafbarkeit aus dem allgemeinen Betrugstatbestand zu[1024].
Aus der Intention des Gesetzgebers, mit der Schaffung des §266b StGB Strafbarkeitslücken zu schließen, läßt sich nicht entnehmen, im Falle des Fehlens einer

---

[1019] Diese Fallkonstellation ist aus Gründen der Verständlichkeit nicht bereits oben in Fallgruppe5 1. c (vgl. Fn.592) dargestellt worden
[1020] Bernsau S.132; vgl. auch Küpper NStZ 1988 S.69(61) und Rissing-van Saan, in LK Vor §52 Rn.95, die jedoch im Ergebnis eine „Sperrwirkung“ des §266b StGB ablehnen.
[1021] Küpper NStZ 1988 S.60(61); Rissing-van Saan, in LK Vor §52 Rn.95.
[1022] Küpper NStZ 1988 S.60(61); Rissing-van Saan, in LK Vor §52 Rn.95.
[1023] Lackner/Kühl §266b Rn.9; Lenckner, in S./S. §266b Rn.1; Maurach/Schroeder/Maiwald BT/1 §45 Rn.81; Otto BT §54 Rn.53; Bernsau S.132.
[1024] Bernsau S.132.

Strafbarkeit aus §266b StGB auf den strengeren Betrugstatbestand zurückzugreifen. Der Gesetzgeber wollte mit der Einführung von §266b StGB zwar Lücken schließen, dabei sollte aber allein der engere Strafrahmen des §266b StGB Anwendung finden. Diese vorherrschende Auffassung weist hinsichtlich des Ausschlusses des Rückgriffs auf den versuchten Betrug auch auf das Vorliegen der zwischen §266b StGB und §263 StGB bestehenden Spezialität hin. Die Sonderregelung des §266b StGB greift auch bezüglich des Versuchs durch und hindert die Anwendung von §§263 Abs.1, Abs.2, 22 StGB[1025].

§266b StGB stellt einen gegenüber §263 StGB milderen Tatbestand dar. Der Gesetzgeber hat §266b StGB mit einer Strafandrohung von Freiheitsstrafe bis zu drei Jahren oder Geldstrafe in das Gesetz aufgenommen. Damit hat er hinreichend deutlich gemacht, daß die Strafbarkeit auf einen engeren Strafrahmen beschränkt bleiben soll. Insoweit würde ein Rückgriff auf §§263 Abs.1, Abs.2, 22 StGB Sinn und Zweck des Gesetzes widersprechen.

Der Täter wäre bei Annahme einer Rückgriffsmöglichkeit im Falle der Vollendung (Strafbarkeit aus §266b StGB) besser gestellt, als bei einer im Versuchsstadium steckengebliebenen Tathandlung (Strafbarkeit aus §§263 Abs.1, Abs.2, 22 StGB). Der Strafrahmen des versuchten Betrugs liegt höher als der des Scheck- und Kreditkartenmißbrauchs, da die Milderungsmöglichkeit des §49 Abs.1 StGB bei Vorliegen eines Versuchs nicht zwingend, sondern allein fakultativ ist. Ein Wertungswiderspruch ist hier offenkundig.

Die „Sperrwirkung“ stellt sich dogmatisch nicht als Ergebnis der Gesetzeseinheit dar. Fehlt es an der Versuchsstrafbarkeit, treffen die Tatbestände nicht einmal scheinbar zusammen. Ausschlaggebend ist vielmehr auch hier der Zweck und Zusammenhang der Vorschriften und die Reichweite der gesetzgeberischen Wertentscheidung.

[1025] Lackner/Kühl §266b Rn.9; Lenckner, in S./S. §266b Rn.12; Maurach/Schroeder/Maiwald BT/1 §45 Rn.81; Otto BT §54 Rn.53; Bernsau spricht hier von einer sich aus dem Spezialitätsverhältnis ergebenden Rechtsfolge.

3. Die „Sperrwirkung" des §266b StGB gegenüber §263 StGB bei Mißbrauch von durch fehlerhafte Angaben erlangten Scheck- und Kreditkarten

Auch im Bereich des Scheck- und Kreditkartenmißbrauchs mit betrügerisch erlangter Kreditkarte ist auf das Vorliegen einer „Sperrwirkung" zurückgegriffen worden. Erschleicht sich der Täter eine Kreditkarte durch unzutreffende Angaben über seine Vermögensverhältnisse, stellt sich die Frage, in welchem Verhältnis der dabei begangene Betrug zu der anschließenden, von §266b StGB erfaßten Benutzung der Kreditkarte steht.

Die Erschleichung der Scheck- bzw. Kreditkarte stellt einen vollendeten Betrug i.S. des §263 StGB dar[1026]. In der Überlassung der Scheck- bzw. Kreditkarte an einen stark überschuldeten Täter ist bereits eine schadensgleiche Vermögensgefährdung zu sehen, die das Tatbestandsmerkmal des Vermögensschadens erfüllt[1027].

Besteht weitgehende Übereinstimmung über das Vorliegen der tatbestandlichen Voraussetzungen der §§263 und 266b StGB, so beginnen die Meinungsverschiedenheiten dort, wo das Verhältnis der Tatbestände zueinander geklärt werden soll.

Während nach einer Auffassung der spätere Scheck- bzw. Kreditkartenmißbrauch gem. §266b StGB gegenüber §263 StGB eine mitbestrafte Nachtat darstellt[1028], hält ein anderer Teil des Schrifttums hier ein tatmehrheitliches Verhältnis für gegeben[1029]. Weiter wird die Ansicht vertreten, §266b StGB und §263 StGB stünden in tateinheitlichem Verhältnis[1030].

Unter Ablehnung der genannten Auffassungen wird weiter auch die Ansicht vertreten, dem milderen Tatbestand des §266b StGB komme hier gegenüber §263 StGB eine „Sperrwirkung" zu[1031]. Diese „Sperrwirkung" des §266b StGB wird

---

[1026] BGHSt 33, 244(246); BGH StV 1992 S.54; Otto JZ 1985 S.1008; Offermann wistra 1986 S.50(56); Küpper NStZ 1988 S.60; Bernsau S.132; Mitsch JZ 1994 S.877(884).

[1027] Vgl. etwa BGHSt 33, 244(246); Küpper NStZ 1988 S.60; Offermann wistra 1986 S.50(56); kritisch: Labsch NJW 1986 S.104(105); Bringewat NStZ 1985 S.535(536).

[1028] So Küpper NStZ 1988 S.60(61); Lenckner, in S./S. §266b Rn.14; Schlüchter, Wirtschaftskriminalität, S.117.

[1029] Lackner/Kühl §266b Rn.9; Bernsau S.132.

[1030] Tröndle/Fischer §266b Rn.9; Weber JZ 1987 S.215(216); BGH NStZ 1993 S.283 wendet sich gegen eine Einordnung in die Gesetzeseinheit, läßt aber offen, ob Tateinheit oder Tatmehrheit vorliegt.

[1031] Mitsch JZ 1994 S.877(886); vgl. zum Ausdruck „Sperrwirkung" des §266b StGB auch Küpper NStZ 1988 S.60f., der aber das Vorliegen einer „Sperrwirkung" ablehnt und im Ergebnis §266b StGB als mitbestrafte Nachtat ansieht.

dogmatisch in den Bereich der Gesetzeseinheit eingeordnet und §263 StGB im Verhältnis zu §266b StGB als mitbestrafte Vortat angesehen[1032]. Begründet wird diese „Sperrwirkung“ des milderen Gesetzes aus dem Vergleich mit der Situation im Bereich des Einsatzes von Scheck- bzw. Kreditkarten bei fehlender Kontodeckung. Im Bereich des Scheckkartenmißbrauchs werde allein aus dem milderen Tatbestand des §266b StGB bestraft. Auch in Fällen des Kreditkartenmißbrauchs findet §263 StGB keine Anwendung. Wenn aber die schadensvertiefende Vermögensschädigung, gleich ob sie §263 StGB verwirklicht oder nicht, allein §266b StGB unterfalle, sei es wertungswidersprüchlich, die hier gegebene Vorbereitungshandlung zu §266b StGB bzw. Vermögensgefährdung der Strafbarkeit aus §263 StGB zu unterwerfen[1033].

Zunächst ist der Ansatz abzulehnen, §266b StGB stelle im Verhältnis zu §263 StGB eine straflose Nachtat dar. Zwar weisen die Vertreter dieser Auffassung darauf hin, daß hier der Täter die Nachtat begehen muß, wenn die Vortat einen Sinn machen soll. Jedoch führt erst die Verwendung der Scheck- bzw. Kreditkarte über die Vermögensgefährdung hinaus zur Konkretisierung und Vertiefung des Schadens[1034]. Weiterhin ist zu beachten, daß §266b StGB über das Vermögen hinaus auch die Funktionsfähigkeit des bargeldlosen Zahlungsverkehrs schützt, der mit der mißbräuchlichen Benutzung der Scheck- bzw. Kreditkarte tangiert wird[1035]. Damit liegt auch die allgemein anerkannte Voraussetzung des Fehlens einer weiteren Rechtsgutsverletzung durch den Kartenmißbrauch nicht vor[1036]. Auch die Annahme von Tateinheit verbietet sich hier, da die für §52 Abs.1 StGB notwendige Handlungsidentität zwischen §266b StGB und §263 StGB in der tatbestandslosen Beendigungsphase des Betrugs nicht mehr begründet werden kann[1037]. Da der Betrug durch die Erschleichung der Scheck- und Kreditkarte bereits vollendet ist, bevor die den Tatbestand des §266b verwirklichende Hand-

---

[1032] Vgl. etwa Mitsch JZ 1994 S.877(886).

[1033] Mitsch JZ 1994 S.877(886).

[1034] BGH NStZ 1993 S.283.

[1035] BGH NStZ 1993 S.283; BT-Drucksache 10/5058 S.32; Arzt/Weber LH4 Rn.247; Tröndle/Fischer §266b Rn.2; Bernsau S.64ff.; Granderath DB 1986 Beil.18 S.9; a.A.: Samson, in SK §266b Rn.1; Maurach/Schroeder/Maiwald BT/1 §45 Rn.72; Krey BT/2 Rn.550a; Ranft JuS 1988 S.673(675); Otto wistra 1986 S.150(152).

[1036] Vgl. etwa RGSt 67, 273(275); BGHSt 6, 67(68); Stree, in S./S. Vor §52 Rn.114; Geerds, Konkurrenz, S.209f.; Bernsau S.132; Geppert Jura 1982 S.418(428); Wessels/Beulke AT Rn.795.

[1037] Mitsch JZ 1994 S.877(886); Bernsau S.133.

lung vorgenommen wird, verletzt die in Bezug auf §263 StGB zur Tatbestandserfüllung führende Handlung nicht zugleich den Tatbestand des §266b StGB. Das allein verbindende Element zwischen Erlangung der Karte und deren Mißbrauch liegt auf der subjektiven Ebene, als durch die Benutzung der Karte die zum subjektiven Tatbestand des §263 StGB zugehörige Bereicherungsabsicht realisiert wird. Da diese Realisierung aber keine Strafbarkeitsvoraussetzung für §263 StGB ist, verletzt hier nicht dieselbe Handlung beide Tatbestände[1038].

Es liegen bei der Erschleichung der Karte und dem anschließenden Mißbrauch zwei Handlungen vor, ein unmittelbarer räumlicher und zeitlicher Zusammenhang ist hier nicht gegeben. Insoweit kommt mit der zutreffenden Auffassung allein Realkonkurrenz (§53 StGB) in Betracht[1039]. Eine als „Sperrwirkung" des §266b StGB bezeichnete Verdrängung des §263 StGB als mitbestrafte Vortat kann ebenfalls nicht bestehen. Zum einen scheidet eine solche Annahme aufgrund des Grundverhältnisses der Spezialität zwischen §266b StGB und §263 StGB aus[1040]. Zum anderen würde die „Sperrwirkung" die eigenartige Konsequenz nach sich ziehen, daß der Täter, der eine Scheck- bzw. Kreditkarte unter falschen Angaben erschlichen hat, diese möglichst schnell mißbrauchen müßte, um in den Genuß der milderen Bestrafung aus §266b StGB zu gelangen[1041]. Insofern hat sich die dogmatisch in den Bereich der Gesetzeseinheit in Form der straflosen Vortat eingeordnete „Sperrwirkung" des §266b StGB in der hier gegebenen Fallkonstellation als nicht haltbar erwiesen.

[1038] Mitsch JZ 1994 S.877(886).
[1039] Vgl. Lackner/Kühl §266b Rn.9; Bernsau S.133.
[1040] Bernsau S.133.
[1041] Küpper NStZ 1988 S.60(61); Bernsau S.133.

4. Die „Sperrwirkung" des §266b StGB bei mißbräuchlicher Bargeldbeschaffung

Die Möglichkeit des Bestehens einer „Sperrwirkung" des §266b StGB gegenüber §263 StGB wird auch bei der mißbräuchlichen Bargeldbeschaffung mittels Kreditkarte angedacht, im Ergebnis aber zutreffend verworfen[1042]. Die Frage nach dem Bestehen einer solchen „Sperrwirkung" hat Ranft für den Fall des Vorliegens der Voraussetzungen beider Tatbestände aufgeworfen. Insoweit geht es hier nicht um die Problematik eines Rückgriffs bei Fehlen tatbestandlicher Voraussetzungen eines an sich vorgehenden Tatbestandes, sondern um das Verhältnis zweier tatbestandlich erfüllter Delikte.

Allgemeine Übereinstimmung herrscht insoweit, als die Bargeldbeschaffung unter den Tatbestand des Betrugs fällt. Während der BGH hier einen eigennützigen Betrug annimmt[1043], geht das Schrifttum zutreffend von einem fremdnützigen Betrug aus[1044], da der vom Täter erstrebte Vorteil nicht aus dem Vermögen des Kreditkartenherstellers stammt, sondern unmittelbar vom Vertragsunternehmer erlangt wurde.
Fraglich bleibt, ob die mißbräuchliche Bargeldbeschaffung auch dem Tatbestand des §266b StGB unterfallen kann. Nur dann könnte die „Sperrwirkung" des §266b StGB im hier angedachten Sinn vorliegen[1045].
Die Vertreter im Schrifttum, die hier ein Vorliegen der tatbestandlichen Voraussetzungen des §266b StGB annehmen, gehen im Verhältnis zu §263 StGB von Tateinheit aus[1046] oder sehen §266b StGB als mitbestrafte Vortat des Betrugs an[1047].

1042 Vgl. Ranft JuS 1988 S.673(678).
1043 BGHSt 33, 244(247).
1044 Ranft JuS 1988 S.673(678); Küpper NStZ 1988 S.60(61); Bernsau S.230; ohne Differenzierung: Otto JZ 1985 S.1008; Tröndle/Fischer §266b Rn.9; Lenckner, in S./S. §266b Rn.14; Offermann wistra 1986 S.50(57); Labsch NJW 1986 S.104(105).
1045 Vgl. Ranft JuS 1988 S.673(678).
1046 Lenckner, in S./S. §266b Rn.14; Tröndle/Fischer §266b Rn.9; Schlüchter, Wirtschaftskriminalität, S.116f.
1047 Küpper NStZ 1988 S.60(61).

Gegen die Auffassung des Vorliegens von Tateinheit spricht schon der Gedanke der „Doppelverwertung" des Schadenseintritts[1048]. Der von beiden Tatbeständen vorausgesetzte Schaden tritt jedoch nur einmal ein.

Die Annahme des Vorliegens von Tateinheit, der mitbestraften Vortat des §266b StGB oder einer „Sperrwirkung" des §266b StGB kann jedoch schon deswegen nicht durchgreifen, da §266b hier tatbestandlich nicht vorliegt. Auszugehen ist von der zivilrechtlichen Betrachtung, daß bei der mißbräuchlichen Bargeldbeschaffung sowohl in Bezug auf Scheckkarten, als auch auf Kreditkarten keine Verpflichtung des Kartenausstellers besteht, die Forderung des Vertragsunternehmens zu erfüllen[1049]. Löst der Kartenaussteller die eingereichten Scheck- bzw. Belastungsbelege ein, ist nach einem Teil des Schrifttums der Mißbrauch der Karte gegeben[1050].

Die tatbestandlichen Voraussetzungen des §266b StGB liegen hier jedoch nicht vor, da die Schadensverursachung nicht auf der durch die Überlassung der Scheck- bzw. Kreditkarte eingeräumten Möglichkeit, den Aussteller zu einer Zahlung zu veranlassen, beruht. Diese Möglichkeit wird nur dann entsprechend §266b StGB mißbraucht, wenn das zwischen dem Aussteller und dem Vertragsunternehmen bestehende Rechtsverhältnis Verpflichtungsgrund der Zahlung ist[1051]. In der hier vorliegenden Konstellation besteht aufgrund der vertraglichen Vereinbarung keine Verpflichtung des Kartenausstellers, eine Zahlungsverpflichtung wird dem Kartenaussteller nur vorgespiegelt[1052]. Diese Auffassung beschränkt §266b StGB auf die Konstellationen, die den Grund für die Einführung der Vorschrift darstellen[1053]. Damit steht allein letztere Auffassung in Übereinstimmung mit der Intention des Gesetzgebers. Die Fälle mißbräuchlicher Bargeldbeschaffung sind allein von §263 StGB erfaßt.

Festzuhalten bleibt, daß eine „Sperrwirkung" im von Ranft angedachten Sinn auszuscheiden hat.

[1048] So Küpper NStZ 1988 S.60(61).
[1049] Vgl. Ranft JuS 1988 S.673(678); Bernsau S.225f.
[1050] Lenckner, in S./S. §266b Rn.14; Küpper NStZ 1988 S.60(61); Schlüchter, Wirtschaftskriminalität, S.116f.
[1051] Ranft JuS 1988 S.673(678); Bernsau S.226.
[1052] Ranft JuS 1988 S.673(678).
[1053] Bernsau S.226.

5. Die „Sperrwirkung" des §266b StGB gegenüber §263a StGB

Überzieht der berechtigte Karteninhaber unbefugt den ihm eingeräumten Kreditrahmen durch Barabhebung aus einem Bankautomaten, stellt sich die Frage nach der strafrechtlichen Beurteilung dieses Handelns und damit des Verhältnisses von §266b StGB zu §263a StGB. Für den Täter ist dieses Verhältnis im Hinblick auf die unterschiedliche Straferwartung von besonderer Bedeutung. Während §263a StGB eine Höchstfreiheitstrafe von bis zu fünf Jahren, in besonders schweren Fällen sogar Freiheitsstrafe von einem bis zu zehn Jahren (§263a Abs.2, §263 Abs.3) vorsieht, beinhaltet §266b StGB nur eine Freiheitsstrafe von bis zu drei Jahren.

Die Frage des Verhältnisses von §266b StGB und §263a StGB stellt sich dabei nicht für den Fall des Codekartenmißbrauchs durch den nichtberechtigten Karteninhaber. Dieser Sachverhalt ist unstreitig nicht unter §266b StGB zu fassen, es kommt allein §263a StGB in Betracht.

Probleme im Hinblick auf die Reichweite des §263a StGB einerseits und des §266b StGB andererseits ergeben sich, wenn der Berechtigte abredewidrig Bargeld aus einem Bankautomaten entnimmt und dabei den Kreditrahmen überschreitet.

Im Rahmen der vorliegenden Arbeit können die zu diesem Problempunkt entwickelten, stark umstrittenen, Lösungsansätze nur überblicksartig behandelt werden.

Nach einer Auffassung ist in der vorliegenden Konstellation ausschließlich eine Strafbarkeit aus §263a StGB gegeben, §266b StGB sei tatbestandlich nicht erfüllt[1054].

Demgegenüber wird die Ansicht vertreten, es greife hier allein §266b StGB ein, für §263a StGB fehle es bereits am Vorliegen der tatbestandlichen Handlung[1055].

[1054] Tröndle/Fischer §263a Rn.8a, §266b Rn.1; Lackner FS-Tröndle S.41(59); Otto BT §52 Fn.45, §54 Rn.48; ders. wistra 1986 S.150(153); ders. JR 1992 S.252(254); Bernsau S.136ff.; Krey BT/2 Rn.513c; Schlüchter, Wirtschaftskriminalität, S.91; Möhrenschläger wistra 1986 S.128(133); ders. wistra 1991 S.321(325); Tiedemann JZ 1986 S.865(869); Haß, in Lehmann, Rechtsschutz, S.467(476f.); Rengier BT/1 §19 Rn.3; Berghaus JuS 1990 S.981(982f.); Granderath DB Beil. 18 S.9; Richter CR 1989 S.303(307).

[1055] Nach h.M. gilt dies aber nur für die Benutzung eines austellerfremden Bankautomaten: vgl. BayObLG NJW 1997 S.3039; OLG Stuttgart NJW 1988 S.981(982); Meier JuS 1992 S.1017(1021); Maurach/Schroeder/Maiwald BT/1 §45 Rn.78; Achenbach NStZ 1988

Neben diesen beiden überwiegend vertretenen Meinungsblöcken bestehen zwei weitere Auffassungen. Dabei wird z.T. weder §263a StGB noch §266b StGB für anwendbar gehalten[1056].

Andererseits wird entgegengesetzt die Ansicht vertreten, sowohl §266b StGB als auch §263a StGB seien tatbestandlich erfüllt[1057]. Innerhalb der letztgenannten Auffassung kommt auch der Begriff der „Sperrwirkung" zum Tragen. So soll §266b StGB eine „privilegierende Sperrwirkung" ausüben und §263a StGB zugunsten des Täters verdrängen[1058]. Dieser Vorrang von §266b StGB sei auf das Vorliegen von Gesetzeseinheit im Verhältnis der Tatbestände zurückzuführen[1059]. Die „Sperrwirkung", die §266b StGB nach dieser Auffassung zukommt, stellt sich somit, selbst wenn man dieser letztgenannten Auffassung folgt, lediglich als Bezeichnung für das Vorliegen von Gesetzeseinheit dar.

6. Die „Sperrwirkung" des §246 StGB a.F. im Verhältnis zu §263a StGB

Bei Verwendung von Codekarten zur Bargeldbeschaffung an Geldautomaten hat der Begriff der „Sperrwirkung" auch darüber hinaus Anwendung gefunden. Dem

---

S.497(501); Zielinski CR 1992 S.223(227); Schulz/Tscherwinka JA 1991 S.119(124f.). Die h.M. unterscheidet bei §266b StGB zwischen „Zwei-Partner" und „Drei-Partner-System". Nur im letzteren findet §266b StGB Anwendung (vgl. etwa BGHSt 38 S.281ff.; Maurach/Schroeder/Maiwald BT/1 §45 Rn.77; Gribbohm, in LK §266b Rn.18). Übertragen auf den Fall der Benutzung eines Bankautomaten der Ausstellerbank greift §266b StGB hier nicht ein. Ohne Differenzierung: LG Köln NJW 1987 S.667(669); Müller/Wabnitz S.17f.; Huff NJW 1987 S.815(817); Lenckner/Winklbauer CR 1986 S.654(657f.); ausdrücklich auch bei Abhebung vom ausstellereigenen Bankautomaten halten allein §266b für anwendbar: Weber JZ 1987 S.215(216); ders. FS-Krause S.427(436); ders. FS-Küchenhoff S.485(490); Deider S.176f.; Arzt/Weber LH4 Rn.81f., 252, 258; so auch Bühler MDR 1989 S.22(24f.) und Hilgendorf JuS 1997 S.130(135), die jedoch daneben noch §263a StGB anwenden.

[1056] So Lenckner, in S./S. §266b Rn.8, für den Fall der Benutzung eines Bankautomaten der Ausstellerbank; vgl. auch Bieber WM 1987 Beil. 6 S.28.

[1057] Bühler MDR 1989 S.22(23ff); Ehrlicher S.90; Mitsch JZ 1994 S.877(881); Hilgendorf JuS 1997 S.130(135f.); für den Fall der Benutzung eines ausstellerfremden Bankautomatens auch Maurach/Schroeder/Maiwald BT/1 §41 Rn.233, §45 Rn.78; Gössel (BT/2 §26 Rn.36, 58) geht dagegen bei Abhebung vom ausstellerfremden Bankautomaten vom Vorrang des §263a StGB aus. Dagegen sind nach Bühler (MDR 1989 S.22(24)) und Hilgendorf (JuS 1997 S.130(135)) §§266b und 263a StGB auch im Fall der Benutzung eines ausstellereigenen Bankautomaten erfüllt.

[1058] Bühler MDR 1989 S.22(24); Hilgendorf JuS 1997 S.130(136).

[1059] Bühler MDR 1989 S.22(24f.); krit. Schulz/Tscherwinka JA 1991 S.119(125).

milderen Tatbestand des §246 StGB a.F. soll hier eine „Sperrwirkung" gegenüber §263a StGB zukommen[1060].

Da der Begriff der „Sperrwirkung" vor der Gesetzesänderung durch das 6. StrG vom 26.01.1998[1061] entwickelt wurde, wird hier der Untersuchung zunächst §246 StGB a.F. zugrundegelegt.

Für den Fall der Barabhebung mittels Codekarte durch einen Nichtberechtigten liegt nach Auffassung von Ranft[1062] neben §263a StGB auch §246 StGB a.F. tatbestandlich vor, so daß sich dann die Frage nach dem „Konkurrenzverhältnis" dieser Delikte stelle. Dabei komme §246 StGB a.F. eine „Sperrwirkung" gegenüber §263a StGB zu.

In Rechtsprechung und Literatur ist die Strafbarkeit der unbefugten Benutzung einer Codekarte zur Barabhebung seit jeher umstritten.

Nach einer Auffassung liegen die tatbestandlichen Voraussetzungen der §§263a StGB und 246 StGB a.F. vor, im Verhältnis der Tatbestände bestehe Gesetzeseinheit. Dabei geht ein Teil dieser Auffassung vom Vorliegen von Spezialität des §263a StGB aus[1063]; z.T. wird hier Subsidiarität des §246 StGB a.F. angenommen[1064]. Andere Autoren sehen hier §246 StGB a.F. als mitbestrafte Nachtat zu §263a StGB[1065].

Die früher von Dreher/Tröndle vertretene Ansicht des Vorliegens von Tateinheit[1066] wird inzwischen nicht mehr aufrechterhalten.

Nach anderer Auffassung liegt §246 StGB a.F. in Fällen der Geldautomatenbenutzung durch einen Nichtberechtigten bereits tatbestandlich nicht vor[1067].

1060 Ranft wistra 1987 S.79(84); JR 1989 S.165(166); JuS 1993 S.856(859).

1061 BGBl. I S.164ff.

1062 Vgl. Fn 1060.

1063 Huff NJW 1987 S.815(818); Otto BT §52 Rn.49; Otto JZ 1993 S.559(567); Schlüchter JR 1993 S.493(497); Weber JZ 1987 S.215(216) spricht von Exklusivität zwischen diesen Tatbeständen.

1064 Cramer, in S./S. §263a Rn.18; Meier JuS 1992 S.1017(1020); Gössel BT/2 §22 Rn.40.

1065 Ehrlicher S.95; Arzt/Weber LH3 Rn.266; Granderath DB 1986 Beil.18 S.4; Schulz/Tscherwinka JA 1991 S.119(124); Bandekow S.255.

1066 Bis Dreher/Tröndle 44.A. (1988) §263a Rn.18.

1067 BGHSt 38, 120(125) entgegen BGHSt 35, 152ff, der vor Inkrafttreten von §263a StGB §246 StGB als tatbestandlich gegeben ansah; AG München wistra 1986 S.268(269f.); AG Berlin-Tiergarten NStZ 1987 S.122; Lackner/Kühl §263a Rn.28; Bernsau S.180; Tröndle/Fischer §263a Rn.17; Krey BT/2 Rn.516; Otto JR 1987 S.221(223f.); Hilgendorf JuS 1997 S.130(133); Schneider NStZ 1987 S.123ff.; Thaeter wistra 1988 S.339(340ff.); ders. JA 1988 S.547(548ff.).

Dabei stellt ein Teil dieser Ansicht darauf ab, daß es an der Zueignung einer *fremden* Sache fehle. Entsprechend dem in der Programmierung des Automaten zum Ausdruck kommenden Willen der Bank liege in der Auszahlung an den mit der Codekarte ausgewiesenen Benutzer die Übereignung[1068]. Zum Teil wird §246 StGB a.F. auch abgelehnt, da bei technisch ordnungsgemäßer Bedienung der Bankautomaten eine Vermögensverfügung des Berechtigten vorliege und diese eine Besitzentziehung, wie sie die Zueignung voraussetze, begrifflich ausschließe. Es fehle an der Enteignung des Berechtigten durch den Täter[1069].

Ein anderer Teil dieser Auffassung verneint das Vorliegen von §246 StGB a.F., da die Zueignungshandlung erst dann begangen werden könne, wenn der Computerbetrug bereits vollendet und eine wiederholte Zueignung nicht möglich sei[1070]. Nach der sog. „Tatbestandslösung“[1071] ist hier bereits der Tatbestand des §246 StGB a.F. nicht erfüllt. Dagegen sieht die sog. „Konkurrenzlösung“[1072] den Tatbestand des §246 StGB a.F. als erfüllt an, §246 StGB a.F. tritt nach dieser Auffassung aber als mitbestrafte Nachtat zurück.

Abweichend von diesen Ansichten hält allein Ranft im Verhältnis der Tatbestände der §§263a, 246 StGB a.F. eine „Sperrwirkung“ des §246 StGB a.F. für gegeben und kommt so zu einem Vorrang von §246 StGB[1073].

Weder die Berufung auf das Vorliegen einer „Sperrwirkung“, noch überhaupt der Vorrang des §246 StGB a.F. hat im Schrifttum Zustimmung erfahren.

Auch die von Ranft vorgenommene Einordnung des Begriffs der „Sperrwirkung“ ist in der Literatur unterschiedlich verstanden worden. Dies erscheint insoweit verständlich, als Ranft den Begriff zunächst nur im Zusammenhang mit dem

---

1068 Vgl. etwa OLG Hamburg NJW 1987 S.336f.; AG München wistra 1986 S.268(269); Hilgendorf JuS 1997 S.130(133); Krey BT/2 Rn.516; Wessels/Hillenkamp BT/2 Rn.170f.; Wiechers JuS 1979 S.847ff.; a.A.: BGHSt 35, 152ff.; OLG Stuttgart NJW 1987 S.666ff.; Thaeter JA 1988 S.547(548ff.); ders. wistra 1988 S.339(340ff.); Gropp JZ 1983 S.487(490f.); Bernsau S.175ff.; Bandekow S.144f., 149; Schulz/Tscherwinka JA 1991 S.119(121).

1069 Vgl. Otto BT §42 Rn.16; ders. Jura 1989 S.200(204); Spahn Jura 1989 S.513(517ff.); Schmitt/Ehrlicher JZ 1988 S.364f.

1070 BGHSt 38, 120(125); Lackner/Kühl §263a Rn.28; Tröndle/Fischer §263a Rn.17; Bernsau S.180; a.A.: etwa Schlüchter JR 1993 S.493(497); Ranft JuS 1993 S.856(859); ders. NJW 1994 S.2574(2576f.); Otto JZ 1993 S.559(567).

1071 Vgl. etwa BGHSt 14, 38(43ff.); 16, 280(282); Lackner/Kühl §246 Rn.7; Ruß, in LK §246 Rn.11; Krey BT/2 Rn.174; Schünemann JuS 1968 S.114(116ff.); Otto, Struktur, S.106ff.; Maiwald, Zueignungsbegriff, S.261ff.

1072 Vgl. etwa RGSt 62, 61(62); 68, 204(209); 73, 6(7); BGHSt 6, 314(316); Tröndle/Fischer §246 Rn.13; Maurach/Schroeder/Maiwald BT/1 §34 Rn.22f.; Eser, in S./S. §246 Rn.19; Wessels/Hillenkamp BT/2 Rn.301ff.

Vorliegen von Tateinheit verwendet und §263a im Ergebnis aber als mitbestrafte Vortat zurücktreten läßt[1074], dann aber unter Ablehnung von Tateinheit ebenfalls auf das Vorliegen einer „Sperrwirkung" des §246 StGB a.F. abstellt[1075]. So nimmt ein Teil der Literatur an, Ranft gehe vom tateinheitlichen Vorliegen von §263a StGB und §246 StGB a.F. aus und befürworte eine „Sperrwirkung" des milderen Tatbestandes, da es nicht Zweck des §263a StGB sei, den Eigentümerschutz zu verschärfen[1076]. Zutreffend ist jedoch davon auszugehen, daß Ranft hier insoweit eine „Sperrwirkung" annimmt, als §263a StGB als mitbestrafte Vortat hinter §246 StGB a.F. zurücktreten soll[1077]. Somit würde sich der Begriff der „Sperrwirkung" nach Auffassung Ranfts in die Gesetzeseinheit einordnen lassen.

Aber auch der Annahme einer mitbestraften Vortat des §263a StGB ist nicht zuzustimmen. Eine Vortat kann nur dann straflos bleiben, wenn das Schwergewicht auf der Nachtat liegt und der Gesamtkomplex der Straftaten allein unter dem Gesichtspunkt der nachfolgenden Tat zu bewerten ist[1078]. Die Vorschrift des §246 StGB a.F. enthält nach dem Gesetzeswillen nicht die ausschließliche Qualifikation der Tat. Der Gesetzgeber hat §263a StGB im 2. WiKG eingeführt, um die Unzulänglichkeiten des geltenden Rechts auszuräumen. Die Eigentumstatbestände vermögen die beim Betrugstatbestand offenkundigen Lücken nicht ausreichend zu schließen[1079]. Auch enthält §263a StGB gegenüber §246 StGB a.F. eine erhöhte Strafandrohung. Aus dem Funktionszusammenhang der Vorschriften ergibt sich nicht, daß der durch §263a StGB erfaßten „Vortat" kein eigenständiger Unwertgehalt zukommt. Insoweit kann hier die Annahme einer straflosen Vortat nicht durchgreifen.

Es bleibt somit festzustellen, daß eine „Sperrwirkung" des §246 StGB a.F. gegenüber §263a StGB nicht besteht.

1073 Vgl. Ranft wistra 1987 S.79(84f.); ders. JR 1989 S.165(166); ders. JuS 1993 S.856(859).

1074 Ranft wistra 1987 S.79(84f.).

1075 Ranft JR 1989 S.165(166).

1076 Ehrlicher S.93.

1077 So auch Schulz/Tscherwinka JA 1991 S.119(124); Bandekow S.255.

1078 BGH NJW 1967 S.60(61); OLG Hamm MDR 1979 S.421f.; Stree, in S./S. Vor §52 Rn.119; Rissing-van Saan, in LK Vor §52 Rn.121; Lackner/Kühl Vor §52 Rn.33; Vogler FS- Bockelmann S.715(733f.); Wessels/Beulke AT Rn.793.

1079 BT-Drucksache 10/318 S.18ff.; Tiedemann, in LK §263a Rn.2.

Die Frage, ob §246 StGB neben §263a StGB vorliegt und wie sich das Verhältnis der Tatbestände darstellt, bleibt auch nach dem 6. StrRG bestehen. Die Problematik unterscheidet sich jedoch insoweit, als es bei Annahme des Vorliegens der Voraussetzungen des §246 StGB nach der Änderung im 6. StrRG die Subsidiaritätsklausel des §246 Abs.1 HS 2 StGB zu beachten gilt. Insofern erscheint es unwahrscheinlich, daß die hier abgelehnte, eine „Sperrwirkung" annehmende Auffassung auch nach Änderung von §246 StGB a.F. aufrechterhalten bleibt. Die „Sperrwirkungsproblematik" des §246 StGB gegenüber §263a StGB wird es insofern nicht mehr geben.

XIII. Fallgruppe13: Die „Sperrwirkung" der §§237, 238 StGB a.F. gegenüber §§177, 178 StGB a.F.

Auf das Vorliegen einer „Sperrwirkung" ist auch im Verhältnis der §§237, 238 StGB a.F. zu §§177, 178 StGB a.F. zurückgegriffen worden[1080].
Die Problematik des Verhältnisses von §§237, 238 StGB a.F. zu §§177, 178 StGB a.F. entzündete sich dabei am Gewaltbegriff der §§177, 178 StGB a.F.
Dabei ist die Frage, inwieweit das Entführen oder Einsperren des Opfers als Gewalt i.S. der §§177, 178 StGB a.F. zu beurteilen ist, in Rechtsprechung und Literatur strittig geblieben. Während eine Auffassung hier Gewalt i.S. der §§177, 178 StGB a.F. annahm[1081], lehnte die zutreffende Gegenauffassung das Vorliegen von Gewalt ab[1082], da sonst die §§237, 238 StGB a.F. praktisch leerlaufen und damit überflüssig würden[1083].
Nach einem Teil[1084] dieser zutreffenden Auffassung soll insoweit eine „Sperrwirkung" vorliegen, als die bloße Entführung als solche bzw. das bloße Einsperren des Opfers als solches noch keine Gewalt i.S. der §§177, 178 StGB a.F. darstellten.
Die „Sperrwirkung" stellt sich hier als Bezeichnung für das Auslegungsergebnis im Hinblick auf ein Tatbestandsmerkmal, hier der Gewalt i.S. der §§177, 178 StGB a.F., dar.

Diese dargestellte „Sperrwirkung" kann jedoch seit dem 6.StrRG nicht mehr bestehen. Die Problematik hat sich vielmehr mit der Änderung bzw. Aufhebung der betroffenen Tatbestände erledigt.

1080 Vgl. Krey BT/1 Rn.312a; ders. Gewalt S.58ff.
1081 Vgl. etwa BGH GA 1965 S.57; BGH - 4 StR 176/77; BGH - 2 StR 460/77; BGH - 4 StR 491/79; BGH GA 1975 S.84; BGH GA 1981 S.168(169); BGH NStZ 1993 S.340; BGH NStZ 1995 S.229(230); Otto JR 1982 S.116(118); ders. BT 4.A. §66 III 2 b; Wolter NStZ 1985 S.245(247, 250f.); Rössner FS-Leferenz S.527(536); Lenckner, in S./S. §177 Rn.4; Goy/Lohstöter StV 1982 S.20ff.; Horn, in SK (StGB Bd.2 4.A. 25 Lieferung 1989) §178 Rn.8; Sick S.96ff.; Knodel S.164ff.; Keller S.264; ders. JuS 1984 S.109(115).
1082 BGH NJW 1981 S.2204; Maurach/Schroeder/Maiwald BT/1 §18 II Rn.11; Krey, Gewalt S.58ff.; ders. BT/1 10.A. Rn.312a; Röthlein S.102f.; Schmidhäuser BT 4/36; vgl. auch BGH NStZ 1990 S.335.
1083 Maurach/Schroeder/Maiwald BT/1 §18 II Rn.11; Krey, Gewalt S.61; ders. BT/1 10.A. Rn.312a.
1084 Vgl. Krey BT/1 10.A. Rn.312a; ders. Gewalt S.58ff.

XIV. Fallgruppe14: Die „Sperrwirkung" des §248b StGB gegenüber §242 StGB

Der Fall einer Gebrauchsanmaßung an einem Kraftfahrzeug durch einen Nichtberechtigten wird von §248b StGB erfaßt.
Nach §248b Abs.1 StGB ist der Kraftfahrzeuggebrauch gegenüber anderen Vorschriften, die mit schwererer Strafe bewährt sind, formell subsidiär. Dabei handelt es sich um eine relative Subsidiarität, da §248b StGB nur hinter Tatbeständen gleicher Schutzrichtung zurücktritt.

Bei dem Gebrauch eines Kraftfahrzeuges werden zwangsläufig auch Kraft- und Schmierstoffe verbraucht. Würde man hier aber eine Strafbarkeit aus §242 StGB annehmen, so wäre gleichzeitig mit jeder Fahrzeugentwendung §242 StGB verwirklicht und §248b StGB wäre wegen der darin enthaltenen Subsidiaritätsklausel für Kraftfahrzeuge unanwendbar. Damit verbliebe dieser Vorschrift aber nahezu kein Anwendungsbereich[1085].
Insoweit besteht allgemein Übereinstimmung, daß eine solche Aushöhlung der Gebrauchsanmaßung durch Rückgriff auf den Benzindiebstahl unzulässig ist[1086].
Eine Strafbarkeit aus §242 StGB hat hier insoweit auszuscheiden.
Dieser Ausschluß der Strafbarkeit aus §242 StGB ist im Schrifttum vereinzelt auf das Vorliegen einer „Sperrwirkung" zurückgeführt worden[1087].
Keine Einigkeit besteht aber in der dogmatischen Einordnung des Vorrangs des §248b StGB.
Nach der Rechtsprechung handelt es sich bei der Zueignung des Kraftstoffs *„um einen vom Tatbestand des §248b StGB mitumfaßten Vorgang, der nicht von dem in dieser Vorschrift erfaßten Gesamtgeschehen losgelöst einer gesonderten straf-*

[1085] Allgemeine Auffassung: vgl. etwa BGH GA 1960 S.182f.; BGHSt 14, 386(388); Ranft JA 1984 S.277(282); Eser, in S./S. §248b Rn.15; Kindshäuser, in NK §248b Rn.26; Jakobs AT 31.Abschnitt Rn.31; Samson, in SK §248b Rn.18.
[1086] Vgl. etwa BGH GA 1960 S. 182f.; BGHSt 14, 386(388); BayObLG NJW 1961 S.280(281); Celle NJW 1953 S.37(38); Ruß, in LK §248b Rn.13; Eser, in S./S. §248b Rn.15; Tröndle/Fischer §248b Rn.9; Lackner/Kühl §248b Rn.6; differenzierend Ranft JA 1984 S.277(282) und Maurach/Schroeder BT/2 §37 II Rn.11, die §242 StGB dann annehmen, wenn es dem Täter gerade auf die Ersparung des Treibstoffs ankam.
[1087] Baumann/Weber/Mitsch AT 10.A. §8 Rn.81; Seier JuS 1988 S.799(801).

rechtlichen Würdigung unterliegen kann“[1088]. Insofern besteht hier schon ein tatbestandlicher Ausschluß des §242 StGB[1089].

Nach herrschender Auffassung handelt es sich hierbei jedoch um ein Problem der Gesetzeseinheit.

Dabei nimmt ein Teil der Literatur hier Konsumtion an, da der erfüllte Diebstahlstatbestand eine notwendige Begleittat zum unbefugten Fahrzeuggebrauch darstellt[1090].

Nach zutreffender, wohl überwiegender Auffassung, handelt es sich jedoch um einen Fall von Subsidiarität. Im Fall des Benzindiebstahls kehrt sich das Subsidiaritätsverhältnis aus telelogischen Gründen um, §242 StGB tritt hinter §248b StGB zurück[1091].

Damit hat sich der Begriff der „Sperrwirkung“ auch in dieser Fallgruppe als begriffliche Abweichung auf dem Gebiet der Gesetzeseinheit erwiesen.

1088 BGH GA 1960 S.182f.; vgl. auch BGHSt 14, 386(388).

1089 Vgl. auch Vogler FS-Bockelmann S.715(716, 731), Lackner/Kühl §248b Rn.6.

1090 Vgl. Kindshäuser, in NK §248b Rn.26; Jakobs AT 31.Abschnitt Rn.31; Stratenwerth AT Rn.1189.

1091 Tröndle/Fischer §248b Rn.9; Eser, in S./S. §248b Rn.15; Hoyer, in SK §248b Rn.18; Seelmann JuS 1985 S.288; Haft BT S.139.

XV. Fallgruppe 15: Die „Sperrwirkung des „erfolgsprivilegierten" Delikts" des §19 Abs.5 Nr.1 KWKG gegenüber §19 Abs.2 Nr.1 KWKG

§19 KWKG stellt den Umgang mit atomaren Waffen unter Strafe. Die Vorschrift wurde durch das „Gesetz zur Verbesserung der Überwachung des Außenwirtschaftsverkehrs und zum Verbot von Atomwaffen, biologischen Waffen und chemischen Waffen" vom 05.11.1990[1092] eingeführt.
Sinn und Zweck der Vorschrift bestehen darin, die Beteiligung Deutscher an der Errichtung von Anlagen zur Herstellung von Atomwaffen zu verhindern[1093].
§19 KWKG enthält in Absatz 1 den Grundtatbestand, in Absatz 2 eine Qualifizierung.

Nach dem Grundtatbestand des §19 Abs.1 KWKG macht sich strafbar, wer vorsätzlich eine der dort beschriebenen Tathandlungen vornimmt. Hier hält §19 Abs.1 KWKG einen Strafrahmen von einem bis zu fünf Jahren Freiheitsstrafe bereit.
Einen qualifizierten Tatbestand enthält §19 Abs.2 KWKG. Dieser Qualifikationstatbestand des Absatz 2 ist in der Strafandrohung (Freiheitsstrafe von zwei bis fünfzehn Jahren) stark angehoben.
§19 Abs.2 Nr.1 KWKG enthält eine Qualifizierung für gewerbsmäßiges Handeln sowie für das Handeln als Mitglied einer Bande[1094].
§19 Abs.2 Nr.2 KWKG ist als konkretes Gefährdungsdelikt ausgestaltet[1095]. Voraussetzung für §19 Abs.2 Nr.2 KWKG ist, daß der Täter einer Handlung i.S. von §19 Abs.1 KWKG eines der drei in §19 Abs.2 Nr.2 a) - c) enthaltenen Schutzgüter beeinträchtigt.
Die Vorschrift des §19 Abs.2 Nr.2 KWKG ist an §34 AWG angelehnt, der allerdings seit dem 5. Änderungsgesetz zum AWG vom 20.07.1990[1096] in ein abstrak-

---

[1092] BGBl. I S.2428.
[1093] Vgl. Begr. BT-Drucksache 11/4609 S.6/7; Bericht BT-Drucksache 11/7221; Steindorf §19 Rn.1.
[1094] Zur Auslegung der Begriffe vgl. Pottmeyer §§19-22 Rn.3, §22a Rn.179-181; Steindorf §19 Rn. 8f. m.w.N.; Hinze §19 Anm.5.
[1095] Vgl. BT-Drucksache 11/7221 S.11; Pottmeyer §§19-22 Rn.4; Steindorf §19 Rn.10; Oswald NStZ 1991 S.322.
[1096] BGBl. I S.1457.

tes Gefährdungsdelikt umgewandelt wurde[1097]. Nach §19 Abs.2 Nr.2 a) - c) KWKG muß der Täter die Sicherheit der Bundesrepublik Deutschland, das friedliche Zusammenleben der Völker oder die auswärtigen Beziehungen der Bundesrepublik Deutschland gefährdet haben. Im Rahmen des §19 Abs.2 Nr.2 KWKG ist bzgl. der Tathandlungen i.S. von Absatz 1 und der Gefährdung der Schutzgüter zumindest bedingter Vorsatz notwendig[1098].

Auch aufgrund möglicher Beweisprobleme im Hinblick auf den Vorsatz sind die Fahrlässigkeitsdelikte des §19 Abs.4 und 5 KWKG geschaffen worden. Von Bedeutung im Zusammenhang mit der „Sperrwirkungsproblematik" ist allein §19 Abs.5 KWKG.

§19 Abs.5 Nr.2 KWKG betrifft die Konstellation, in der ein Täter fahrlässig bzw. bei den Tathandlungen des Verleitens oder Förderns leichtfertig handelt und auch die Gefahr i.S. §19 Abs.2 Nr.2 KWKG fahrlässig verursacht.

Im Rahmen der hier vorliegenden Arbeit interessant ist aber die Fallkonstellation des §19 Abs.5 Nr.1 KWKG, d.h., falls der Täter die Tathandlungen i.S. §19 Abs.1 KWKG vorsätzlich ausführt, die Gefahr für eines der Schutzgüter i.S. von §19 Abs.2 Nr.2 a) - c) KWKG aber fahrlässig verursacht.

Aufgrund der bestehenden Strafrahmen wird hier nach Auffassung Oswalds[1099] der Anwendungsbereich einer „Sperrwirkung" betreten.

Der Strafrahmen für eine vorsätzliche Tathandlung i.S. §19 Abs.1 KWKG und eine fahrlässige Gefahrverursachung i.S §19 Abs.5 Nr.1 KWKG beträgt nur bis zu 3 Jahren Freiheitsstrafe. Bei Vorliegen einer vorsätzlicher Tathandlung hält §19 Abs.1 KWKG aber schon einen Strafrahmen von einem bis zu fünf Jahren Freiheitsstrafe bereit. Damit ist ein Widerspruch offenkundig. Dem Täter käme es zugute, wenn er neben einer vorsätzlichen Tathandlung i.S. des §19 Abs.1 KWKG auch noch die Schützgüter i.S. §19 Abs.2 Nr.2 KWKG fahrlässig gefährdet.

Im Schrifttum ist deshalb die Tatsache anerkannt, daß ein derartiges Mißverhältnis der Strafrahmen „*offensichtlich verfehlt*"[1100] bzw. „*strafrechtlich verunglückt*" ist[1101].

[1097] Vgl. Steindorf §19 Rn. 10; Oswald NStZ 1991 S.322; Pottmeyer §§19-22 Rn.4; kritisch: Dahlhoff NJW 1991 S.208; Michalke StV 1993 S.262(263); Pietsch KJ 1991 S.475(477).

[1098] Pottmeyer §§19-22 Rn.5; Oswald NStZ 1991 S.322.

[1099] Oswald NStZ 1991 S.322.

Nach Auffassung Oswalds[1102] ist §19 Abs.5 Nr.1 KWKG dogmatisch gesprochen eine *„Erfolgsprivilegierung"* zu §19 Abs.1 KWKG. Die Strafbarkeit des Grunddelikts des §19 Abs.1 KWKG werde durch den hinzutretenden Erfolg der fahrlässigen Verwirklichung der in §19 Abs.2 Nr.2 KWKG genannten Schutzgüter vermindert. §19 Abs.2 KWKG sei im Gegensatz dazu eine Qualifikation, da dieser die Strafe schärfe[1103].

Oswald vertritt darüber hinaus die Ansicht, auch ein zusätzliches Vorliegen der Voraussetzungen des §19 Abs.2 Nr.1 KWKG (gewerbsmäßiges Handeln bzw. Handeln als Mitglied einer Bande) sei für den Täter nicht von Bedeutung. Aufgrund der Vergleichbarkeit der hier vorliegenden Situation mit dem zwischen der Qualifikation des §211 StGB und den privilegierten Tötungsdelikten bestehenden Verhältnis sei auch eine „Sperrwirkung der Privilegierung" des §19 Abs.5 Nr.1 KWKG gegeben[1104]. Aufgrund der „Sperrwirkung" des §19 Abs.5 Nr.1 KWKG sei die Qualifikation des §19 Abs.2 Nr.1 KWKG nicht anwendbar.

Der Rückgriff auf eine „Sperrwirkung" des §19 Abs.5 Nr.1 KWKG gegenüber §19 Abs.2 Nr.1 KWKG erscheint hier jedoch fehlgehend.

Die Situation im Bereich des §19 KWKG ist entgegen der Auffassung Oswalds nicht mit dem Verhältnis der privilegierten Tötungsdelikte zu vergleichen.

Anders als im Bereich der §§216 StGB bzw. 217 StGB a.F., wo die ratio dieser Tatbestände sinnentleert würde, falls man diesen nicht Vorrang gegenüber der Qualifikation einräumen würde, ergibt sich, daß einer „Sperrwirkung" im dargelegten Sinn gerade die ratio des §19 KWKG entgegensteht. Die Vorschrift des §19 KWKG dient der Verhinderung der Beteiligung Deutscher an der Errichtung von Anlagen zur Herstellung von Atomwaffen[1105]. Dieser dem gesamten §19 KWKG zugrundeliegende Sinn und Zweck der Vorschrift würde zunichte gemacht und umgangen, wenn die zusätzliche Verwirklichung der fahrlässigen Gefahrverursachung und des gewerbsmäßigen Betreibens bzw. Handelns als Mitglied einer Bande unbeachtlich bliebe.

[1100] Steindorf §19 Rn.16.

[1101] Weidemann GA 139 (1992) S.481(483f.); in diesem Sinne auch Oswald (NStZ 1991 S.322) und Otto (ZStW 105 (1993) S.565(566)), der die Vorschrift des §19 Abs.5 Nr.1 KWKG nicht nur strafrechtlich verunglückt, sondern für *„schlichtweg blödsinnig"* erachtet.

[1102] Oswald NStZ 1991 S.322.

[1103] Oswald NStZ 1991 S.322.

[1104] Oswald NStZ 1991 S.322.

Auch liegt den privilegierten Tötungsdelikten aufgrund der bestehenden notstandsähnlichen Konfliktsituation seitens des Täters eine ratio zugrunde, die den Vorrang der Privilegierung zu rechtfertigen vermag. Eine solche die Verdrängung des §19 Abs.2 Nr.1 KWKG durch §19 Abs.5 Nr.1 KWKG rechtfertigende ratio ist in §19 Abs.5 Nr.1 KWKG jedoch gerade nicht enthalten.
Weiterhin bringt die Qualifikation des §19 Abs.2 KWKG eine derartige Abweichung des Tatbildes mit sich, die die privilegierenden Umstände überlagert.

Die Tatsache, daß im Bereich des §19 KWKG keine der „Sperrwirkung" im Bereich des Zusammentreffens von §211 StGB mit §§216 StGB, 217 StGB a.F. vergleichbare Situation vorliegt, zeigt auch der Blick auf das dort zugrundeliegende Verhältnis der Tatbestände. Im Rahmen der Tötungsdelikte stellt §212 StGB das Grunddelikt, §211 StGB eine Qualifikation und §§216 StGB bzw. 217 StGB a.F. privilegierte Abwandlungen des Grunddelikts dar. Der einen milderen Strafrahmen bereitstellende §19 Abs. 5 Nr.1 KWKG knüpft hier jedoch im Gegensatz zur Situation bei den Tötungsdelikten nicht an den Grundtatbestand, sondern an die Qualifikation des §19 Abs.2 Nr.2 KWKG an. Damit liegt hier nicht eine Privilegierung bezogen auf den Grundtatbestand, sondern eine nur auf die Qualifikation bezogene Milderung vor. Da §19 Abs.5 Nr.1 KWKG keine auf den Grundtatbestand des Abs.1 bezogene tatbestandliche Abwandlung beinhaltet, ist §19 Abs.5 Nr.1 KWKG nicht als Privilegierung anzusehen. Vielmehr handelt es sich bei §19 Abs.5 Nr.1 KWKG um einem Fahrlässigkeitstatbestand.
Dabei bezieht sich die Milderung ausdrücklich nur auf die Qualifikation des §19 Abs.2 Nr.2 KWKG. §19 Abs.2 Nr.1 KWKG bleibt hiervon unberührt. Die Qualifikation des §19 Abs.2 Nr.1 KWKG ist folglich nicht derart von der „Privilegierung" des §19 Abs.5 Nr.1 KWKG überlagert, daß hieraus eine Verdrängungswirkung folgen könnte. Insoweit erscheint - entgegen der Behauptung Oswalds - eine „Sperrwirkung" als nicht begründbar.

Auch der hier verwendete Begriff der „*Erfolgsprivilegierung*"[1106] vermag nicht weiterzuhelfen. Eine derartige Einordnung ist der Strafrechtsdogmatik bislang

---

[1105] Vgl. BT-Drucksache 11/4609 S.6/7; Bericht BT-Drucksache 11/7221.
[1106] Oswald NStZ 1991 S.322.

fremdgeblieben. Der Ansatz Oswalds ist weder begründet worden, noch läßt er sich in das Strafrechtssystem einordnen.

Die auch den Wortlaut der Norm berücksichtigende Auslegung des §19 KWKG zeigt, daß eine „Sperrwirkung" nicht gerechtfertigt erscheint. Der Gesetzgeber hat in §19 Abs.5 Nr.1 KWKG nur §19 Abs.2 Nr.2 KWKG aufgeführt. §19 Abs.2 Nr.1 KWKG hat der Gesetzgeber explizit unberücksichtigt gelassen. Hierin kommt auch der Wille des Gesetzgebers zum Ausdruck, im Falle des Vorliegens gewerbsmäßigen Handelns oder bandenmäßiger Begehung die Strafe aus §19 Abs.2 Nr.1 KWKG zu entnehmen. Ansonsten hätte der Gesetzgeber auch §19 Abs.2 Nr.1 KWKG in die Milderung des §19 Abs.5 Nr.1 KWKG miteinbezogen. Insoweit muß es also bei Verwirklichung von §19 Abs.5 Nr.1 KWKG nach dem Willen des Gesetzgebers bei der Strafbarkeit aus dieser Vorschrift bleiben.

Das Fehlgehen der behaupteten „Sperrwirkung" ergibt sich insbesondere auch aus der bereits angesprochenen Widersprüchlichkeit der Strafrahmen. Wurde bereits die in der Literatur unstreitig vorherrschende Auffassung dargelegt, die Strafmilderung in §19 Abs.5 Nr.1 KWKG sei strafrechtlich verfehlt, da es dem Täter ansonsten zugute kommt, wenn er neben dem Grundtatbestand des §19 Abs.1 KWKG auch fahrlässig die genannten Schutzgüter gefährdet, muß gleiches erst recht im Hinblick auf die „Sperrwirkung" gelten. Denn hier verwirklicht der Täter mit dem gewerbsmäßigen Handeln bzw. der bandenmäßigen Begehung noch weitergehendes Unrecht. Der von der Literatur anerkannte Widerspruch würde also bei Anerkennung einer „Sperrwirkung" des §19 Abs.5 Nr.1 KWKG noch verstärkt werden. Dies ist aber mit dem objektiven Willen des Gesetzes nicht vereinbar.

Will man eine „Sperrwirkung" des §19 Abs.5 Nr.1 KWKG gegenüber §19 Abs.2 Nr.1 KWKG annehmen, würde zum einen unberücksichtigt bleiben, daß sich der Unwertgehalt der Tat erhöht hat, und es würde dem Täter darüber hinaus sogar zugute kommen, daß er weiteres Unrecht verwirklicht hat.
Durch die zusätzlich begangene Gefährdung eines der Rechtsgüter i.S. §19 Abs.2 Nr.2 a) - c) KWKG würde sich der zur Verfügung stehende Strafrahmen des §19 Abs.2 KWKG (zwei bis fünfzehn Jahre Freiheitsstrafe) auf eine Höchststrafe von

bis zu drei Jahren gem. §19 Abs.5 Nr.1 KWKG reduzieren. Dies läuft aber der vom Gesetzgeber mit dem „Gesetz zur Verbesserung der Überwachung des Außenwirtschaftsverkehrs und zum Verbot von Atomwaffen, biologischen und chemischen Waffen" verfolgten Intention zuwider, gerade die Gefährdung der genannten Schutzgüter durch die Beteiligung Deutscher an der Errichtung von Anlagen zur Herstellung von Atomwaffen zu verhindern.
Auch hier zeigt sich folglich der Unterschied zu der im Bereich der privilegierten Tötungsdelikte vorliegenden Situation. Die Betrachtung der Tatbestände der qualifizierten und privilegierten Tötung hat ergeben, daß im qualifizierten Tötungsdelikt bereits alle den Täter belastenden Merkmale der Privilegierung enthalten sind. Der Unrechtsgehalt der privilegierten Tötungen ist somit voll im qualifizierten Tötungstatbestand enthalten. Was also die Privilegierung der Qualifikation hinzufügt, sind ausschließlich Milderungsgründe. Aus dieser Bewertung heraus folgt das Bedürfnis, den Täter allein aus dem privilegierten Tatbestand zu bestrafen.
Die Situation im Bereich der behaupteten „Sperrwirkung" des §19 Abs.5 Nr.1 KWKG stellt sich jedoch anders dar. §19 Abs.2 Nr.1 KWKG beinhaltet eben nicht die den Täter belastenden Merkmale des §19 Abs.5 Nr.1 KWKG. Der Unwertgehalt des §19 Abs.5 Nr.1 KWKG ist damit nicht bereits in der in Frage stehenden Qualifikation des §19 Abs.2 Nr.1 KWKG enthalten, die Vorschrift des §19 Abs.5 Nr.1 KWKG fügt der Qualifikation gerade nicht nur Milderungsgründe hinzu.
Es ist auch nicht ausreichend, den erhöhten Unwertgehalt allein in der Strafzumessung zu berücksichtigen.

Damit hat sich gezeigt, daß sich eine „Sperrwirkung" des §19 Abs.5 Nr.1 KWKG gegenüber der Qualifikation des §19 Abs.2 Nr.1 KWKG nicht begründen läßt.
Der Gesetzeswille geht vielmehr dahin, daß die zu der Tathandlung i.S. §19 Abs.1 KWKG hinzutretende fahrlässige Gefährdung ein Strafschärfungsgrund sein sollte. §19 Abs.5 Nr.1 KWKG ist nicht absichtlich zu einem milderen Tatbestand ausgeformt worden, eigentlich war eine Qualifikation beabsichtigt[1107]. Dies ergibt sich auch aus §19 Abs.5 Nr.2 KWKG, der bei fahrlässiger Tathand-

lung die zusätzliche fahrlässige Gefährdung der genannten Schutzgüter strafschärfend berücksichtigt.

[1107] So auch Oswald NStZ 1991 S.322(323).

D. Die „Sperrwirkung“ als einheitliches und brauchbares Rechtsinstitut?

In der vorausgegangenen Untersuchung ist eine Vielzahl von Fallgruppen herausgearbeitet worden, in denen der Begriff der „Sperrwirkung“ Anwendung gefunden hat. Der Rückgriff auf das Vorliegen einer „Sperrwirkung“ erfolgte dabei zur Auflösung von Problemen, die sich im Verhältnis von Tatbeständen zueinander ergeben. Dabei hat sich gezeigt, daß das Bestehen einer „Sperrwirkung“ allein die Behauptung eines Ergebnisses darstellt, eine Begründung vermag die Berufung auf eine „Sperrwirkung“ jedoch nicht zu ersetzen.
Im folgenden bleibt der Frage nachzugehen, inwieweit die „Sperrwirkung“ als abzulehnende Begrifflichkeit anzusehen ist, die es aus dem Sprachgebrauch zu verdrängen gilt oder die „Sperrwirkung“ als eigenständiges Rechtsinstitut anzuerkennen ist. Dabei ist auf die bereits im Rahmen der Analyse der einzelnen Fallgruppen gewonnenen Ergebnisse, insbesondere im Hinblick auf die dort vorgenommenen Versuche einer dogmatischen Einordnung der jeweiligen „Sperrwirkung“, zurückzugreifen.

I. Die „Sperrwirkung“ als abzulehnende Begrifflichkeit

1. Ablehnung des Begriffs der „Sperrwirkung“ aufgrund des Vorliegens in diesem Begriff zum Ausdruck kommender unzutreffender Ergebnisse

In einigen Fallgruppen bzw. Fallkonstellationen innerhalb einzelner Fallgruppen hat sich herausgestellt, daß eine „Sperrwirkung“ dort nicht vorliegen kann.
Wie bereits oben dargelegt bezeichnet der in der Literatur verwendete Begriff der „Sperrwirkung“ einen Anwendungsvorrang den der privilegierte Tatbestand gegenüber dem qualifizierten Tatbestand bei Zusammentreffen der in Rede stehenden Delikte haben soll. Es hat sich jedoch gezeigt, daß sich in Fallgruppe 1 die Tatbestände des §211 StGB und der §§216 StGB bzw. 217 StGB a.F. häufig tatbestandlich ausschließen. Der in der Literatur verwendete Begriff der „Sperrwirkung“ baut auf dem Vorliegen beider Tatbestände auf und bezeichnet ein stets gegebenes Vorrangverhältnis zugunsten des privilegierten Delikts. Bei dem festgestellten Vorliegen einer Exklusivität der Tatbestände kommt es je nach Fall-

konstellation jedoch nur zur Erfüllung eines Tatbestandes, entweder des §211 StGB oder des §216 StGB bzw. §217 StGB a.F.
Eine „Sperrwirkung“ im Sinne eines damit bezeichneten Vorrangs des privilegierten Delikts vor §211 StGB kann es somit nicht geben.

Auch in Fallgruppe 2 hat sich erwiesen, daß es eine „Sperrwirkung“ des §213 Alt.1 StGB gegenüber §211 StGB nicht geben kann. Nach dem klaren Gesetzeswortlaut und der Systematik der Tötungsdelikte kommt §213 StGB keine Bedeutung im Hinblick auf §211 StGB zu. Ein Anwendungsvorrang des §213 Alt.1 StGB würde eine Rechtsfindung contra legem darstellen. Auch eine Ausstrahlungswirkung des §213 StGB auf §211 StGB besteht nicht. Eine Korrektur des Mordtatbestandes unter Rückgriff auf eine „Sperrwirkung“ des §213 Alt.1 StGB ist de lege lata nicht möglich. Demnach kann §213 StGB allein in Fällen des Nichtvorliegens von Mordmerkmalen Anwendung finden. §211 StGB und §213 Alt.1 StGB schließen sich tatbestandlich aus. Eine „Sperrwirkung“ i.S. des damit bezeichneten Vorrangs von §213 Alt.1 StGB vor §211 StGB scheidet insoweit aus.

Weiterhin hat die Analyse auch für Fallgruppe 4 ergeben, daß ein Rückgriff auf die „Sperrwirkung“ in einigen Fallkonstellationen ausscheidet. Im Bereich der vollendeten Tötung auf Verlangen ist ein Zusammentreffen mit §226 StGB i.d.R. nicht möglich. Hier besteht zumeist ein tatbestandliches Ausschlußverhältnis. Eine „Sperrwirkung“ i.S. eines damit bezeichneten Vorrangs von §216 StGB vor §226 StGB kann es jedoch in den Fällen, in denen ein tatbestandliches Ausschlußverhältnis besteht, nicht geben. Gleiches gilt auch im Hinblick auf die Frage des Zusammentreffens von §216 StGB mit §226 Abs.2 StGB. Zwischen diesen Tatbeständen liegt sowohl im Fall der vollendeten Tötung auf Verlangen wie auch der versuchten Tötung auf Verlangen tatbestandliche Exklusivität vor. Ist ein Zusammentreffen von §216 StGB und §226 Abs.2 StGB somit nicht möglich, hat sich auch hier ähnlich wie in Fallgruppe 1 gezeigt, daß eine „Sperrwirkung“ im Sinne eines damit bezeichneten Vorrangs von §216 StGB vor §226 Abs.2 StGB nicht existieren kann.

Im Hinblick auf die sonstigen Fallkonstellationen dieser Fallgruppe bleibt die Frage nach dem Bestehen eines einheitlichen und brauchbaren Rechtsinstituts der „Sperrwirkung" bestehen.

Auch die Annahme einer „Sperrwirkung" des §251 StGB a.F. gegenüber vorsätzlichen Tötungsdelikten (Fallgruppe 7) hat sich als fehlerhaft erwiesen. Nach zutreffender Auffassung war auch schon vor dem 6. StrRG der „Konkurrenzlösung" der Vorzug zu geben und im Verhältnis von §251 StGB a.F. zu vorsätzlichen Tötungsdelikten Tateinheit anzunehmen.
Dieser Auffassung hat sich der Gesetzgeber mit der Änderung von §251 StGB im 6. StrRG (*„wenigstens fahrlässig"*) ausdrücklich angeschlossen.
Eine „Sperrwirkung" besteht somit auch hier nicht.

Gegenstand der Untersuchung war auch die Behauptung einer „Sperrwirkung" in den Fällen des Scheck- und Kreditkartenmißbrauchs (Fallgruppe 12). Hierbei hat sich gezeigt, daß in einigen Fallkonstellationen der Rückgriff auf eine „Sperrwirkung" ausscheidet. Dabei hat sich das in der Annahme einer „Sperrwirkung" zum Ausdruck kommende Ergebnis als unzutreffend erwiesen.
So übt §266b StGB bei Mißbrauch von durch fehlerhafte Angaben erlangten Scheck- und Kreditkarten keine „Sperrwirkung" gegenüber §263 StGB aus. Die Auffassung, diese „Sperrwirkung" sei dogmatisch in den Bereich der Gesetzeseinheit einzuordnen und §263 StGB als mitbestrafte Vortat anzusehen, ist, wie bereits dargelegt, abzulehnen. Es hat sich gezeigt, daß eine Verdrängung des §263 StGB als mitbestrafte Vortat nicht bestehen kann. Insoweit liegt auch in diesem Fall eine „Sperrwirkung" des §266b StGB nicht vor.
Auch die angedachte „Sperrwirkung" des §266b StGB gegenüber §263 StGB bei mißbräuchlicher Bargeldbeschaffung mittels Kreditkarte kann es nicht geben. Die tatbestandlichen Voraussetzungen des §266b StGB liegen hier nicht vor, da die Schadensverursachung nicht auf der durch die Überlassung der Scheck- und Kreditkarte eingeräumten Möglichkeit, den Aussteller zu einer Zahlung zu veranlassen, beruht.
Weiterhin hat auch eine „Sperrwirkung" des §246 StGB a.F. gegenüber §263a StGB in Fällen der Verwendung von Codekarten zur Bargeldbeschaffung auszuscheiden. In Rechtsprechung und Literatur besteht im Hinblick auf die Ableh-

nung einer „Sperrwirkung" weitgehende Einigkeit. Dabei halten die Auffassungen, die nicht bereits ein tatbestandliches Vorliegen der Voraussetzungen des §246 StGB a.F. ablehnen, einen Vorrang der Unterschlagung gegenüber §263a StGB für ausgeschlossen. Insoweit besteht auch in dieser Fallkonstellation keine „Sperrwirkung" des §246 StGB.

Auch in einigen Fallkonstellationen von Fallgruppe 5 („Sperrwirkung" bei fehlender Strafbarkeit aus der an sich verdrängenden Norm) scheidet der Rückgriff auf das Vorliegen einer „Sperrwirkung" aus. Dabei ist zum einen festgestellt worden, daß es eine „Sperrwirkung" der §§177, 178 StGB a.F. gegenüber §240 StGB nicht geben kann. Dies gilt sowohl im Hinblick auf die „Sperrwirkung" der §§177, 178 StGB a.F. bei Unterschreitung des von diesen Tatbeständen geforderten Intensitätsniveaus, als auch im Hinblick auf die „Sperrwirkung" von §177 StGB a.F. bei ehelicher Vergewaltigung. In letzterer Fallkonstellation hat sich die „Sperrwirkungsproblematik" auch mit der Änderung des §177 StGB a.F. im 6. StrRG für seit der Geltung des 6. StrRG begangene Taten erledigt[1108].
Weiterhin ist eine „Sperrwirkung" des §264 StGB gegenüber §263 StGB beim Fehlen tatbestandlicher Voraussetzungen bzw. Fehlen der Versuchsstrafbarkeit beim primären Delikt ausgeschlossen. Das Vorliegen eines straffreien Raumes bei fehlender Strafbarkeit aus §264 StGB hat sich als unvereinbar mit dem Sinn und Zweck dieser Vorschrift herausgestellt. Eine §263 StGB ausschließende „Sperrwirkung" des §264 StGB besteht insoweit nicht.

Schließlich hat sich auch im Bereich des §19 Abs.5 Nr.1 KWKG die Annahme einer „Sperrwirkung" gegenüber §19 Abs.2 Nr.1 KWKG als nicht haltbar erwiesen (Fallgruppe 15).

Somit hat sich bereits in einigen Fallgruppen bzw. Fallkonstellationen gezeigt, daß eine „Sperrwirkung" nicht vorliegen kann, weil sich das in der „Sperrwirkung" zum Ausdruck kommende Ergebnis als unzutreffend erwiesen hat. Ein Rückgriff auf das Vorliegen einer „Sperrwirkung" hat in diesen Fallgruppen bzw. Fallkonstellationen auszuscheiden.

Damit kann schon ein Ergebnis der Untersuchung der „Sperrwirkung" im materiellen Strafrecht festgehalten werden. In den hier dargelegten Fallgruppen bzw. Fallkonstellationen hat die „Sperrwirkung" aus dem Sprachgebrauch zu verschwinden.

2. Ablehnung des Begriffs der „Sperrwirkung" aufgrund des Vorliegens anerkannter Rechtsinstitute

Im weiteren Gang der Untersuchung gilt es zu klären, inwieweit in den verbleibenden Fallgruppen bzw. Fallkonstellationen ein einheitliches und brauchbares Rechtsinstitut der „Sperrwirkung" besteht. Dabei ist auch hier auf die bereits in den einzelnen Fallgruppen herausgearbeiteten Ergebnisse zurückzugreifen.
Der Rückgriff auf das Vorliegen einer „Sperrwirkung" hat auch in den Fallgruppen bzw. Fallkonstellationen auszuscheiden, in denen eine eindeutige dogmatische Einordnung in anerkannte Rechtsinstitute möglich ist. Zeigt die Analyse der Fallgruppen, daß die Problematik bereits dogmatisch faßbar ist und sich in bestehende dogmatische Strukturen einordnen läßt, besteht keine Notwendigkeit des Rückgriffs auf eine „Sperrwirkung". Die Anwendung des Begriffs der „Sperrwirkung" stellt insoweit eine falsche, weil nicht notwendige, sinnvolle und brauchbare Bezeichnung für das Vorliegen anerkannter Rechtsinstitute dar. Der Begriff der „Sperrwirkung" sollte in derartigen Fallgruppen bzw. Fallkonstellationen aus dem Sprachgebrauch verschwinden, erscheint er hier doch lediglich als abweichende, plakative Begrifflichkeit im Rahmen bereits bestehender, anerkannter dogmatischer Strukturen.
Die „Sperrwirkung" ist notwendig auf die Fälle zu beschränken, in denen sich die Problematik nicht in anerkannte Rechtsinstitute einordnen läßt. Allein in diesen Fällen besteht ein sinnvoller und zweckmäßiger Anwendungsbereich einer „Sperrwirkung".

Bezugnehmend auf die innerhalb der einzelnen Fallgruppen herausgearbeiteten Ergebnisse ist zunächst festzustellen, daß in einigen Fallgruppen eine Einord-

---

[1108] Gleiches gilt auch für die „Sperrwirkung" der §§237, 239 StGB a.F. gegenüber §240 StGB.

nung der „Sperrwirkungsproblematik" in den Bereich der Gesetzeseinheit erfolgen kann. Die „Sperrwirkung" hat sich hier als abweichende Bezeichnung für das Vorliegen von Gesetzeseinheit erwiesen.

So konnte im Fall der „Sperrwirkung" beim Zusammentreffen der privilegierten Tötung auf Verlangen mit qualifizierten Körperverletzungsdelikten, abgesehen von den bereits oben[1109] angesprochenen Fallkonstellationen, in denen ein tatbestandliches Ausschlußverhältnis besteht, die „Sperrwirkungsproblematik" in den Bereich der Gesetzeseinheit eingeordnet werden. Beim Zusammentreffen der vollendeten Tötung auf Verlangen mit §224 StGB bzw. §226 Abs.1 StGB ist, ebenso wie beim Zusammentreffen der versuchten Tötung auf Verlangen, mit diesen Tatbeständen ein Vorrang des Tötungsdelikts gegeben. Dieser Vorrang beruht auf dem hier festgestellten Vorliegen von Gesetzeseinheit in Form der Subsidiarität. Die angenommene „Sperrwirkung" hat sich lediglich als abweichende Begrifflichkeit auf dem Gebiet der Gesetzeseinheit erwiesen.

Gleiches gilt auch für zwei Fallkonstellationen von Fallgruppe 12, der „Sperrwirkung" in Fällen des Scheck- und Kreditkartenmißbrauchs.

Von Teilen der Literatur wird eine „Sperrwirkung" des §266b StGB gegenüber §§263 bzw. §266 StGB beim Einsatz der Scheck- bzw. Kreditkarte in Fällen fehlender Kontoabdeckung angenommen. Geht man hier von einem tatbestandlichen Vorliegen der §§263 bzw. 266 StGB neben §266b StGB aus, so hat sich im Verhältnis der Tatbestände das Vorliegen von Gesetzeseinheit in Form der Spezialität gezeigt. Die „Sperrwirkung", die §266b StGB nach Teilen der Literatur gegenüber §§266 bzw. 263 StGB hat, stellt sich somit als Bezeichnung für das Vorliegen von Gesetzeseinheit dar. Im Fall der Überziehung des eingeräumten Kreditrahmens durch den berechtigten Kontoinhaber durch Barabhebung an einem Bankautomaten soll §266b StGB eine „Sperrwirkung" gegenüber §263a StGB zukommen. Damit ist auch in diesem Fall die „Sperrwirkung" dogmatisch in den Bereich der Gesetzeseinheit in Form der Spezialität einzuordnen.

Gleiches gilt für die im Fall des Zusammentreffens von §148 Abs.2 StGB und §263 StGB angenommene „Sperrwirkung" (Fallgruppe 10). Im Verhältnis dieser Tatbestände wird zutreffend vom Vorliegen von Gesetzeseinheit in Form der Spezialität ausgegangen, eine andere Auffassung hält hier Konsumtion für gegeben. Die „Sperrwirkung" ist auch hier in den Bereich der Gesetzeseinheit einzu-

ordnen und stellt sich auch hier als abweichende Begrifflichkeit auf dem Gebiet der Gesetzeseinheit dar.
Schließlich bleibt noch auf die Fallgruppe der „Sperrwirkung" des §248b StGB gegenüber §242 StGB (Fallgruppe 14) hinzuweisen. Es hat sich gezeigt, daß in Fällen der Gebrauchsanmaßung eines Kraftfahrzeugs durch einen Nichtberechtigten der zwangsläufig hiermit verbundene Verbrauch von Kraft- und Schmierstoffen nicht zu einer Strafbarkeit auch aus §242 StGB führt. Zwischen §248b StGB und §242 StGB besteht insoweit ein Subsidiaritätsverhältnis. Damit hat sich die „Sperrwirkung" auch in dieser Fallgruppe als begriffliche Abweichung auf dem Gebiet der Gesetzeseinheit erwiesen.

Eine mit den bislang dargestellten Fallgruppen nicht vergleichbare „Sperrwirkungsproblematik" ist die „Sperrwirkung" des Nichtvorliegens des §339 StGB gegenüber anderen tateinheitlich mitverwirklichten Tatbeständen (Fallgruppe 9). Die Untersuchung der sich hinter der „Sperrwirkung" verbergenden juristischen Konstruktion hat ergeben, daß die „Sperrwirkung" weder eine Ausprägung der Gesetzeseinheit darstellt noch als strafrechtlich gebilligtes Risiko bei leicht fahrlässigen Sorgfaltspflichtverletzungen anzusehen ist. Vielmehr hat sich die „Sperrwirkung" des Nichtvorliegens von §339 StGB als Spezialfall des Rechtfertigungsgrundes amtlichen Handelns, der Entscheidung von Rechtssachen erwiesen. Insoweit ist auch in dieser Fallgruppe eine Einordnung in anerkannte dogmatische Strukturen möglich. Zu beachten bleibt darüber hinaus auch, daß es sich im Fall der „Sperrwirkung" des §339 StGB, anders als in den bislang dargestellten Fallgruppen, um eine „Sperrwirkung" des Nichtvorliegens des §339 StGB handelt. Anders als bei den der Gesetzeseinheit zugeordneten Fallgruppen, bei denen ein anwendbarer Tatbestand Verdrängungswirkung im Hinblick auf einen anderen Tatbestand ausüben soll, kommt hier gerade dem Nichtvorliegen eines Tatbestandes eine solche Wirkung zu.

Die „Sperrwirkungsproblematik" im pränatalen Bereich (Fallgruppe 6) läßt sich nicht einheitlich behandeln. Zunächst hat die Analyse dieser Fallgruppe ergeben, daß sich die „Sperrwirkung" bei fahrlässiger pränataler Einwirkung mit postnata-

[1109] Vgl. Seite 282f.

ler Todesfolge und bei vorsätzlicher oder fahrlässiger pränataler Einwirkung mit postnatal fortwirkendem Schadenszustand als Bezeichnung eines bestehenden tatbestandlichen Ausschlußverhältnisses bzw. Exklusivitätsverhältnisses zwischen den Tatbeständen darstellt. Die „Sperrwirkung" bezeichnet das in den dargelegten Fallkonstellationen gefundene Ergebnis einer tatbestandlichen Abgrenzungsproblematik, die in den hier vorliegenden Fallkonstellationen zum Ausschluß der Tötungs- bzw. Körperverletzungsdelikte führt. Gleiches gilt für die Frage, ob der Strafbarkeit wegen Körperverletzung der Schwangeren durch die Einwirkung auf die Leibesfrucht die „Sperrwirkung" des §218 StGB entgegensteht. Die „Sperrwirkung" bei gegen die Leibesfrucht gerichteter, sich allein bei der Leibesfrucht auswirkender Schädigung stellt auch hier eine Bezeichnung für das in der hier vorliegenden Fallkonstellation gefundene Ergebnis einer tatbestandlichen Abgrenzungsproblematik dar, die zum Ausschluß der Körperverletzungsdelikte führt.

Anders ist die Situation im Fall der „Sperrwirkung" bei einer gegen die Leibesfrucht gerichteten Einwirkung, die zu einer eigenen Funktionsstörung der Schwangeren führt. Hier hat sich die „Sperrwirkung" als Ausdruck einer gesetzgeberischen Wertentscheidung erwiesen, die hier zu einer Reduktion des Anwendungsbereichs im Hinblick auf Körperverletzungsdelikte führt. Damit weist aber die in der Fallgruppe der pränatalen Einwirkungen aufgetretene „Sperrwirkung" auch im Vergleich zu den bislang behandelten Fallgruppen unterschiedliche dogmatische Strukturen auf. In der Fallgruppe der „Sperrwirkung" im Bereich pränataler Einwirkungen ist auch zu beachten, daß gerade dem Fehlen der Voraussetzungen des §218 StGB bei fahrlässiger Abtötung bzw. bei vorsätzlicher oder fahrlässiger Schädigung der Leibesfrucht ausschließende Wirkung im Hinblick auf die Strafbarkeit aus §§222, 223ff. StGB zukommt. Insoweit kann man auch hier von einer „Sperrwirkung" des Nichtvorliegens sprechen.

Der Begriff der „Sperrwirkung" hat auch im Hinblick auf die Frage, inwieweit die Leibesfrucht als Gefährdungsobjekt i.S. von §315c StGB in Betracht kommt, Anwendung gefunden. Von der Straflosigkeit der fahrlässigen Abtötung des Leibesfrucht geht insoweit eine „Sperrwirkung" aus, als die Gefährdung der Leibesfrucht nicht den Tatbestand des §315c StGB erfüllen kann. Die „Sperrwirkung" erscheint hier als Bezeichnung für das in der vorliegenden Fallkonstellation gefundene Ergebnis einer tatbestandlichen Abgrenzungsproblematik, die zum Ausschluß von §315c StGB führt.

Ähnliches gilt auch für die „Sperrwirkung" der §§237, 238 StGB a.F. gegenüber §§177, 178 StGB a.F. (Fallgruppe 13). Die „Sperrwirkung" stellt sich hier als Bezeichnung für das Auslegungsergebnis im Hinblick auf ein Tatbestandsmerkmal, hier der Gewalt i.S. von §§177, 178 StGB dar. Mit der Änderung im 6. StrRG hat sich die „Sperrwirkungsproblematik" der §§237, 238 StGB a.F. für seit der Geltung des 6. StrRG begangene Taten erledigt.

Stehen tatbestandlich gegebene Delikte im Verhältnis der Gesetzeseinheit zueinander, kann der verdrängte Tatbestand grundsätzlich nicht Grundlage strafrechtlicher Sanktionen sein. Unter dem Begriff der „Sperrwirkung" wird von diesem Grundsatz jedoch eine Ausnahme zugelassen und eine Unterschreitung der Mindeststrafe des durch Gesetzeseinheit verdrängten Tatbestandes ausgeschlossen (Fallgruppe 3). Auch die Nebenstrafen, Nebenfolgen und Maßregeln, die das verdrängte Delikt beinhaltet, bleiben anwendbar. Die sich hier ergebende Problematik der unteren Strafrahmenbegrenzung durch das verdrängte Delikt ist als sich innerhalb der Rechtsfolgen der Gesetzeseinheit stellende Frage der Strafzumessung anzusehen.
In dieser Fallgruppe ist auch auf die „Sperrwirkung" im Bereich ungleichartiger Idealkonkurrenz einzugehen. Hier hat sich gezeigt, daß die Strafe entsprechend §52 StGB dem schwersten Delikt zu entnehmen ist, der Strafrahmen jedoch durch die strengste Mindeststrafe nach unten begrenzt ist (§52 Abs.2 Satz 2 StGB). Außerdem kann bzw. muß auf Nebenstrafen, Nebenfolgen und Maßregeln der Besserung und Sicherung erkannt werden, die einer der verletzten Tatbestände vorschreibt (§52 Abs.4 Satz 2 StGB). Die hier angenommene „Sperrwirkung" entspricht aber gerade der Vorschrift des §52 Abs.2 und 4 StGB. Die „Sperrwirkung" stellt sich hier insoweit lediglich als andere Bezeichnung der in §52 Abs.2 und 4 StGB enthaltenen gesetzlichen Regelung dar.
Die in dieser Fallgruppe zum Ausdruck kommende „Sperrwirkung" unterscheidet sich von dem in den anderen Fallgruppen verwandten Begriff insoweit, als diese auf einer anderen Ebene zum Tragen kommt. Die „Sperrwirkung" in der vorliegenden Fallgruppe hat sich als Bestandteil der Strafzumessung erwiesen.

Unterschiede zeigen sich insbesondere auch zu Fallgruppen bzw. Fallkonstellationen, die sich in den Bereich der Gesetzeseinheit einordnen lassen. So hat sich etwa die „Sperrwirkung" im Bereich des Zusammentreffens von privilegierter Tötung mit den qualifizierten Körperverletzungsdelikten weitgehend als Frage der Gesetzeseinheit dargestellt. Damit ist diese „Sperrwirkung" erst Voraussetzung dafür, daß die „Sperrwirkung des milderen bzw. verdrängten Gesetzes" als Rechtsfolge der Gesetzeseinheit überhaupt eingreifen kann.
Greifen diese „Sperrwirkungen" also schon auf verschiedenen Ebenen ein, zeigen sich darüber hinaus auch inhaltliche Unterschiede. Während die in der Strafzumessung eingreifende „Sperrwirkung des milderen bzw. verdrängten Gesetzes" für den Täter im Ergebnis zu einer Strafschärfung führt, da die Mindeststrafe des verdrängten Tatbestandes Anwendung findet, wirkt sich die „Sperrwirkung" des privilegierten Tatbestandes des §216 StGB im Gegensatz dazu positiv für den Täter aus, der hier allein eine Bestrafung aus §216 StGB zu erwarten hat. Die unterschiedliche Wirkungsrichtung der „Sperrwirkungen" zeigt sich auch, wenn man sich folgendes vor Augen führt. Die „Sperrwirkung des milderen bzw. verdrängten Gesetzes" greift nicht ein, wenn eine Privilegierung vorliegt, die „Sperrwirkung" im Bereich privilegierter Tötungsdelikte greift ein, weil eine Privilegierung vorliegt.

Unterschiede bestehen auch hinsichtlich der Einordnung der „Sperrwirkung" des Nichtvorliegens von §258 StGB aufgrund fehlenden Vorsatzes im Hinblick auf tateinheitlich mitverwirklichte Delikte (Fallgruppe 8). Dabei wurde der Frage nachgegangen, ob nicht dem Verteidiger ähnlich wie im Fall des §339 StGB eine Privilegierung mit der Wirkung zukommen muß, daß eine strafrechtliche Verantwortung für die in Zusammenhang mit der Verteidigung verwirklichten Delikte nur dann besteht, wenn auch eine Strafbarkeit aus §258 StGB vorliegt. Die Untersuchung dieser Fallgruppe hat ergeben, daß im Bereich des Verteidigerhandelns die Notwendigkeit einer Privilegierung besteht. Als einzige theoretisch und praktisch befriedigende Lösung hat sich hier die Annahme der „Sperrwirkung" des subjektiven Strafvereitelungstatbestandes erwiesen. Dabei wird das Erfordernis des direkten Vorsatzes in §258 StGB auf die anderen tateinheitlich verwirklichten Tatbestände übertragen. Die Analyse dieser Fallgruppe hat ergeben, daß

sich die „Sperrwirkung“ des §258 StGB dogmatisch als subjektive Tatbestandsbeschränkung im Hinblick auf tateinheitlich mitverwirklichte Delikte darstellt.
Die „Sperrwirkung“ des §258 StGB hat sich auch hier als „Sperrwirkung“ der Nichtanwendbarkeit bzw. des Nichteingreifens erwiesen. Wenn §258 StGB aufgrund fehlenden direkten Vorsatzes nicht eingreift, liegt auch keine Strafbarkeit aus anderen in Zusammenhang mit der Verteidigung verwirklichter Tatbestände vor.

Damit läßt sich ein weiteres Ergebnis der in dieser Arbeit durchgeführten Untersuchung festhalten. Die Analyse hat ergeben, daß eine weitere Beschränkung des Begriffs der „Sperrwirkung“ erfolgen muß. In den in diesem Abschnitt untersuchten Fallgruppen stellt sich die „Sperrwirkung“ lediglich als unzutreffende Bezeichnung für das Vorliegen bereits bestehender, anerkannter dogmatischer Strukturen. Eines Rückgriffs auf eine „Sperrwirkung“ bedarf es zur Problemlösung nicht. Insoweit läßt sich die Notwendigkeit einer weiteren Begrenzung des Begriffs der „Sperrwirkung“ feststellen.

II. Die „Sperrwirkung“ als Rechtsinstitut

Die Analyse hat gezeigt, daß der Rückgriff auf das Vorliegen einer „Sperrwirkung“ in den bislang dargelegten Fallgruppen abzulehnen ist. Konnte insoweit bereits ein Teilergebnis der Untersuchung erreicht werden, bleibt im folgenden der Frage nachzugehen, ob nicht in den verbleibenden Konstellationen eine „Sperrwirkung“ als einheitliches und brauchbares Rechtsinstitut besteht.

Die Untersuchung der verschiedenen Fallgruppen hat ergeben, daß die „Sperrwirkung“ in einigen Fallkonstellationen auf der durch Auslegung zu ermittelnden gesetzgeberischen Wertentscheidung beruht.
Bei der Problematik des Zusammentreffens von qualifizierten und privilegierten Tatbestandsabwandlungen in Fallgruppe 1 hat sich gezeigt, daß insbesondere im Verhältnis von §211 StGB zu §216 StGB ein weitreichendes tatbestandliches

Ausschlußverhältnis vorliegt, das den Rückgriff auf das Vorliegen einer „Sperrwirkung" ausschließt. In den verbleibenden Fallkonstellationen, in denen ein tatbestandliches Aufeinandertreffen möglich ist, muß die Widersprüchlichkeit des §211 StGB und §216 StGB durch die Festlegung von Vorrangregeln für die jeweils zusammentreffenden Tatbestände behoben werden. Das Verhältnis der hier in Rede stehenden Tatbestände ist im Gesetz nicht ausdrücklich geregelt, sondern kann nur durch Auslegung der betroffenen Tatbestände unter besonderer Berücksichtigung der ratio legis und dem Gewicht, das man den Privilegierungsgründen im Vergleich zur Qualifikation zumißt, ermittelt werden. Die Analyse der Fallgruppe hat ergeben, daß sich die „Sperrwirkung" hier als Ausdruck der durch Auslegung zu ermittelnden gesetzgeberischen Wertentscheidung erwiesen hat.
Gleiches gilt auch im Hinblick auf ein Zusammentreffen von §211 StGB mit §217 StGB a.F. Eine Verkürzung dieser „Sperrwirkungsproblematik" ist durch die Aufhebung von §217 StGB a.F. mit dem 6. StrRG eingetreten. Es bleibt hierzu festzustellen, daß zwar die „Sperrwirkung" für zeitlich nach dessen Aufhebung begangene Taten in diesem Bereich entfallen ist, die Problematik der Erfassung der Fälle von Kindestötung unter gleichzeitiger Verwirklichung von Mordmerkmalen aber unvermindert fortbesteht. Der dem Einwand nunmehr fehlender „Sperrwirkung" entgegengehaltene Hinweis des Gesetzgebers[1110], in Fallkonstellationen der Kindestötung seien regelmäßig keine Mordmerkmale erfüllt, kann insoweit kaum überzeugen.

Mit der soeben dargestellten verbliebenen „Sperrwirkung" in Fallgruppe 1 vergleichbar ist das Verhältnis der §§352, 353 StGB zu §263 StGB. Auch hier ist auf das Vorliegen einer „Sperrwirkung" zurückgegriffen worden. Mit der zutreffenden Auffassung ist im Verhältnis dieser Tatbestände weder Tateinheit, noch Gesetzeseinheit in Form der Spezialität der §§352, 353 StGB gegeben. Vielmehr stellt sich die „Sperrwirkung" auch hier als Ausdruck der durch Auslegung zu ermittelnden gesetzgeberischen Wertentscheidung dar.

Weiter hat man sich hier die Fallkonstellation der pränatalen, gegen die Leibesfrucht gerichteten, zu einer eigenen Funktionsstörung bei der Schwangeren führenden Einwirkung zu vergegenwärtigen. Auch hier stellt sich die „Sperrwirkung" als Ausdruck einer gesetzgeberischen Wertentscheidung dar.

Auch in Fallgruppe 5, in der der Begriff der „Sperrwirkung" bei fehlender Strafbarkeit aus der an sich verdrängenden Norm zur Anwendung kommt, hat sich die durch Auslegung zu ermittelnde Wertentscheidung des Gesetzgebers als entscheidender Anknüpfungspunkt der Lösung der Problematik erwiesen. Gleiches gilt auch für den Fall der „Sperrwirkung" des §266b StGB gegenüber §263 StGB aufgrund fehlender Versuchsstrafbarkeit aus §266b StGB in Fallgruppe 12.
In den oben dargelegten Fällen der Nichtanwendbarkeit des an sich aufgrund von Gesetzeseinheit vorgehenden Tatbestandes hat sich die Problematik als außerhalb des Konkurrenzgefüges stehende Frage der Auslegung des Zwecks und der inneren Zusammenhänge der Tatbestände sowie der Reichweite des Privilegierungsgedankens bzw. des Verfahrenshindernisses erwiesen. Insoweit erscheint diese Fallgruppe mit den Fallkonstellationen des Zusammentreffens von §211 StGB mit §216 StGB, von §§352, 353 StGB mit §263 StGB sowie der dargestellten Problematik im Bereich pränataler Einwirkungen vergleichbar.

Somit lassen sich einige Fallgruppen bzw. Fallkonstellationen finden, in denen die „Sperrwirkung" auf der durch Auslegung zu ermittelnden gesetzgeberischen Wertentscheidung beruht. In diesen Konstellationen bestehen keine bislang anerkannten Rechtsinstitute, die die „Sperrwirkungsproblematik" aufzufangen vermögen. Die „Sperrwirkung" stellt hier auch keine lediglich abweichende Begrifflichkeit für bereits bestehende, anerkannte Rechtsinstitute dar.
Damit kann festgestellt werden, daß Fallgruppen bzw. Fallkonstellationen bestehen, in denen der „Sperrwirkung" als Rechtsinstitut eigenständige Bedeutung zukommt und diese auch im Hinblick auf die Auflösung der dargelegten Problematik notwendig und brauchbar erscheint.
Fraglich bleibt insoweit lediglich, inwieweit dieses Rechtsinstitut der „Sperrwirkung" bei vergleichender Betrachtung als einheitliches Rechtsinstitut anzusehen ist. Entscheidend ist hierbei die den verbleibenden Fallgruppen bzw. Fallkonstellationen gemeinsame Grundlage. Die „Sperrwirkung" beruht in diesen Fällen auf

---

[1110] Vgl. BT-Drucksache 13/8587 S.81.

der durch Auslegung zu ermittelnden gesetzgeberischen Wertentscheidung. Insoweit weisen diese verbleibenden Fallkonstellationen eine derartige Komparabilität auf, die es gerechtfertigt erscheinen lässt, von einem einheitlichen Rechtsinstitut der „Sperrwirkung" auszugehen.

Dabei lassen sich innerhalb des einheitlichen Rechtsinstituts der „Sperrwirkung" zwei Wirkungsrichtungen feststellen, die eine Differenzierung notwendig machen.
Die „Sperrwirkung" des §216 StGB gegenüber §211 StGB und die „Sperrwirkung" der §§352, 353 StGB gegenüber §263 StGB gehen vom Vorliegen der verdrängenden Tatbestände der §§216 StGB bzw. 352, 353 StGB aus. Insoweit sollte hier zukünftig von einer „positiven Sperrwirkung" gesprochen werden.
Hiervon zu unterscheiden ist die Situation jedoch bei den verbliebenen Fallkonstellationen. In Fallgruppe 5 und in der Fallkonstellation fehlender Versuchsstrafbarkeit aus §266b StGB in Fallgruppe 12 stellt sich die Problematik, ob und inwieweit auf den verdrängenden Tatbestand zurückgegriffen werden kann, wenn der an sich verdrängende Tatbestand nicht anwendbar ist. Dabei hat die Analyse ergeben, daß aufgrund der „Sperrwirkung" der Rückgriff auf das an sich verdrängte Delikt ausgeschlossen ist. Die „Sperrwirkung" stellt sich hier somit im Gegensatz zu den oben dargelegten Konstellationen als „Sperrwirkung" der Nichtanwendbarkeit bzw. des Nichtvorliegens dar. Gleiches gilt auch im Hinblick auf die „Sperrwirkung" im Bereich pränataler Einwirkungen. Auch hier wurde festgestellt, daß gerade dem Fehlen der Voraussetzungen des §218 StGB in Fällen vorsätzlicher oder fahrlässiger Schädigung der Leibesfrucht ausschließende Wirkung im Hinblick auf die §§223ff. StGB zukommt. Insoweit ist auch hier eine „Sperrwirkung" der Nichtanwendbarkeit bzw. des Nichtvorliegens anzunehmen. Im Hinblick auf die letztgenannten Fallkonstellationen empfiehlt es sich, hier zukünftig von einer „negativen Sperrwirkung" zu sprechen.

Insgesamt hat die Untersuchung ergeben, daß bezüglich des Rechtsinstituts der „Sperrwirkung" eine Differenzierung notwendig ist. Während im Hinblick auf das Verhältnis von §216 StGB zu §211 StGB und das Verhältnis der §§352, 353 StGB zu §263 StGB vom Vorliegen einer „positiven Sperrwirkung" auszugehen ist, existiert im Bereich der Straflosigkeit der an sich verdrängenden Norm und im Bereich der gegen die Leibesfrucht gerichteten, zu einer eigenen Funktionsstörung bei der Schwangeren führenden pränatalen Einwirkung eine „negative Sperrwirkung".

Der im juristischen Sprachgebrauch weit verbreitete Begriff der „Sperrwirkung" hat im Verlauf der vorliegenden Untersuchung zwar zahlreiche Einschränkungen erfahren, in einigen Fällen konnte jedoch ein sinnvolles und brauchbares Rechtsinstitut der „Sperrwirkung" ermittelt werden. Die „Sperrwirkung" hat sich nach alledem als ein einheitliches und brauchbares Rechtsinstitut erwiesen, wenn auch ihr Anwendungsbereich im Vergleich zum sprachlichen Gebrauch der Bezeichnung „Sperrwirkung" verhältnismäßig gering ist.
Auch in Zukunft sollte ein Rückgriff auf eine „Sperrwirkung" nur nach genauer Untersuchung der zugrundeliegenden dogmatischen Strukturen erfolgen. Ansonsten setzt man sich der Gefahr aus, daß die „Sperrwirkung" allein die Veranschaulichung der auf anderen anerkannten Rechtsinstituten beruhenden Ergebnisse darstellt.

LITERATURVERZEICHNIS

Abels, Peter - Die „Klarstellungsfunktion“ der Idealkonkurrenz, Marburg 1991.

Achenbach, Hans - Anmerkung zu BGH, Urteil v. 20.01.1987 – 1 StR 456/86 (BGHSt 34, 265), JR 1988 S.251ff.

- Aus der 1987/1988 veröffentlichten Rechtsprechung zum Wirtschaftsstrafrecht, NStZ 1989 S.497ff.

Albrecht, Peter-Alexis - Das Dilemma der Leitprinzipien auf der Tatbestandsseite des Mordparagraphen, JZ 1982 S.697ff.

Alternativkommentar - Kommentar zum Strafgesetzbuch, Band 3 (§§80 – 145d), Neuwied-Darmstadt 1986.

Alwart, Heiner - Der Begriff des Motivbündels im Strafrecht – am Beispiel der subjektiven Rechtfertigungselemente und des Mordmerkmals Habgier, GA 1983 S.433ff.

- Anmerkung zu BGH, Urteil v. 12.04.1988 – 5 StR 661/87, NStZ 1989 S.225f.

Amelung, Knut - Die Einwilligung in die Beeinträchtigung eines Grundrechtsguts. Eine Untersuchung im Grenzbereich von Grundrechts- und Strafrechtsdogmatik, Berlin 1981.

Arzt, Gunther - Willensmängel bei der Einwilligung, Frankfurt/M. 1970
(zit.: Arzt, Einwilligung).

- „Gekreuzte Mordmerkmale? – Zur Tragweite des §50 II StGB, JZ 1973 S.681ff.

- Die Einschränkung des Mordtatbestandes – Anmerkung zur jüngsten Rechtsprechung des Bundesgerichtshof, JR 1979 S.7ff.

- Aktuelle Probleme der Tatbestandsmerkmale des Mordes nach deutschem Recht, in: Göppinger, Hans/ Bresser, Paul H. (Hrsg.), Tötungsdelikte. Bericht über die XX. Tagung der Gesellschaft für die gesamte Kriminologie vom 4. bis 6. Oktober 1979 in Köln, Stuttgart 1980, S.49ff.
(zit.: Arzt, in Göppinger/Bresser, Tötungsdelikte).

- Anmerkung zu BGH, Urteil v. 22.04.1983 – 3 StR 25/83, FamRZ 1983 S.1019ff.

- Anmerkung zu BGH, Urteil v. 23.11.1983 – 3 StR 256/83, JZ 1984 S.428ff.

- Anmerkung zu BGH, Urteil v. 12.04.1988 – 5 StR 661/87, StV 1989 S.57f.

Arzt, Gunther/ Weber, Ulrich
- Strafrecht, Besonderer Teil, LH1, Delikte gegen die Person, 3.Auflage, Bielefeld 1988 (zit.: Arzt/Weber LH1).

- Strafrecht, Besonderer Teil, LH2, Delikte gegen die Person (Randbereich), Schwerpunkt: Gefährdungsdelikte, Bielefeld 1983 (zit.: Arzt/Weber LH2).

- Strafrecht, Besonderer Teil, LH3, Vermögensdelikte (Kernbereich), 2.Auflage, Bielefeld 1986 (zit.: Arzt/Weber LH3).

- Strafrecht, Besonderer Teil, LH4, Wirtschaftsstraftaten, Vermögensdelikte (Randbereich), Fälschungsdelikte, 2.Auflage, Bielefeld 1989 (zit.: Arzt/Weber LH4).

- Strafrecht, Besonderer Teil, LH5, Delikte gegen den Staat, gegen Amtsträger und durch Amtsträger, Bielefeld 1982 (zit.: Arzt/Weber LH5).

Backes, Otto / Ransiek, Andreas
- Widerstand gegen Vollstreckungsbeamte, JuS 1989 S.624ff.

Bandekow, Klaus
- Strafbarer Mißbrauch des elektronischen Zahlungsverkehrs – zur Strafbarkeit der mißbräuchlichen Inanspruchnahme von Geldautomaten, Chip-Karten-Systemen und Bildschirmtext-Leistungen unter Berücksichtigung von Kriminologie und Kriminalistik, Frankfurt/M. 1988.

Bär, Hermann Dietrich
- Die Subsidiarität im Strafrecht, Heidelberg 1926.

Bauer, Fritz
- Das „gesetzliche Unrecht" des Nationalsozialismus und die deutsche Strafrechtspflege, GS – Radbruch, Göttingen 1968, S.302ff.

Baumann, Horst
- Die Haftung des Arbeitnehmers gegenüber Dritten, BB 1990 S.1833ff.

Baumann, Jürgen
- Strafrecht, Allgemeiner Teil, 1.Auflage, Bielefeld 1960.

Baumann, Jürgen/ Weber, Ulrich - Strafrecht, Allgemeiner Teil, 9.Auflage, Bielefeld 1985
(zit.: Baumann/Weber AT 9.A.).

Baumann, Jürgen/ Weber,Ulrich/ Mitsch, Wolfgang - Strafrecht, Allgemeiner Teil, 10.Auflage, Bielefeld 1995
(zit.: Baumann/Weber/Mitsch AT 10.A.).

Begemann, Helmut - Das Haftungsprivileg des Richters im Strafrecht, NJW 1968 S.1361ff.

- Anmerkung zu BGH, Urteil v. 30.04.1968 – 5 StR 670/67, NJW 1968 S.2346ff.

- Anmerkung zu BGH, Urteil v. 16.11.1995 – 5 StR 747/94, NStZ 1996 S.389.

Behrendt, Hans Joachim - Die Rechtsbeugung, JuS 1989 S.945ff.

v. Beling, Ernst - Die Lehre vom Verbrechen, Tübingen 1906.

Bemmann, Günter - Über die strafrechtliche Verantwortlichkeit des Richters, GS – Radbruch, Göttingen 1968, S.308ff.

- Zur Frage der Strafbarkeit des Judizierens gegen übergesetzliches Recht, in: ders./ Ioannis Manoledakis (Hrsg.), Der Richter in Strafsachen – Griechisch-Deutsches Symposium Hagen 1992, Baden-Baden 1993, S.157ff.
(zit.: Bemmann, Der Richter in Strafsachen).

Bendix, Ludwig - Die Rechtsbeugung im künftigen deutschen Strafrecht, Die Justiz 1926/27 S.42ff.

Benfer, Jost - Allgemeines Strafrecht, Köln-Berlin-Bonn-München 1984.

Berghaus, Michael - §263a StGB und der Codekartenmißbrauch durch den berechtigten Karteninhaber selbst, JuS 1990 S.981ff.

Bernsau, Georg - Der Scheck- oder Kreditkartenmißbrauch durch den berechtigten Karteninhaber, Göttingen 1991.

Bernsmann, Klaus - Übungsklausur Strafrecht: Tötungs- und Körperverletzungsdelikte, Rechtfertigungsgründe, Jura 1982 S.261ff.

- Zur Konkurrenz von „privilegierten" (§213, 216, 217) und „qualifizierten" (§211) Tötungsdelikten, JZ 1983 S.45ff.

Bertel, Christian - Die Identität der Tat. Der Umfang von Prozeßgegenstand und Sperrwirkung im Strafverfahren, Wien 1970.

Bertram, Günter - Zu den Auswirkungen der tatbestandlichen Ausgestaltung des §211 StGB, in: Ist die lebenslange Freiheitsstrafe verfassungswidrig?, Dokumentation über die mündliche Verhandlung vor dem BVerfG am 22. und 23. März 1977, hrsg. von Hans-Heinrich Jescheck und Otto Triffterer, Baden-Baden 1978, Seite 157ff.

Berz, Ulrich - Die Bedeutung der Sittenwidrigkeit für die rechtfertigende Einwilligung, GA 1969 S.145ff.

- Rechtskraft und Sperrwirkung im Ordnungswidrigkeitenrecht, Bochum 1971.

- Das Erste Gesetz zur Bekämpfung der Wirtschaftskriminalität, BB 1976 S.1435ff.

Bettermann, Karl August - Die Unabhängigkeit der Gerichte und der gesetzlichen Richter, in: ders./ Nipperdey, Hans Carl/ Scheuner, Ulrich, Die Grundrechte. Bd III/2, 2.Auflage, Berlin 1972, S.523ff.

Beulke, Werner - Der Verteidiger im Strafverfahren – Funktionen und Rechtsstellung, Frankfurt/M. 1980 (zit.: Beulke, Verteidiger).

- Anmerkung zu BGH, Beschl. v. 16.05.1983 – 2 Ars 129/83, NStZ 1983 S.504f.

- Die Strafbarkeit des Verteidigers, Heidelberg 1989 (zit.: Beulke, Strafbarkeit).

- Anmerkung zu BGH, Urteil v. 01.09.1992 – 1 StR 281/92 (=BGHSt 38, 345), JR 1994 S.116ff.

- Strafprozeßrecht, 2.Auflage, Heidelberg 1996 (zit.: Beulke, StPO).

Bieber, Klaus Dieter - Rechtsprobleme des ec-Geldautomatensystems, WM 1987 Beilage 6 S.1ff.

Biener, Herbert - Gesetz zur Bekämpfung der Wirtschaftskriminalität, Steuerberaterkongreß-Report 1977 S.367ff.

Binding, Karl - Handbuch des Strafrechts, Band I, Leipzig 1885 (zit.: Binding, Handbuch).

- Lehrbuch des gemeinen deutschen Strafrechts, Besonderer Teil, 1.Band, Leipzig 1902 (zit.: Binding, BT/1).
- Lehrbuch des gemeinen deutschen Strafrechts, Besonderer Teil, 2.Band, Leipzig 1905 (zit.: Binding, BT/2).
- Grundriß des Deutschen Strafrechts, Allgemeiner Teil, 7.Auflage, Leipzig 1907 (zit.: Binding, Grundriß).

Blanke, Dieter
- Die Kindestötung in rechtlicher und kriminologischer Hinsicht, Kiel 1966.

Blau, Günther
- Die Affekttat zwischen Empirie und normativer Bewertung, FS – Tröndle, Berlin-New York 1989, S.109ff.

Blei, Hermann
- Körperverletzung durch Schädigung der Leibesfrucht?, MMW 1970 S.741ff.
- Strafrecht I. Allgemeiner Teil, 18.Auflage, München 1988 (zit.: Blei AT).
- Strafrecht II. Besonderer Teil, 12.Auflage, München 1983 (zit.: Blei, BT).
- Prüfe Dein Wissen. Rechtsfälle in Frage und Antwort, Strafrecht, Besonderer Teil/1 (Straftaten gegen die Person, die Sittenordnung und gegen das Vermögen), 10.Auflage, München 1996.

Bockelmann, Paul
- Anmerkung zu OLG Hamm, Urteil v. 04.11.1952 – 2 Ss 613/52, JZ 1953 S.233ff.
- Strafrecht des Arztes, Stuttgart 1968.
- Strafrecht, Besonderer Teil/2, Delikte gegen die Person, München 1977.

Böhm, Monika
- Sperrwirkung von Verordnungsermächtigungen, DÖV 1998 S.234ff.

Bottke, Wilfried
- Wege der Strafrechtsdogmatik, JA 1980 S.93ff.
- Anmerkung zu OLG Düsseldorf, Urteil v. 29.10.1980 – 2 Ss 393/80 III, JR 1981 S.387ff.
- Anmerkung zu BGH, Urteil v. 23.06.1993 – 3 StR 89/93, NStZ 1994 S.81ff.

Braun, Peter - Die Strafbarkeit des Überlebenden beim einseitig mißglückten Doppelselbstmord, München 1968.

Brecht, Bert - Von der Kindesmörderin Marie Farrar, in Bertolt Brecht Werke, Große kommentierte Berliner und Frankfurter Ausgabe, Band 11, Berlin-Weimar-Frankfurt/M. 1988, S.44ff.

- Die Kindesmörderin, in Bertolt Brecht Werke, Große kommentierte Berliner und Frankfurter Ausgabe, Band 26, Berlin-Weimar-Frankfurt/M. 1994, S.18.

Bringewat, Peter - Scheckkartenmißbrauch und nullum crimen sine lege, GA 1973 S.353ff.

- Die Strafbarkeit der Beteiligung an fremder Selbsttötung als Grenzproblem der Strafrechtsdogmatik, ZStW 87 (1975) S.623ff.

- Der Kreditkartenmißbrauch – eine Vermögensstraftat!, NStZ 1985 S.535ff.

- Die Bildung der Gesamtstrafe, Berlin-New York 1987
(zit.: Bringewat, Gesamtstrafe).

Brox, Hans/ Rüthers, Bernd - Arbeitsrecht, 14. Auflage, Stuttgart 1999.

Brunner, Bernhard - Die vorsätzliche Tötung im Strafrecht der Vereinigten Staaten, insbesondere des Staates Kalifornien, im Vergleich zum deutschen Recht unter Hervorhebung der Euthanasie-Problematik, Regensburg 1998.

Bruns, Hans Jürgen - Ungeklärte materiell-rechtliche Fragen des Contergan-Prozesses, FS – Heinitz, Berlin-New York 1972, S.317ff.

- Strafzumessungsrecht, 2.Auflage, Köln-Berlin-Bonn-München 1974
(zit.: Bruns, Strafzumessungsrecht).

- Richterliche Rechtsfortbildung oder unzulässige Gesetzesänderung der Strafandrohung für Mord?, JR 1981 S.358ff.

- Anmerkung zu BGH, Beschluß v. 03.07.1981 - 3 StR 210/81 (BGHSt 30, 166), JR 1982 S.166f.

- Das Recht der Strafzumessung, Eine systematische Darstellung für die Praxis, 2.Auflage, Köln-Berlin-Bonn-München 1985 (zit.: Bruns, Recht der Strafzumessung).

- Gesetzesänderung durch Richterspruch?, FS – Kleinknecht, München 1985, S.49ff.

Bühler, Christoph - Zum Konkurrenzverhältnis zwischen §263a StGB und §266b StGB beim Scheckkarten- und Kreditkartenmißbrauch, MDR 1989 S.22ff.

Burhard, Jörg - Die Sperrwirkung des §371 Abs.2 Nr.1a AO, wistra 1998 S.216ff.

Busch, Richard - Über die vorsätzliche Tötung, FS – Theodor Rittler, Insbruck 1957, S.287ff.

Carlsen, Claus - Subventionsbetrug und Subventionsgesetze, Agrarrecht 1978 S.267ff.

Cramer, Peter - Das Strafensystem des StGB nach dem 1.April 1970. Ein Beitrag zur Rechtsentwicklung durch das 1.StrRG, Juristische Analysen 1970 S.183ff.

Cremer, Ulrich - Zur Problematik medizinischer Begutachtung bei Abgrenzung zwischen fahrlässigem (straflosem) Schwangerschaftsabbruch und den Körperverletzungs- und Tötungsdelikten, MedR 1989 S.301ff.

Dahlhoff, Günther - Der neue §34 AWG, NJW 1991 S.208ff.

Deider, Gereon - Mißbrauch von Scheckkarte und Kreditkarte durch den berechtigten Karteninhaber, Berlin 1989.

v. Dellinghausen, Ulrike - Sterbehilfe und Grenzen der Lebenserhaltungspflicht des Arztes, Düsseldorf 1981.

Denck, Johannes - Über Grenzfälle der Außenhaftung des Arbeitnehmers, DB 1989 S.1192ff.

- Leasing und Arbeitnehmerhaftung, JZ 1990 S.175ff.

Detering, Jutta - Forum: §216 StGB und die aktuelle Diskussion um die Sterbehilfe, JuS 1983 S.418ff.

Detler, Klaus - Zum Strafzumessungs- und Maßregelrecht, NStZ 1992 S.169ff.

Diemer-Nicolaus, Emmy - Der Subventionsbetrug, FS – Schmidt-Schleicher, München 1977, S.31ff.

Doehring, Detlef - Zur Übung: Strafrecht, JuS 1969 S.87ff.

Dreher, Eduard - Anmerkung zu OLG Braunschweig, Urteil v. 28.06.1963 – Ss 264/62, MDR 1964 S.168f.

- Das 3. Strafrechtsreformgesetz und seine Probleme, NJW 1970 S.1153ff.

- Anmerkung zu BGH, Urteil v. 08.10.1969 – 3 StR 90/69, MDR 1970 S.248ff.

- Anmerkung zum Beschluß des BayObLG v. 28.08.1970 – Rreg. 3 St 50/70, JZ 1971 S.32f.

- Strafgesetzbuch und Nebengesetze, 33.Auflage 1972.

- Die Sphinx des §113 Abs.3, 4 StGB, GS - Schröder, München 1978, S.359ff.

- Nochmals zur Sphinx des §113 StGB, JR 1984 S.401ff.

Dreher, Eduard/ Tröndle, Herbert - Strafgesetzbuch und Nebengesetze, 41.Auflage, München 1983.

- Strafgesetzbuch und Nebengesetze, 44.Auflage, München 1988.

Drechsler, Karl-Heinz - Die mitbestrafte Tat (Straflose Vor- und Nachtat), Leipzig 1936.

Dünnebier, Hanns - Die Subsidiaritätsklausel, GA 1954 S.271ff.

Eberbach, Wolfram H. - Pränatale Diagnostik – Fetaltherapie – selektive Abtreibung: Angriffe auf §218a Abs.2 Nr.1 StGB (empryopatische Indikation), JR 1989 S.265ff.

Eberle, Lutz - Der Subventionsbetrug nach §264 StGB. Ausgewählte Beispiele einer verfehlten Reform, Göttingen 1983.

Ebert, Udo - Verbrechensbekämpfung durch Opferbestrafung?, JZ 1983 S.633ff.

Eckstein, Ernst - Die Konkurrenz von Strafschärfungs- und Strafmilderungsgründen, GS 84 (1916) S.463ff.

Ehlen, Karl/ Meurer, Dieter - Anmerkung zu BGH, Urteil v. 30.04.1974 – 4 StR 67/74, NJW 1974 S.1776f.

Ehrlicher, Verena - Der Bankautomatenmißbrauch – seine Erscheinungsformen und seine Bekämpfung, Freiburg 1989.

Eiding, Lutz/ Hannich, Kai - Bürgerbegehren und Bürgerentscheid nach dem Wegfall der gesetzlichen Sperrwirkung (Art. 18a Abs.8 GO/ Art.25a Abs.8 LkrO), BayVBl. 1998 S.551ff.

Engisch, Karl - Das Problem der psychischen Kausalität beim Betrug, FS – v. Weber, Bonn 1963, S.247ff.

Ergänzbares Lexikon des Rechts - Band 3, Strafrecht, Neuwied-Krittel-Berlin, 1992 (zit.: Bearbeiter, in LdR).

Ernesti, Günter - Grenzen anwaltlicher Interessenvertretung im Ermittlungsverfahren, JR 1982 S.221ff.

Eschen, Klaus - Noch einmal: §1 BRAO – Bedeutung des Begriffs „Organ der Rechtspflege", StV 1981 S.365ff.

Eser, Albin - Empfiehlt es sich, die Straftatbestände des Mordes, des Totschlags und der Kindestötung (§§211 bis §213, 217 StGB) neu abzugrenzen? Gutachten D zum 53. Deutschen Juristentag, Berlin 1980 (zit.: Eser, Gutachten).

- Strafrecht, Band III, Delikte gegen die Person und die Gemeinschaftswerte, 2.Auflage, München 1981 (zit.: Eser, Strafrecht Bd.III).

- „Heimtücke" auf höchstrichterlichem Prüfstand: Chance einer Wende in der Mord-Rechtsprechung, JR 1981 S.177ff.

- Die Tötungsdelikte in der Rechtsprechung zwischen BVerfGE 45, 187 und BGH – GSSt 1/81, NStZ 1981 S.383ff., 429ff.

- Die Tötungsdelikte in der Rechtsprechung seit BGH – GSSt 1/81 bis Ende Juni 1983, NStZ 1983 S.433ff.

- Renaissance des §213 StGB: Der „minder schwere Fall des Totschlags" im Lichte der Rechtsprechung, FS – Middendorf, Bielefeld 1986, S.65ff.

- Strafrecht, Band IV, Allgemeine Verbrechensmerkmale, 4.Auflage, München 1992 (zit.: Eser, Strafrecht Bd.IV).

Fabricius, Dirk - Anmerkung zu BGH, Urteil v. 12.01.1994 – 3 StR 633/93; StV 1995 S.637f.

Fahl, Christian - Freiheitsberaubende Kindesentziehung ohne Strafantrag, GA 1996 S.476ff.

Frank, Reinhard - Das Strafgesetzbuch für das Deutsche Reich, 18.Auflage, Tübingen 1931.

Franke, Einhard - Zum Mordmerkmal „Habgier" bei Vorliegen eines Motivbündels, JZ 1981 S.525ff.

Freund, Georg - Richtiges Entscheiden – am Beispiel der Verhaltensbewertung aus der Perspektive des Betroffenen, insbesondere im Strafrecht, GA 1991 S.387ff.

- Urkundenstraftaten, Berlin 1996 (zit.: Freund, Urkundenstraftaten).

- Der Entwurf eines 6. Gesetzes zur Reform des Strafrechts, ZStW 109 (1997) S.455ff.

Freund, Karl-Heinrich - Die strafumfaßte Tat, Kiel 1932 (zit.: Freund, Die strafumfaßte Tat).

Frick, Verena - Die Kindestötung im deutschen und englischen Recht, Tübingen 1992.

Frisch, Wolfgang - Grund- und Grenzprobleme des sog. subjektiven Rechtfertigungselements, FS – Lackner, Berlin-New York 1987, S.113ff.

Frommel, Monika - Die Rechtsfolgenlösung des BGH bei Mord, StV 1982 S.533ff.

Fuchs, Matthias - Gesetzeskonkurrenz und mitbestrafte Vortaten, Berlin 1988.

Fünfsinn, Georg - Die Rechtsfolgenlösung zur Umgehung der lebenslangen Freiheitsstrafe bei Mord. Stand der Diskussion in Rspr. und Lehre nach BGHSt 30, 105, Jura 1986 S.136ff.

Fuhrmann, Hans - Die Verdeckungsabsicht beim Mord – BGHSt 15, 291, JuS 1963 S.19ff.

- Empfiehlt es sich, die Straftatbestände des Mordes, des Totschlags und der Kindestötung (§§211 bis §213, 217 StGB) neu abzugrenzen? Referat zum 53. Deutschen Juristentag, Band II, Teil M, Berlin 1980.
(zit.: Fuhrmann, Referat).

Fulst, Karl Ferdinand - Zur Tatbestandsmäßigkeit mehrfach vorgenommener Zueignungshandlungen, Köln 1966.

Furrer, Andreas - Die Sperrwirkung des sekundären Gemeinschaftsrechts auf die nationalen Rechtsordnungen, Baden-Baden 1994.

Geerds, Detlev - Wirtschaftsstrafrecht und Vermögensschutz, Bayreuth 1990 (zit.: Geerds, Wirtschaftsstrafrecht).

Geerds, Friedrich - Einwilligung und Einverständnis des Verletzten im Strafrecht, GA 1954 S.262ff.

- Zur Lehre von der Konkurrenz im Strafrecht, Hamburg 1961 (zit.: Geerds, Konkurrenz).

Gehl, Jürgen - Das Verhältnis der Körperverletzungs- und Lebensgefährdungsdelikte zu den Tötungsdelikten, Heidelberg 1956.

Gehrig, Klaus - Der Absichtsbegriff in den Straftatbeständen des Besonderen Teils des StGB, Berlin 1986.

Geilen, Gerd - Neue Entwickungen beim strafrechtlichen Gewaltbegriff, FS - H. Mayer, Berlin 1966, S.445ff.

- Das Leben des Menschen in den Grenzen des Rechts, FamRZ 1968 S.121ff.

- Suizid und Mitverantwortung, JZ 1974 S.145ff.

- Provokation als Privilegierungsgrund der Tötung? – Kritische Betrachtung zu §213 StGB, FS – Dreher, Berlin-New York 1977, S.357ff.

- Heimtücke und kein Ende. Zur Agonie eines Mordmerkmals, München 1978.

- Anmerkung zu BGH, Urteil v. 14.07.1977 – 4 StR 291/77, JR 1978 S.341ff.

- Heimtücke und kein Ende. Zur Agonie eines Mordmerkmals, GS - Schröder, München 1978, S.235ff.

- Raub und Erpressung (§§249 – 256 StGB), Jura 1979 S.557f., 613f.

- Examensklausur Strafrecht, Jura 1979 S.201ff.

- Zur Entwicklung und Reform der Tötungsdelikte, JR 1980 S.309ff.

- Bedingter Tötungsvorsatz bei beabsichtigter Ermöglichung oder Verdeckung einer Straftat (§211 StGB)?, FS – Lackner, Berlin-New York 1987, S.571ff.
- Zum Strafschutz an der Anfangsgrenze des Lebens, ZStW 103 (1991) S.829ff.
- Mitleid von (und mit) „Todesengeln". Zur Strafbarkeit eigenmächtiger Euthanasie, FS – Spendel, Berlin-New York 1992, S.519ff.

Gelbert, Karl
- Die mitbestrafte Tat, Hamburg 1934.

Geppert, Klaus
- Repetitorium: Strafrecht. Amtsdelikte, Jura 1981 S.78ff.
- Grundzüge der Konkurrenzlehre (§§52 bis 55 StGB), Jura 1982 S.418ff.
- Ein heikles Problem zum neuen §266b StGB (Mißbrauch von Scheck- und Kreditkarten), Jura 1987 S.162ff.
- Die Amtsdelikte, Jura 1991 S.78ff.
- Bestrafung der Nachtat bei verjährter Vortat, JK 1993 StGB Vor §52/3.
- Zum Verhältnis von Täterschaft/Teilnahme an der Vortat und anschließender sachlicher Begünstigung, Jura 1994 S.441ff.
- Zu examensrelevanten Fragen im Rahmen alkoholbedingter Straßenverkehrsgefährdung (§315c Abs.1 Nr.1a StGB) durch Gefährdung von Mitfahrern, Jura 1996 S.47ff.

Gerchow, Joachim
- Die ärztlich-forensische Beurteilung von Kindesmörderinnen. Ein Beitrag zum Problem der abartigen Erlebnisreaktion, Halle (Saale) 1957 (zit.: Gerchow, Kindesmörderinnen).
- Schwangerschaft und Geburt unter medizinisch-forensischen Aspekten der Kindestötung, MschrKrim 47 (1964) S.233ff.

Geuenich-Cremer, Christa
- Subventionserhebliche Tatsachen im Strafrecht - §264 StGB, Köln 1985.

Glatzel, Johann
- Mord und Totschlag, Heidelberg 1987.

v. Gleispach, Graf Wenzeslaus
- Über Kindesmord, ArchKrim 27 (1907) S.224ff.

Göhler, Erich/ Willts, Walter - Das Erste Gesetz zur Bekämpfung der Wirtschaftskriminalität, DB 1976 S.1609ff.

Gössel, Karl Heinz - Vom Scheckbetrug zum Scheckkartenbetrug?, MDR 1973 S.177ff.

- Besprechung des Schriftums, GA 1981 S.134ff.

- Probleme notwendiger Teilnahme bei Betrug, Steuerhinterziehung und Subventionsbetrug, wistra 1985 S.125ff.

- Strafrecht, Besonderer Teil, Band 1, Delikte gegen immaterielle Rechtsgüter des Individuums, Heidelberg 1987.

- Strafrecht, Besonderer Teil, Band 2, Straftaten gegen materielle Rechtsgüter des Individuums, Heidelberg 1996.

Goy, Alexandra/ Lohstöter, Ingrid - Anmerkung zu BGH, Urteil vom 01.07.1981, StV 1982 S.20ff.

Goydke, Jürgen - Die Strafrahmenbestimmung in minder schweren Fällen und beim Vorliegen gesetzlicher Milderungsgründe, FS – Odersky, Berlin-New York 1996, S.371ff.

Granderath, Peter - Das Zweite Gesetz zur Bekämpfung der Wirtschaftskriminalität, DB 1986 Beilage 18.

Graßmück, Peter - Die Subventionserschleichung. Eine strafrechtliche Studie zu §264 StGB unter Einschluß von Kultur- und Sozialsubventionen unter besonderer Berücksichtigung von Kriminologie und Kriminalistik, Frankfurt/M. 1988.

Grimme, Eberhard - Die Grundlage der Gesetzeskonkurrenz im Strafrecht, Hamburg 1937.

Gropp, Walter - Der straflose Schwangerschaftsabbruch, Tübingen 1981.

- Die Codekarte: der Schlüssel zum Diebstahl, JZ 1983 S.487ff.

Gross, Karl-Heinz - Betrug ohne Irrtum?, NJW 1973 S.600ff.

Groth, Joachim - Der Verdeckungsmord als doppeltmotivierter Handlungsakt, Marburg 1992.

Günther, Hans-Ludwig - Lebenslang für „heimtückischen Mord"? Das Mordmerkmal „Heimtücke" nach dem Beschluß des Großen Senats für Strafsachen, NJW 1982 S.353ff.

- Mordunrechtsmindernde Rechtfertigungselemente – Ein Beitrag zur Konkretisierung unverhältnismäßiger Grenzfälle des §211 StGB, JR 1985 S.268ff.

Günther, Uwe - Das Unrecht der Strafvereitelung (§258 StGB), Marburg 1997
(zit.: Günther, Strafvereitelung).

Gummersbach, Heinz - Untersuchungen über die Milderungsgründe für die Kindestötung, GS 107 (1936) S.179ff.

Haase, Gerhard - Die straflose Vortat, Mainz 1965.

Hack, Christoph - Probleme des Tatbestands Subventionsbetrug, §264 StGB unter dem Blickwinkel allgemeiner strafrechtlicher Lehren, Berlin 1982.

Hälschner, Ingo - Das gemeine deutsche Strafrecht. Die allgemeinen Lehren, Bonn 1881.

Händel, Konrad - Anmerkung zu BGH, Urteil v. 26.05.1964 – 5 StR 136/64 (BGHSt 19, 320), NJW 1964 S.1733.

Haffke, Bernhard - Gewaltbegriff und Verwerflichkeitsklausel, ZStW 84 (1972) S.37ff.

- Delictum sui generis und Begriffsjurisprudenz, JuS 1973 S.402ff.

Hafner, Hans - Die Tötung auf Verlangen, Bern 1925.

Haft, Fritjof - Strafrecht. Fallrepetitorium zum Allgemeinen und Besonderen Teil, 2.Auflage, München 1991
(zit.: Haft, Fallrepetitorium).

- Strafrecht, Besonderer Teil, 6.Auflage, München 1997
(zit.: Haft, BT 6.A.).

- Strafrecht, Besonderer Teil, 7.Auflage, München 1998
(zit.: Haft, BT).

- Strafrecht, Allgemeiner Teil, 8. Auflage, München 1998
(zit.: Haft, AT).

Hall, Karl Alfred - Anmerkung zu RG, 1.Sen. v. 13. Jan 1933 - 1 D 1691/32, JW 1933 S.961f.

Hamm, Rainer - Der Standort des Verteidigers im heutigen Strafverfahren, NJW 1993 S.289ff.

Hanack, Ernst-Walter - Delikte gegen die Person im Alternativ-Entwurf, ZRP 1970 S.132ff.

Hanisch, Gregor Maria - Vergewaltigung in der Ehe, Bochum 1988.

Hardwig, Werner - Zur Systematik der Tötungsdelikte, GA 1954 S.257ff.

- Die Gesinnungsmerkmale im Strafrecht, ZStW 68 (1956) S.14ff.

Hase, Friedhelm - Meinungsfreiheit und Richteramt, KJ 1984 S.142ff.

Haslinger, Rupert - Die mitbestrafte Vortat, München 1963.

Haß, Gerhard - Der strafrechtliche Schutz von Computerprogrammen, in: Lehmann, Michael (Hrsg.): Rechtsschutz und Verwertung von Computerprogrammen, 2.Auflage, Köln 1983.

Hassemer, Raimund - Schutzbedürftigkeit des Opfers und Strafrechtsdogmatik, Berlin 1981 (zit.: Hassemer, Schutzbedürftigkeit).

Hassemer, Volker - Delictum sui generis, Köln-Berlin-Bonn-München 1974 (zit.: Hassemer, Delictum sui generis).

Hassemer, Winfried - Die Mordmerkmale, insbesondere „heimtückisch" und „niedrige Beweggründe" – BGHSt 23, 119, JuS 1971 S.626ff.

- Anmerkung zu BGH, Urteil v. 02.08.1983 – 5 StR 503/83, JZ 1983 S.967ff.

- Anmerkung zu BGH NJW 1984 S.2230, JuS 1985 S.67f.

- Anmerkung zu OLG Düsseldorf, Beschuß v. 01.02.1990, JuS 1990 S.766f.

Hauf, Claus Jürgen - Strafrecht, Allgemeiner Teil, Neuwied, 1996.

Hauptmann, Wilhelm - Über die Bestrafung der Versuchshandlung im Falle des §216 StGB, Breslau 1906.

Heimann-Trosien, Georg - Zur strafrechtlichen Beurteilung des Scheckkartenmißbrauchs, JZ 1976 S.549ff.

Heine, Günter - Die Tötung aus „niederen Beweggründen" – Eine erfahrungswissenschaftlich-strafrechtsdogmatische Untersuchung zur Motivgeneralklausel Mord, Freiburg 1987.

Heinitz, Ernst - Gedanken über Täter- und Teilnehmerschuld im Deutschen und Italienischen Strafrecht, in FS der Juristischen Fakultät der Universität Berlin zum 41. Deutschen Juristentag in Berlin vom 7.-10.September 1955, Berlin 1955, S.93ff.

- Probleme der Rechtsbeugung, Berlin 1963 (zit.: Heinitz, Rechtsbeugung).

Heinz, Wolfgang - Die Bekämpfung der Wirtschaftskriminalität mit strafrechtlichen Mitteln – unter besonderer Berücksichtigung des 1. WiKG, GA 1977 S.193ff.

Herdegen, Gerhard - Der Verbotsirrtum in der Rechtsprechung des Bundesgerichtshofs, in: 25 Jahre Bundesgerichtshof, (hrsg. Gerda Krüger-Nieland), München 1975, S.195ff.

Herzberg, Rolf Dietrich - Grundfälle zur Lehre von Täterschaft und Teilnahme, JuS 1976 S.40ff.

- Die Problematik der „besonderen persönlichen Merkmale" im Strafrecht, ZStW 88 (1976) S.68ff.

- Die Beteiligung an einer Selbsttötung oder tödliche Selbstgefährdung als Tötungsdelikt, JA 1985 S.336ff.

- Der praktische Fall – Strafrecht, JuS 1973 S.234ff.

- Handeln in Unkenntnis einer Rechtfertigungslage, JA 1986 S.190ff.

Hilgendorf, Eric - Grundfälle zum Computerstrafrecht, JuS 1997 S.130ff.

Hillenkamp, Thomas - Verkehrsgefährdung durch Gefährdung des Tatbeteiligten – OLG Stuttgart, NJW 1976, 1904, JuS 1977 S.166ff.

- Vorsatztat und Opferverhalten, Göttingen 1981 (zit.: Hillenkamp, Vorsatztat und Opferverhalten).

Hinze, Rolf - Waffenrecht, Textsammlung mit ausführlichem Kommentar, Loseblattsammlung, Band 3, Stand 37. Ergänzungslieferung, Heidelberg 1996.

v. Hippel, Robert - Deutsches Strafrecht, 2. Band. Das Verbrechen, Allgemeine Lehren, Berlin 1930.

Hirsch, Hans Joachim - Literaturbericht Strafrecht – Besonderer Teil, ZStW 81 (1969) S.917ff.

- Literaturbericht Strafrecht – Besonderer Teil, ZStW 82 (1970) S.411ff.

- Hauptprobleme einer Reform der Delikte gegen die körperliche Unversehrtheit, ZStW 83 (1971) S.140ff.

- Einwilligung und Selbstbestimmung, FS – Welzel, Berlin-New York 1974, S.775ff.

- Zur Reform des Widerstandsparagraphen (§113 StGB), FS – Klug, Band II, Köln 1983, S.235ff.

- Anmerkung zu BGH, Urteil v. 7.12.1983 – 1 StR 665/83 (BGHSt 32, 194), JR 1985 S.336ff.

- Zum Spannungsverhältnis von Theorie und Praxis im Strafrecht, FS – Tröndle, Berlin-New York 1989, S.19ff.

Hirschberg, Rudolf - Zur Lehre von der Gesetzeskonkurrenz, ZStW 53 (1934) S.34ff.

Höper, Inken - Die mitbestrafte Vor- und Nachtat, Kiel 1997.

Höpfner, Wilhelm - Einheit und Mehrheit der Verbrechen, II. Band, Berlin 1908.

Hoff, Ernst - Die Tötung auf Verlangen des Getöteten, Jena 1928.

Hohmann, Olaf/ Sander, Günther M. - Strafrecht, Besonderer Teil, Teil I, Vermögensdelikte, München 1998.

Holdheim, Gerhard - Die Tötung auf Verlangen nach §216 StGB, Greifswald 1918.

v. Holtzendorf, Franz - Handbuch des Deutschen Strafrechts. Die Lehre von den Verbrechensarten, Band III, Berlin 1874.

Honig, Richard - Straflose Vor- und Nachtat, Leipzig 1927.

Horn, Otto - Zur Lehre von der Tötung auf Verlangen, Heidelberg 1910
(zit.: Horn, Tötung auf Verlangen).

Horstkotte, Horst-Werner - Die verwerfliche Gesinnung, ein Begriffsmerkmal des Mordes, Hamburg 1967.

Hruschka, Joachim
- Extrasystematische Rechtfertigungsgründe, FS – Dreher, Berlin-New York 1977, S.189ff.
- Der Gegenstand des Rechtswidrigkeitsurteils nach dem heutigen Strafrecht. Zur Konsistenz möglicher Konzeptionen von der Bedeutung der Tatbestandsirrtümer, GA 1980 S.1ff.

Huang, Jung-Chien
- Die Gesetzeseinheit im Strafrecht, Bonn 1988.

Huff, Martin
- Die mißbräuchliche Benutzung von Geldautomaten, NJW 1987 S.815ff.

Hupe, Astrid
- Der Rechtsbeugungsvorsatz: eine Untersuchung zum subjektiven Tatbestand des §336 StGB unter besonderer Berücksichtigung des richterlichen Haftungsprivilegs, Münster 1994.

Huschka, Hubert
- Diebstahl oder Betrug im Selbstbedienungsladen?, NJW 1960 S.1189f.

Hussels, Martin
- Renaissance oder endgültiger Tod des §217 StGB?, NStZ 1994 S.526ff.

Jähnke, Burkhard
- Über die Rechtsfolgenlösung des Bundesgerichtshofs beim Heimtückemord, FS – Spendel, Berlin-New York 1992, S.537ff.

Jakobs, Günther
- Die Konkurrenz von Tötungsdelikten mit Körperverletzungsdelikten, Bonn 1967 (zit.: Jakobs, Konkurrenz).
- Anmerkung zu BGH, Urteil v. 08.10.1968 - 5 StR 462/68, NJW 1969 S.437f.
- Niedrige Beweggründe beim Mord und die besonderen persönlichen Merkmale in §50 Abs.2 und 3 StGB, NJW 1969 S.489ff.
- Anmerkung zu BGHSt 30, 235f., JR 1982 S.206f.
- Anmerkung zu BGH, Urteil vom 04.07.1984 – 3 StR 199/84, JZ 1984 S.996ff.
- Strafrecht, Allgemeiner Teil, Die Grundlagen und die Zurechnungslehre, 2.Auflage, Berlin-New York 1991 (zit. Jakobs, AT)

Jauernig, Othmar
- Bürgerliches Gesetzbuch, 9.Auflage, München 1999 (zit.: Bearbeiter, in Jauernig).

Jescheck, Hans-Heinrich - Zu den Auswirkungen der tatbestandlichen Ausgestaltung des §211 StGB, in: Ist die lebenslange Freiheitsstrafe verfassungswidrig? Dokumentation über die mündliche Verhandlung vor dem BVerfG am 22. Und 23. März 1977, hrsg. von Hans-Heinrich Jescheck und Otto Triffterer, Baden-Baden 1978, S.127ff.

Jescheck, Hans-Heinrich/ Weigend, Thomas - Lehrbuch des Strafrechts. Allgemeiner Teil, 5. Auflage, Berlin 1996 (zit.: Jescheck/Weigend AT).

Jung, Heike - Das Erste Gesetz zur Bekämpfung der Wirtschaftskriminalität, JuS 1976 S.757ff.

- Anmerkung zu OLG Karlsruhe, Beschl. v. 25.04.1984 – 1 Ws 261/83, NStZ 1985 S.316f.

Kahle, Erich - Der Versuch der Tötung auf Verlangen, Berlin 1908.

Karlsruher Kommentar - Kommentar zur Strafprozeßordnung, 4. Auflage, München 1999 (zit.: Bearbeiter, in KK).

Kastner, Klaus - Der Kindesmord: historische, rechtliche und literarische Aspekte, NJW 1991 S.1443ff.

Kaufmann, Armin - Tatbestandsmäßigkeit und Verursachung im Contergan-Verfahren, JZ 1971 S.569ff.

Keller, Rainer - Strafrechtlicher Gewaltbegriff und Staatsgewalt, Berlin 1982.

- Die neue Entwicklung des strafrechtlichen Gewaltbegriffs in der Rechtsprechung, JuS 1984 S.109ff.

- Anmerkung zu OLG Köln, Urteil v. 18.08.1987 – Ss 223/87, JR 1989 S.77ff.

Kienapfel, D. - Anmerkung zu BGH, Urteil v. 10.05.1983 – 1 StR 98/83 (BGHSt 31, 380), JR 1984 S.162f.

Kleinknecht, Theodor/ Meyer-Goßner, Lutz - Strafprozeßordnung, 44.Auflage, München 1999 (zit.: Kleinknecht/Meyer-Goßner, StPO).

Klenner, Alois - Die Tötung auf Verlangen im deutschen und ausländischen Strafrecht sowie de lege ferenda, Berlin 1925.

Klug, Ulrich	-	Zum Begriff der Gesetzeskonkurrenz, ZStW 68 (1956) S.399ff.
Knodel, Klaus Dieter	-	Der Begriff der Gewalt im Strafrecht, München-Berlin 1962.
Koch, Hans-Georg	-	Zur Abgrenzung der Abtreibungsregeln von den Tötungsdelikten, MedR 1985 S.83ff.
Köhler, Michael	-	Zur Abgrenzung des Mordes. Erörtert am Mordmerkmal „Verdeckungsabsicht", GA 1980 S.121ff.
	-	Zur Strafbarkeit des Mordes bei „außergewöhnlichen Umständen" – BGHSt 30, 105, JuS 1984 S.762ff.
Körber, Heinrich	-	Die straflose Nachtat, Erlangen 1929.
Kohlmann, Günter	-	Schließt die Verjährung der Vortat auch die Bestrafung wegen der Nachtat aus?, JZ 1964 S.492ff.
Kohlrausch, Eduard/ Lange, Richard	-	Strafgesetzbuch, 42.Auflage, Berlin 1959 (zit.: Kohlrausch-Lange 42.A.).
	-	Strafgesetzbuch, 43.Auflage, Berlin 1961 (zit.: Kohlrausch-Lange).
Konow, Karl-Otto	-	Die Bedeutung des §217 im Rahmen der Vorschriften des StGB über die Tötungsdelikte, NJW 1961 S.861f.
Kratzsch, Dietrich	-	Für oder wider die Rechtsfolgenlösung des Großen Senats für Strafsachen – Zur Auslegung des §211 StGB, JA 1982 S.401ff.
Krause, Friedrich	-	Die objektiven Bedingungen der Strafbarkeit, Jura 1980 S.449ff.
Krause, Hans G.	-	Richterliche Unabhängigkeit und Rechtsbeugungsvorsatz, NJW 1977 S.285f.
Kraushaar, Franz	-	Das Wesen der Ideal- und Gesetzeskonkurrenz im Deutschen Strafrecht, Erlangen 1912.
Krauskopf, Lutz	-	Die Kindestötung in Deutschland, Frankreich und der Schweiz, Freiburg (Schweiz) 1971.
Krauß, Detlef	-	Zum Begriff der straflosen Nachtat, GA 1965 S.181ff.

Krey, Volker

- Grundfälle zu den Straftaten gegen das Leben, JuS 1971 S.141ff., 192ff.
- Strafrecht, Besonderer Teil, Band 1, Besonderer Teil ohne Vermögensdelikte, 2.Auflage, Stuttgart-Berlin-Köln-Mainz 1975.
- Zur Problematik richterlicher Rechtsfortbildung contra legem, JZ 1978 S.361ff., 428ff., 465ff.
- Zum Gewaltbegriff im Strafrecht, in: Bundeskriminalamt (Hrsg.): Was ist Gewalt?, Auseinandersetzung mit einem Begriff, Band 2, Wiesbaden 1988, S.11ff.
(zit.: Krey, Gewalt).
- Gesetzestreue und Strafrecht. Schranken richterlicher Rechtsfortbildung, ZStW 101(1989) S.838ff.
- Strafrecht, Besonderer Teil, Band 1, Besonderer Teil ohne Vermögensdelikte, 9.Auflage, Stuttgart-Berlin-Köln 1994
(zit.: Krey BT/1 9.A.)
- Strafrecht, Besonderer Teil, Band 1, Besonderer Teil ohne Vermögensdelikte, 10.Auflage, Stuttgart-Berlin-Köln 1996
(zit.: Krey BT/1 10.A.).
- Strafrecht, Besonderer Teil, Band 1, Besonderer Teil ohne Vermögensdelikte, 11.Auflage, Stuttgart-Berlin-Köln 1998
(zit.: Krey BT/1).
- Strafrecht, Besonderer Teil, Band 2, Vermögensdelikte, 11.Auflage, Stuttgart-Berlin-Köln 1997
(zit.: Krey BT/2 11.A.).
- Strafrecht, Besonderer Teil, Band 2, Vermögensdelikte, 12.Auflage, Stuttgart-Berlin-Köln 1999
(zit.: Krey BT/2).

v. Krog, Detlef

- Die straflosen Vor- und Nachtaten, Hamburg 1976.

Kühl, Kristian

- Das leidige Thema der Konkurrenzen, JA 1978 S.475ff.
- Zum Verjährungsbeginn bei Anstellungs- und Rentenbetrug, JZ 1978 S.549ff.
- Strafrecht, Allgemeiner Teil, München 1994
(zit.: Kühl AT).

Kühne, Hans-Heiner - Strafprozeßrecht, 5.Auflage, Heidelberg 1999.

Küper, Wilfried - Die Rechtsprechung des BGH zum tatbestandssystematischen Verhältnis vom Mord und Totschlag – Analyse und Kritik, JZ 1991 S.761ff., 862ff., 910ff.

- Konvergenz. Die gemeinschaftliche Körperverletzung im System der Konvergenzdelikte, GA 1997 S.301ff.

- Strafrecht. Besonderer Teil: Definitionen und Erläuterungen, 3.Auflage, Heidelberg 1999 (zit.: Küpper, Definitionen).

Küpper, Georg - Strafrecht: Ein folgenschwerer Kunstfehler, JuS 1985 S.395ff.

- Die Kreditkartenentscheidung des BGH unter Geltung des §266b StGB n.F., NStZ 1988 S.60ff.

- Strafrecht, Besonderer Teil 1, Delikte gegen Rechtsgüter der Person und Gemeinschaft, New York 1996
(zit.: Küpper BT/1).

Kuhlen, Dydra - Produkthaftung im internationalen Kaufrecht. Entstehungsgeschichte, Anwendungsbereich und Sperrwirkung des Art.5 des Wiener UN-Kaufrechts (CISG), Augsburg 1997.

Kutzer, Klaus - Strafrechtliche Grenzen der Sterbehilfe, NStZ 1994 S.110ff.

Laber, Birgit - Die neue Rechtsprechung zum Mordmerkmal der Verdeckungsabsicht, MDR 1989 S.861ff.

Labsch, Karl Heinz - Untreue (§266 StGB). Grenzen und Möglichkeiten einer neuen Deutung, Bayreuth 1983
(zit.: Labsch, Untreue).

- Der Kreditkartenmißbrauch und das Untreuestrafrecht, NJW 1986 S.104ff.

Lackner, Karl - Das konkrete Gefährdungsdelikt im Verkehrsstrafrecht, Berlin 1967.

- Strafgesetzbuch, 10.Auflage, München 1976.

- Anmerkung zu BGH, Beschluß v. 19.05.1981 – GSSt 1/81, NStZ 1981 S.348ff.

- Zum Stellenwert der Gesetzestechnik. Dargestellt an einem Beispiel aus dem Zweiten Gesetz zur Bekämpfung der Wirtschaftskriminalität, FS - Tröndle, Berlin-New York 1989, S.41ff.

Lackner, Karl/ Kühl, Kristian
- Strafgesetzbuch mit Erläuterungen, 22.Auflage, München 1997 (zit.: Lackner/Kühl 22.A.).
- Strafgesetzbuch mit Erläuterungen, 23.Auflage, München 1999 (zit.: Lackner/Kühl).

Lackner, Karl/ Maasen, Hermann
- Strafgesetzbuch, 6.Auflage, München 1970.

Lagodny, Otto
- Anmerkung zu BGH, Urteil v. 21.01.1992 – 1 StR 593/91, NStZ 1992 S.490f.

Lampe, Ernst Joachim
- Das personale Unrecht, Berlin 1967.

Lange, Richard
- Eine Wende in der Auslegung des Mordtatbestandes, GS – Schröder, München 1978, S.217ff.

Langer, Winrich
- Das Sonderverbrechen. Eine dogmatische Untersuchung zum allgemeinen Teil des Strafrechts, Berlin 1972 (zit.: Langer, Sonderverbrechen).
- Zur Strafbarkeit des Teilnehmers gemäß §28 Abs.1 StGB, FS – Ernst Wolf, Bonn-München 1985, S.335ff.

Laubenthal, K.
- Anmerkung zu BGH, Urteil v. 12.04.1988 – 5 StR 661/87, JR 1988 S.335f.

Strafgesetzbuch. Leipziger Kommentar
- 9.Auflage, hrsg. v. Baldus, Paulheinz / Willms, Günther
  (zit.: Bearbeiter, in LK 9.A.)
  Band 2 (§§80 bis 262), Berlin-New York 1974.
- 10.Auflage, hrsg. v. Jescheck, Hans-Heinrich / Ruß, Wolfgang / Willms, Günther
  (zit.: Bearbeiter, in LK 10.A.)
  Erster Band. Einleitung, §§1 bis 31, Berlin-New York 1985,
  Zweiter Band. §§32 bis 60, Berlin-New York 1985,
  Vierter Band. §§80 bis 184c, Berlin-New York 1988,
  Fünfter Band. §§185 bis 262, Berlin-New York 1989,

Sechster Band. §§ 263 bis 302a, Berlin-New York 1988,
Siebenter Band. §§303 bis 358, Berlin-New York 1988.

- 11.Auflage, hrsg. v. Jähnke, Burkhart / Laufhütte, Heinrich Wilhelm / Odersky, Walter
(zit.: Bearbeiter, in LK)
3.Lieferung: §§32, 33, Berlin-New York 1992,
5.Lieferung: §§102 – 109k, Berlin-New York 1993,
8.Lieferung: §§25 – 27, Berlin-New York 1993,
12. Lieferung: §§110 – 122, Berlin-New York 1994,
15. Lieferung: §§242 – 262, Berlin-New York 1994,
16.Lieferung: §§28 – 32, Berlin-New York 1994,
24. Lieferung: §§264 – 265b, Berlin-New York 1997,
27. Lieferung: §§263a; 266; 266a, b; 284 – 287, Berlin-New York 1998,
28. Lieferung: §§52 – 55, Berlin-New York 1998,
30. Lieferung: §§339 –345, Berlin-New York 1999.

Lenckner, Theodor
- Der rechtfertigende Notstand, Tübingen 1965 (zit.: Lenckner, Notstand).
- Anmerkung zu BGH, Urteil v. 09.12.1976 – 4 StR 582/76, JR 1978 S.424f.

Lenckner, Theodor/ Winklbauer, Wolfgang
- Computerkriminalität – Möglichkeiten und Grenzen des 2. WiKG (II), CR 1986 S.654ff.

Lenz, Robert
- Die Diensthandlung und ihre Rechtmäßigkeit in §113 StGB, Bonn 1987.

Letzgus, Klaus
- Die strafrechtliche Verantwortlichkeit von Richtern, Staatsanwälten und Untersuchungsorganen der ehemaligen DDR wegen Rechtsbeugung, FS – Helmrich, München 1994, S.73ff.

Limbach, Jutta
- Recht und Unrecht in der Justiz der DDR, ZRP 1992 S.170ff.

v. Liszt, Eduard
- Die vorsätzliche Tötung, Leipzig 1919 (zit.: v. Liszt, Tötung).
- Lehrbuch des Deutschen Strafrechts, 25.Auflage, bearbeitet von Eberhard Schmidt, Berlin, Leipzig 1927 (zit.: v. Liszt, Lehrbuch).

Löwe – Rosenberg - Die Strafprozeßordnung und das Gerichtsverfassungsgesetz, Band 4 (§§296 – 373a), 24. Auflage, Berlin-New York 1988.

Lohmeyer, Heinz - Das erste Gesetz zur Bekämpfung der Wirtschaftskriminalität, Stuttgart-Wiesbaden 1978.

Loos, Fritz - Probleme der beschränkten Sperrwirkung strafprozessualer Entscheidungen, JZ 1978 S.592ff.

Lüderssen, Klaus - Der Staat geht unter - das Unrecht bleibt? Regierungskriminalität in der ehemaligen DDR, Frankfurt/M. 1992.

Lüttger, Hans - Der Beginn des Lebens und das Strafrecht, JR 1969 S.445ff.

- Der Beginn der Geburt und das Strafrecht. Probleme an der Grenze zwischen Leibesfruchtcharakter und Menschenqualität, JR 1971 S.133ff.

- Geburtshilfe und Menschwerdung in strafrechtlicher Sicht, FS – Heinitz, Berlin-New York 1972, S.359ff.

- Genese und Probleme einer Legaldefinition, dargestellt am Beispiel des Schwangerschaftsabbruchs, FS – Sarstedt 1981, S.169ff.

- Geburtsbeginn und pränatale Einwirkungen mit postnatalen Folgen. Bemerkungen zu BGH – 3 StR 25/83 vom 22.04.1983, NStZ 1983 S.481ff.

Lukanow, Jürgen - Der Mißbrauch der Verteidigerstellung im englischen und deutschen Strafprozeß, Bonn 1953.

Maatz, Kurt Rüdiger - Der minder schwere Fall des Diebstahls – Versuch einer normativ-etischen Reduktion des §213 StGB, FS – Salger, Köln-Berlin-Bonn-München 1995, S.91ff.

- Kann ein (nur) versuchtes schwereres Delikt den Tatbestand eines vollendeten milderen Delikts verdrängen?, NStZ 1995 S.209ff.

Maihofer, Werner - Objektive Schuldelemente, FS – H. Mayer, Berlin 1966, S.185ff.

Maiwald, Manfred - Der Zueignungsbegriff im System der Eigentumsdelikte, Heidelberg 1970
(zit.: Maiwald, Zueignungsbegriff).

- Der Begriff der Leichtfertigkeit als Merkmal erfolgsqualifizierter Delikte, GA 1974 S.257ff.
- Literaturbericht Strafrecht, Besonderer Teil – Vermögensdelikte, ZStW 96 (1984) S.66ff.
- Rechtsbeugung im SED-Staat, NJW 1993 S.1881ff.

Maurach, Reinhart

- Deutsches Strafrecht. Besonderer Teil, Ein Lehrbuch, 1.Auflage, Karlsruhe 1953 (zit.: Maurach, Deutsches Strafrecht, Besonderer Teil, 1.A.).
- Deutsches Strafrecht. Allgemeiner Teil, Ein Lehrbuch, 1.Auflage, Karlsruhe 1954 (zit.: Maurach, Deutsches Strafrecht, Allgemeiner Teil, 1.A.).
- Die Behandlung der unselbständigen tatbestandlichen Abwandlungen und der eigenständigen Verbrechen de lege ferenda, in: Materialien zur Strafrechtsreform. Band 1: Gutachten der Strafrechtslehrer, Bonn 1954, S.249ff. (zit.: Maurach, Materialien Bd.1)
- Anmerkung zum Urteil des Hans. OLG Bremen v. 26.10.1955 – Ss 70/55, JZ 1956 S.257ff.
- Deutsches Strafrecht. Besonderer Teil, Ein Lehrbuch, 3.Auflage, Karlsruhe 1959 (zit.: Maurach, Deutsches Strafrecht, Besonderer Teil, 3.A.).
- Deutsches Strafrecht. Besonderer Teil, Ein Lehrbuch, 5.Auflage, Karlsruhe 1971 (zit.: Maurach, Deutsches Strafrecht, Besonderer Teil, 5.A.).
- Die Mordmerkmale aus Sicht des §50 StGB, JuS 1969 S.249ff.

Maurach, Reinhart/ Schroeder, Friedrich-Christian

- Strafrecht. Besonderer Teil, Teilband 2, Straftaten gegen Gemeinschaftswerte, 6.Auflage, Heidelberg 1981 (zit.: Maurach/Schroeder/Maiwald BT/2 6.A.).

Maurach, Reinhart/ Gössel, Karl Heinz/ Zipf, Heinz

- Strafrecht. Allgemeiner Teil, Teilband 2, Erscheinungsformen des Verbrechens und Rechtsfolgen der Tat, 7.Auflage, Heidelberg 1989 (zit.: Maurach/Gössel/Zipf AT/2).

Maurach, Reinhart/ Zipf, Heinz - Strafrecht. Allgemeiner Teil, Teilband 1, Grundlehren des Strafrechts und Aufbau der Straftat, 8.Auflage, Heidelberg 1992 (zit.: Maurach/Zipf AT/1).

Maurach, Reinhart/ Schroeder, Friedrich-Christian/ Maiwald, Manfred - Strafrecht. Besonderer Teil, Teilband 1, Straftaten gegen Persönlichkeits- und Vermögenswerte, 8.Auflage, Heidelberg 1995 (zit. Maurach/Schroeder/Maiwald BT/1).

- Strafrecht. Besonderer Teil, Teilband 2, Straftaten gegen Gemeinschaftswerte, 8.Auflage, Heidelberg 1999 (zit.: Maurach/Schroeder/Maiwald BT/2).

Mayer, Hellmuth - Strafrecht. Allgemeiner Teil, Köln 1953 (zit. Mayer Strafrecht AT).

Meier, Bernd-Dieter - Strafbarkeit des Bankautomatenmißbrauchs, JuS 1992 S.1017ff.

Meier, Margarete - Beitrag zur Psychologie des Kindesmordes, ArchKrim 37 (1910) S.313ff.

Mettgenberg, Wolf - Der Versuch der Tötung auf Verlangen als Körperverletzung, ZStW 27 (1907) S.564ff.

Meyer, Hugo/ Allfeld, Phillip - Lehrbuch des Deutschen Strafrechts, 7.Auflage, Leipzig 1912.

Meyer, Dieter - Die mißbräuchliche Benutzung der Scheckkarte – Betrug oder Untreue? – BGHSt 24, 386, JuS 1973 S.214ff.

Mezger, Edmund - Strafrecht. Allgemeiner Teil, Band I, 6.Auflage, München-Berlin 1955.

Michalke, Regina - Die strafrechtlichen und verfahrensrechtlichen Änderungen des Außenwirtschaftsgesetzes, StV 1993 S.262ff.

Mitsch, Wolfgang - Die Strafbarkeit der Ehegattenvergewaltigung im geltenden Recht, JA 1989 S.484ff.

- Gesetzeseinheit im Strafrecht, JuS 1993 S.471ff.

- Rechtsprechung zum Wirtschaftsstrafrecht nach dem 2. WiKG, JZ 1994 S.877ff.

- Grundfälle zu den Tötungsdelikten, JuS 1996 S.26ff., 121ff., 213ff., 309ff. 407ff.

	-	Strafrecht. Besonderer Teil 2. Vermögensdelikte (Kernbereich). Teilband 1, Berlin-Heidelberg-New York 1998 (zit.: Mitsch BT/2).
Möbius, Walter	-	Die Funktion des Straftatbestandes des §113 StGB, Regensburg 1985.
Möhrenschlager, Manfred	-	Tötungsdelikte, NStZ 1981 S.57ff.
	-	Das neue Computerstrafrecht, wistra 1986 S.128ff.
	-	Computerstraftaten und ihre Bekämpfung in der Bundesrepublik Deutschland, wistra 1991 S.321ff.
Möllering, Jürgen	-	Schutz des Lebens – Recht auf Sterben, Stuttgart 1977.
Mohrbotter, Kurt	-	Zur strafrechtlichen Verantwortlichkeit des Spruchrichters und Staatsanwalts für den Inhalt der richterlichen Entscheidung, JZ 1969 S.491ff.
Montenbruck, Axel	-	Strafrahmen und Strafzumessung, Berlin 1983 (zit.: Montenbruck, Strafrahmen).
Müller, Ingo	-	Der Vorsatz der Rechtsbeugung, NJW 1980 S.2390ff.
	-	Die Strafvereitelung im System der Rechtspflegedelikte, StV 1981 S.90ff.
	-	Die Verwendung des Rechtsbeugungstatbestandes zu politischen Zwecken, KJ 1984 S.119ff.
Müller, Rudolf/ Wabnitz, Heinz-Bernhard	-	Wirtschaftskriminalität. Eine Darstellung der typischen Erscheinungsformen mit praktischen Hinweisen zur Bekämpfung, 2.Auflage, München 1986.
Müller-Emmert, Adolf/ Maier, Bernhard	-	Das Erste Gesetz zur Bekämpfung der Wirtschaftskriminalität, NJW 1976 S.1657ff.
v. Münch, Ingo	-	Grundgesetz-Kommentar, Band 3 (Art.70 bis 146 und Gesamtregister), 3.Auflage, München 1996.
Münchner Kommentar	-	Münchner Kommentar zum Bürgerlichen Gesetzbuch, Band 4, Schuldrecht, Besonderer Teil II (§§607 – 704), 3.Auflage, München 1997 (zit.: Bearbeiter, in MK).
Mürbe, Manfred	-	Strafrecht. Besonderer Teil I, München 1990 (zit.: Mürbe, BT I).

Mummenhoff, Winfried	-	Die Sperrwirkung des Tarifvertrags nach den §§56 und 59 Betriebsverfassungsgesetz, Köln 1968.
Muschke, Astrid	-	Gesetzliche Regelung der Sterbehilfe?, Gießen 1988.
Musielak, Hans Joachim	-	Die Rechtsbeugung (§336 StGB), Köln 1960.
Neuheuser, Stephan	-	Die Duldungspflicht gegenüber rechtswidrigem hoheitlichen Handeln im Strafrecht, Bonn 1996.
Neumann, Ulfried	-	Abgrenzung von Teilnahme am Selbstmord und Tötung in mittelbarer Täterschaft – BGHSt 32, 38, JuS 1985 S.677ff.
Niese, Werner	-	Finalität, Vorsatz und Fahrlässigkeit, Tübingen 1951.
Noll, Peter	-	Übergesetzliche Rechtfertigungsgründe, im besonderen die Einwilligung des Verletzten, Basel 1955 (zit.: Noll, Rechtfertigungsgründe).
	-	Übergesetzliche Milderungsgründe aus vermindertem Unrecht, ZStW 68 (1956) S.181ff.
Nomos-Kommentar	-	Nomos-Kommentar zum Strafgesetzbuch, Band 1, Allgemeiner Teil, Grundwerk, Baden-Baden 1995, Band 2, Besonderer Teil, Grundwerk, Baden-Baden 1995 (zit.: Bearbeiter, in NK).
Notheis, Johannes	-	Die Wirkungen des verdrängten Gesetzes bei der unechten Konkurrenz, Tübingen 1960.
Offermann, Susanne	-	Nachruf auf einen Meinungsstreit – Zur strafrechtlichen Erfassung des Scheck- und Kreditkartenmißbrauchs, wistra 1986 S.50ff.
v. Olshausen, Justus	-	Kommentar zum Strafgesetzbuch für das Deutsche Reich, II.Auflage, Berlin 1927.
	-	Kommentar zum Strafgesetzbuch für das Deutsche Reich, 12.Auflage, Berlin 1942.
Ortmann, Rudolf	-	Ueber Verletzung, insbesondere Tötung eines Einwilligenden, GA 25 (1877) S.104ff.
Ostendorf, Heribert	-	Strafvereitelung durch Strafverteidigung. Zur Diskussion um Gründe und Leitbild berufsmäßiger Strafverteidigung, NJW 1978 S.1345ff.

- Strafrecht: Der mißgebildete Fötus, JuS 1982 S.200ff.
- Experimente mit dem „Retortenbaby“ auf dem rechtlichen Prüfstand, JZ 1984 S.595ff.

Oswald, Johann
- Die Novelle zum Kriegswaffenkontrollgesetz – oder: Die Sperrwirkung des erfolgsprivilegierten Delikts, NStZ 1991 S.322f.

Otto, Dirk
- Zur Möglichkeit der Teilnahme eines ausschließlich gefährdeten Beifahrers bei §315 c I Nr.1a StGB, NZV 1992 S.309ff.

Otto, Harro
- Die Struktur des strafrechtlichen Vermögensschutzes, Berlin 1970 (zit.: Otto, Struktur).
- Straftaten gegen das Leben, ZStW 83 (1971) S.39ff.
- Bargeldloser Zahlungsverkehr und Strafrecht, 1.Auflage, Köln-Berlin-Bonn-München 1978 (zit.: Otto, Bargeldloser Zahlungsverkehr).
- Anmerkung zu BGH, Urteil v. 01.07.1981 – 3 StR 151/81, JR 1982 S.116ff.
- Anmerkung zu BGH, Urteil v. 13.06.1985 – 4 StR 213/85, JZ 1985 S.1008ff.
- Mißbrauch von Scheck- und Kreditkarten sowie Fälschung von Vordrucken für Euroschecks und Euroscheckkarten, wistra 1986 S.150ff.
- Schadenseintritt und Verjährungsbeginn, FS – Lackner, Berlin-New York 1987, S.715ff.
- Zum Bankautomatenmißbrauch nach Inkrafttreten des 2.WiKG, JR 1987 S.221ff.
- Die Tatbestände gegen Wirtschaftskriminalität im Strafgesetzbuch – Kriminalpolitische und damit verbundene rechtsdogmatische Probleme von Wirtschaftsdelikten, Jura 1989 S.24ff.
- Strafrechtliche Aspekte des Eigentumsschutzes, Jura 1989 S.200ff.
- Das Verhältnis der Nötigung zur Freiheitsberaubung, Jura 1989 S.497f.
- Sperrwirkung des §336, JK 90 StGB §336/3.
- Anmerkung zu OLG Köln, Urteil v. 09.07.1991 – Ss 624/90, JR 1992 S.252ff.

- Die neuere Rechtsprechung zu den Vermögensdelikten, JZ 1993 S.559ff.
- Bedingter Vorsatz beim Weiterreichen gefälschter Urkunden durch den Verteidiger, JK 1993, StGB §267/17.
- Literaturbericht zu Pottmeyer Klaus, KWKG 1991, ZStW 105 (1993) S.565ff.
- Mitbestrafte Nachtat, straflose Nachtat und nicht strafbares Verhalten, Jura 1994 S.276f.
- Die Mordmerkmale in der höchstrichterlichen Rechtsprechung, Jura 1994 S.141ff.
- Die strafrechtliche Neuregelung des Schwangerschaftsabbruchs, Jura 1996 S.135ff.
- Grundkurs Strafrecht. Allgemeine Strafrechtslehre, 4.Auflage, Berlin-New York 1992 (zit.: Otto AT).
- Grundkurs Strafrecht. Die einzelnen Delikte, 4. Auflage, Berlin-New York 1995 (zit.: Otto BT 4.A.)
- Grundkurs Strafrecht. Die einzelnen Delikte, 5. Auflage, Berlin-New York 1998 (zit.: Otto BT)
- „Vorgeleistete Strafvereitelung“ durch berufstypische oder alltägliche Verhaltensweisen als Beihilfe, FS – Lenckner, München 1998, S.193ff.

Paeffgen, Hans-Ulrich

- Der Verrat in irriger Annahme eines illegalen Geheimnisses (§97b StGB) und die allgemeine Irrtumslehre, Berlin 1979 (zit.: Paeffgen, Verrat).
- Allgemeines Persönlichkeitsrecht der Polizei und §113 StGB, JZ 1979 S.516ff.
- Eimal mehr – Habgier und niedrige Beweggründe, GA 1982 S.255ff.
- Die erfolgsqualifizierten Delikte – eine in die allgemeine Unrechtslehre integrierbare Deliktsgruppe?, JZ 1989 S.220ff.
- Anmerkungen zum Erlaubnistatbestandsirrtum, GS – A. Kaufmann, Köln-Berlin-Bonn-München 1989, S.399ff.

Paehler, Hans Hermann

- Renaissance der Leibesfrucht?, DRiZ 1984 S.276f.

Palandt, Otto - Bürgerliches Gesetzbuch, 59.Auflage, München 2000 (zit.: Bearbeiter, in Palandt).

Paulusch, Bernd-Arthur - Strafbare Nachtaten und tatbestandslose Nachhandlungen. Ein Beitrag zur Lehre von der „straflosen Nachtat", München 1991.

Pauly, Walter - Sperrwirkungen des verfassungsrechtlichen Ehebegriffs, NJW 1997 S.1955ff.

Peters, Ralf - Der Schutz des neugeboreren, insbesondere des mißgebildeten Kindes – Ein Beitrag zur Geschichte des strafrechtlichen Lebensschutzes, Stuttgart 1988.

Pfeiffer, Gerd - Zulässiges und unzulässiges Verteidigerhandeln, DRiZ 1984 S.341ff.

- Strafprozeßordnung und Gerichtsverfassungsgesetz, 2. Auflage, München 1999.

Pfefferle, Wilhelm - Ueber Ideal- und Realkonkurrenz, Freiburg 1902.

Pfenninger, Felix - Das Materialprinzip des modernen Strafprozessrechts, ZStR 31 (1918) S.61ff.

Pflaum, Otto - Über Gesetzeskonkurrenz auf dem Gebiete des Strafrechts, München 1898.

Pietsch, Dietmar - Die Bekämpfung illegaler Rüstungsexporte – zur Nivellierung des Außenwirtschaftsgesetzes, KJ 1991 S.475ff.

Pottmeyer, Klaus - Kriegswaffenkontrollgesetz (KWKG) : Kommentar, 2.Auflage, Köln 1994.

Preisendanz, Holger - Strafgesetzbuch: Lehrkommentar mit Erläut. und Beispielen, ausgewählten Nebengesetzen sowie einem Anhang über Jugendstrafrecht, 30.Auflage, Berlin 1978.

Puppe, Ingeborg - Idealkonkurrenz und Einzelverbrechen, Berlin 1979 (zit.: Puppe, Idealkonkurrenz).

Radbruch, Gustav - Gesetzliches Unrecht und übergesetzliches Recht, SJZ 1946 S.105ff.

Rammeckers, J. M. - Der Kindesmord in der Literatur der Sturm- und Drangperiode. Ein Beitrag zur Kultur- und Literaturgeschichte des 18.Jahrhunderts, Rotterdam 1927.

Ranft, Otfried

- Grundfälle aus dem Bereich der Vermögensdelikte, JA 1984 S.277ff.
- Die Rechtsprechung zum sog. Subventionsbetrug (§264 StGB) – Eine kritische Bestandsaufnahme, NJW 1986 S.3163ff.
- Täterschaft beim Subventionsbetrug i.S. des §264 I Nr.1 StGB – BGHSt 32, 203, JuS 1986 S.445ff.
- Delikte im Straßenverkehr, Jura 1987 S.608ff.
- Der Bankautomatenmißbrauch, wistra 1987 S.79ff.
- Der Kreditkartenmißbrauch (§266b StGB), JuS 1988 S.673ff.
- Anmerkung zu BGHSt 35, 152ff., JR 1989 S.165f.
- Der praktische Fall: Strafrecht, JuS 1993 S.856ff.
- Zur „betrugsnahen" Auslegung des §263a StGB, NJW 1994 S.2574ff.

v. Renesse, Margot

- Eine unabhängige Justiz gibt es nur bei echter Gewaltenteilung, NJ 1993 S.409ff.

Rengier, Rudolf

- Das Mordmerkmal der Heimtücke nach BVerfG 45, 187, MDR 1979 S.969ff. (Teil1), MDR 1980 S.1ff. (Teil2).
- Der Große Senat für Strafsachen auf dem Prüfstand, NStZ 1982 S.225ff.
- Anmerkung zu BGH, Beschluß v. 02.08.1983 – 5 StR 503/83, NStZ 1984 S.21ff.
- Das Mordmerkmal „mit gemeingefährlichen Mitteln", StV 1986 S.405ff.
- Der Große Senat entscheidet: Exklusivitäts– oder Konkurrenzlösung? – Zum Vorlagebeschluß des BGH v. 28.04.1992 – 1 StR 593/91, StV 1992 S.496ff.
- Strafrecht, Besonderer Teil I, Vermögensdelikte, 2.Auflage, München 1998 (zit.: Rengier BT/1).
- Strafrecht, Besonderer Teil II, Delikte gegen die Person und Allgemeinheit, München 1998 (zit.: Rengier BT/2).

Richter, Hans

- Mißbräuchliche Benutzung von Geldautomaten, CR 1989 S.303ff.

Rieß, Peter

- Zur Abgrenzung von Mord und Totschlag, NJW 1968 S.628ff.

Rittmann, Dieter - Wesen und Bedeutung der Konsumtion im Rahmen der strafrechtlichen Konkurrenzlehre, Tübingen 1956.

Rössner, Dieter - Gewaltbegriff und Opferperspektive bei der Vergewaltigung, FS – Leferenz, Heidelberg 1983, S.527ff.

Röthlein, Claudia - Der Gewaltbegriff im Strafrecht unter besonderer Berücksichtigung der Sexualdelikte, München 1986.

Rosenkötter, Günter - Die Sperrwirkung des jugendrichterlichen Beschlusses nach Art. 45 Abs.1 Satz1 JGG. Das Dilemma des geltenden Rechts, Vorschläge de lege ferenda, Freiburg 1970.

Roxin, Claus - Verwerflichkeit und Sittenwidrigkeit als unrechtsbegründende Merkmale im Strafrecht, JuS 1964 S.373ff.

- Probleme beim strafrechtlichen Schutz des werdenden Lebens, JA 1981 S.542ff.

- Anmerkung zu BGH, Urteil v. 13.01.1983 - 1 StR 737/81, JR 1983 S.333ff.

- Strafrecht. Allgemeiner Teil, Band I, Grundlagen. Der Aufbau der Verbrechenslehre, 2.Auflage, München 1994
(zit.: Roxin, AT I).

- Strafverfahrensrecht, 25.Auflage, München 1998
(zit.: Roxin, Strafverfahrensrecht).

Rudolphi, Hans-Joachim - Straftaten gegen das werdende Leben, ZStW 83 (1971) S.105ff.

- Inhalt und Funktion des Handlungsunwerts im Rahmen der personalen Unrechtslehre, FS – Maurach Karlsruhe 1972, S.51ff.

- Literaturbericht Strafrecht – Allgemeiner Teil, ZStW 86 (1974) S.68ff.

- Anmerkung zu BGH, Urteil v. 15.07.1975 – 4 StR 201/75, JR 1976 S.74f.

- Anmerkung zu BGH, Urteil v.12.04.1988 – 5 StR 661/87, JZ 1988 S.880f.

Sack, Wilhelm - Die Tötung auf Verlangen des Getöteten in ihrer strafrechtlichen und zivilrechtlichen Bedeutung, Würzburg 1914.

Saerbeck, Klaus - Beginn und Ende des Lebens als Rechtsbegriffe, Berlin-New York, 1974.

Sander, Günther M./ Hohmann, Olaf - Sechstes Gesetz zur Reform des Strafrechts (6. StrRG): Harmonisiertes Strafrecht?, NStZ 1998 S.273ff.

Sannwald, Detlef - Rechtsgut und Subventionsbegriff, §264 StGB, Berlin 1982.

Sarstedt, Werner - Fragen der Rechtsbeugung, FS – Heinitz, Berlin 1972, S.427ff.

Sarter, Adolf - Idealkonkurrenz und Gesetzeskonkurrenz, Rostock 1904.

Sauer, Wilhelm - System des Strafrechts, Besonderer Teil, Köln 1954 (zit.: Sauer, System).

- Allgemeine Strafrechtslehre, 3. Auflage, Berlin 1955 (zit.: Sauer, AT).

Sax, Walter - „Tatbestand" und Rechtsgutsverletzung, JZ 1976 S.9ff.

Schaffstein, Friedrich - Zur Auslegung des Begriffs der „heimtückischen" Tötung als Mordmerkmal, FS – H. Mayer, Berlin 1966, S.419ff.

- Handlungsunwert, Erfolgsunwert und Rechtfertigung bei den Fahrlässigkeitsdelikten, FS – Welzel, Berlin-New York 1974, S.557ff.

Schaub, Günter - Arbeitsrechtshandbuch, 7. Auflage, München 1992.

Schautz, Walter - Strafrechtliche Grenzen des Verteidigerhandelns, insbesondere im Hinblick auf die Strafvereitelung, §258 StGB, Würzburg 1988.

Scheffler, Uwe - Strafvereitelung und die Grenzen des Zeugnisverweigerungsrechts der Verteidiger, StV 1991 S.299ff.

- Anmerkung zu BGH, Urteil v. 01.09.1992 – 1 StR 281/92 (BGHSt 38, 345ff.), StV 1993 S.470ff.

Schiller, Friedrich von - Sämtliche Werke (Säkular Ausgabe), Stuttgart-Berlin 1904.

Schlüchter, Ellen - Zweites Gesetz zur Bekämpfung der Wirtschaftskriminalität, Heidelberg 1987 (zit.: Schlüchter, Wirtschaftskriminalität).

	-	Bankautomatenmißbrauch mit Scheckkarten-Blanketten, JR 1993 S.493ff.
	-	Bochumer Erläuterungen zum 6.Strafrechtsreformgesetz, Frankfurt/M. 1998 (zit.: Schlüchter, Erläuterungen).
Schmid, Michael	-	Schutzzweck und Stellung des §113 im System der Straftatbestände, JZ 1980 S.56ff.
Schmid, Tobias	-	Die Vergabe von Wirtschaftssubventionen und ihre strafrechtliche Verantwortung gem. §264 StGB (Subventionsbetrug), Frankfurt/M. 1994 (zit.: Schmid, Wirtschaftssubventionen).
Schmidhäuser, Eberhard	-	Gesinnungsmerkmale im Strafrecht, Tübingen 1958 (zit.: Schmidhäuser, Gesinnungsmerkmale).
	-	Strafrecht, Allgemeiner Teil, Lehrbuch, 2.Auflage, Tübingen 1975 (zit.: Schmidhäuser AT).
	-	Urteil des Bundesverfassungsgerichts vom 21.6.1977: Verfassungswidrigkeit der lebenslangen Freiheitsstrafe für Mord und Verfassungswidrigkeit der BGH-Rechtsprechung zur Heimtücke als Mordmerkmal, JR 1978 S.265ff.
	-	Die Gesetzesverletzung, Bemerkungen zur Terminologie im materiellen und formellen Strafrecht, FS – Dünnebier, Berlin-New York 1982, S.407ff.
	-	Strafrecht, Besonderer Teil, Grundriß, 2.Auflage, Tübingen 1983 (zit.: Schmidhäuser BT).
	-	Der Verdeckungsmord und das Urteil BGH – 2 StR 559/ 87, NStZ 1989 S.55ff.
Schmidt, Christian	-	Die Kindestötung – Überlegungen zu §217 StGB und dessen Reformierung, Bonn 1991 (zit.: Schmidt, Kindestötung).
Schmidt, Eberhard	-	Aufbau und Auslegung der Tötungsdelikte, DRZ 1949 S.241ff.
	-	Schlägermensur und Strafrecht, JZ 1954 S.369ff.
	-	Lehrkommentar zur Strafprozeßordnung und zum Gerichtsverfassungsgesetz, Teil I, 2.Auflage, Göttingen 1964.
Schmidt, Rolf/ Seidel, Stephanie	-	Strafrecht, Besonderer Teil I, Nichtvermögensdelikte, 3.Auflage, Bremen 1999.

Schmidt-Hieber, Werner - Verfolgung von Subventionserschleichungen nach Einführung des §264 StGB, NJW 1990 S.322ff.

Schmidt-Speicher, Ursula - Hauptprobleme der Rechtsbeugung unter besonderer Berücksichtigung der historischen Entwicklung des Tatbestandes, Berlin 1982.

Schmitt, Rudolf - Vorsätzliche Tötung und vorsätzliche Körperverletzung. Eine systematische Untersuchung im Anschluß an BGHSt 16, 122, JZ 1962 S.389ff.

- Die Konkurrenz im geltenden und zukünftigen Strafrecht, ZStW 75 (1963) S.43ff.

- Strafrechtlicher Schutz des Opfers vor sich selbst?, FS – Maurach, Karlsruhe 1972, S.113ff.

Schmitt, Rudolf/ Ehrlicher, Verena - Anmerkung zu BGH, Beschluß v. 16.12.1987 – 3 StR 209/87, JZ 1988 S.364f.

Schmitz, Albertine - Der Kindesmord im zukünftigen Strafrecht, Bochum 1930.

Schmoller, Kurt - Überlegungen zur Neubestimmung des Mordmerkmals „heimtückisch“, ZStW 99 (1987) S.389ff.

Schneider, Egon - Über die Behandlung des alternativen Vorsatzes, GA 1956 S.257ff.

Schneider, Hartmut - Anmerkung zu AG Berlin–Tiergarten, Urteil v. 18.04.1986 – 264 Ds 84/85 (nicht rechtskräftig), NStZ 1987 S.123ff.

Schönke, Adolf/ Schröder, Horst - Strafgesetzbuch. Kommentar, 13.Auflage, München 1967 (zit.: Bearbeiter, in S./S., 13.A.).

- Strafgesetzbuch. Kommentar, 15.Auflage, München 1970 (zit.: Bearbeiter, in S./S., 15.A.).

- Strafgesetzbuch. Kommentar, 17.Auflage, München 1974 (zit.: Bearbeiter, in S./S., 17.A.).

- Strafgesetzbuch. Kommentar, 19.Auflage, München 1978 (zit.: Bearbeiter, in S./S., 19.A.).

- Strafgesetzbuch. Kommentar, 24.Auflage, München 1991 (zit.: Bearbeiter, in S./S., 24.A.).

- Strafgesetzbuch. Kommentar, 25.Auflage, München 1997 (zit.: Bearbeiter, in S./S.).

Scholderer, Frank - Rechtsbeugung im demokratischen Rechtsstaat: Zur Rekonstruktion des §336 für die Gegenwart, 1.Auflage, Baden-Baden 1993.

Scholz, Peter - Nötigung von Verfassungsorganen (§105 StGB) durch Streik?, Jura 1987 S.190ff.

Schomburg, Wolfgang - Die öffentliche Bekanntmachung einer strafrechtlichen Verurteilung, ZRP 1986 S.65ff.

Schreiber, Hans-Ludwig - Probleme der Rechtsbeugung, GA 1972 S.193ff.

Schroeder, Friedrich-Christian
- Grundgedanken der Mordmerkmale, JuS 1984 S.275ff.
- Der Rechtfertigungsgrund der Entscheidung von Rechtssachen, GA 1993 S.389ff.
- Die Teilnahme des Beifahrers an der gefährlichen Trunkenheitsfahrt, JuS 1994 S.846ff.

Schröder, Horst
- Der Aufbau der Tötungsdelikte, SJZ 1950 S.559ff.
- Anmerkung zu BGH, Urteil v. 30.06.1967 – 4 StR 194/67, JZ 1967 S.709f.
- Anmerkung zu BGH, 5. StS v. 08.10.1968 – 5 StR 462/68, JR 1969 S.265.
- Anmerkung zu BGH, Urteil v. 26.07.1972 2 StR 62/72, JZ 1972 S.707ff.

Schroth, Hans-Jürgen - Scheckkartenbetrug und Einlösungsgarantie, NJW 1983 S.716ff.

Schünemann, Bernd
- Die Stellung der Unterschlagungstatbestände im System der Vermögensdelikte – BGHSt 14, 38, JuS 1968 S.114ff.
- Raub und Erpressung, JA 1980 S.393ff.
- Einige vorläufige Bemerkungen zur Bedeutung des viktimologischen Ansatzes in der Strafrechtsdogmatik, in: H. J. Schneider (Hrsg.): Das Verbrechensopfer in der Strafrechtspflege, Berlin-New York 1982, S.407ff. (zit.: Schünemann, Strafrechtsdogmatik).

Schulz, Lorenz/ Tscherwinka, Ralf - Probleme des Codekartenmißbrauchs, JA 1991 S.119ff.

Schwalm, Georg - Heimtücke und achtenswerter Beweggrund, MDR 1957 S.260ff.

- Zur Kasuistik der Mordmerkmale, MDR 1958 S.396ff.

- Über den Beginn des menschlichen Lebens aus der Sicht des Juristen, MDR 1968 S.277ff.

Schwarz, Manfred - Die Kindestötung in ihrem Wandel vom qualifizierten zum privilegierten Delikt, Heidelberg, Berlin 1935.

Schwarze, Friedrich Oskar - Commentar zum Strafgesetzbuch für das Deutsche Reich, 4.Auflage, Leipzig 1879.

Schwarzenski, Alexander - Fahrlässige Rechtsbeugung und fahrlässig falsche Strafverfolgung, Die Justiz, Band IV (1928/29) S.341ff.

Seebode, Heinz - Die Rechtmäßigkeit der Diensthandlung in §113 Abs.3 und 4 StGB, Frankfurt/M.-Bern-New York-Paris 1988
(zit.: Seebode, Rechtmäßigkeit).

Seebode, Manfred - Das Verbrechen der Rechtsbeugung (§336), Würzburg 1968.

- Rechtsblindheit und bedingter Vorsatz bei der Rechtsbeugung, JuS 1969 S.204ff.

- Anmerkung zu BGH, Urteil v. 26.07.1972 – 2 StR 62/72, JR 1973 S.117ff.

Seemann, Peter - Die Haftungsprivilegierung des Richters im Rahmen von §336 StGB, Gießen 1991.

Seelmann, Kurt - Grundfälle zu den Eigentumsdelikten, JuS 1985 S.288ff.

Seier, Jürgen - Die Gesetzeseinheit und ihre Rechtsfolgen, Jura 1983 S.225ff.

- Der praktische Fall-Strafrecht, JuS 1988 S.799ff.

Selckmann, Erich - Selbstmord, Teilnahme am Selbstmord und Tötung auf Verlangen, Greifswald 1910.

Sennekamp, Michael - Ist die Begebung ungedeckter Schecks mittels Scheckkarte durch ihren berechtigten Inhaber strafbar?, MDR 1971 S.638f.

Sick, Brigitte - Sexuelles Selbstbestimmungsrecht und Vergewaltigungsbegriff: ein Beitrag zur gegenwärtigen Diskussion einer Neufassung des §177 StGB unter besonderer Berücksichtigung der Strafbarkeit de lege lata und empirischer Gesichtspunkte, Tübingen 1993.

Sieg, Rainer - Gegen die Privilegierung der Tötung des nichtehelichen Kindes (§217 StGB), ZStW 102 (1990) S.292ff.

Simson, Gerhard/ Geerds, Friedrich - Straftaten gegen die Person und Sittlichkeitsdelikte in rechtsvergleichender Sicht, München 1969.

Spahn, Guido - Wegnahme und Mißbrauch von codierten Scheckkarten nach altem und neuem Recht, Jura 1989 S.513ff.

Spendel, Günter - Zur Problematik der Rechtsbeugung, GS – Radbruch, Göttingen 1968, S.312ff.

- „Heimtücke" und gesetzliche Strafe beim Mord. Zum Urteil des BGH v. 26.08.1982 – 4 StR 357/82, JR 1983 S.269ff.

Spiegel, Richard - Die Rechtsprechung des Bundesgerichtshofs in Verkehrsstrafsachen und Bußgeldverfahren, DAR 1980 S.193ff.

Stahnke, Benno - Rechtsbeugung: §336 Reichsstrafgesetzbuch, Würzburg 1924.

Steinbach, Robert - Zur Problematik der Lehre von den subjektiven Rechtfertigungselementen bei den vorsätzlichen Erfolgsdelikten, Frankfurt/M. 1987.

Steindorf, Joachim - Waffenrecht–Waffengesetz mit Durchführungs-bestimmungen, Kriegswaffenkontrollgesetz und Neben-bestimmungen, 6.Auflage, München 1995.

Steinhilper, Udo - Die mißbräuchliche Verwendung von Euroscheckkarten in strafrechtlicher Sicht, Jura 1983 S.401ff.

Sternberg-Lieben, Detlev - Gentherapie und Strafrecht, JuS 1986 S.673ff.

v. Stetten, Annette - Die Sperrwirkung des §258 StGB im Rahmen der Tätigkeit eines Strafverteidigers, StV 1995 S.606ff.

Stohlmeier, Thomas - Die inhaltliche und zeitliche Reichweite der Sperrwirkung nach Art.72 Abs.1 GG, Hamburg 1989.

Stratenwerth, Günter - Strafrecht, Allgemeiner Teil I, Die Straftat, 3.Auflage, Köln-Berlin-Bonn-München 1981 (zit.: Stratenwerth AT).

Streb, Jochen - Über die Kindestötung – Eine strafrechtliche und kriminologische Studie zur Problematik des §217 StGB und des von ihm vorausgesetzten Deliktstyps, Frankfurt 1968.

Stree, Walter - Der Irrtum des Täters über die Angehörigeneigenschaft seines Opfers, FamRZ 1962 S.55ff.

- Anmerkung zu BayObLG, Urteil v. 20.07.1978 – Reg. 5 StR 118/78, JR 1979 S.253ff.

- Anmerkung zu OLG Celle, Urteil v. 09.07.195 – 1 Ss 178/85, JR 1986 S.386ff.

- Anmerkung zu BGH, Beschluß v. 27.10.1992 – 5 StR 517/92, JZ 1993 S.476f.

Stürenberg, Bernhard - Die Bestrafung konkurrierender Verbrechen, Leipzig 1908.

Stumpf, Olaf - Gibt es im materiellen Strafrecht ein Verteidigerprivileg?, NStZ 1997 S.7ff.

Systematischer Kommentar - Systematischer Kommentar zum Strafgesetzbuch, von Hans-Joachim Rudolphi, Eckhard Horn, Hans-Ludwig Günther und Erich Samson, Neuwied-Kriftel-Berlin,
Band 1, Allgemeiner Teil (§§1 – 79b), 6.Auflage (Stand: 31.Lieferung, Sept. 1999),
Band 2, Besonderer Teil (§§80 – 358), 5. bzw. 6.Auflage (Stand 49.Lieferung, Okt. 1999)
(zit.: Bearbeiter, in SK).

- Systematischer Kommentar zum Strafgesetzbuch, von Hans-Joachim Rudolphi, Eckhard Horn und Erich Samson, Neuwied-Kriftel-Berlin,
Band 2, Besonderer Teil (§§80 – 358), 4.Auflage (Stand 25.Lieferung, Sept. 1989),
Band 2, Besonderer Teil (§§80 – 358), 4.Auflage (Stand 27.Lieferung, 1990).

Tenckhoff, Jörg - Die leichtfertige Herbeiführung qualifizierter Tatfolgen, ZStW 88 (1976) S.897ff.

Tepperwien, Ingeborg - Praenatale Einwirkung als Tötung oder Körperverletzung?, Tübingen 1973.

Tetzner, Heinrich - Anmerkung zu BGH, Urteil v. 28.09.1979 – I ZR 125/75, JZ 1980 S.479f.

Teufert, Eveline - Notzucht und sexuelle Nötigung. Ein Beitrag zur Kriminologie und Kriminalistik des Sexualfreiheitsdelikte unter Berücksichtigung der Geschichte und der geltenden strafrechtlichen Regelung, Frankfurt/M. 1980.

Thaeter, Ralf - Zur Struktur des Codekartenmißbrauchs, wistra 1988 S.339ff.

- Die unendliche Geschichte „Codekarte", JA 1988 S.547ff.

Thiele, Gerd-Steffen - Verbotensein und Strafbarkeit des Widerstandes gegen Vollstreckungsbeamte – Zum strafrechtsdogmatischen Verständnis der Absätze 3 und 4 des §113 StGB, JR 1979 S.397ff.

Thoma, Bruno - Tötung auf Verlangen, rechtsgeschichtlich und rechtsvergleichend, Köln 1931.

Tiedemann, Klaus - Subventionskriminalität in der Bundesrepublik Deutschland – Erscheinungsformen, Ursachen, Folgerungen, Hamburg 1974
(zit.: Tiedemann, Subventionskriminalität).

- Der Subventionsbetrug, ZStW 86 (1974) S.897ff.

- Der Entwurf eines Ersten Gesetzes zur Bekämpfung der Wirtschaftskriminalität, ZStW 87 (1975) S.253ff.

- Examensklausurenkurs Strafrecht. Fall zu Spezialfragen des materiellen und des Strafverfahrensrechts, Jura 1981 S.24ff.

- Die Bekämpfung der Wirtschaftskriminalität durch den Gesetzgeber – Ein Überblick aus Anlaß des Inkrafttretens des 2. WiKG am 1.8.1986, JZ 1986 S.865ff.

- Grundzüge der Konkurrenzlehre, JuS 1987 L17ff.

Tröndle, Herbert - Strafgesetzbuch und Nebengesetze, 48.Auflage, München 1997
(zit.: Tröndle 48.A.).

Tröndle, Herbert/ Fischer Thomas - Strafgesetzbuch und Nebengesetze, 49.Auflage, München 1999
(zit.: Tröndle/Fischer).

Veh, Herbert Michael - Mordtatbestand und verfassungskonforme Rechtsanwendung. Ein Beitrag zu den Folgen verfassungsgerichtlicher Rechtsprechung, inbesondere für das Mordmerkmal „heimtückisch", Berlin 1986.

Vogler, Theo - Funktion und Grenzen der Gesetzeseinheit, FS – Bockelmann, München 1979, S.715ff.

Vogt, Sabine - Berufstypisches Verhalten und Grenzen der Strafbarkeit im Rahmen der Strafvereitelung, Tübingen 1992.

Vormbaum, Thomas - Die strafrechtliche Beurteilung des Scheckkartenmißbrauchs – OLG Köln NJW 1978 S.713, JuS 1981 S.18ff.

- Der strafrechtliche Schutz des Strafurteils, Berlin 1987
(zit.: Vormbaum, Schutz).

- Zur strafrechtlichen Verantwortung von DDR-Richtern wegen Rechtsbeugung, NJ 1993 S.212ff.

Vossen, R. - Zur Schuldfähigkeit sogenannter Kindesmörderinnen aus forensisch-psychatrischer Sicht, in: Göppinger, Hans/ Bresser, Paul H.: Tötungsdelikte – Bericht über die XX. Tagung der Gesellschaft für die gesamte Kriminologie vom 4.-6.Oktober 1979 in Köln, 1.Auflage, Stuttgart 1980, S.81ff.

Wachenfeld, Friedrich - Lehrbuch des Deutschen Strafrechts, München 1914.

Wagner, Heinrich L. - Die Kindesmörderin, Heilbronn 1883.

Wagner, Heinz - Amtsverbrechen, Berlin 1975
(zit.: Wagner, Amtsverbrechen).

Wahle, Eberhard - Zur Privilegierung der Kindestötung (§217 StGB, 136 E 1962) FamRZ 1967 S.542ff.

Wallach, Hans - Zur Lehre vom Kindesmord, Köln 1932.

Warda, Günther - Grundfragen strafrechtlicher Konkurrenzlehre, JuS 1964 S.81ff.

Wassermann, Rudolf - Die strafrechtliche Aufarbeitung der DDR-Vergangenheit, RuP 1992 S.121ff.

- Unrecht durch DDR-Rechtsprechung, FS – Spendel, Berlin-New York 1992, S.629ff.

Weber, Klaus - Die Verfolgung des SED-Unrechts in den neuen Ländern, GA 1993 S.195ff.

Weber, Ulrich - Das Zweite Gesetz zur Bekämpfung der Wirtschaftskriminalität (2.WiKG), NStZ 1986 S.481ff.

- Probleme der strafrechtlichen Erfassung des Euroscheckkartenmißbrauchs nach Inkrafttreten des 2.WiKG, JZ 1987 S.215ff.

- Konkurrenzprobleme bei der strafrechtlichen Erfassung der Euroscheck- und Euroscheckkartenkriminalität durch das 2.WiKG, GS – Küchenhoff, Berlin 1987, S.485ff.

- Aktuelle Probleme bei der Anwendung des Zweiten Gesetzes zur Bekämpfung der Wirtschaftskriminalität, FS – Krause, Köln-Berlin-Bonn-München 1990, S.427ff.

v. Weber - Anmerkung zu OGH BrZ, Köln, Urteil v. 15.11.1949 – StS 227/49, NJW 1950 S.272ff.

Weidemann, Jürgen - Literaturbericht (Pottmeyer, Klaus: Kriegswaffenkontrollgesetz 1991), GA 1992 S.481ff.

Weigend, Thomas - Über die Begründung der Straflosigkeit bei Einwilligung des Betroffenen, ZStW 98 (1986) S.44ff.

v. Weinrich, Alfred - Die Haftpflicht wegen Körperverletzung und Tödtung eines Menschen, 2.Auflage, Berlin 1902.

Weiss, Axel - Zur Strafbarkeit der Körperverletzung und Tötung Ungeborener vor und nach der Nidation, GA 1995 S.373ff.

Welzel, Hans - Anmerkung zu BGH, Urteil v. 19.06.1951 – 1 StR 189/51, JZ 1951 S.692.

- Zur Systematik der Tötungsdelikte, JZ 1952 S.72ff.
- Das Verhältnis der Tötungsdelikte zu den Körperverletzungsdelikten, FS – v. Weber, Bonn 1963, S.242ff.

- Das deutsche Strafrecht, 11.Auflage, Berlin 1969 (zit.: Welzel, Strafrecht).

Wendisch, Günter - Beendet die Aufhebung eines Freispruchs durch das Revisionsgericht die Sperrwirkung für einen Haftbefehl?, StV 1985 S.376f.

Werle, Gerhard - Die Konkurrenz bei Dauerdelikt, Fortsetzungstat und zeitlich gestreckter Gesetzesverletzung, Berlin 1981.

Wessels, Johannes - Strafrecht, Besonderer Teil/1, Straftaten gegen Persönlichkeits- und Gemeinschaftswerte, 21.Auflage, Heidelberg 1997 (zit.: WesselsBT/1 21.A.).

Wessels, Johannes/ Beulke, Werner - Strafrecht, Allgemeiner Teil, Die Straftat und ihr Aufbau, 28.Auflage, Heidelberg 1998 (zit.: Wessels/Beulke AT 28.A.).

- Strafrecht, Allgemeiner Teil, Die Straftat und ihr Aufbau, 29.Auflage, Heidelberg 1999 (zit.: Wessels/Beulke AT).

Wessels, Johannes/ Hettinger, Michael - Strafrecht, Besonderer Teil/1, Straftaten gegen Persönlichkeits- und Gemeinschaftswerte, 23.Auflage, Heidelberg 1999 (zit.: Wessels/Hettinger BT/1).

Wessels, Johannes/ Hillenkamp, Thomas - Strafrecht, Besonderer Teil/2, Straftaten gegen Vermögenswerte, 22.Auflage, Heidelberg 1999 (zit.: Wessels/Hillenkamp BT/2)

Westphahl, Marion - Die strafbefreiende Selbstanzeige im Steuerrecht. Zum persönlichen Umfang der Sperrwirkung des §371 Abs.2 Nr.1 AO beim Erscheinen im Betrieb, München 1987.

Wiebeck, Kurt - Der Versuch der Tötung auf Verlangen und die in Ausführung dieses Versuchs begangene Körperverletzung, Berlin 1900.

Wiechers, Lothar - Forum: Strafrecht und Technisierung im Zahlungsverkehr, JuS 1979 S.847ff.

Wilhelmi, Kurt - Wirkliche und scheinbare Konkurrenz von Verletzungs- und Gefährdungsdelikten gegen Leib und Leben, Breslau 1912.

Willms, Günther - Anmerkung zu BGH, Urteil v. 23.11.1983 – 3 StR 256/83, JR 1984 S.120f.

Winckler, P./ Foerster, K. - Anmerkung zu BGH, Urteil v. 22.11.1994 1 StR 626/94, NStZ 1996 S.32f.

Witt, Olaf - Das Mordmerkmal „grausam", Aachen 1995.

Woesner, Horst - Moralisierende Mordmerkmale, NJW 1978 S.1025ff.

Wohlgemuth, Hans H. - Die Arbeitnehmerhaftung im Wandel, DB 1991 S.910ff.

Wolter, Jürgen - Verurteilung aus nicht tatbestandsmäßiger Nachtat?, GA 1974 S.161ff.

- Gewaltanwendung und Gewalttätigkeit, NStZ 1985 S.193ff., 245ff.

Wünsch, Sandra - Richterprivileg – Verteidigerprivileg, StV 1997 S.45ff.

Zahrnt, Christoph - Die Scheckkarte unter strafrechtlichen Gesichtspunkten, NJW 1972 S.277ff.

- Anmerkung zu BGH, Urteil v. 26.07.1972 – 2 StR 62/72, NJW 1973 S.63f.

Zielinski, Diethart - Handlungs- und Erfolgsunwert im Unrechtsbegriff. Untersuchungen zur Struktur von Unrechtsbegründung und Unrechtsausschluß, Berlin 1973
(zit.: Zielinski, Handlungs- und Erfolgsunwert).

- Anmerkung zu LG Köln, Urteil v. 22.11.1991 – 2 StR 376/91, CR 1992 S.223ff.

Zimmermann, Friedrich - Zur Auslegung des §216 Strafgesetzbuchs (volenti non fit injuria), GA 29 (1881) S.435ff.

Zipf, Heinz - Die Strafmaßrevision, München 1969.

Zöllner, Wolfgang/ Löritz, Karl Georg - Arbeitsrecht, 5. Auflage, München 1998.

SCHRIFTEN ZUM STRAFRECHT UND STRAFPROZESSRECHT

Herausgegeben von Manfred Maiwald

Band 1 Christian-Peter Frees: Die steuerrechtliche Selbstanzeige. Zur kriminalpolitischen Zweckmäßigkeit des § 371 AO. 1991.

Band 2 Norbert Joachim: Der Hörensagenbeweis im Strafverfahren. 1991.

Band 3 Alfred A. Göbel: Die Einwilligung im Strafrecht als Ausprägung des Selbstbestimmungsrechts. 1991.

Band 4 Karl-Heinz Vehling: Die Abgrenzung von Vorbereitung und Versuch. 1991.

Band 5 Heiko Hartmut Lesch: Das Problem der sukzessiven Beihilfe. 1992.

Band 6 Dirk Schwerdtfeger: Besondere persönliche Unrechtsmerkmale. 1992.

Band 7 Stefan Göhring: Polizeiliche Kontrollstellen und Datenverarbeitung. § 163 d StPO und novellierte Polizeigesetze der Länder zwischen Strafverfolgung, Gefahrenabwehr und vorbeugender Straftatenbekämpfung. 1992.

Band 8 Werner Kemper: Horizontale Teilrechtskraft des Schuldspruchs und Bindungswirkung im tatrichterlichen Verfahren nach der Zurückverweisung. §§ 353, 354 Abs. 2 StPO. 1993.

Band 9 Owadias Namias: Die Zurechnung von Folgeschäden im Strafrecht. 1993.

Band 10 Jan Zopfs: Unfallflucht bei eindeutiger Haftungslage? Unverzüglichkeitsgebot und Wahlmöglichkeit in § 142 Abs. 2 und 3 StGB. 1993.

Band 11 Stefan Hiebl: Ausgewählte Probleme des Akteneinsichtsrechts nach § 147 StPO. 1994.

Band 12 Ralf Krack: List als Straftatbestandsmerkmal. Zugleich ein Beitrag zu Täuschung und Irrtum beim Betrug. 1994.

Band 13 Henning Radtke: Zur Systematik des Strafklageverbrauchs verfahrenserledigender Entscheidungen im Strafprozeß. 1994.

Band 14 Bernd J. A. Müssig: Schutz abstrakter Rechtsgüter und abstrakter Rechtsgüterschutz. Zu den materiellen Konstitutionskriterien sog. Universalrechtsgüter und deren normentheoretischem Fundament – am Beispiel der Rechtsgutsbestimmung für die §§ 129, 129a und 324 StGB. 1994.

Band 15 Heinz Koriath: Über Beweisverbote im Strafprozeß. 1994.

Band 16 Burkhard Niepoth: Der untaugliche Versuch beim unechten Unterlassungsdelikt. 1994.

Band 17 Karsten Altenhain: Die Strafbarkeit des Teilnehmers beim Exzeß. 1994.

Band 18 Ina Walbaum: Schuldspruch in der Revisionsinstanz nach freisprechendem Urteil des Tatgerichts. 1996.

Band 19 Birgit Dalbkermeyer: Der Schutz des Beschuldigten vor identifizierenden und tendenziösen Pressemitteilungen der Ermittlungsbehörden. 1994.

Band 20 Thomas Hackner: Der befangene Staatsanwalt im deutschen Strafverfahrensrecht. 1995.

Band 21 Hartmut Loritz: Kritische Betrachtungen zum Wert des strafprozessualen Zwischenverfahrens. 1996.

Band 22 Heinz-Hermann Berghof: Therapie und Strafe im Betäubungsmittelrecht. Recht und Wirklichkeit der Behandlung Drogenabhängiger unter besonderer Berücksichtigung der §§ 35 ff BtMG. 1995.

Band 23 Oliver Mertens: Strafprozessuale Grundrechtseingriffe und Bindung an den Wortsinn der ermächtigenden Norm. 1996.

Band 24 Sönke Bahnsen: Das Akteneinsichtsrecht der Verteidigung im Strafverfahren. Dogmatische Grundlagen und Einzelprobleme im Lichte einer rechtsstaatlichen Verfahrensgestaltung. 1996.

Band 25 Dirk Schwieger: Der Vorteilsbegriff in den Bestechungsdelikten des StGB. 1996.

Band 26 Stephanie Meinecke: Die Auswirkungen von Verfahrensfehlern auf die Strafbarkeit nach den Aussagedelikten. 1996.

Band 27 Ute Lambrecht: Strafrecht und Disziplinarrecht. Abhängigkeiten und Überschneidungen. 1997.

Band 28 Carsten Momsen: Verfahrensfehler und Rügeberechtigung im Strafprozeß. Die Strukturen der Revisionsberechtigung unter besonderer Berücksichtigung des Begriffs "Rechtsnormen, die lediglich zugunsten des Angeklagten gegeben sind" in § 339 StPO. 1997.

Band 29 Ursula Epp: Die Abgeordnetenbestechung – § 108 e StGB. 1997.

Band 30 Bernd Scheiff: Wann beginnt der Strafrechtsschutz gegen kriminelle Vereinigungen (§ 129 StGB)? 1997.

Band 31 Ulrike Fontaine: Max Grünhut (1893-1964). Leben und wissenschaftliches Wirken eines deutschen Strafrechtlers jüdischer Herkunft. 1998.

Band 32 Claudia Keiser: Das Kindeswohl im Strafverfahren. Zur Notwendigkeit eines am Kindeswohl orientierten Umgangs mit minderjährigen Opfern und Zeugen, den Möglichkeiten de lege lata und den Erfordernissen de lege ferenda. 1998.

Band 33 Wiebke Schürer-Mohr: Erlaubte Risiken. Grundfragen des "erlaubten Risikos" im Bereich der Fahrlässigkeitsdogmatik. 1998.

Band 34 Stephan Voigtel: Zum Freibeweis bei Entscheidungen der Strafvollstreckungskammer. Eine Untersuchung zu ausgewählten Fragen des Beweisrechts im gerichtlichen Verfahren in Strafvollstreckungs- und Strafvollzugssachen. 1998.

Band 35 Volkmar Wißgott: Das Beweisantragsrecht im Strafverfahren als Kompensation der richterlichen Inquisitionsmaxime. Die Judikatur des Reichsgerichts zum strafprozessualen Beweisrecht. 1998.

Band 36 Susanne Merz: Strafrechtlicher Ehrenschutz und Meinungsfreiheit. 1998.

Band 37 Uwe Schlömer: Der elektronisch überwachte Hausarrest. Eine Untersuchung der ausländischen Erfahrungen und der Anwendbarkeit in der Bundesrepublik Deutschland. 1998.

Band 38 Michael Liedke: Die Vermögensstrafe gemäß § 43a StGB in ihrer kriminalpolitischen Bedeutung. 1999.

Band 39 Danja Domeier: Gesundheitsschutz und Lebensmittelstrafrecht. Zur Konkretisierung der Verkehrspflichten und ihrer Strafbewehrung, insbesondere mit Blick auf §§ 8 ff. LMBG. 1999.

Band 40 Ritva Westendorf: Die Pflicht zur Verhinderung geplanter Straftaten durch Anzeige. Eine kritische Betrachtung der §§ 138, 139 StGB im Kontext der Unterlassungsdelikte. 1999.

Band 41 Hans Theile: Tatkonkretisierung und Gehilfenvorsatz. 1999.

Band 42 Nicole Lange: Vorermittlungen. Die Behandlung des staatsanwaltschaftlichen Vorermittlungsverfahrens unter besonderer Berücksichtigung von Abgeordneten, Politikern und Prominenten. 1999.

Band 43 Tanja Gunder: Der Umgang mit Kindern im Strafverfahren. Eine empirische Untersuchung zur Strafverfolgung bei Sexualdelinquenz. 1999.

Band 44 Sven-Markus Thiel: Die Konkurrenz von Rechtfertigungsgründen. 2000.

Band 45 Jan Schlüter: Die Strafbarkeit von Unternehmen in einer prozessualen Betrachtung nach dem geltenden Strafprozeßrecht. 2000.

Band 46 Detlef Heise: Der Insiderhandel an der Börse und dessen strafrechtliche Bedeutung. Eine Untersuchung des neuen deutschen Insiderrechts speziell unter Bezugnahme auf die strafrechtstheoretischen und strafrechtsdogmatischen Grundlagen. 2000.

Band 47 Hermann Wichmann: Das Berufsgeheimnis als Grenze des Zeugenbeweises. Ein Beitrag zur Lehre von den Beweisverboten. 2000.

Band 48 Rainer T. Cherkeh: Betrug (§ 263 StGB), verübt durch Doping im Sport. 2000.

Band 49 Kristian Hohn: Die Zulässigkeit materieller Beweiserleichterungen im Strafrecht. Eine Untersuchung über Erscheinungsformen und Grenzen der Lösung beweisrechtlicher Probleme im materiellen Strafrecht. 2000.

Band 50 Malte Rabe von Kühlewein: Der Richtervorbehalt im Polizei- und Strafprozeßrecht. 2001.

Band 51 Donata Meinecke: Die Gesetzgebungssystematik der Versuchsstrafbarkeit von Verbrechen und Vergehen im StGB. 2001.

Band 52 Joachim Bock: Begriff, Inhalt und Zulässigkeit der Beweislastumkehr im materiellen Strafrecht. 2001.

Band 53 Gabriele Rose: Grenzen der journalistischen Recherche im Strafrecht und Strafverfahrensrecht. 2001.

Band 54 Wiebke Reitemeier: Täuschungen vor Abschluß von Arbeitsverträgen. Zum Verhältnis zwischen dem Straftatbestand des Betrugs und dem Anfechtungsrecht wegen arglistiger Täuschung (§§ 263 Abs. 1 StGB, 123 Abs. 1 Alt. 1 BGB). 2001.

Band 55 Peter Rackow: Das DNA-Identitätsfeststellungsgesetz und seine Probleme. 2001.

Band 56 Frank Zschieschack: Geiselnahme und erpresserischer Menschenraub (§§ 239a, 239b StGB) im Zwei-Personen-Verhältnis. 2001.

Band 57 Natascha Sëyfi: Das Sicherungsverfahren (§§ 413 - 416 StPO). 2002.

Band 58 Dirk Seiler: Die *Sperrwirkung* im Strafrecht. 2002.

www.ingramcontent.com/pod-product-compliance
Ingram Content Group UK Ltd.
Pitfield, Milton Keynes, MK11 3LW, UK
UKHW021917290926
8980IPUK00015B/1322

9 783631 381076